2012 年 12 月在北京语言大学举行项目开题研讨会

2013 年 1 月在北京语言大学召开项目研究总体布局分工会

2014 年 6 月在渤海大学召开项目中期自查会

YUYAN WENZI GUIFAN LILUN YU SHIJIAN

语言文字规范理论与实践

国家社会科学基金重大项目

“新时期语言文字规范化问题研究”（12 & ZD173）

语文出版社

·北京·

图书在版编目（CIP）数据

语言文字规范理论与实践 / 李宇明主编. -- 北京 :
语文出版社，2020.11
ISBN 978-7-5187-1148-2

Ⅰ. ①语… Ⅱ. ①李… Ⅲ. ①汉语规范化—研究
Ⅳ. ①H102

中国版本图书馆CIP数据核字(2020)第202839号

责任编辑 程 锦
装帧设计 徐晓森
出　　版 语文出版社
地　　址 北京市东城区朝阳门内南小街51号 100010
电子信箱 ywcbsywp@163.com
排　　版 北京杰瑞腾达科技发展有限公司
印刷装订 北京市大天乐投资管理有限公司
发　　行 语文出版社 新华书店经销
规　　格 787mm×1092mm
开　　本 1/16
印　　张 24.75 插页 1
字　　数 403千字
版　　次 2020年11月第1版
印　　次 2020年11月第1次印刷
定　　价 65.00元

010-65253954(咨询) 010-65251033(购书) 010-65250075(印装质量)

序　言

语言文字最初始、最基本的功能是用于人类交际，当一种语言或文字长期稳定地被某个特定族群所使用时，这个族群就会对这种长期使用的语言文字产生某种文化依赖性，从而使语言文字具有了特定的民族文化特征。语言文字规范的终极目的是要使语言文字更有效地发挥其交际作用，但在实施规范的具体方法手段上必须要考虑其文化特征，所以语言文字规范离不开特定的社会环境和时代背景，不但要考虑社会意识形态、文化结构的现实状况，还需要考虑其历史演变和未来发展趋势。语言文字规范的理念和具体举措会随着社会语境的变化而有所调整。在中国两千多年封建社会中，语言文字规范工作主要在士族阶层中展开，其主要任务是让统治阶层掌握统一规范的语言文字，以保障政令畅通，维护其统治地位。无论是秦始皇的“书同文”还是北魏孝文帝改革的“断诸北语，一从正音”，后来元朝推行“天下通语”，清朝推广朝廷官话，这些语言文字规范措施的基本目的概莫能外。到近代的清末民初，社会的首要任务是强国强兵，以驱除列强，实现民族振兴，与之相对应的语言文字规范的主要任务是打破语言文字的阶级垄断，降低语言文字的难度，实现书面语和口语的统一，以方便向社会大众推广，从而提高全民文化素质。从五四时期的白话文运动、国语运动到 20 世纪 30 年代的大众语运动，都是以此为目的展开的。新中国成立初期,国家的主要任务仍然是延续前一阶段的目标,使中国走向现代化，语言文字规范的主要任务也是前一阶段任务的延续，实现“语言共同化、文体口语化、文字简便化、注音字母化”，主要措施就是推广普通话、推行汉语拼音方案和简化汉字，以进一步提高国民素质。

历史的车轮滚滚向前，进入新世纪的中国，文化教育已经基本普及，国民素质明显提高，综合国力大大提升，社会宏观形势发生了极大的变化，语言文字规范工作面临着新的社会语境。语言文字规范视角下的当代社会新语境表现出几个重要的特征。

第一，时代文化多元性。今日之中国正处于文化大发展大繁荣时期，传统的大一统文化不再一统天下，各种外来文化大量涌入，本土的地域文化也竞相凸显，各种时尚潮流文化更是大放异彩，从而慢慢形成多元文化的格局。文化多元化必然造成语言文字使用的多元化，过去推崇备至的表达习惯今天可能不被奉为典范，而过去难登大雅之堂的言语行为今天却大为流行。

第二，语言生活多样化。语言生活从来不是单一的，但当代社会语言生活的多样性尤其明显，新词新语大量出现，新的语法组合和新的语体迅猛发展，方言表达方式进入普通话步伐加快，形译外来词语直接进入汉语的现象明显增加，低俗词语的流通甚为广泛，诸多专业或行业词语进入社会生活领域转化为普通词语，多样化的语言生活必然冲击传统的语言规范理念。

第三，语言意识多重化。语言意识是一种语言世界观，是对语言各方面属性的价值认同，具体包括对语言结构本身、语言的使用、语言的文化审美价值、语言的权势地位等方面内容合理性合法性的看法和态度。从主体属性来看，语言意识包括国家语言意识、阶级阶层语言意识、集团语言意识、个人语言意识。从具体内容来看，当代社会的语言意识至少包括语言权利意识、语言保护意识、语言文化意识、语言民族意识、语言包容意识、语言规范意识、语言求异意识等。在当代多元文化语境之下，语言意识也具有多元性，语言规范工作不仅仅要考虑现实的语言生活，还要考虑社会各群体的语言意识状况。

第四，语言传播全球化。全球化是当代社会生活不可回避的现实。在全球化宏观语境之下，特别是随着中国国际地位的大幅提升，汉语的国际化是不可逆转的趋势。汉语国际化给语言规范工作提出了两方面的问题：一是如何妥善处理汉语中大量的借词现象，二是如何处理大华语的规范问题。外来借词的大量出现成为不可抗拒的时代潮流，其形式主要有三种，意译、音译、形译，其中意译外来词最符合民众的语言习惯，但其借用速度非常慢，不能适应全球化的现实状况；相对而言，音译特别是形译外来词表现出很强的生命力，却又有违民众的接受心理，这对语言规范理念提出了巨大的挑战。大华语指全球华人所使用的共同语，以汉语普通话为基础但又不完全等同。在中国开放程度不高的年代，讨论汉语规范问题只需要考虑普通话在大陆的适用情况，而在今天全球化语境之下，为增强全球华人的凝聚力和认同感，不能完全以大陆的汉语普通话作为全球华语的唯一标准，而应该建立一个相对宽松的标准。

第五，交际工具智能化。传统书面语交际主要借助纸笔进行，当代信息化社会，书面语交际不再局限于传统的纸笔，而是可以通过网络、短信等形式进行交流，交际工具表现出很强的智能化特征。交际工具智能化对语言使用产生了多方面的影响，其中最明显的有两方面：一是为输入的方便快捷而造成语言形式上的简约化，同音或近音替代、字母替代、数字替代甚至表情符号替代等非常常见；二是造成语言表现风格上的个性化，技术的革新往往会带来观念的变化，在智能化背景之下，每个人都可以充分发挥自己的创造力和想象力，摆脱传统语言规则的约束，创造出一些光怪陆离的语言形式，从而使新媒介上的语言表现出明显的个性化甚至离经叛道的风格，所谓“没有最离奇，只有更离奇”。

总之，当今语言文字规范的宏观语境表现出多元多变的特征，语言文字规范的对象及内容不像过去那么相对单一，不同领域、不同行业、不同阶层都有不同的语言文字规范需求，甚至可能互相抵牾，所以，为构建和谐的语言生活，满足不同层次不同群体不同地域的语言文字使用需求，最终使得语言文字规范达到服务国家、服务社会和服务民众的目的，必须厘清新时期语言文字规范化所涉及的诸多问题。

本书收录了国家社会科学基金重大项目“新时期语言文字规范化问题研究”的部分研究成果。本项目2012年10月立项，同年12月12日举行开题报告会，江蓝生、陈章太、陆俭明、王洪君、周建设、曹志耘等专家教授以及时任教育部语信司副司长田立新应邀参加了会议，专家们对项目研究提出了非常宝贵的意见。在之后五年的研究过程中，课题组先后在北京语言大学、渤海大学等地召开过十余次项目推进会，高密度的集体研讨活动促进了项目的有序开展，也保证了项目研究的质量。本项目研究成果丰硕，公开发表了上百篇学术论文，并形成了其他诸多研究成果。本书汇集了部分重要研究成果，内容包括语言规范的理论与方法、文字语音规范、词汇语法规范、语言教育等，因篇幅所限，还有很多研究成果不能收入，实属遗憾。

借此书出版之机，要特别感谢参与此项目研究的各位专家学者以及他们带领的团队。本项目研究范围非常宏大，研究内容非常繁杂，课题组成员既有高屋建瓴的理论视角，又有细致入微的工匠精神，他们的成果为当代语言文字规范的理论更新和实际推行做出了应有的贡献。

“新时期语言文字规范化问题研究”编委会

2017年9月6日

目　录

规范理论与方法篇

中国语言生活的时代特征*

李宇明

中国现代化的进程起步于清晚期。在走向现代化的风雨历程中，中国语文现代化思潮叠浪而兴，语文现代化运动接踵而起，形成了不同时期的语言规划，促进语言生活逐渐现代化。

管理语言生活也是政府的职责之一。要管理好语言生活，必须全面、深入了解语言生活的状况，准确把握语言生活的时代特征，在此基础上方能制定包括语言政策在内的科学的语言规划。进入 21 世纪，中国语言生活的基本状况如何，发展到了什么样的阶段，有哪些基本的时代特征，这是做好当今中国的语言规划必须考察的。但要全面准确地认识当下语言生活的时代特征还存在较大的学术困难。就当前的认识水平看，笔者认为中国语言生活最为重要的特征有以下四个方面。

一、双言双语[①]的语言生活初步形成

（一）中国古代的单言单语生活

总体上看，我国古代的语言生活是单言单语型的。汉民族共同语的书面形式形成很早。“雅言”“通语”在秦汉时代已经存在，其后又有代行民族共同语职能的官话。但汉民族的口语交际在古代基本上是使用方言，即便是全国有大体相似的读书音和官场音，对全民的口语交际影响也不大。古代的中国是农业国，交通、通信不发达，除了因饥荒、战乱而造成的人口流动和有计划的移民

---

* 本文根据在国际中国语言学学会（International Association of Chinese Linguistics）第 19 届年会（南开大学，2011 年 6 月 12 日）的学术报告改写而成。文中的一些内容，在一些学术报告中曾有所涉及。

之外，整体上看人口活动的半径、流量和频率也都相当有限，因此能够操两种或多种方言的人数也不会很多，汉民族基本上是单言生活。

对于古代少数民族语言生活的研究，成果更是有限，哪些民族语言有方言差异，有多大程度上的方言差异，这些民族其成员操单言、操双言的情况如何，都不大清楚。但是根据当时人口流动的情况推测，有方言差异的少数民族，其语言生活也基本上应当是单言的。

我国是一个多民族国家，在边境地区，在民族杂居地区，在国家的政治中心，在专门处理民族事务和涉外事务的机构中，在许多民族的执政班子里，自古就有懂得两种或多种民族语言的人，也有懂得某种国外语言的人。但是双语者在全民中必然是少数，双语使用的地域和社会领域必然不多，中国古代基本上是单语生活。

因此可以说，中国古代虽然存在一些双言双语者，有些地区、有些领域存在双言双语生活，但总体上看语言生活是单言单语的。

（二）百年来语言统一的成就

现代意义上的语言统一运动，以 1911 年清朝学部中央教育会议决议《统一国语办法案》为标志（参看文字改革出版社，1958）。《统一国语办法案》承继了清末切音字运动的成果，开启了具有深远影响的国语运动。1949 年以后新中国持续的大力推广普通话，台湾光复及民国政府迁台之后台湾地区的国语普及，香港、澳门回归之后的普通话教育，都是当年国语运动的纵向的历史延伸和横向的地域延展。

语言统一的百年历程表现在如下几个方面。

第一，确立了“以北京语音为标准音、以北方话为基础方言、以典范的现代白话文著作为语法规范”的汉民族共同语。而且，普通话在实践中和法律上都发展为国家通用语言，发挥着国语的职能。

第二，制定并推行了注音字母和汉语拼音方案。在广播、电视、电影等有声媒体不发达的时代，这些拼音工具对推行汉民族共同语的标准读音是不可缺少的；在当今有声媒体广泛普及的时代，这些拼音工具仍在发挥着多方面的重要作用。

第三，培养了大量的双言双语者，形成了双言社会和部分地区的双语社会。

据统计，20世纪末内地（大陆）能够使用普通话的人数比例为53.06%（参看中国语言文字使用情况调查领导小组办公室，2006，图1），随着时间的推移，现在能够使用普通话的人数应当达到了70%[②]。台湾能够讲国语的人口比例更高。香港、澳门能够讲普通话的人数也在不断增加。当然，在普通话推广过程中，也出现了一批只会讲普通话不会讲方言的新的单言者，这种现象值得关注，值得研究。

就全国范围来看，普通话与汉语方言“共存共用”的局面已经形成。普通话是国家通用语言，主要用于教育、公务、新闻出版、大众服务等高层次、跨地区、跨民族、大范围的交际，汉语方言主要用于家庭、社区交际和乡土文化活动等。

有些民族由于各种各样的历史原因，没有自己特有的民族语言或已经放弃了自己的语言而转用汉语，如回族、满族等。但他们的语言转用，常常是因居住地不同而转用不同的汉语方言。有些民族在保持本民族语言的同时也使用汉语方言，随着普通话的推广，这些民族成为双语双言民族。

有些单语民族随着普通话的推广，其成员也逐渐掌握了普通话，成为双语民族。概言之，随着普通话的推广，汉族和转用汉语的少数民族由单言社会发展为双言社会；原来只讲本族语的民族发展为双语民族，原来的双语民族发展为双语双言民族。

不能忽略的是，我国许多少数民族语言也有方言的分歧。几十年来，这些有方言分歧的少数民族语言也有了不少发展变化，比如蒙古语、壮语等都确立了民族共同语的语音标准，并且还先后开展了标准音的测试。通过学校教育、标准音测试等，这些民族也出现了越来越多的掌握本民族共同语和本民族方言的人，在一些地区或领域也形成了民族的双言生活。

（三）一百多年来外语教育的影响

中国现代意义上的外语教育，可以上溯到清末京师同文馆（1862年）和上海广方言馆（1863年）的建立以及洋务学堂中外语课程的设立（参看高晓芳，2007）。此后，我国建立了现代学校制度，有了专门的外语院校，一般学校开设外语课程，一些教会学校使用外语作为教学媒介语，还有各种外语培训班、预科班以及各种形式的外语学习。现在，据说外语学习者超过3亿人。

百多年来的外语教育培养了大批的外语专门人才，同时也使许多受过一般教育的人有了外语知识或一定的外语能力，使单语者成为双语者。当然，从长远来看，我国公民的外语水平还会不断提高，对外语的学习、利用还会加强，但是仍然不大可能形成外语生活。这不同于曾经做过西方国家的殖民地的国家或地区，在这些国家或地区，原来宗主国的语言或仍旧作为官方工作语言被使用，或在教育、商务等领域中继续应用。

（四）双言双语社会的语言问题

研究双言双语者和双言双语社会的特点，做出科学的语言规划，是时代提出的新课题。就语言生活的这一时代特征而言，有如下几个方面的问题值得注意。

第一，应当对双言双语社会给以积极评价。由单言单语者发展为双言双语者，由单言单语生活发展为双言双语生活，是社会的进步、教育的进步、语言生活的进步，对此应当正确评价，积极促进，不断完善。逐渐形成适合中国国情的双言双语社会的语言规划，需要采取一系列的新政策新举措。

第二，要处理好语言关系。单言单语社会的主要矛盾是克服语言交际障碍，双言双语社会的主要矛盾是处理好语言关系，具体到我国当前的国情而言，就是处理好中华各语言、各方言的关系，处理好母语与外语的关系。保证国家通用语言在高层交际中发挥作用，同时也要发挥其他的语言和汉语方言的作用，构建和谐的语言生活。

第三，探讨建立公民语言能力标准。我国的教育实践和用人实践，已经基本形成了双言双语社会对公民语言能力的要求，即：

（1）汉族和一些转用汉语的民族，其成员应当具有双言双语的能力，即掌握普通话和某种汉语方言，并具有一定的外语能力；

（2）没有转用汉语的少数民族，其成员应当具有三语能力，即掌握母语和国家通用语言，并具有一定的外语能力；

（3）受过研究生教育的精英人才，应当掌握两门外语。应当把这种实践“物化”为教育标准，并进而形成公民的语言能力标准。双语能力或三语能力已经是许多国家的教育标准，是国际发展的大趋势。

二、现实与虚拟两个空间的语言生活相互促进

（一）虚拟语言生活的产生与发展

在人类的历史中，语言生活只有现实语言生活，即“人—人交际”。在牧民、农民、猎人和驯兽师、骑兵那里，人类也可能用有声语言或是特殊的符号、身姿同动物进行交际，但这种交际不是真正的语言交际，起作用的不是语义而是符号，与人类的交际不在一个性质层面上（李宇明，1989）。

人类在20世纪上半叶发明了计算机。计算机语言处理技术的不断发展和普及，各种语言技术产品逐渐发明并进入日常语言生活，人与计算机的语言交际逐渐形成。“人—机交际”由使用符号交际到趋近于语音、文字交际，由技术人员与计算机交际发展为一般人与计算机交际。特别是互联网的发明并逐渐商业化，机器之间的信息传输（“机—机交际”）开始出现且迅速发展起来，人类在现实世界的基础上又构建起一个虚拟世界，同时在现实语言生活的基础上产生了虚拟语言生活。

（二）虚拟语言生活产生的巨大效应

虚拟语言生活对社会的影响是广泛、巨大而深远的。首先，人类的语言交际形式发生了巨大的变化。语言交际在“人—人交际”的基础上又发展出“人—机交际”和“机—机交际”。到了现在，“人—人交际”也越来越多地依赖于机器的帮助，形成了“人—机—人”（包括“人—机—机—人”）的混成式交际。在过去，书写是受过教育的公民必须具备的素养；而混成式交际的发展，使得现代语言技术也成为公民应当具备的语言素养。

其次，语言进入国家的“硬实力”范畴（李宇明，2011）。现代语言技术的发展在相当大的程度上依赖于语言文字知识，一些语言文字知识还转化为信息工业的标准。现代语言技术的发展虽然只有几十年的历史，但已经孕育了一批语言新职业，如语言速录师、语言工程师、字库设计师等；产生了一批语言新产业，如语言文字的输入与识别、计算机字库、语言文字的传输与输出、自动翻译、语言文字信息的检索与加工、电子阅读等高新技术所形成的产业。由此而形成了宏富的语言经济。同时像打字员、字模铸造、纸质信件通信、电报等一些传统的语言职业和语言产业，也在蜕变或消逝，从而带来社会经济结构的变化。

其三，虚拟语言生活对现实语言生活的影响越来越大。虚拟语言生活是在现实语言生活的基础上产生的，反过来又在影响着现实语言生活，而且这种影响越来越大。主要表现如：

（1）以新词语为代表的许多语言新现象，首先在虚拟语言生活中聚集萌生，然后进入现实语言生活。虚拟空间成为新词语等新语言现象的主要滋生地和繁衍区。

（2）产生了电子邮件、BBS、QQ、博客、微博、微信等许多新的信息传播方式，网络逐渐成为信息的集散地和“反应堆”，各种新媒体深刻地影响着现实语言生活。

（3）人类在现实生活中的许多活动，都尝试着迁移到网络上去运行，如电子政务、电子商务、电子学务、电子出版、电子娱乐等，构成了当今的虚拟生活。这些虚拟生活往往都伴随着现代语言技术进行，成为虚拟语言生活的重要组成部分。

（4）网络已经成为人类最大、更新最快的信息贮存库，纸媒出版物、图书馆、档案馆、博物馆的许多职能，将越来越多地让位于网络。但是，网络的信息有许多是需要过滤、挖掘和整理的，应充分认识到网络信息贮存库的作用，努力发展网络信息挖掘技术，及时有效地利用网络信息。

（三）虚实语言生活背景下的语言规划

过去的语言规划主要处理语言与人的关系，现在必须要处理语言、人、机器三者之间的关系。需要考虑两个空间的语言生活问题。由于虚拟语言生活产生时间不长，对它的研究还较为浮浅，因此虚拟语言生活还较少进入语言规划者的视野，这显然是落后于时代的。

在虚实两个空间的语言生活的背景下，语言规划应当注意如下一些问题：

（1）促进虚拟语言生活的健康发展。应当以积极的态度来看待虚拟语言生活，不能用现实语言生活的观念去看待它，用管理现实语言生活的办法去管理它，甚至用削足适履的方法去限制它。语言规划应当促进虚拟语言生活的快速而健康的发展。

中国虚拟语言生活的网络空间，应当尽可能地适合国人的生活习惯，最大限度地适合中华语言文字的使用习惯。这关系到硬件、软件和各种语言信息技术，一方面，需要拥有更多的信息技术方面的知识产权，另一方面，在软件设计、语言文字应用乃至各种细节上，都要充分重视国人的文化习惯，与人“友好”。

（2）要不断提升国人虚拟语言生活的质量。虚拟语言生活不是少数人或某一部分人的语言生活，而应当是大多数人的语言生活，具有普惠性。到 2011 年 9 月底，中国互联网用户已突破 5 亿，互联网普及率接近 40%。我们应当帮助更多的人步入虚拟语言生活，减少“信息边缘化”的人群。应当放开思路，设想在虚拟空间中可以有哪些语言生活，并有计划地孕育它，发展它。应当着意建立虚拟语言生活的各种运行规则，建立合理的秩序，着力提高虚拟语言生活质量，并把这些规则、这种秩序尽力向外延展，为国际虚拟语言生活做出中国人的贡献。

（3）更加重视“语言资源”的理念。不仅把语言看作“问题”、而且把语言看作文化资源和经济资源的理念，称为语言资源理念。在现代语言技术快速发展的背景下，语言资源理念得到了突显和新阐释。今天的语言规划，必须在语言经济学的支撑下充分重视、尽力保护、全面开发语言资源，促进现代语言技术的发展，促进语言职业和语言产业的发展，进而促进社会经济发展。

三、城市与乡村的语言生活正在发生巨变

（一）快速的城市化进程

当前，中国社会最为突出的变化是快速发展的城市化（或称“城镇化”）进程。新中国早期的城市化率很低，且长期徘徊不前。1950 年城市化率为 11.2%，1978 年为 17.92%，年增长率约为 0.23%。改革开放之后，城市化进程不断加速。1980 年城市化率为 19.4%，1998 年为 30.42%，2008 年为 45.68%，年增长率超过 13%（参看范恒山、陶良虎，2009）。2009 年中国城市化率已达 47%，2011 年大约为 50% 左右。世界城市化率在 2000 年时为 48%，现在估计为 50% 左右。这就是说，中国的城市化水平已经与国际平均水平大体相当。2009 年底召开的中央经济工作会议，要求继续促进大中小城市和小城镇的协调发展，并放宽中小城市和城镇户籍限制。国务院批转的发改委《关于 2010 年深化经济体制改革重点工作的意见》提出，要“深化户籍制度改革，加快落实放宽中小城市、小城镇特别是县城和中心镇落户条件的政策。进一步完善暂住人口登记制

度，逐步在全国范围内实行居住证制度”，这将更加方便农业人口逐步向城镇转移。2011 年 3 月 5 日公布的“十二五”规划纲要草案指出，“十二五”期间还将积极稳妥推进城镇化，到 2015 年城市化率提高到 51.5%。可以预计，中国城市化率到 2050 年之前可能达到 70% 以上，接近发达国家的城市化水平。这些变化将使我国的“语言地图”快速改写，语言生活发生前所未有的重大变化。

（二）城市语言规划

城市需要建设规划，也需要语言规划，其实可以认为城市语言规划就是城市建设规划的有机组成部分。城市语言规划主要有如下几个方面的内容。

第一，城市语言生活中主导性的语言文字。主导性的语言文字，是指在政府公务、教育、新闻出版、大众服务等领域主要使用哪种或哪些语言文字。依照《国家通用语言文字法》，我国城市的主导性语言文字应当是国家通用语言文字。在民族自治地方，主导性语言文字还包括自治地方的民族语言文字。

第二，对新老市民、进城务工人员进行语言培训与指导。对于新市民和进城务工人员，在他们使用的语言或方言、他们同周围交换信息的内容与方式等方面，都要进行指导或培训，使他们尽快适应城市语言生活。由于郊区人口向城市中心区的移动，新市民和大量进城务工人员的涌入，老市民也面临语言生活的新变化，严重时还会发生新老群体的语言冲突乃至社会冲突。因此，对于一些发展较快的城市，需要有计划地指导老市民适应新的语言生活。

第三，社会语言服务。社会语言服务作为城市信息服务的重要部分应好好规划。包括道路街巷、公共单位的各种牌匾标示，商贸、旅游、交通、邮政、金融、医疗、文化娱乐等领域的语言文字应用。一些特殊的社会语言服务，更是城市语言规划所应特别考虑的，比如对盲聋等残障人士的语言服务，对语言不通的外来人士的语言服务等。

第四，通过语言特色展现城市文化风貌。语言及其负载的文化艺术是展现城市文化风貌的重要资源，例如适当体现地方语言文化的报纸、广播、电视节目，带有地方特色的语言文化博物馆，收集整理与展示、传承地方语言文化的曲艺、歌谣、传说等。

（三）保存当今语言地图

伴随着城乡地图的快速变化，在不长的时间里，中国“语言地图”必将大幅度改写。这种改写也许无法避免。应当用多媒体技术把现代语言实态记录下来，留下有声数据，记下今日语言的地图，以此作为科学保护各地区各民族语言文字的重要举措。2011 年 9 月 6 日，在纪念中央文史研究馆成立 60 周年座谈会上，冯骥才先生指出，五千年历史留给我们的千姿万态的古村落的存亡，已经到了紧急关头。每座古村落都是一部厚重的书，可是没等我们去认真阅读它，便在城镇化大潮中很快消失了。地方方言和民族语言也是一部部厚重的书，其中有些民族语言和地方方言所面临的状况不会比古村落的状况好，却更加不为人所关注。某些民族语言及地方方言的濒危与消亡是国家语言资源的严重流失，是中华文化的不可复现性的损失。

提倡双言双语制度，这既是对我国已经初步形成的双言双语生活的认定，也是处理好语言沟通和语言保存之间关系的治本之策。掌握国家通用语言有助于顺畅地进行地区间、民族间的交际，同时，传承民族母语、传承方言可以保存语言文化的多样性景观。在城市化进程较为缓慢、国家通用语言文字普及程度较低的时期，推广普通话是国家语言文字工作的主要任务。而当今在大力推广和规范使用国家通用语言文字的同时，也必须认真考虑语言保护的各种问题。

当然，保存当今的语言地图也还有其他办法，比如在可能的条件下建立"语言保护区"，以便对濒危语言或濒危方言进行"活态语言"保护。通过非物质文化遗产保护项目，对与非物质文化遗产关系密切的一些语言或方言进行保护。鼓励有条件的地方建立语言文化博物馆，或在博物馆、展览馆中专辟语言文化展室。互联网的发展为语言保护提供了新手段，可以建立虚拟的语言文化博物馆，用现代信息技术进行语言文化的收集、保存与展览、开发等。

总之，在快速的城市化进程中，会产生一些新的语言矛盾，出现一些新的语言问题。在此境况下，必须认真思考它会对我国的语言面貌产生何种影响，会有哪些新的语言问题需要解决，会有哪些特殊人群需要特殊的语言服务，进而思考怎样通过科学的语言规划和有效的措施，来保证城市化进程中多元语言生活的和谐。

四、国内和国外两个大局统筹兼顾

改革开放开启了我国新时期的国际化进程，30 余年的改革开放，中国人有了更多的国际语言生活和外语需求，汉语也伴随着国家走向世界的步伐快速向世界各地传播，语言文字事业逐渐形成了国内和国外两个大局。当代中国的语言规划必须兼顾国内、国外两个大局。

（一）推进中华语言的国际传播

随着我国改革开放和国际地位的提升，不少外籍人士已经把汉语看作仅次于英语的第二大商务用语。中华语言的国际传播需要注意几个方面的问题。

第一，汉语国际传播科学推进。有以下几个方面应予考虑：（1）能否满足世界不同地区的人们学习汉语的需求；（2）能否为汉语学习者带来学习之后的应有的实际效益；（3）在教学标准、教材教辅、教学方法、考试、师资供给、教学声望等方面，能否充分满足学习者的需求；（4）语言传播是否促进了经济和文化发展；（5）汉语传播事业能否可持续发展。这些指标的实现，标志着汉语国际传播的理想状态。要达到这样的理想状态，就需要分析古今中外语言传播现象，研究语言传播规律，据此制定汉语国际传播规划，并在实践中不断调适完善。

第二，协调好与海外华语的关系。海外华语是汉语走向世界的先遣队，普通话的规范标准、汉语作为第二语言的教学标准，都应考虑到海外华语的存在现状，最大限度地实现本土与海外的语言沟通，使“以普通话为基础的全世界华人的共同语”这一“大华语”的概念[③]在本土与海外的语言沟通中发挥作用。华语之间的协调，可通过各地华语教育机构的协调来实现，其理想状态是各地华语教育机构之间形成同盟关系，联合制定教学标准，编写教材和教辅材料，研讨教学方法，协调考试办法，共认考试结果，促进华语教学事业的良性发展。

第三，与国内语言文字事业结合起来，形成合力。国内语言文字事业是汉语研究、汉语教育和普通话推广的大本营，拥有丰厚的人力资源和智力资源，将这些资源转换为汉语国际教学资源，会源源不竭，也是语言文字事业协调发展的最为重要的体现。同时，汉语的国际传播也要同我国少数民族语言的传播结合起来。我国许多少数民族语言，如蒙古语、藏语、维吾尔语、彝语、傣语、满语等，国际上都有数量不等的学习者和研究者。汉语同少数民族语言的传播应有所统筹，共同发展。向外传播少数民族语言，满足国际需求，既是我国的国际义务，同时也关乎国家安全。

（二）提升国家外语能力

国家在处理海内外各种事务时，都需要得到相应的语言支援。而这取决于国家的语言能力，包括外语能力。过去我国的外语学习除了出于外交的需求之外，主要还是为了向西方学习先进的科学文化，因此外语语种单寡，教学的重点是外语的标准语和书面语，外语界的学术研究也侧重在外语教学上。如今随着国家改革开放的形势及国家的综合发展，这些已经远远不能满足需求。外国朋友来华工作、学习、开会、旅游甚至定居与日俱增，一些大型的运动会、博览会、商贸洽谈会、学术会议等也常在中国召开。中国需要提供必要的外语服务。外语服务涉及诸多方面，比如公共服务领域的外文标示、说明文字及口语服务等，外国人聚集社区的外语服务等，重大国际会议、会展的外语服务等，非通用外语语种人才的培养和社会工作者的外语培训等。

我国的海外事务越来越多，对国家的发展越来越重要。比如，到国际组织中任职服务，国际维和、反恐、救灾等人道主义合作，劳务输出，国际经贸、科技、文化活动，塑造国家的良好国际形象，争取国际话语权，等等。当今的国家利益已超出本土，如何用世界各国人民习用的语言介绍真实的中国，减少误解与冲突，如何通过语言保护国家的海外利益和出国人员的安全等，已是必须考虑的国务大事。正因如此，我们需要全方位地了解世界，仔细地研究世界，学会进行“国际游戏”。这些都需要更多语种的外语人才，需要更多的兼通多门外语或兼通某种专业的复合型外语人才。提升国家的外语能力，已成为国家发展之大计。要尽快了解各行业的外语需求，盘点国家的外语人才状况，成立具有多方协调能力的外语管理机构，制定合适的外语发展战略，制定国际化人才的语言培育规划，拿出具体有效的措施，尽快解决外语语种单寡、人才单一的问题。

（三）解决好跨境语言问题

跨境语言问题，既是国内语言问题，也是国外语言问题。解决好跨境语言问题，是睦邻戍边的需要，也是提升国家语言能力的重要环节。我国的跨境语言（包括跨境方言）估计超过 30 种，情况错综复杂。跨境语言处理得当，境睦边安，中华文化与科学技术能够自然发展，四邻受惠。处理不好，会损失语言资源，削弱语言能力，诱发各种语言矛盾，出现文化“倒灌”现象，带来国家安全方面的种种隐患。

当前，我们对跨境语言的重要性认识不足，对跨境语言的现实情况不太了解，特别是对这些语言在邻国的使用情况了解不足。应当利用多种方式开展跨境语言的调查研究，科学制定跨境语言政策，有计划地培养跨境语言人才。做好跨境语言工作，就等于为国境铺设了一条新的安全线，为四邻架设了座座友谊桥。

（四）履行国际语言义务

作为一个负责任的大国，必须履行一系列的国际义务，其中包括语言方面的国际义务。国际领域的语言事务主要是：对人类面临的主要语言问题进行研究，利用国际力量来正确对待这些问题，合理解决这些问题；建立健全国际语言秩序，化解语言矛盾，为各国的语言规划提供咨询或建议，帮助世界人民过好语言生活。据笔者陋见，当前最需关注的有如下三个方面。

第一，维护语言权益。语言权益是人权的重要组成部分。个人、民族、国家都拥有各种语言权益，这些语言权益需要国际社会通过公约、倡议等各种方式来维护。比如移民的语言权益、弱小民族的语言权益、发展中国家的话语权问题等。

第二，保障语言沟通。国际社会需要相互沟通，因此需要科学规划国际多边组织、跨国的地区组织等的工作语言，需要通过公平的国际标准等保障互联网上的语言传输。通过沟通增进了解，增加互信，减少误会。

第三，保护濒危语言。语言是文化的贮存库，语言的消逝是人类文化的不可挽回的损失。据估计，人类现存的6000种左右的语言，有90%可能会在本世纪消逝。面对这种“文化劫难”，人类需要采取切实的措施，尽量延缓这些语言的消亡，或是进行“活态”保护，或是通过现代信息技术将这些语言的资料保存下来。

五、结语

双言双语社会的逐渐形成、虚实两个空间语言生活的分野与连通、城乡语言规划问题及“语言地图”的快速改写、国内外两个语言大局的统筹兼顾，构成了当下我国主要的语言国情。认识这种语言国情，准确地把握这种语言国情，是国家语言规划的基础，也有许多崭新的学术课题。在这种形势下，语言与国家的关系提到了新高度。语言与国家认同、民族认同、地区认同，语言与国家安全，语言与国家的创新能力，语言与国家信息化发展，语言对社会经济贡献等，成为政界学界常议之话题。语言矛盾呈现易于激化的态势，许多社会的、文化的冲突往往伴之以语言冲突，或者直接表现为语言冲突。这种倾向在世界许多国家也都有明显表现，甚至引发政府危机和“语言战争”。此外，语言生活的多需求，使得社会对语言服务的要求越来越多样，越来越迫切。必须尽快建立政府指导、社会参与、多种机制并存的社会语言服务体系。

语言规划就是要解决国家和人类发展中遇到的各种语言问题。当今之世，要求我们必须站在国际化的角度关注中国的语言生活，站在信息化的高度观照现实语言生活，站在世界大国的立场做中国语言规划，努力提升公民的语言应用能力，尽快提升国家的语言能力，切实履行国际领域的语言义务，促进中国乃至世界语言生活的和谐。

附注

①在本文中，作为学术概念使用的“语”和“言”是不同的。“语”是语言，“言”是语言的变体，包括地方方言和共同语，方言是语言的地方变体，共同语是语言的高级变体。根据掌握语和言的数量，可以分为单言者、双言者、多言者和单语者、双语者、多语者等，为讨论问题的方便，一般情况下不严格区分双言者和多言者、双语者和多语者，说“双言者”时往往包含了多言者，说“双语者”时往往包含了多语者。根据社会交际使用语和言的数量，也可以把语言生活分为单言生活、双言生活、多言生活和单语生活、双语生活、多语生活等类型，同样为讨论问题的方便，语言生活一般情况下不严格区分双言生活和多言生活、双语生活和多语生活，说“双言生活”时往往包含了多言生活，说“双语生活”时往往包含了多语生活。

②根据谢俊英（2011：6）的报告，语言文字应用研究所2010年运用与“中国语言文字使用情况调查”（1999年8月—2001年9月实施）相近的方法，对河北、江苏、广西三省（区）进行了普通话普及情况的调查，发现这三省（区）能够使用普通话交谈的比例达到了70%—80%。

③参看李宇明主编《全球华语词典·前言》(2010)。

参考文献

博纳德・斯波斯基，2011. 语言政策：社会语言学中的重要论题［M］. 张治国，译. 北京：商务印书馆.

陈章太，2009. 语言资源与语言问题［J］. 云南师范大学学报：哲学社会科学版（4）.

戴庆厦，1993. 跨境语言研究［M］. 北京：中央民族学院出版社.

戴庆厦，2010. 语言关系与国家安全［J］. 云南师范大学学报：哲学社会科学版（2）.

范恒山，陶良虎，2009. 中国城市化进程［M］. 北京：人民出版社.

高晓芳，2007. 晚清洋务学堂的外语教育研究［M］. 北京：商务印书馆.

郭龙生，2008. 中国当代语言规划的理论与实践［M］. 广州：广东教育出版社.

何俊芳，周庆生，2010. 语言冲突研究［M］. 北京：中央民族大学出版社.

李现乐，2010. 语言资源和语言问题视角下的语言服务研究［J］. 云南师范大学学报：哲学社会科学版（5）.

李宇明，1989. 人对动物语言交际的特点［J］. 语言学通讯（2）.

李宇明，2010. 全球华语词典［M］. 北京：商务印书馆.

李宇明，2011. 语言也是“硬实力”［J］. 华中师范大学学报：人文社会科学版（5）.

屈哨兵，2010. 关于《中国语言生活状况报告》中语言服务问题的观察与思考［J］. 云南师范大学学报：哲学社会科学版（5）.

谢俊英，2011. 普通话普及情况调查分析［J］. 语言文字应用（3）.

王建勤，2010. 美国“关键语言”战略与我国国家安全语言战略［J］. 云南师范大学学报：哲学社会科学版（2）.

文秋芳，苏静，监艳红，2011. 国家外语能力的理论构建与应用尝试［J］. 中国外语（3）.

文字改革出版社，1958. 清末文字改革文集［C］. 北京：文字改革出版社.

赵蓉晖，2010. 国家安全视域的中国外语规划［J］. 云南师范大学学报：哲学社会科学版（2）.

中国语言文字使用情况调查领导小组办公室，2006. 中国语言文字使用情况调查资料［M］. 北京：语文出版社.

【作者单位：北京语言大学。本文原发表于《中国语言》2012 年第 4 期】

语言规范试说*

李宇明

语言规范，或曰语言文字规范，基本上属于语言本体规划的范畴，但是，由于本体规划不是孤立的，它不可避免地会涉及语言的地位规划、功能规划、习得规划等，故而在进行语言规范时，也应当具有语言地位规划、功能规划、习得规划的意识。"规范"有名词、动词两种词性，"语言规范"也有名、动之别。名词性的"语言规范"可标记为"语言规范$_N$"，属于事物范畴，指的是具有规范性的语言文字标准，比如规范性的字典词典音典、规范性的字表词表、语言教科书，甚至也包括童蒙字帖，等等。《说文解字》《康熙字典》《新华字典》《现代汉语词典》《通用规范汉字表》等，都属于名词性的"语言规范$_N$"。动词性的"语言规范"，可以标记为"语言规范$_V$"，属于行为范畴，指的是为使语言文字、语言文字运用合乎规范而采取的各种举措。具有广泛影响的普通话水平测试工作、1998 年开始的全国推广普通话宣传周活动等，都属于重要的语言规范举措。

有许多语言文字的法律法规，往往兼有两种"语言规范"的作用，可以记为"语言规范$_{N+V}$"。例如 2000 年 10 月 31 日通过的《国家通用语言文字法》，从法律的高度规定了国家通用语言文字是什么，规定了公务、教育、播音、汉语文出版物、公共服务、信息处理等领域的用语用字规范，这属于名词性的"语言规范$_N$"。同时，《国家通用语言文字法》也规定了实现这些规范应当采取的基本举措以及相应的法律责任等，这属于动词性的"语言规范$_V$"。很多语言

---

* 2014 年 9 月 27 日，复旦大学举办"纪念'大众语'讨论八十周年学术研讨会暨第五届望道修辞学论坛"，笔者应邀在大会上做了题为《语言规范试说》的学术报告。本文在此报告基础上整理而成，特对论坛主办者表示感谢。

文字的规范文件，大多涉及语言规范的这两个范畴。

关于语言规范的具体研究，比如某字某音的处理、某个规范文件的解读等，成果很多，但是关于语言规范观的研究、语言规范理论的研究，还比较有限，吕冀平、戴昭铭等于20世纪末所进行的我国语言文字的规范化问题研究，是这一领域代表性的成果。本文拟从“语言规范$_N$”和“语言规范$_V$”两个范畴，结合语言生活的理念，讨论语言规范的有关问题。

一、语言规范的“雅正观”

中国古来之语言规范，都以“雅正”为标准。先秦时期的通用语被称为“雅言”，古代最早的辞书取名《尔雅》，便是这一规范观的最好注脚。《论语·述而》有云：“子所雅言，《诗》、《书》、执礼，皆雅言也。”由此可知，孔夫子在诵书执礼之时，皆用雅言。《史记·儒林列传》指出：“诏书律令下者，明天人之际，通古今之义，文章尔雅，训辞深厚。”诏书、律令是古代文章之典范，其所具有的“尔雅”“深厚”，自然也是文章之典范。

直到清末的1911年，学部中央教育会议议决的《统一国语办法案》仍以“雅正”作为国语标准。其第二条“选择及编纂”规定，“各省分会调查后，录送总会，由总会编制部逐加检阅，其雅正通行之语词语法音韵，分别采择”，其第三条“定音声话之标准”规定，“话须正当雅训，合乎名学”。《统一国语办法案》要求国语调查总会在检阅各省分会报送的语言调查材料时，将“雅正”“通行”作为采择标准，并据以编纂国语课本和词典，等等；评价发音话语的标准，也是“正当雅训”。吕冀平等（2000：6）指出：“我国古代的语言规范标准可以用‘雅正’来概括。”这一说法是很有见地的。

雅正规范观贯穿古今，但在现代汉语规范中，明显感到强调“正”多于强调“雅”，尽管“正”“雅”是相通的。在现代汉语规范史上，甚至产生过“语言纯洁观”，比如1951年6月6日，《人民日报》就发表了一篇影响深远的社论，号召“我们应当坚决地学好祖国的语言，为祖国语言的纯洁和健康而斗争”。

“雅正”“规范”“纯洁”，都是要树立起语言运用的典范，并以此起到对社会语言生活的“匡谬正俗”的作用。“匡谬正俗”是传统观念里语言规范的基本任务，语言教科书中的发音矫正、词语辨析和病句修改，报纸、杂志上的咬文嚼字，以及关于“语言美”、语言文明的提倡，都是依照规范直接进行的匡谬正俗工作。《人民日报》1951 年的社论《正确地使用祖国的语言，为语言的纯洁和健康而斗争！》列举了词汇、结构等方面存在的“许多不能容忍的混乱状况”之后，严肃指出：“这种语言混乱现象的继续存在，在政治上是对于人民利益的损害，对于祖国的语言也是一种不可容忍的破坏。每一个人都有责任纠正这种现象，以建立正确地运用语言的严肃的文风。”为了帮助“纠正语言文字中的缺点”，《人民日报》同日开始连载吕叔湘、朱德熙两先生的关于语法修辞的长篇讲话。于此也可看出，匡谬正俗是语言规范的重要任务。

语言纯洁观在今天常常受到批评，因为语言存在于语言生活中，人们在各种场合运用着语言，不断创造着语言。用于生活的鲜活的语言，时时具有创新品格的语言，很难纯洁，也不适宜用纯洁作为衡量标准。但是，语言规范的雅正观和匡谬正俗功能，还是应当充分肯定的。

二、语言规范的“选择观”

“语言规范$_{V}$”的行为，本质上是对各种语言变项的选择，这一观念可以称为语言规范的“选择观”。历史上不同时期的语言变项会同现在共时的平面上。语言在不同人、不同地区的使用中，在不同媒介物的负载、传递中，会产生各种变异，会出现各种分歧，这些变异、分歧也都可以统称为语言变项。语言变项的产生是语言使用与发展中的常态，是语言充满活力的表现，同时也是语言整合的对象。语言整合主要通过两种途径来实现：一是语言利用“自组织机制”的自身整合，一是社会进行的语言规范$_{V}$。社会进行语言规范$_{V}$是社会对语言变项的整合，其基本工作程序是：收集语言变项，研究语言变项，选择语言变项。收集语言变项力求全备，研究语言变项力求全面，选择语言变项力求妥当。选择语言变项的基本依据是语言发展规律，因此，做出的选择是否妥当，或者说语言规范$_{V}$是否合理，取决于对语言发展规律的认识是否全面是否深刻。

语言发展规律可总分为两类：一类是语言结构系统的发展规律，一类是语言与社会的关联规律。学界对语言结构系统的发展规律较为关注，论述较多，但对语言与社会的关联规律研究相对较少，故而在对一些与社会关系较为密切的语言变项的选择上，常有失误。比如：“树 yīn、林 yīn、绿 yīn、绿树成 yīn”中的 yīn，有“荫、阴”两写，这样就出现了分歧：“树荫 / 树阴、绿荫 / 绿阴、

林荫道 / 林阴道、绿树成荫 / 绿树成阴”。“荫”有阴平和去声两种读音。1985 年公布的《普通话异读词审音表》，规定“荫”统读为去声。于是阴平之 yīn 只能写作“阴”而不能写作“荫”。《审音表》也审定了这些词语中的字，依其规定，上面“/”右边的写法是规范的。

需要指出的是，语言生活并没有遵循这一规范。据统计，1986 年 4 月 12 日至 2004 年 5 月 31 日的《人民日报》，“树 yīn、绿 yīn、林 yīn 道、绿树成 yīn”的使用情况是：“树荫”253 次 / “树阴”13 次，“绿荫”698 次 / “绿阴”21 次，“林荫道”131 次 / “林阴道”3 次，“绿树成荫”442 次 / “绿树成阴”9 次。《人民日报》约 18 年的资料表明，尽管 1985 年的《普通话异读词审音表》有了明确规定，但“荫”的使用仍然远优于“阴”。就语言结构系统的发展规律来看，《审音表》的规定并无太大不妥。“荫”是“阴”的后起字，平声“荫”的意义与“阴”相同，故而用“阴”代“荫”，语言结构系统上的学理完全支持。但是，就人们的社会意识而言，“阴”与属于鬼神的“阴间”“阴曹地府”联想距离太近，能使用“荫”时当然要避讳“阴”；且“荫”字带“艹”，花花草草，含有诗意，能用“荫”时就不用“阴”。就语言与社会的关联规律看，上面统计的数据是完全可以理解的。

“荫”与“阴”这类语言变项的选择，在近几十年的语言规范实践中绝不是孤例。例如在异体字规范中，涉及“淼、喆、堃、徵、昇、邨”等字时，在为减少生僻字而更改“盩厔、鄠县、亹源、雩都、鄜都、婺源、澮县、瑷珲”等地名时，出现过对语言与社会的关联规律考虑不足的问题，几十年前更改的一些人名地名用字现在要重新恢复使用。如人名中，唐代宰相“魏徵”成了“魏征”，活字印刷术的发明人“毕昇”成了“毕升”，现在看来都有问题。人名、地名不仅是起指称作用的名号，还有不容忽视的文化功能：人名包含着命名人的社会心理，甚至是阴阳八字之说；地名保存着当地的历史文化，寄存着一方的家乡情感，其作用不亚于姓氏之于一个家族。总结语言规范的经验与教训，可以从中发现一些新的语言规律，特别是语言与社会的关联规律。语言学界不应轻视对语言规范的研究，语言规范工作者也更需从语言发展规律的高度来看待语言规范事业。

数十年来常有某种议论，认为语言是不断发展变化的，因此语言是不可能规范的；而一旦制定了某种规范，便会阻碍语言的发展。实际上，若建立起语言规范的选择观，认识到语言规范是依照语言发展规律所进行的选择活动，就不会认为语言规范阻碍语言发展，反而会看到语言规范是在帮助语言健康发展，是与语言的自组织机制相辅相成的。为更明显地说明语言规范与语言发展的关系，可以再看看“说服、说客、游说”的读音。“说服、说客、游说”中的“说”，都有 shuō、shuì 两读，但是两读的频率有很大差异：在“说服”中基本读 shuō，很少读 shuì；在“说客”中多读 shuō，较少读 shuì；在“游说”中基本读 shuì，也偶有读 shuō 的。这三个词所表现的读音倾向是由 shuì 向 shuō 发展，这种倾向是因“说话、说理、说服、说教、说笑”中“说”读 shuō 的“拔河作用”造成的。单靠语言的自组织机制的力量，“说服、说客、游说”中“说”的两读现象，可能要持续相当长的时期，故而需要社会依照这三个词的读音发展倾向，助语言一臂之力。《现代汉语词典》（第 6 版，下同）的处理是：“说”在“说服”中读 shuō；在“说客”中读 shuō，但注明旧读 shuì；在“游说”中读 shuì。《现代汉语词典》的处理，照顾了“说服、说客、游说”的现实读音状况，同时也考虑到了由 shuì 向 shuō 的语音发展倾向，当然，如果在“游说”后再补注上又读 shuō，也许能更好地照顾到这种语音发展倾向。

语言发展规律是复杂的，人们对语言发展规律的认识总是有限的，因此，对语言变项进行选择时，应当留有余地，在选择、规范之后还应及时观察，对不尽合理的规范应及时调整。再看“说服、说客”，虽然《现代汉语词典》选择了 shuō，将 shuì 断为旧读，但是在海峡对岸的台湾宝岛，不仅保留了旧读 shuì，而且将旧读定为规范读音。近些年来两岸交流频繁，“说服、说客”在大陆读 shuì 的情况又多了起来。由此看来，shuō、shuì 之争还会胶着一段时期。这种情况说明，不同华语社区的语言使用状况，也应纳入语言规范学者的视野，予以适当考虑。

三、语言规范的评价标准是语言生活

语言规范是为语言生活而制定的，因此，评价语言规范的最终依据是语言生活：既要符合语言生活实际，又能引导语言生活的良性发展。若设语言生活为 N，那么理想的语言规范就应为 N+1。这可以称为语言规范的“语言生活观”。语言规范，不管是制定出来的“语言规范$_N$”，还是正在进行的“语言规范$_V$”，都应能反映语言生活的实际，合乎语言生活的实际。比如《通用规范汉字表》从 2001 年开始立项研制，到 2013 年国务院批准公布，前后经历了十二年的时间。这个时期语言生活最为显著的特点就是信息化。《通用规范汉字表》在研制过程中，不仅考虑到对传统的批判性继承，考虑到将相关规范进行整合集成，而且也一直将适应信息时代的语言生活作为重要取向。

第一，为汉字信息编码提供现代汉语用字的规范。汉字信息的国际编码体现为 ISO/IEC 国际标准化组织的中日韩汉字统一编码（CJK Unified Ideographs）。这一编码是中国（大陆、台湾、香港、澳门）、美国、日本、韩国、越南、新加坡等国专家长期合作的成果，所收汉字数量已逼近 8 万，相当充分地反映了世界对中日韩汉字的使用需求。并且，专家们也正在对甲骨文 / 金文等古文字进行编码。同时，国际互联网已开始启用 IPv6。IPv6 为了开辟互联网更大的地址空间，顶级域名向包括汉字的多种文字开放。在中日韩汉字统一编码快速发展和国际互联网启用 IPv6 之时，提供现代汉语的字量、字种规范，提供简体、繁体、异体之间的对应关系表，具有国计民生层面的重大意义。

第二，反映社会各领域的用字要求。信息化是社会各领域的信息化，社会各领域信息化首先是用字的信息化。《通用规范汉字表》为收集各领域的用字可谓不遗余力。研制组通过多种途径搜集人名、地名用字，运用了人口普查的资料及公安、民政、测绘等部门提供的资料，还向社会公开征集姓氏用字；通过全国科学技术名词审定委员会收集了 56 个科学技术领域的用字，通过中国社会科学院收集了 33 个社会科学领域的用字。这样多途径、大范围、长时间地收集、整理社会各领域用字，为社会各领域的信息化提供了强有力的保证。

第三，重视语料库手段的应用。在研制的过程中，主要使用的语料库有：现代汉语平衡语料库（国家语委建立，约 9000 万字符，收录 1911—2002 年的语料，时间跨度近一个世纪，内容覆盖 55 个学科）、现代新闻媒体动态流通语料库（北京语言大学建立，约 3.5 亿字符，收录 2001—2002 年 15 种通行度较高的报刊语料）、教育科普综合语料库（《通用规范汉字表》课题组建立，约 500 万字符，收录 1951—2003 年的中小学通用教材及主要的科普读物）、儿童文学语料库（《通用规范汉字表》专家委员会工作组建立，约 570 万字符，收录 1949—2007 年适合低幼儿童阅读的儿童文学）、文言文语料库（《通用规范汉字表》专家委员会工作组建立，约 65 万字符，收录 1949—2008 年中小学语文教材的文言文和社会流行的普及性文言文）。其实，在字表的研制过程中，几乎参考了当时所有重要的汉语语料库，包括香港、台湾学界的语料库。当然，语料库的建设是一个过程，其本身还有一些不很完善之处；有些语料库不是为考察用字而建，不具有字料库的性质，依此考察用字状况或不完美；而且，现代的语料库技术也不一定很完善。尽管如此，它必然延伸了我们的语言经验，比语感自悟以及抄卡片的传统字表研制技术，已经迈进了一大步，而且这一大步也只有在信息化时代才可能迈出。

语言规范仅仅反映语言生活还是不够的，它还要能够引导语言生活向前发展。语言生活是动态的，应随着社会的进步而不断进步，应在人们的社会理念引导下而不断进步。通过语言规范引导语言生活不断进步，是语言规划的应有之义，应履之责。还以《通用规范汉字表》为例，如前所述，《通用规范汉字表》的研制不仅尽量适应信息化时代的语言生活，使字表研制达到 N 的水平，而且也努力引导语言生活，期望字表达到 N+1 的水平。我们知道，信息时代的“写字”方式发生了较大变化，计算机输入选字代替了打字机，代替了印刷排版时的铅盘植字，用笔写字的机会也大大减少。这种情况使人们的用字更为方便，而且使用的字种也有所增加。过去，不会写的字就不写，字盘里没有的字也基本不用，因为新造一个铅字是比较费时费事的。而今的“选字”时代，不会写的字只要出现在屏幕的选字栏中，就有可能被选中用上。2001 年，中国和日本共同召开了主题为“汉字文化的未来”的交流会，笔者有缘与会，得知当时日本人汉字使用的一个趋势，就是字种在不断增多。《中国语言生活状况报告》自 2005 年以来，对报纸、广播电视及网络上的用字情况进行了持续的跟踪调研，也发现了字种量有增加的趋势。考虑到这种情况，《通用规范汉字表》冠以“通用”，就意味着还有表外字的存在。承认表外字，一方面不把表外字处理为不规范字，另一方面也是引导社会用字向《通用规范汉字表》靠拢。

历史上的很多语言规范，都曾经很好地发挥了引导语言生活的 N+1 的作用。例如 1958 年发布的《汉语拼音方案》，设计了隔音符号（’）和声母 y、w 的使用规则，设计了韵母中 ü 的省略规则等。这些设计显然超出了注音功能，是为拼写汉语而作。在 1958 年以来的语言生活中，特别是在汉语国际化、信息化的实践中，中国人名、地名和中文文献罗马字母拼写法广泛使用。如果继续使用注音字母，或者只给《汉语拼音方案》设计注音功能，那会给当下语言生活带来极大不便。

四、结语

语言规范的雅正观贯穿古今。现代汉语时期，强调“正”多于强调“雅”，讲“规范”多，讲“雅顺”少。在教育普及的当下，在重视文化的当下，既要讲“正”，又要讲“雅”。当然，“雅正”是就规范而言，而对语言本身，对语言生活，则不必也不应强调“纯洁”。通过语言规范来匡谬正俗，这种规范观虽然较为传统，也常有批评的声音，但仍然在社会上较为流行，也确实是语言生活所需要的。

语言规范的行为，本质上是对语言变项的选择。语言在历时发展中，在共时应用中，都会出现变异和分歧，一个语言项目可能形成若干变项。语言变项的存在是常态，是语言丰富发展的一种表现，当然也是语言整合的对象。语言规范就是对语言生活中存在的语言变项进行选择，是依照语言发展规律进行选择。认识语言规范的这一性质，树立语言规范的选择观，可以从根本上摆正语言规范与语言发展的关系，可以自觉地在语言规范过程中去发现语言发展的新规律。语言规范不是“无事生非”，而是在语言生活中出现紊乱现象时，动用社会之力帮助语言的自组织机制发挥作用，从而使语言生活恢复到新的有序状态。

语言规范的根本目标是为语言生活服务。语言生活观要求语言规范既要反映语言生活现实，又能引导语言生活向前发展。评价语言规范是否合适，就看它是否客观反映了语言生活实际，看它能否科学地指导语言生活，概而言之，就是看它是否达到了 N+1 的水平。

既然如此，了解语言生活，认识语言生活，是做好语言规范的必要条件。语言生活错综复杂，需要使用现代的各种观测方法，比如建立动态流通语料库，就如同水文监测、气象监测一样，利用语料库来监测语言生活的各种变化。观测语言生活，也包括观测语言舆情。语言舆情是社会语言意识的重要表现，同时，通过语言舆情也能够逐渐形成新的语言意识。语言意识既是语言生活的重要构成因素，也是引导语言生活的重要手段。故而关注语言舆情，引导语言舆情，具有语言规划学上的不容忽视的意义。

一个观念可以改换一个视角，改换一个视角可以发现一片新的学术视域。语言规范由致力于匡谬正俗到选择观的建立，由关注具体的语言现象到关注语言生活的现实与未来，便会开拓出更多新的学术视域。在雅正观、选择观、语言生活观的综合关照下，我们必然会对语言规范有一个更为全面的认识，语言规范研究必然会有一个跨越性的新发展。

参考文献

曹先擢，2009. 谈谈普通话异读词审音［M］. 北京：语文出版社 .

费锦昌，1997. 中国语文现代化百年记事：1892—1995［M］. 北京：语文出版社 .

高更生，2002. 现行汉字规范问题［M］. 北京：商务印书馆 .

教育部语言文字信息管理司，2015. 信息时代汉字规范的新发展：《通用规范汉字表》文献资料集［M］. 北京：商务印书馆 .

李宇明，2012. 纪念《统一国语办法案》颁布一百周年［J］. 澳门语言学刊（1）.

李宇明，费锦昌，2004. 汉字规范百家谈［C］. 北京：商务印书馆 .

吕冀平，戴昭铭，2000. 当前我国语言文字的规范化问题［M］. 上海：上海教育出版社 .

苏培成，2010. 当代中国的语文改革和语文规范［M］. 北京：商务印书馆 .

王均，1995. 当代中国的文字改革［M］. 北京：当代中国出版社 .

王宁，2013.《通用规范汉字表》解读［M］. 北京：商务印书馆 .

文字改革出版社，1958. 清末文字改革文集［M］. 北京：文字改革出版社 .

语文出版社，2006. 语言文字规范手册［M］. 北京：语文出版社 .

【作者单位：北京语言大学。本文原发表于《当代修辞学》2015 年第 4 期】

由单语主义走向多语主义*

李宇明

一、引言

只能使用一种语言的人是单语人，能够使用两种及两种以上语言的人是多语人。只流行一种语言的社区是单语社区，流行两种及两种以上语言的社区是多语社区。单语人和多语人、单语社区和多语社区，就构成了单语现象和多语现象，而语言意识，特别是表现在语言规划的理论与实践之中的语言意识，则不是“现象”而是“主义”。主张单一语言的是“单语主义”，主张多语并存并用的是“多语主义”。

在讨论个人单语与多语、社会单语与多语等语言现象时，在讨论语言规划的单语与多语等语言意识时，常常见到“双语”的说法。双语与单语具有诸多本质上的不同，而与多语却没有本质上的差异，所以本文不特意使用“双语”，只把双语看作多语的一种情况。

单语主义是传统的语言意识，也是早年的国家意识的重要组成部分。这种意识在欧洲表现得尤为突出，并有多种理论支撑。20 世纪 60 年代，后现代主义（postmodernism）思潮兴起，单语主义不断受到严肃批评，但是这些批评并没能动其根本。许多国家，包括一些多民族国家、实行多国语的国家和 20 世纪下半叶新生新立的国家，仍然信奉或是倾向于单语主义。当今之世，人口移动的规模扩大、半径加大、频率加剧，各式各样信息聚散交融，世界各地几乎都处于多民族集聚、多文化汇聚的状态之中，单语主义显然已经不适合人类生活的这种新态，社会要求语言意识必须由单语主义走向多语主义。

---

* 李嵬教授、高一虹教授对本文提出了许多很有价值的修改建议，特此致谢。

本文在全球化背景下就国家、民族的层面讨论单语主义和多语主义问题。首先列举传统国家和新生新立国家的单语主义表现，然后讨论单语主义所带来的严重社会冲突以及许多国家在遭遇单语主义困难之后，逐步调适语言政策，向多语主义转变。多语主义是对传统国家意识的挑战，也是解决多民族国家语言问题的现代理念，更是当今全球化、多元文化时代的强烈要求。

二、传统国家与单语主义

传统国家大都秉持“一个国家、一个民族、一种语言”的观念，语言规划的理念基本上是单语主义的。“民族国家”理论比较发达的欧洲尤为突出。在欧洲，有人把国家（state）定义为“想象的共同体”（imagined community）。语言在国家建构、民族认同中起着举足轻重的作用。

法国是首创“民族国家”概念的国家，也是一贯坚持地理、政治、社会、文化和语言具有统一性的国家。根据 Sue Wright（赖特，2012）、戴曼纯、刘润清（2012）、李宇明（2014 主编）和李清清（2014）等的研究可知，早在 1539 年，法国就颁布了《维莱－克特雷法令》(Edicts of Villers-Cotterêts)，要求所有的法律、行政文件必须使用法语，由此开启了“全国性”语言至上的语言立法。1635 年建立的法兰西学院，为巩固法语的崇高地位做出了重要贡献。1789 年的法国大革命，使人民的身份由“臣民”转变为“公民”，国家事务需要征求人民的意见，实施这些事务需要获得人民的同意，这就更加需要语言统一。1790 年法国的一项语言调查表明，只有 300 万人把法语作为第一语言，300 万人具备一定的法语能力，另外 2,500 万人则讲着其他语言，法语能力很低甚至为零。这时，在同封建派斗争中获胜的雅各宾派（Jacobins），对语言多样性的容忍几乎消失，把公民学习和使用法语看作是爱国和革命的象征，语言显然被政治化了。法国政府一直支持在公众事务中使用单一语言，认为单语使用有利于加强团结友爱，是社会繁荣的需要，而且能够保证精英管理制度下的机会均等。1951 年，法国议会采纳了《戴克索纳议案》(Loi Deixonne)，允许学校教四种地区语言，强硬的单语主义有些松动，但这一宽容的议案直到 18 年后才得以真正实施。1983 年，密特朗政府宣布不赋予作为地区独立象征的地区语言以更大的独立权。《欧洲区域或少数民族语言宪章》1992 年出台，但是法国政府直到 1999 年才签署，且还不算正式发布。1994 年，法国议会通过了《杜邦法》（Toubon Act），重申宪法关于“法语是法兰西共和国的语言”的规定，明确法语应用的规范标准和法律制度，旨在进一步加强法国公民尊重和爱护法语的意识。

法国的例子是比较典型的。其实，考察一下德国、英国、沙皇俄国、土耳其等国的情况，无不体现出“一个国家、一个民族、一种语言”的单语主义。即使是在实行多语制（包括双语制）的国家中，也仍然具有明显的单语主义倾向。比如瑞士，它的国语有四种：德语、法语、意大利语和山地罗曼语。瑞士联邦统计局 2002 年统计，说德语者占全国人口的 63.7%，说法语者占 20.4%，说意大利语者占 6.5%，说罗曼语者仅占 0.5%。瑞士虽然有四种国语，且许多人都是双语人或多语人，但并不是每个州都是多语州。瑞士有 26 个州，其中 17 个德语州，4 个法语州，1 个意大利语州，伯尔尼、弗里堡、瓦莱州是德法双语州，格劳宾登州是德语、意大利语和罗曼语三语州。这种情况从各州的语言景观上也可以显现出来，单语州的道路标志多是单语。瑞士要求儿童学习其他国语，以使人民能够了解其他同胞的语言和文化。但是由于英语的强势，2000 年，苏黎世州教育部长宣布，苏黎世州有意将英语作为第一外语，取代法语。苏黎世是瑞士人口最多的州，这一消息立即引发了一场全国性辩论，提议虽然最后被否决了，但余响犹在。2002 年，提挈诺州决定将英语与德语、法语一起作为必修课程，为减轻学业负担，八年级的学生开始学习英文时，就不必再学法语。这些情况表明，瑞士将面临更多的语言纠结。

又如比利时，它的民族人口主要由北方的荷兰语族裔（佛拉芒人）、南方法语族裔（瓦隆人）构成，此外还有东南部的德语族裔。佛拉芒人占全国人口的 55% 左右，瓦隆人占 40% 强，德语人约占 1%。在历史上一个相当长的时期内，法语是比利时唯一的官方语言，佛拉芒语被视为粗鄙的地方语。19 世纪后半叶的佛拉芒运动，努力争取佛拉芒人的民族平等地位，1893 年的普选制为将佛拉芒语提升为官方语言创造了条件。1963 年的《语言边界法》，佛拉芒语成为佛拉芒地区的唯一官方语言。随着佛拉芒单语区的建构，瓦隆地区也逐渐演变为法语单语区，只有布鲁塞尔地区是双语区。作为多语制国家的比利时，不仅地区在单语化，政党也在单语化，主要政党的工作语言要么是佛拉芒语，要么是法语。选民只能在他们所属的语言社区参选，佛拉芒人只能参加佛拉芒语政党的选举，法语人只能参加法语政党的选举。不同语言背景的党派之争，酿成了比利时历史上多次政治危机。2010 年前后，法语党派与佛拉芒语党派之争，竟然导致政府四次更迭。布龙马特、董洁（2011）的研究告诉我们，比利时这个多语制国家仍然置身于沉重的单语主义及其所带来的一系列危机之中。

东方虽然没有西方那么丰富的国家理论，早期的语言规划也不是那么自觉，但是分析它们的国家行为，也仍然看得出单语主义意识。例如秦汉以来的古代中国，没有现代的民族概念，汉语书面语是国家语言。科举考试决定了教育的单语性，决定了官场的单语性。对于汉语之外的语言，在多数的王朝中基本没有给予应有的注意，甚至史书记载到与外族的交往，也很少见外族语言的记录，顶多有一些用汉字字音表现的外族词。中国历史上有过不少少数民族建立的政权，或是全国性的政权，或是地方政权，只有这些政权实行多语制，如辽、金、西夏、元、清等。

三、新生国家的单语主义

在第二次世界大战结束以后，直到 20 世纪六七十年代，许多地区摆脱了殖民统治，一批新国家出现在亚非大地上。这些新生新立的国家，不管其国内的语言国情如何，也大都希冀形成统一的国语，并最终摆脱当年殖民者的语言。在这些国家的建国理念中，在语言规划的意识中，底色也仍然是单语主义的，是新形势下的旧观念。

例如巴基斯坦，它 1947 年独立，拥有东巴基斯坦（今日之孟加拉）和西巴基斯坦，境内起码有 24 种语言。孟加拉学者蒙苏尔·穆萨在《巴基斯坦的语言规划政治与一个新国家的诞生》（Politics of language planning in Pakistan and the birth of a new state，见周庆生主编，2001）一文中指出，在 1951 年，讲孟加拉语者占全国人口的 56.4%，讲旁遮普语者占 28.55%，讲信德语者占 5.47%，讲巴丹语者占 3.48%，讲乌尔都语者占 3.27%，讲俾路支语者占 1.29%。但是巴基斯坦的建国者相信“一个国家一种官方语言”的模式，选定乌尔都语作为国家语言，巴基斯坦的政治领袖穆罕默德·阿里·真纳于 1948 年 3 月 21 日在达卡 30 万人的群众大会上坚定地说：“让我明明白白地告诉你们，巴基斯坦的国语将是乌尔都语，而不是其他语言。任何想误导你们的人都是巴基斯坦的敌人。没有国语，国家就不能保持其坚固的联系和职能。看看其他国家的历史吧。在国语这个问题上，巴基斯坦的语言将是乌尔都语。”（转引自周庆生主编，2001：103）。东巴基斯坦人希望他们的孟加拉语也被作为国语使用，但是这一诉求被“单语主义”领袖们否决了。之后，孟加拉人不断抗争甚至不惜流血牺牲，最终巴基斯坦在1971年分裂为两个国家，孟加拉国诞生。

越南也是一个多民族国家。1979年，越南政府正式公布了《越南各民族成分名称》，确定全国共有54个民族。1998年，越南人口有7,800万，主体民族京族人口有6,500多万，约占全国总人口的86%，少数民族约占总人口的14%。越南的官方语言是越南语，是京族的语言，少数民族语言没有地位。只是近年来，越南才开始关心少数民族语言的问题。

再看非洲。当年殖民者依据欧洲殖民势力瓜分非洲，主要以几何线划分国与国的疆界，很少考虑种族人群问题，造成严重的“语言马赛克”现象。当非洲国家摆脱殖民统治之后，一些国家的领袖们仍然效仿“一个国家、一个民族、一种语言”的国家模式，试图将某种本土语言培植为国语，以代替殖民者的语言，对内实现语言统一。坦桑尼亚就是一个较为典型的例子。

坦桑尼亚成立于1964年，由坦葛尼喀和桑给巴尔组合而成。根据苏·赖特（2012：68—80）的研究，那时的坦桑尼亚有120多个不同文化的民族社团，说着各种各样的语言。尼雷尔政府致力于建立基于“各部落最好传统和习俗”的具有共同民族文化的统一民族，并选择斯瓦希里语作为建构国家的语言。这种选择的理由是：（1）坦桑尼亚有较多人说班图语系的语言，斯瓦希里语属于班图语的一支；（2）斯瓦希里语是东非商业往来的通用语，在这一地区有广泛的影响；（3）斯瓦希里语与伊斯兰教和穆斯林有联系；（4）斯瓦希里语也是动员人民反对殖民统治的语言。事实表明，斯瓦希里语作为国家语言，在坦桑尼亚特定时期的国家建设中发挥了重大作用，但是，坦桑尼亚在20世纪七八十年代社会转型之后，当年赋予斯瓦希里语的重大使命并未能完成，斯瓦希里语在所有重要领域都未能取代英语这一殖民者的语言，在主要城市之外也未能取代其他的本土语言。在非洲，为达到国家统一而选择单一非洲语言作为国语的方案，现在被人认为是“不切实际”的。

20世纪末叶，随着苏联、南斯拉夫的解体，又独立或诞生了一批新国家。这些新国家在语言规划中，也大多秉持单语主义的追求，比如戴曼纯、刘润清（2012：185—201）和何俊芳、周庆生（2010：83—155）所描述的波罗的海三国的情况。

1990年3月11日，立陶宛宣布独立。1991年莫斯科“八·一九事件”后，爱沙尼亚和拉脱维亚也宣告独立。波罗的海三国的独立，又带动了亚美尼亚、摩尔多瓦、格鲁吉亚等国的独立，从而带来了苏联这个庞然大物的解体。1989年至1990年，苏联各加盟共和国建立了十来部语言法或与语言相关的法律。波罗的海三国最早立法，都把本国语言作为唯一官方语言，但并未提及俄语的地位，甚至还把国语与公民权联系起来。那时，这些国家还未独立，苏联尚未解体。当其独立之后，这些国家在国语建设方面更是不遗余力，凡要取得国籍或从事公务活动者，都须达到一定的国语水平，要参加包括“听、说、读、写”四个模块的语言测试。这引发了忽然变为少数民族的当地俄罗斯人的极大不安，引发了俄罗斯的严厉批评，甚至欧盟也派代表团到波罗的海三国，考察俄语少数民族是否受到迫害，并不断就少数民族语言权问题施加压力。

四、单语主义与多元文化的冲突

单语主义与多元文化在本质上是冲突的。在交通、通信、新闻传媒不太发达的时代，在族群语言权力尚不自觉的时代，在国内民众和国际社会能够容忍高压政治的时代，单语主义所引发的社会矛盾和文化冲突也许还不太显著，但是在20世纪下半叶，单语主义便遇到了极大麻烦，愈来愈不能适应现实世界。

其实在单语主义指导下的国度，并没有真正实现单语，国语之外的“小语言”仍然存在，并且使用者也在不断争取自己的语言权力。例如加拿大，1841年颁布了《联合法》（the Act of the Union），合并了上、下加拿大，确立英语为各层面公众生活的唯一官方语言，实行英语单语制。据张燕（2015）研究，这种同化政策遭到了法裔族群的强烈反抗。1849年，面临巨大压力的英王室不得不修改《联合法》，法语获得了法律上的合法地位，加拿大的英语单语制由此取消。此后又经过一系列曲折过程，国家甚至到了分裂的边缘，不得不进一步调整语言政策，1969年的《官方语言法》、1982年的《加拿大权利与自由宪章》和1988年的《官方语言法》先后出台，使加拿大具有了较为完善的双语制。

英语从英国出发走向全世界，现在已经成为“世界通用语”。但是在英语的故乡英国，英语并没有吞噬掉它身边的小语言，威尔士语、苏格兰语、盖尔语等都相继得到了自己的权力。2014年的苏格兰独立公投，提醒英国政府要更为小心地处理苏格兰事务，包括苏格兰的语言问题。在西班牙，虽然单语主义长期盛行，但经过长期抗争，今天的加泰罗尼亚语、巴斯克语、加利西亚语等，也得到了一定的语言地位。

据何俊芳和周庆生（2010）、戴曼纯和刘润清（2012）以及刘长珍（2015）等人的研究，印度在独立时认真设计了国语发展计划，希望用十五年的时间把印地语培育成国内认同、可代替英语这一殖民者语言的强大语言。但是印度语言呈现严重的“马赛克状”，其官方语言与方言据说有千种以上，使用人口5,000人以上的语言就有281种，1950年列入印度宪法附录中、具有地方官方语言地位的语言就有15种。印地语虽然是印度使用人口最多的语言，但南方各邦并不接受，不断为国语问题发生骚乱。在1965年的骚乱中，有159人被警察开枪打死，5人自焚，数百人受伤，5,000多人被捕，是历史上最为严重的“语言事件”。之后，印度政府不断调适语言政策，在继续培植国语的同时，承认更多语言的官方语言地位，今天进入宪法附录的语言已由15种增至22种，并且以语言建邦，保证一些大的语言有自己的语言邦。不再把英语看作敌对之物，而是看作国内各地区的“公平语言”，并以此更好地与世界沟通。社会的现实进程打破了当年建国前后的浪漫的单语主义构想，当前印度已经进入稳定的“三语制”状态：英语、国语、地方语言并用。

印度的情况，在亚洲、非洲许多前殖民地国家中也有相同或相似的表现，如斯里兰卡、坦桑尼亚、尼日利亚、肯尼亚等。原来殖民者的语言作为中立的角色及与外部世界沟通的主渠道保留了下来，本土国语也在慢慢培育，国语之外的地方语言也有许多人作为母语在使用。

原苏联地区的许多国家，有些独立时就采取本土语言与俄语的“双语制”，如哈萨克斯坦、塔吉克斯坦、白俄罗斯等，本土语言作为国语，俄语作为族际交际语。这些采用多语主义的国家，语言冲突相对较少较缓。但也有不少国家采取单语主义，除前面谈及的波罗的海三国，还有摩尔多瓦、格鲁吉亚等国。

摩尔多瓦1991年独立，将摩尔达维亚语作为唯一国语，使占当地人口12%的俄语居民异常紧张，德涅斯特河左岸居民宣布独立建国，并与政府发生武装冲突。接着境内的加告兹自治地方也宣布独立，建立独立的加告兹共和国。格鲁吉亚的情况也与之类似。赵蓉晖（2009）的研究告诉我们：格鲁吉亚1990年发表独立宣言，1991年正式独立，1995年颁布新宪法，将格鲁吉亚语作为国语，并有一系列使用规定，试图用“格鲁吉亚语化”取代苏联时期的“俄语化”。虽然新宪法也规定了阿布哈兹语是阿布哈兹自治共和国的国语，但其单语主义还是引发了国内冲突，2008 年俄罗斯武装介入，与格鲁吉亚爆发战争，格鲁吉亚政府宣布承认阿布哈兹、南奥塞梯是独立国家。格鲁吉亚国内的其他民族也表现出离心倾向。

乌克兰的情况更能突出展现单语主义与多元文化的冲突。何俊芳（2013：342—349）和梅颖、赵蓉晖（2014）指出：乌克兰有 130 多个民族，4,578 万人，其中乌克兰族约占 77%，俄罗斯族约占 20%。独立后的乌克兰以乌克兰语为国语，俄语只认作是少数民族语言。压制俄语的法律及一系列措施，并不符合乌克兰人长期使用俄语的习惯，也严重影响了其东南部俄语民众的感情，故而语言争论不断，社会冲突不断。2012 年，亚努科维奇总统签署《国家语言政策基本法》，规定某地区以俄语为母语的居民人数超过 10%，俄语就可以获得该地区官方语言的地位。乌克兰有 27 个行政区，这部法律使俄语在 13 个行政区内具有了官方语言的地位，暂时缓和了一些语言矛盾。但是，2014 年 2 月 23 日，乌克兰最高拉达（议会）宣布废除《国家语言政策基本法》，剥夺了俄语在东南部 13 个州的官方语言地位，冲突再起并终于引发战争。3 月 17 日，克里米亚宣布独立，并以新的自治主体加入俄罗斯。

半个多世纪以来，单语主义几乎总是伴随着语言冲突，成功的例子很少。因此可以说，单语主义与多元文化的冲突具有不可调和性。

五、全球化与多语主义

全球化是当前不可阻挡的大趋势。全球化首先是经济的全球化。世界多地都在效仿欧盟建立经济共同体，发展双边或多边的自由贸易区，出现了许多像“一带一路”这样的构想经济带。资本通过这些经济共同体、自由贸易区、构想经济带在全球自由移动，从而推动了技术、产品和劳动力的全球流动，带来了全球范围内的自由贸易。商品带着文化走，自由贸易使不同文化的物品到处展现，当然也使人们有机会看到和用到不同文化的物品。

飞机、高铁、高速公路的便捷，极大地扩大了人类的社会交往半径。人员的短期流动和人口的长久移动已是常规现象，“乐土重迁”这一传统观念的坚守者愈来愈少。人口流向一般是由乡村到城市，由发展中国家到发达国家，这种“上行流动”其实是跨越若干文明阶段的流动，由农牧业社会进入工商业社会，再进入后工业化社会。人口流向也有从发达国家到发展中国家、从城市到乡村的“下行流动”。这种“下行流动”大多是短期的，比如观光、考察等，但也有开办工厂等经贸类活动。社会交流和人口移动，使人能够接触不同的文化和不同文化的人，使不同文化的人能够短暂聚集在一起，或是长久地生活在一起。

发达的通信和昌盛的媒体极大地扩大了人类的见闻半径，特别是计算机网络和智能手机的普及，使得世界各地的信息与艺术都能在指尖点击中迅速传递。国界海关、新闻守门人在媒体、微媒体时代的作用已经大大减弱，所见所闻、街谈巷议即刻转化为信息碎片飞向四方。人们时刻被来自不同文化的信息包裹着，社会时刻被来自不同文化的信息填充着。

经济的全球化、人员活动的全球化、信息的全球化，几乎使每个人都处在多元文化之中，每个社会都并存着多元文化。比如中国就可以分析出五类并存的文化：汉民族的共同文化、汉民族各地域的文化、少数民族文化、历史上的传统文化、外来文化。世界各国莫不如是。这就要求现代人必须具有在不同文化间穿行的能力，现代社会必须具有处理、包容不同文化的能力，具有从不同文化中汲取营养的能力。

不同的文化由不同的语言或方言负载着，故而现代人和现代社会不仅要有平等对待、宽容包容各种文化的心理态度，而且也必须具备多语能力。个人多语是自身发展的需要，社会多语是尊重语言权力、开发语言资源、缓解语言矛盾的需要。因此应提倡多语主义。

联合国教科文组织、欧盟等跨国组织都大力提倡、积极保护文化多样性。欧盟还努力实践语言多样性，将所有成员国的官方语言作为其官方语言，对入盟国家提出尊重和保护少数族群语言权力的要求，这种要求成为加入欧盟的一个重要条件，明显改善了欧洲传统国家对待少数族群语言的态度，促使有入盟愿望的国家积极改善其国内的语言状况。在学术界，语言规划领域的批判现实主义者着力研究语言人权问题，对各国的语言生活状况进行学术监督，极力维护少数族群、弱势群体的语言权力，批评各种语言歧视现象和语言压迫行为，菲利普森·罗伯特（Robert Phillipson，2000）等甚至把英语全球化也视作语言领域的帝国主义予以批判。通过国际组织和学术界的努力，目前已经形成了多语主义的国际潮流。

在现实语言生活中，单语主义也在向多语主义转变。二战后独立或新发展的一些国家，特别是多民族多语言国家，在单语主义遭遇困难甚至发生社会严重冲突之后，纷纷调整语言政策，向多语主义转变。前苏联地区的国家，其语言政策还在发展调适中，但多语主义明显地正在成为主流。世界上一些老牌国家也不断调整其语言政策，关注境内的少数族群的语言问题，如英国、法国、西班牙、澳大利亚、新西兰等。一些所谓的单一民族国家，因有大量的外来人口暂时旅居或长久居住，也需要考虑多语问题。比如日本，号称是单一民族国家，其实它还有北海道的阿伊努人和被同化了的琉球人，此外还有 200 多万外来人口，其中华人超过 60 万，韩国人和朝鲜人近 60 万。现行的《日本国宪法》只字不提语言问题，但国语却只有日语，其他民族的语言甚至日语的方言都没有地位。再如韩国，其人口正进入 5,000 万时代，有大量外国人流入，其中，超过 10 万人的结婚移民者正在造就多元文化的家庭。在全球化时代，这些所谓的单一民族国家，也不能不注意多元文化和语言多样性问题。

总之，“一个国家、一个民族、一种语言”的单语主义，虽然在人类历史上流行了数百年，虽然至今很多国家还在做着单语主义之梦，但是它显然与全球化的“新常态”不相适应。全球化及文化多元化的大趋势，要求语言规划必须放弃单语主义，自觉转向多语主义。当然，多语主义的语言规划还是一个需要研究的课题，一时难以细数其全，但其基本精神应当是：

一、对个人提供多语教育，培养公民兼通母语、国家通用语、外语的多语能力；

二、国家要处理好通用语言与其他本土语言（包括方言）的关系，处理好本国语言与外语的关系，关注外来人口的语言问题，向社会提供多语服务，指导人们做好家庭语言规划；

三、国际组织（包括各种跨国组织）要处理好官方语言、工作语言与各成员国语言权力的关系，指导国际社会建立多语主义的语言秩序。

参考文献

布龙马特·扬，董洁，2011. 比利时语言问题与政府危机［M］// 教育部语言文字信息管理司 . 中国语言生活状况报告 2011. 北京：商务印书馆 .

戴曼纯，刘润清，2012. 国外语言规划的理论与实践研究［M］. 北京：外语教学与研究出版社 .

菲利普森·罗伯特，2000. 语言领域的帝国主义［M］. 上海：上海外语教育出版社 .

何俊芳，2013. 乌克兰《国家语言政策基本法》及其实施意义［M］// 教育部语言文字信息管理司 . 中国语言生活状况报告 2013. 北京：商务印书馆 .

何俊芳，周庆生，2010. 语言冲突研究［M］. 北京：中央民族大学出版社 .

李宇明，2014. 中法语言政策研究［M］. 北京：商务印书馆 .

李清清，2014. 英语和法语国际传播对比研究［D］. 北京：北京外国语大学 .

刘长珍，2015. 多样性与统一性：印度语言状况与语言政策研究［D］. 北京：北京外国语大学 .

梅颖，赵蓉晖，2014. 乌克兰语言冲突升温［M］// 教育部语言文字信息管理司 . 中国语言生活状况报告 2014. 北京：商务印书馆 .

苏·赖特，2012. 语言政策与语言规划：从民族主义到全球化［M］. 陈新仁，译 . 北京：商务印书馆 .

张燕，2015. 加拿大语言政策研究［M］. 长春：东北师范大学出版社 .

赵蓉晖，2009. 格鲁吉亚语言政策与语言冲突［M］//“中国语言生活状况报告”课题组 . 中国语言生活状况报告 2008：上编 . 北京：商务印书馆 .

周庆生，2001. 国外语言政策与语言规划进程［M］. 北京：语文出版社 .

【作者单位：北京语言大学。本文原发表于《语言学研究》2016 年第 1 期】

语言竞争试说 *

李宇明

文化的接触，民族的接触，常以语言接触为先导。语言接触不仅带来语言的丰富发展，也带来语言之间的相互竞争。语言竞争可以激发语言活力，也会触发各种语言矛盾甚至社会矛盾，因此，语言接触、语言竞争和语言冲突应得到语言规划学的重视。本文从语言结构、社会功能、使用者年龄、地理分布四个角度来观察语言竞争。每一个角度看到的都是存在于一定空间的语言竞争"景观"，因而也可以把这几个观察角度分别称为结构空间、功能空间、年龄空间和地理空间。

一、结构空间的语言竞争

语言的结构要素一般分为语音、语汇（词汇）、语法。就书面语看，文字与语音具有大致相同的地位，都是语言的物质表现形式。语音是诉诸听觉的语言表现形式，文字是诉诸视觉的语言表现形式。因而，也应该把文字看作语言结构要素之一种。

文字与读音或多或少都有一些差异，往往需要借助注音符号来标注读音。汉字不是拼音文字，本身所携带的表音成分少且模糊，更需要标注读音的工具。历史上，汉字注音曾尝试过直音法、读若法、反切法，之后使用注音字母和汉语拼音等注音符号，专业领域也可以使用国际音标。注音符号不是文字，不属于语言的结构系统，主要是语言技术层面的问题。但是，在特殊情况下注音符号可以行使一些文字的职能，比如在国际上用汉语拼音拼写中国的人名、地名、

---

* 本文为纪念许国璋先生百年诞辰而作，主要内容首先在北京外国语大学"许国璋讲坛"中演讲（第八讲 2014 年 11 月 5 日），之后又在多处做过学术报告。

机构名等。而且，一种文字采用什么样的注音符号，也往往包含有文化倾向，反映着语言竞争的某些信息。因此，在考察语言结构的语言竞争时，也应当兼顾到注音符号，下文将其附而论之。

（一）语言结构受其他语言影响的状况

语音、文字（含注音符号）、语汇、语法四大部分，都会受到其他语言的影响。

1. 语汇最易受影响。语汇是语言接触的前哨，最易受到其他语言的影响。当今时代，语言时时都在相互接触中，语汇借入更成常态，这已是常识，不须赘述。

2. 语音不易受影响。语音系统是自洽而稳定的系统，一般不易受外界影响，但也常因语汇借入而带入一些特殊的发音。例如："的士"使"的"有了阴平读音 dī；"拜拜"给"拜"带来了阳平读音 bái；"戛纳"使"戛"有了 gā 的读音。再如中国一些少数民族语言，原本没有 zh［tʂ］音，但因借入"主席、同志"等常用词，便发展出［tʂ］这个辅音音位来。

3. 文字一般情况下不大受影响。文字系统一般不会有太大变化，只有在进行文字改革或文字创制时，才会受其他文字系统的影响。注音符号亦如此。

4. 语法系统的影响是潜移默化的。语法系统较为稳固，但是也常受到其他语言的潜移默化的影响，仔细观察，所受影响甚至还是较大的。王力先生（1980：464—487）讨论"五四以后新兴的句法"和"句法的严密化"时，就指出了那个时代汉语受印欧语法影响的诸多情况，如"无定冠词"的产生、新兴的联结法、新兴的平行式、新兴的插语法等。贺阳（2008）深入研究了现代汉语的一些欧化语法现象。崔山佳（2013）研究了与动词、数量词、副词、连词、介词、助词、代词带定语、人名带定语、"动宾＋宾"、"是"字句、"被"字句等相关的欧化语法现象。

句法如此，词法亦如此。近来汉语新产生的"零～、～族、～吧、～控"等准词缀及其"词语模"，也显然受到外语的影响。更为显眼的是标题语法的变化，特别是科技论文的标题语法，欧化现象已经十分常见。

综上所述，在语言结构系统中，易受其他语言影响的是语汇和语法，不易受影响或一般情况下不易受影响的是语音和文字（含注音符号）。这种情况可以用不等式A来表示。

A：语汇 > 语法 > 语音 / 文字 / 注音符号

（二）语言结构受其他语言影响的社会感知度

不等式A显示的是语言结构的各子系统客观上接受其他语言影响的难易情况，然而，最易让社会感知到语言竞争、甚至最易产生文化抵触的情况，与不等式A所表示的情况并不完全相同。

1. 语汇既是语言间最易互动的系统，也是最易凸显社会感知的系统。就汉语而言，用什么方式借入其他民族词，是用音译、意译，还是干脆采用原形照搬的形译，常常引起社会的文化关注。意译是最民族化的，音译就曾有不少争议，但今日社会似乎对音译词宽容多了，甚至很多人还觉得使用音译词有时髦之感，特别是音兼意译，比如“幽默（humor）、沙发（sofa）、模特（model）、博客（blog）、伊妹儿（e-mail）、粉丝（fans）、荡（下载，download）”等。这种音兼意译词还可以构词，或是将其某音节转化为语素参与构词，形成词族，彻底地民族化。例如“模特”，不仅可以构成“T台模特、平面模特、礼仪模特、汽车模特”等，而且“模特”还可以简作“模”，构成“手模、脚模（足模）、腿模、脸模、眼模”等词。“粉丝”也可以简作“粉”或“丝”，构成“铁粉、忠粉、颜粉、黑粉、铁丝、钢丝”等词。网络上也有把fan译为“饭”的，故而粉丝也有各种“饭”，如“饭团、新饭”等。

当前，汉语音译词的文化争议虽已较弱，但对字母词的文化争议却仍然此起彼伏。字母词多属于原形照搬式。20世纪30年代以来，汉语从日语中原形照搬了不少词汇，因其原形是汉字，国人不易觉察。但是80年代以来，汉语较多地原形照搬了英语词汇，比如“ATM、BBC、CEO、CPI、CPU、CT、GDP、MTV、PK、PPT、ROM、SCI、VIP、WIFI”等，这便引起了社会较大反应。

2. 文字也是较易凸显社会感知的系统。文字创制或是改革之时，使用何种字母表，便强烈体现出其他文字系统的影响，体现着文化的倾向性。例如：

土耳其早先的文字是阿拉伯字母。1928年，穆斯塔法·凯末尔·阿塔土克（Mustafa Kemal Atatürk，1881—1938）建立了共和国，随即进行文字改革，将文字改为拉丁字母，甚至还将语言中来自波斯语、阿拉伯语的借词尽量剔除，以助其实现“脱亚入欧”的改革大业。

越南早期使用汉字记录越南语，公元10世纪以后，越南人发明了字喃（也叫喃字），与汉字并行使用。1651年，法国传教士罗德（Alexandre de Rhodes，1591—1660）用法语字母表为越南语设计了拼音文字。18世纪中叶起，法国一步步占有越南，并推广拼音文字，废止科举与汉字。1945年越南独立后，拼音文字被定为法定文字。

20世纪30年代前后，苏联对其境内许多少数民族文字进行文字改革，用西里尔字母替代原有字母。1946年，蒙古人民共和国的文字因受苏联影响，也改用了西里尔字母。

在中国，20世纪五六十年代开始进行的少数民族文字创制或文字改革，多数都以汉语拼音方案为基础。

文字改革既是语言领域的改革，更是文化领域的改革。汉字拼音化问题几乎争论了一个多世纪，汉字能否拼音化本质上不是一个技术问题，而是文化问题。许多进行了文字改革的民族或国家，还常常旧事重提，引发文化争论，如蒙古国现在还有恢复老蒙文的呼声。

3. 注音符号也易成为社会关注点。自清朝末年的切音字运动以来，汉字的注音符号形体选择一直是学界和社会的热议点。是用传统的注音字母，还是用日本假名式的字母、西里尔字母、拉丁字母？ 1958年通过的汉语拼音方案采用了国际通用的拉丁字母。随着汉语拼音的国内推广和国际应用，汉字注音符号的形体之争也许会低落下去，这方面的争论会集中到正词法和用什么字母表示什么读音等方面，亦即拉丁形体的不同拼音方案之间的争论，以及完善汉语拼音方案的讨论。

4. 语音、语法的社会感知度较低。语音、语法系统也存在语言竞争，语法系统中的语言竞争还较为活跃，但在中国却较少受到社会关注，不易产生社会的文化冲突。

以上讨论表明，语言结构中的语言竞争现象，社会较易感知、常常引发争论的是借词方式、文字形体（包括字母表），以及注音符号形体。这种情况可以用不等式B来表示。

B：语汇 > 文字 / 注音符号 > 语法 / 语音

比较A、B两个不等式的同异，探索其背后的原因及其对语言、社会等产生的影响，应是非常有趣的。例如，陆俭明先生（1989）曾经提问：“在我国传统的小学里只包括文字、音韵、训诂三大部分。唯独没有语法（也涉及一点语法，但大都包括在训诂之中），这为什么？为什么我们的先辈不注重汉语语法的研究？这跟汉语语法的特点是否有关？”笔者今天仍然不能清晰回答陆先生30年前的提问。但是汉语语法中的问题的确社会感知度低，这会为回答“陆氏提问”多一个思考维度。当然，如果观察一下其他语系的语法的社会感知度，当会进一步思考：语法的社会感知度低是汉语语法的特点，还是人类语言的共性？

如果进一步分析语汇、文字、注音符号等领域的争论，会发现争论的主要出发点基本上不在交际工具的效益层面，而在“民族性”“语言纯洁性”等文化、思想层面，而且这些争论常常会形成社会思潮，反复出现。

二、功能空间的语言竞争

语言社会功能的发挥，主要在于社会各领域的语言运用。语言运用的社会领域十分广泛，主要的或常被提及的有八大领域：（1）家庭；（2）宗教场所；（3）民俗活动；（4）社区交际；（5）教育；（6）大众传媒；（7）社会语言运用；（8）官方工作。这八大语言运用领域可以归并为五大功能空间（如图1所示）。在这五大空间中，展现出多姿多彩的语言竞争景观。

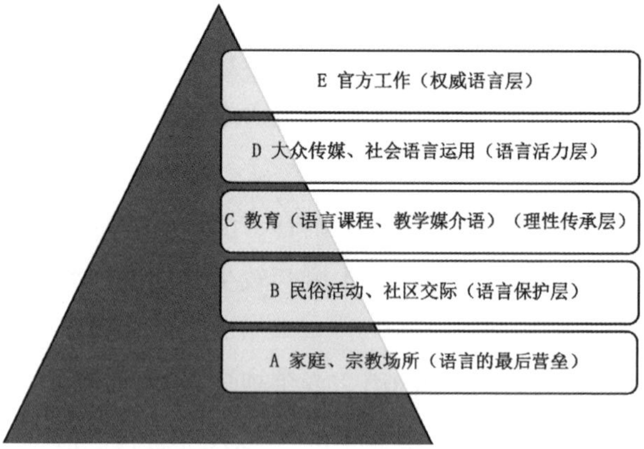

图1　语言的功能空间

（一）功能空间语言竞争的基本状况

A空间由家庭和宗教场所构成，是语言的最后营垒。家庭是语言之“根”，是通俗口语的保留地和传承地。当人们感受到其他语言或方言在家庭空间的竞争时，便会产生威胁感，会引发这一语言群体或方言群体的防范与反击。一种语言或方言在家庭空间的逐渐失守，便意味着其濒临危险，意味着语言之根的动摇。在上海等南方方言区，许多人士一直为孩子在家庭不会讲方言而忧心忡忡；内地的一些少数民族家庭，为孩子能在家庭讲本族语言而在做多种努力。以往的家庭多数是单语家庭，但是随着人口的大规模移动，跨地、跨族、跨国婚姻迅速增加，多言多语家庭也与日俱增。多言多语家庭的大量涌现是否会改变家庭语言的社会地位，还是一个有待观察的课题。

宗教活动一般在宗教场所举行，其语言一般带有古老、庄重、神秘的色彩，或是使用本语言较为古老的形式，或是使用宗教发源地的语言，在语言地位上属于高变体（H）。比如汉传佛教有时会使用梵语，傣族的佛教活动使用巴利文和老傣文。我国西北的回族穆斯林在寺院中诵经使用经堂语，经堂语是15世纪产生的吸收了一些阿拉伯语、波斯语词汇的汉语。如果说家庭是通俗口语的保留地，那么宗教则循用着语言的古老变体。由于宗教在人类社会中的特殊性，宗教语言具有“超稳定性”。

家庭和教堂也是语言生存的最后营垒。大洋洲土著语言毛利语，到20世纪末只有一些老人还懂，近于消亡。新西兰等国采取“祖孙传授”的方式，让爷爷、奶奶陪同孩子上学，希望把家庭的语言断层衔接起来。据说，这种“祖孙传授”法取得了一些成效。再如希伯来语，由于它保存在圣经里，故而1800多年之后，当犹太复国主义兴起并最终取得成功之后，希伯来语主要凭借圣经犹太语而得到了复兴，创造了“语言复活”的奇迹。如此看来，只要语言还保存在家庭和宗教活动里，哪怕是一点语言种子，它仍有复萌之望。

B空间由民俗活动和社区交际所构成，是语言保护层。民俗活动使用带有仪式性词语的语言或方言，也是本社区语言或方言的高变体（H）。各民族重要的民俗活动同时也都是本族语言或方言的展示和传承。

社区交际是社区的日常语言活动，领域十分广泛，包括邻里串门、集市贸易、乡村集会等。社区交际与民俗活动是乡土语言的保护层，只要语言或方言在社区使用，家庭语言就相对安全，唇在而齿不寒。影响社区语言面貌的主要因素是社区的文化态度和移民比例。当社区对乡土文化的态度发生变化时，或者是外来移民超过一定比例时，就可能影响到社区日常交际使用的语言，影响到社区的民俗活动。

C空间是以学校为主体的教育领域，是语言的理性传承层。家庭和社区的语言传承是自然传承方式，而教育的语言传承是理性传承方式。教育语言可以分为两大类:（1）语言课程，比如作为外语的英语课、法语课、德语课、俄语课、日语课等，又如作为校本课程的某种方言课;（2）教学媒介语，即讲课所使用的语言。教育是语言竞争的重要领域，语言课程、教学媒介语都是语言竞争的对象。开设哪些语言课程，受制于国家的语言人才需求，也深受国内国际语言市场的影响。比如中国，20世纪五六十年代的第一外语为俄语，80年代之后英语成为主要外语，几乎独霸了大学、中小学甚至学前的外语课程，社会外语培训更是英语的天下。英语取代俄语成为语言竞争的胜利者，原因是多方面的，其中一个重要的原因是国际语言市场的影响。

教学媒介语一般使用本族语言或国家通用语，但也有使用原宗主国或近邻大国语言的。中国的少数民族语言，由于发育状态不同，进入教育语言的情况也差别很大。没有文字的民族语言进入不了学校教育，其他少数民族语言，有些能够进入小学教育，有些能够进入中学教育，蒙古语、藏语、维吾尔语、哈萨克语、朝鲜语等发育状态良好，可以承担起完整的国民教育体系的语言任务。印度、巴基斯坦的主要教育语言是英语，喀麦隆的主要教育语言是英语和法语，这些国家原是西方的殖民地，原宗主国的语言作为教学语言今天仍在发挥作用。吉尔吉斯斯坦的主要教育语言是俄语，使用的是临近大国的语言，当然这与它原是苏联的加盟共和国有关。教学媒介语涉及教育主权；语言课程主要是教育需求问题，一般不涉及教育主权。因此，与语言课程相比，教学媒介语的语言竞争对社会的影响更为深刻，其所引发的语言矛盾乃至语言冲突也更为激烈。

学校、家庭和教堂是语言的“铁三角”[①]。在没有教堂活动的民族，可以把学校、家庭、民俗活动看作其语言的“铁三角”，如汉民族，重要的民俗活动发挥着宗教活动的一些语言功能。语言拥有这一“铁三角”，自然传承和理性传承两种方式并行发力，它就是安全的、稳固的、充满发展希望的。失去一“角”甚或两“角”，特别是学校或家庭，语言就存在着严重的发展隐患和安全隐患。

D空间由大众传媒和社会各行业的语言运用所构成，是语言活力层。如果说社区语言交际是“小众”的语言交际，那么大众传媒和社会各行业的语言运用就是“大众”的语言交际。“小众”的社区语言交际代表着语言根系的发育状况，“大众”的社会语言交际代表着语言树冠的茂盛与否，表现着语言的活力。

大众传媒是社会语言交际的显性代表。新闻出版、广播电视是有“守门人”的大众媒体，其语言既引导大众语言的走向，又及时反映着大众的语言创造。网络媒体有新媒体，也有迁移到网络上来的传统媒体，如今已成为新词语等语言新现象最重要的滋生地和集散地。社会对媒体语言有一种“规范期待”，对于媒体语言的不规范现象忍耐度较低，对于媒体中出现的语言新现象，常常用较为严格的眼光进行审视，故而对于媒体语言，特别是网络媒体的语言，批评较多，有时甚至要求公权力给予干预。

大众传媒之外的社会语言运用，主要是一些社会领域、行业的语言运用，如商贸、交通、通信、旅游、餐饮、文博、医疗卫生等，当然也包括一些会议语言。这些领域、行业的语言运用，具有通用性、服务性、行业性和象征性等特点，即倾向于使用通用面广的语言，使用适合服务对象的语言，语言中含有较多的行业特点，还会因某种文化追求而使用象征性的语言或符号。这些领域、行业的语言应用，形成了社会的主要“语言景观”，也因其影响面广而常常成为语言竞争之地，充满语言矛盾，故此社会关注，政府关心。

E空间是官方工作的领域，属于权威语言层。这一层次有许多术语，如国语、国家通用语言、官方语言、官方工作语言、政府工作语言、行政语言等，这些术语的内涵与外延的界定、名称的规范及相互间关系的厘定，都还有许多学术工作要做。质而论之，这些术语指称着两种语言现象：（1）具有象征意义的国语；（2）官方用于工作的行政语言。

国语是国家的象征。有些国家规定了国语，有些国家没有规定。中国在清末和民国时期把汉民族共同语确定为国语，中华人民共和国没有规定国语，普通话是国家的通用语言，实际上代行着国语的职责。有些国家不是单一国语，如加拿大是英、法双国语，比利时的国语是佛拉芒语、法语和德语，瑞士的国语是法语、德语、意大利语和山地罗曼语。

官方工作语言，也称官方语言、政府工作语言、行政语言等，是政府行使职责所使用的语言，也是政府与民众交流所使用的语言。官方工作语言使用在国家、省域、县域等不同的层级，应用在行政的不同部门。在中国，国家通用语言就是官方工作语言，不仅是政府的工作语言，也是立法、司法、军队和党、团及社会团体的工作语言。

一般来说，官方工作语言与国语是一致的，但也有各种较为复杂的情况。在中国，有些民族自治地方的工作语言是双语的，甚至是三语的，比如在内蒙古自治区，工作语言是蒙古语和国家通用语言；在西藏自治区，工作语言是藏语和国家通用语言；在新疆维吾尔自治区，工作语言是维吾尔语和国家通用语言；在新疆维吾尔自治区的伊犁哈萨克自治州，工作语言是哈萨克语、维吾尔语和国家通用语言。有些国家，国语和官方工作语言是不同的语言，比如新加坡的国语是马来语，官方工作语言是英语；巴基斯坦的国语是乌尔都语，官方工作语言是英语。有些国家的国语是双语、三语甚至四语，官方工作语言也是与之相应的多语，且在具体使用中还有各种复杂有趣的情况。

（二）功能空间语言竞争的特点

以上讨论的八大语言运用领域及其所形成的五大功能空间，主要是根据中国语言生活状况和对中国语言规划的研究提出的，许多细节还可以补充完善，比如可以重新提出或从已规划领域中再析出一些语言运用领域，可以将功能空间进行整合或是再行析分。根据功能空间的观察，可以看到当今中国语言竞争的主要表现。

第一，少数民族语言竞争的焦点在教育领域。中国有 56 个民族 100 多种语言，在这 100 多种语言中，能够用来进行学校教育的可能不到五分之一。我国在民族地区实行双语教育，国家通用语言和民族语言都可以进入教育，希望民族学生能够双语兼通。但是，由于对双语理念的认识差异、民族语言的发育差异、双语教师数量与水平的差异、家长教育观念的差异等，使得不同地区的双语教育也异彩纷呈，例如民族语言进入的教育层级不同，作为语言课程还是教学媒介语的情况也不同等。由此也会产生或隐或显的教学困难和教育争论，甚至表现出一些语言矛盾，存在着引发社会冲突的隐患。

第二，汉语方言主守 A 、B 两空间，努力跻身 C 、D 两空间。汉语方言区，特别是南方方言区，十分重视方言的家庭传承和社区应用，会因儿童在家庭中不说方言而焦虑。一些地区以校本课程等形式推动“方言进课堂”。地方电视台的服务、娱乐、文化类栏目，已有不少方言节目，甚至还有用方言“说新闻”的节目。对于方言进课堂、广播电视中方言节目增多等现象，社会上争论不断，

“保卫方言”之说也常有耳闻。2010年在广州发生的“撑粤语”事件，就是因广播电视领域的语言竞争而引发的社会冲突。

第三，外语觊觎更大的教育地盘。教育是外语最早进入、最易进入的领域，也是外语的传统地盘。当前，语言课程领域的外语竞争主要表现为两点：其一，语种的热冷多寡变化，一些过去较少有人学习的外语语种（即人们常说的“小语种”或“非通用语种”）开始受到重视；其二，学习外语的年龄向下蔓延，学龄前、小学成为外语教育的新天地。除了语言课程领域的竞争，在大学和汉族地区的双语学校里，外语还试图充当教学媒介语[②]。此外，外语也在向大众传媒领域跻身，电视台的台标及体育、时尚、文艺类节目较多使用外语词，便是外语竞争身影的闪现。

以上情况表明，教育是当前中国语言竞争的热点领域，也是语言矛盾表现最为突出的领域，其次是大众传媒，再次是家庭。教育和大众传媒的语言问题已受关注，但是家庭的语言问题尚未引起重视，纵然家庭语言问题正在引发无数家长的困惑。中国语言文字使用情况调查领导小组办公室（2006）的数据显示，20世纪末已经有13.47%的儿童从小先学会说的是普通话，十五年后的今天这一数据肯定还在上升。家庭是语言之根，如此数量的普通话儿童，会使一些方言和民族语言感受到语言之根的动摇。可以预见，在不久的将来，家庭也会成为中国语言竞争的热点领域。科学制定教育、大众传媒和家庭的语言规划，妥善处理这三个领域的语言矛盾，是中国语言规划的重要任务。

三、年龄空间的语言竞争

人生有不同的阶段，不同阶段有不同的语言特点。这里说的语言特点主要是指如下内容：第一，不同的语言任务；第二，在语言学习与语言运用上的不同特性；第三，这些不同特性的社会意义。根据这些语言特点，可以把人生分为五个阶段，亦即五大年龄空间（如图2所示）。

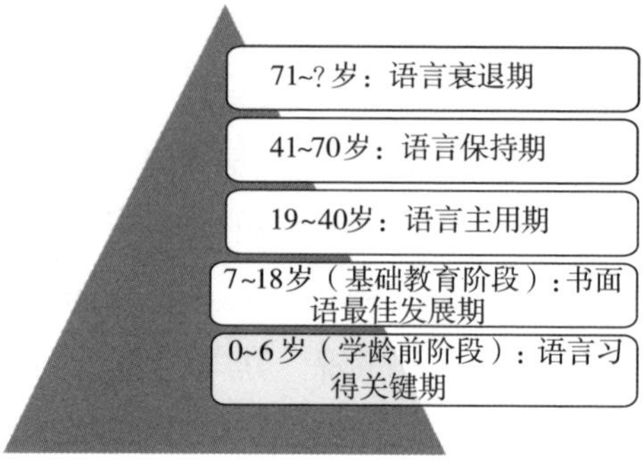

图 2　语言的年龄空间

（一）人生不同阶段的语言任务及语言表现

0～ 6 岁的学龄前阶段是语言习得的关键期。这个时期的主要语言任务是发展口语，同时也是培养语感的黄金期。

7～18 岁是小学、中学教育阶段，亦称基础教育阶段。这个时期的语言任务主要有三：第一，识字，发展书面语；第二，在书面语的基础上发展高级口语；第三，在学习各门专业课程的过程中掌握基本的科学用语。

19～40 岁是人生重要的语言时期。这个时期的主要语言任务有二：第一，发展专业语言。大学和研究生教育阶段，在中学科学语言学习的基础上，要进一步发展专业语言。完成教育之后就业，在特定的职业岗位上掌握和运用相关行业的专业语言。第二，制定语言规划。这一年龄段的人大都要成家立业，是社会各领域的骨干，家庭和单位都需要制定语言规划，比如，孩子最先学习什么语言，对单位员工的语言要求，对待语言规范的看法，自己使用语言的追求，等等。

这一时期，语言应用上显示出一系列成熟的标志，进入语言成熟期。人们大学或研究生毕业之后，若做教师、医生、学者、作家、新闻发言人、记者、编辑、播音员、演员、秘书、基层领导等，是最主要的“社会发言人”，他们的语言运用决定着社会用语的基本面貌。而且，此时期人的思想最活跃，语言最活跃，语言的吸纳能力和创新能力最强，故而他们的语言面貌也最能体现社会语言竞争的总体状况。

41～70 岁是语言保持期。人到此时期，大都有了一定的社会身份，有经验，有成见，行事稳重，语言持重。总体上看，这个时期的语言使用比较规范稳定，对待外来语、新词语、网络趣语等不会“跟风般”接受。语言保持期，也是人生出产语言精品的最佳时期。

71岁之后是语言衰退期。大约在60岁前后，语言使用便有些衰老迹象，比如“专有名词遗忘”现象增多，语言反应的敏捷度下降等。但是据刘楚群（2014）的研究，语言“老化”是从70岁或75岁之后才开始明显的，将70岁之后定为“语言衰退期”比较合适。此时期的语言任务主要是语言补偿，包括心理补偿和技术补偿。心理补偿是指弥补当年的“语言遗憾”，比如，当年一些杂居的民族人士没有掌握自己的母语，退休后就又去学习民族语言；当年对语言艺术没有掌握好，退休后又去学书法或朗诵。技术补偿是指因眼睛昏花而配备老花镜、因听力下降而配备助听器、因要使用手机而重新学习汉语拼音等。

（二）从年龄空间看语言竞争及语言活力

描写人一生的语言发展过程，清楚描述各年龄段的语言特点，现在还力所不能及。语言学界除了用发展眼光研究了儿童语言之外，还缺乏对人生其他阶段语言的发展研究。用终身观照的目光观察人生的语言过程，进而对人一生的语言发展做出科学规划，相信会得到很多科学发现，并可以大大提高人生的语言生活质量。

从年龄空间看，语言竞争主要发生在40岁以下。共同语与方言、国家通用语言与少数民族语言、本族本国语言与外语这三种竞争，在学龄前和基础教育阶段都存在，有时甚至还很激烈。这与上文所讲的教育是语言竞争的热点领域在认识上是一致的。大学及此后的一个时期是语言活跃期，此时期之人是最主要的“社会发言人”，故而也经常处在语言竞争中、语言矛盾中、语言困惑中。此时期的主要矛盾在于语言规范与非规范的矛盾，特别是外来词语的使用对语言规范的冲击等。40岁之后，语言使用已基本稳定，且伴随年龄增长语言能力将逐渐退化，语言竞争已不剧烈。

年龄空间也便于观察语言的活力。学龄前是语言的根基，若没有学龄前的语言学习，语言就失去了发展根基。基础教育阶段是语言的理性传承期，若没有基础教育，语言就只能靠自然的途径传承。19～40岁是语言的主用期，这一时期的人们若都不再使用某语言，该语言就将濒危。41～70岁的人若都不能使用某语言，该语言就退出了社会交际，从理论上说这种语言已经死亡。当然，如果连70岁以上的人都不能说或很少说，那么这种语言就是“记忆”中的语言，就消亡了。由此就可以理解，南方方言区为何会如此关心儿童和家庭的方言保持问题，民族地区为何会如此关注基础教育阶段的双语教育问题，一些移居海外的家长为何会如此积极地让孩子学习汉语。

四、地理空间的语言竞争

语言是人在使用着，人生活在一定的地理空间中，因而也形成了语言的地理分布。语言的地理分布情况，是语言有无实力的一种重要表现。

根据语言获得顺序，可以把语言分为第一语言（Fa）和第二语言（Sa），把一种语言的不同变体（包括共同语和方言）分为第一言（Fb）和第二言（Sb）。由此可以把语言分为F层（Fa，Fb）和S层（Sa，Sb）。当然，S层不仅包括第二语言／言，也包括第三、第N语言／言。据观察，近百年来，特别是第二次世界大战以来，语言地理空间的分布呈现如下特点：

（一）F层语言版图基本稳定

近百年来，特别是第二次世界大战以来，第一语言和第一言的全球地理分布没有发生令人惊讶的变化，处于基本稳定的状态。当然，如果仔细观察的话，F层还是有些许变动的。主要表现在：（1）一些强势语言或方言有限度的扩散。如前苏联地区的俄语扩散，占去了一些加盟共和国语言的地理位置。再如中国广东，近几十年来，粤方言占去了客家方言、潮汕话的一些地盘；香港过去有粤方言、客家方言、上海方言、潮汕话和疍家话，但是今天社会交际主要使用粤方言，其他方言如果还存在的话，也主要保存在一些家庭中和小范围的社交中。（2）一些弱势语言、小方言萎缩或消亡。如中国的满语和汉语的一些方言岛。

历史上，阿拉伯语、西班牙语、葡萄牙语、法语、俄语、英语、汉语等，都曾经以第一语言的身份从本土向外扩散。从奥斯特勒（2011）对这些语言外扩的描写可以发现，殖民、移民是第一语言版图外扩的主要因素。近百年来F层语言版图基本稳定，一方面说明历史上大规模殖民、移民运动基本停止；另一方面预示着当下F层语言版图移动将由新的因素驱动，这种新因素是什么，还值得仔细观察。

（二）S层语言版图变化剧烈

与F层语言版图基本稳定的情况相反，近百年来，特别是第二次世界大战以来，第二语言版图在全球却发生了剧烈变化。这可以从三个方面看。

第一，英语替代法语成为全世界最重要的外语。在第一次世界大战结束时，国际条约的签订基本上还是使用法语，英语只是“副本语言”。但第二次世界大战结束时情形大变，几乎所有的国际文件都使用英语签署，法语降至“副本语言”的地位。特别是 20 世纪 70 年代以来，英语更是席卷全球，连传统的法语世界都开始“倒戈”，李清清（2014：84）曾列举过不少这类例子。当然，法语仍是世界上最重要的外语之一，法语国家组织有 56 个成员国和 19 个观察员国，其数量超过了联合国成员国总数的三分之一，但其地理上的分布与当年相比已大为缩小了。

第二，处于第二方阵的语言竞争激烈。英语现在几乎成了“世界通语”，处在无与争锋的第一方阵，位列其后的法语、西班牙语、阿拉伯语、俄语、德语、汉语、日语等，形成世界语言的第二方阵③。这些语言之间的竞争或明或暗，或直接或间接，作为第二语言的地理分布此扩彼缩。需要注意的是，第二方阵的语言有不少也是世界上的重要通用语，中国把这些语言称为“小语种”或“非通用语种”，不仅不符合实际情况，也妨碍了国人对世界语言形势的判断，严重影响了外语规划的制定。还应注意的是，第二方阵的语言竞争尚未引起人们的重视，其竞争状况至今未得到全面描写，这对于预估汉语国际传播可能遇到的阻力、制定科学的汉语国际传播规划来说，也是不利的，因为汉语的国际竞争对象主要是第二方阵的语言。

第三，一些地区的第二语言也发生了地理空间的变化。例如前苏联地区，在苏联解体前，俄语在各加盟共和国得到了很大的版图扩张，甚至在一些地方、一些人群中挤掉了当地语言而获得第一语言的地位。苏联解体之后，在波罗的海三国、中亚地区、乌克兰和格鲁吉亚等地，再获独立的国家制定了新的语言政策，强化本土语言的地位，或显或隐地削弱俄语的地位。20 多年来，俄语作为第二语言在这些地区的版图在不断收缩。

此外，在一些国家和地区，第二言的变化也是巨大的。比如中国的汉族地区，长期过着单言生活，绝大部分地区、绝大部分人群使用单一方言交际，能够操双方言（包括方言加官话）的人群不多，双言地区不多。自清末推行国语（普通话）以来，双言地区和双言人群都有大幅增长，或由单言发展为双言，或者第二言由某方言发展嬗变为普通话（国语），甚至是“地域普通话”④。

（三）地理空间语言竞争的焦点

由上面的描述可知，地理空间语言竞争的焦点在S层面，包括不同的第二语言之间的竞争，第二语言与第二言的竞争。S层面的语言竞争，都是强势语言或强势语言变体取攻势，弱势语言或弱势语言变体取守势，攻守之间酝酿了不少语言矛盾和社会冲突。S层面的语言竞争有时也扩及F层面。而一旦扩及F层面，语言矛盾就会激化，常常引发严重的语言冲突和社会冲突。这告诉我们，一种语言的国际传播和国内推广，尽量不要去触动F层面，否则将会遇到巨大的“语言反抗”。

五、结语

本文从语言结构、社会功能、使用者年龄、地理分布等四个空间角度论述了语言竞争现象及对相关问题的观察，获得了一些重要发现。应该指出，这些空间不是孤立的，而是相互关联的；各空间也不是封闭的，对同一问题可以从不同的空间进行观测，可以多空间结合观测，而且还可以增加一些新的观察空间，比如经济空间等。本文更为重要的意义，是试图建立语言规划学的理论框架，以便更全面地观察语言竞争现象，从更多维度描述语言的活力状态，更好地解释和预见语言矛盾和语言冲突，希望通过语言规划来促进语言生活的和谐，并最终促进人类社会生活的和谐。

附注

①在与周明朗教授的交谈中，曾经讨论过“语言三角”问题，特此感谢。

②李宇明（2003）讨论了中小学教育中，外语（英语）作为教学媒介语的情况。陈新仁、方小兵等（2015）提出了外语教育与母语安全等问题。可参看。

③传统上，世界语言分类主要是谱系学分类，20世纪五六十年代出现了类型学分类，其实还可以根据语言的社会功能进行“功能学分类”。根据语言的社会功能（语言影响与功用等），可将世界语言分为五类（亦即五大方阵）：一、世界最通用语言，即英语；二、国际和地区通用语言，包括法语、西班牙语、葡萄牙语、德语、俄语、汉语、阿拉伯语、日语、马来语（印度尼西亚语）、斯瓦希里语等；三、国语或

官方语言，包括世界所有国家的国家语言或官方语言（除上两类语言外）；四、文化语言，包括拉丁语、梵语、古希腊语、古波斯语、古藏语等；五、其他小语种。这种分类，对于外语教育领域的语种选择，对于语言保护规划等，皆具意义。

④李宇明（2014）指出，地域普通话显然是推广普通话的产物，它虽然与普通话具有方方面面的不同，但也是属于共同语层级的一种语言新样式。

参考文献

尼古拉斯·奥斯特勒，2011. 语言帝国：世界语言史［M］. 章璐，梵非，蒋哲杰，等译. 上海：上海人民出版社.

陈新仁，方小兵，等，2015. 全球化语境下的语言规划与安全研究［M］. 南京：南京大学出版社.

崔山佳，2013. 汉语欧化语法现象专题研究［M］. 成都：巴蜀书社.

贺阳，2008. 现代汉语欧化语法现象研究［J］. 世界汉语教学（4）.

李清清，2014. 英语和法语国际传播对比研究［D］. 北京：北京外国语大学.

李宇明，2003. 关于中小学“双语教学”的思考［J］. 语言文字应用：增刊号.

李宇明，2014. 汉语的层级变化［J］. 中国语文（6）.

刘楚群，2014. 老年人口语非流利现象研究：教育部语言文字应用研究所博士后科研工作站与北京语言大学博士后科研流动站出站报告［M］.

陆俭明，1989. 东瀛寄语［C］// 湖北省语言学信息交流中心、湖北省社会科学联合会. 语法求索：首届青年现代汉语（语法）学术讨论会论文集. 武汉：华中师范大学出版社.

王力，1980. 汉语史稿：中册［M］. 北京：中华书局.

中国语言文字使用情况调查领导小组办公室，2006. 中国语言文字使用情况调查资料［M］. 北京：语文出版社.

【作者单位：北京语言大学。本文原发表于《外语教学与研究》2016 年第 2 期】

语言学家谈语言文字规范
——“语言文字规范标准建设调研”项目专家访谈总结

陈双新　等

2012年12月，教育部、国家语委发布了《国家中长期语言文字事业改革和发展规划纲要》（以下简称《纲要》）。为完成《纲要》中提出的到2020年“语言文字规范标准基本满足社会需求”的总目标和“加强语言文字规范标准制订和修订工作”等重点工作[①]，国家语委设立了“语言文字规范标准建设调研”项目，项目主持人为北京语言大学李宇明教授。2013年8—9月，课题组对全国范围内参与过国家语言文字规范标准建设或在与此有关的领域研究成就突出的98位专家（名单附于文末）进行了访谈。专家们针对规范标准的系统性、规范标准的推广执行、部分已有规范标准的修订、应该立项研制的新的规范标准等，均提出了很好的意见和建议。现将专家们论及的与语言社会生活关系密切而又十分重要的语言文字问题的意见简要概述如下。限于篇幅，多人提出的相同意见不俱列。

一、语言文字规范标准的体系、基础设施和理论建设

中华人民共和国成立以来，国家颁布的语言文字一般社会应用和计算机应用方面的规范标准有200多项，仅国家语言文字主管部门颁布的就有42项（数字统计截止到实施访谈的2013年8月）。然而，语言文字规范标准体系建设还不完善。专家们指出，这正是今后国家语言文字主管部门制定规范标准时应该特别关注的方面。

北京语言大学李宇明教授对此进行了深入阐述。他认为，语言文字规范标准体系有国际标准、国家标准、行业标准等。我们现在一般是将国际标准等同

采用为国家标准。国家标准下面应该有行业标准，行业标准的要求理论上应该高于国家标准，因为国家太大，如果所有的标准都要求很严的话将没有办法执行，但是某一些行业可以有自己比较严格的标准。之所以重视这样的规范标准，是因为我们现在明显地意识到，从国家的发展来看，如果把物理上的海关叫第一海关，那么规范标准就是第二海关，它致力于保护我们民族的市场、产业，维护我们自己的利益。所以规范标准一方面是要使自己的产品质量走上去，另一方面是充当第二海关的作用。外国的产品入了海关之后，需要检查，检查就靠标准。所有规范标准都成为我们保护国民利益、国家利益的极为重要的第二海关。我们现在的语言文字规范标准，必须放到一个大的环境里面来看，它过去主要是文化意识形态上的事情，现在除了保护我们的文化产品，还有很多重要作用。不符合中国语言文字规范标准的东西，就完全可以把它堵到“海关”外。比如进口电影，如果字幕不合格，就可以不让其进入我们的电影市场。教育市场同样如此，工业产品、计算机产品、字库产品、医药产品也是如此。然而我们国家当前只有工业标准而没有别的标准，因此我们只能从质量上去堵，第二海关基本上处于失守状态。所以到今天为止，我们对语言文字规范标准，还没有提高到国家民族经济发展的高度上来认识。最近最应该关注的就是电子书的标准。“电子书包”正在试验中，它除了要有一般的设备方面的工业标准之外，还应该有语言文字方面的标准，比如，纸的反光度怎样才适合阅读，字号大小、字体是否恰当，翻页是否符合读者的心理习惯，等等。但现在没有一个很好的关于电子书的语言文字标准。这样一来，制定规范标准的主体就逐渐转移为产品生产者。在新的时代，规范标准制定的主体，应该逐渐从国家转向产业，包括辞书产业、教材产业、科技产业，然后国家把那些好的产业标准上升为行业标准，上升为国家标准，再上升为国际标准。采取这一套程序，可能就是规范标准工业化的一个很重要的发展模式。

北京师范大学王宁教授强调，语言文字规范标准建设要特别重视基础设施建设。《通用规范汉字表》做了那么长时间，很多问题是基础设施不好造成的。现在没有文言语料库（特别是没有按年代的动态语料库），也没有社会性的语料库和基础语料库。社会性的语料库要考虑性别、年龄、地域。方言做了很多音档，但没建库，没有平台。所以不管我们想起做什么东西，基础设施是第一要义。没有基础设施，所做的规范标准很难足够接近现实情况。

王宁教授还特别指出，语言文字规范标准建设要重视理论学习和研究。很多理论要考虑，比如说文化的上中下三层次理论、汉字结构理论、字用理论、字本位理论、汉语和汉字的辩证关系等。字的书写和识读问题现在也没有办法解决，因为书写和识读遵循不同的规律，互相协调向前发展：写字要写得越简单越好，认字就希望信息越丰富越好。但现在字进电脑了，光认不写，书写慢慢就淡化了。还有一个理论问题，在信息社会，我们的语言和文字到底发生了什么变化，我们对字的态度到底要不要改变？自从有了计算机以后，人和字的关系、人和计算机的关系、人和书面语的关系有什么变化？这些理论都没有人考虑，我们写的文章也没有人看。另外，理论不普及，对文字和语言的理性认识就不够，社会上对语言文字的认识也比较少，做什么东西社会成员就不理解，不理解就不利于工作的推进。信息社会很多东西在飞速发展，我们现在跟不上。社会怎么发展的，语言文字在社会上是什么地位，都没有很好的研究。

北京语言大学杨尔弘教授认为，要特别注意计算机信息处理中的少数民族语言文字规范标准。目前我国对国内少数民族语言信息处理的规范标准的研究不占优势，反倒是外国人在研究，像藏语规范已经推出来了。从战略的角度来讲，这是很急迫的事情。另外，少数民族语言文字规范标准的制定可能属于交叉学科，既懂信息技术又懂少数民族语言文字的人太少，沟通又不太方便。因此，国家应该加强这方面的人才培养，把制定少数民族语言信息处理规范标准的这支队伍建立起来。

二、繁体字与简化字

有关繁体字与简化字的问题，近些年来很受大众关注，不时成为各大媒体讨论的焦点。每次讨论影响都相当广泛。参与者涉及领域众多，从政界、学术界、文化界到娱乐界。问题涉及面也很广，从字形繁简到传统文化，从一般应用到中小学教学，从繁简转换到两岸文字统一，等等。

对于有些人提出的恢复繁体字的问题，专家们认为没有必要，也不可能。中国社会科学院江蓝生研究员认为，简化字给人们带来极大的方便，现在要逐步废除会不得人心。她说，简化字由于笔画比较少，在计算机上也显得形体清晰。简化字已经走向世界，会对传播中华文化发挥有利的作用。况且，简化字的数量并不多，独体简化字 480 多个，加上类推简化字，一共 2200 多个，除此之外的那么多字，两岸和全球华人使用的基本一样。所以如果有人说中国大陆禁止使用繁体字，不仅不符合事实，也不科学。何况《国家通用语言文字法》里规定了文物古籍、姓氏、书法篆刻、题词招牌以及出版和教学中涉及古代诗文、古代文化的都可以使用繁体字。文字的使用由繁到简容易，反之则难。如果征求群众意见，恢复繁体字的倡议也不会通过。不过，她认为少数简化字的字形确有改进的空间，只是现在群众习用已久，要想改也难了。她还指出，为了加强大陆及港澳台语言文字的交流，最终实现“书同文”的远景，目前大陆应逐步做到用简识繁，在一定范围内简繁由之，台湾则用繁认简，在一定范围内繁简由之。

教育部语言文字应用研究所曹先擢先生认为，文字使用有习惯性，一旦成为习惯就很难改变。比如说餐厅的“餐”，笔划很多，有时候想把它简化，但是不敢。所以要充分估量社会的接受程度。

王宁教授认为，要把繁体字和简化字看作两种不同的文化诉求。她说，台湾用繁体字，大陆用简化字，不要把这种情况作为一种不同制度的信息对比，不要让它们对立，不要再加大它们的差别。简化字改一个字就有一系列波动，如果恢复繁体字，我们国家要付出的代价难以想象。但是简化字也不能再扩大，不能无限类推，维持现状就可以。

黄德宽教授认为，繁简字问题应该允许争论。因为繁简二元并存，争论中会形成一个张力，一方面繁体字有利于历史传承，一方面简化字不断强化地位。但是，我们要知道在哪些场合只用简化字，哪些场合可以用繁体，《国家通用语言文字法》允许在六种情况下使用繁体，用繁体就要强调规范地用。他特别提到应该制定繁体字或者说古籍用字的规范标准。浙江大学张涌泉教授也指出，现在繁体字没有国家标准，所谓繁体字的标准是台湾的标准，而台湾跟大陆对繁体字的使用情况是不完全一样的。这个问题比其他一些问题都重要，是当务之急。

教育部语言文字应用研究所张书岩研究员认为，当前社会上老有人把简化字看成是造成文化缺失的罪魁祸首，这可能跟时代特点有关系。社会转型时期，人们的价值观发生了变化，某种程度上就是金钱至上，从而导致浮躁心态，愿意去踏踏实实做一些事儿的人少了。这些问题的出现有着复杂的社会因素，不能简单地把原因归到简化字身上，让简化字成为替罪羊。

中国社会科学院语言研究所董琨研究员认为，近些年关于繁简字问题的讨论包含许多对简化字的误解。汉字最重要的功能是记录汉语。汉语词的词义跟记录它的形体，可以有一定的联系，但关联度不是很大，起码不是特别重要。所以从这个角度来看，汉字不管篆书、隶书、楷书、草书、行书，记录的功能都一样，也不管是简化字繁体字，这个功能（包括印刷古书和传承传统文化）也没有受到太大的影响。另外，汉字书法确实是中国文化中很值得骄傲和自豪的一个重要方面，但也不要过分强调，因为记录汉语是最重要的功能，美学功能是相对次要的。况且用汉字的人那么多，懂书法用书法的人毕竟还是少数。当然简化字本身也不是没有缺陷，最大的问题就是同音替代所造成的一个简化字对应多个繁体字，很多攻击简化字的观点就是针对这个方面而生的。制订《通用规范汉字表》时，起初也想稍微动一动，后来发现太难，要改回去成本太高。这个问题如果说长痛不如短痛，是不是可以考虑？如果真的不能考虑，那就要在繁简转换的技术上多下功夫了。

繁简转换是当前关于繁体字与简化字的焦点问题，尽管转换软件已经不少，但在准确率上都难有突破。有人认为，可行的办法只能是建立更大的数据库来提高计算机处理技术。北京师范大学王立军教授认为，繁简转换问题的根本，不是计算机技术问题，而是语言文字本身的问题。简繁转换出错就出在简繁不对应上，如何用语言环境、语言背景化解不对应的简繁关系，才是问题的关键。要摸清楚简繁一对多都有哪些，要彻查一对多简繁汉字出现的静态和动态环境，并用统计学或者别的办法把它梳理出来，然后再用计算机技术去实现，这个问题就会得到一个突破性的进展。当然不管怎么研究，怎么提高技术，要想达到绝对的百分之百的准确率是不可能的，这也没有关系，可以通过技术手段把那些模糊的现象用机器标注出来，然后再有重点地核对，从而使准确率再提高。大陆的古今繁简转换与两岸之间的繁简转换，一个是纵向的，一个是横向的，二者所遇到的问题是不一样的，应该分步骤、分层次去解决。首先做大陆内部的古今转换，就在古今这个层面上先厘清大陆内部的问题，积累一些经验，然后在这个基础上再做两岸的转换。两岸的转换除了字的问题，还有更复杂的词的问题。两岸词汇不完全对应，如大陆叫“信息”，台湾叫“资讯”，繁简转换时如何处理？王立军教授不赞同词的转换，因为那样的转换就相当于一种翻译，这种翻译转换实际上是破坏了原来文本的面貌，不利于了解对方，误以为对方就是跟自己一样。简繁转换就应该如实地从字的层面去解决问题，词的问题要靠学习，而且词对应转换很容易出错。不过这方面工作也可以做，就是用另外一个可选的工具，有“字对应转换”“词对应转换”两个选项，形成双开门[②]。

三、新旧字形规范及使用范围

新旧字形问题在一般大众使用过程中并不突出，但在古籍整理界、辞书界以及两岸书面和网络交流过程中，就很受关注。主要表现在大陆印刷繁体字古籍时，应该用与传世古书字形原貌基本相同的旧字形，还是使用与现代规范字形一致的新字形？编纂辞书时，国家公布的有关字表之外的字使用什么字形？与港澳台交流时使用什么字形？

中国社会科学院语言研究所程荣研究员认为，简繁问题和新旧字形问题是纠结在一起的，比如把古书中的字转换成现在的规范字，有的是从繁体字到简化字的转换，可是有的没有涉及繁简问题但涉及新旧字形问题，转还是不转，要有原则。《通用规范汉字表》8105 个字以外的字，古书里肯定有，转换时是不是表内的转换为新字形、表外的沿用旧字形？这需要明确。两岸字形转换的时候不仅仅是繁简问题，也存在新旧字形问题，比如说米面的“面”，进行大陆跟台湾的简繁转换的时候，就不能按大陆确定的繁体新字形“麵”，而应当用台湾确定的标准字形即半包围结构的“麵”。现在电脑字符集当中，新旧字形有的分别编码有的不分别编码，就不大好。编码上最好同等对待，至少把大陆的通用规范字，有新旧字形的，都编上码，对于现在通用字以外的字，是否要用新字形的问题，要经过调研论证决定。另外涉及新旧字形的究竟有哪些字，至今还没有一个完整的新旧字形对照表，《印刷通用汉字字形表》不是全部的，目前通行辞书中附列的新旧字形对照表实际上也是举例性的。所以要做好新旧字形方面的工作，应当先把比较完整的新旧字形对照表编制出来，在这个基础上，再研究新旧字形的使用范围。关于新旧字形的使用范围问题，王立军教授认为，要区分通用层面和非通用层面，在通用层面的汉字应该是统一的，对于那些不常用的或者是只在古籍中才用的汉字，不应该改造为新字形。

四、对异体字的认识及异体字整理

黄德宽教授认为，异体字是一个历时概念，在历时层面上的异体字留给专家学者去研究，国家不应该再出异体字标准。我们出台异体字整理的基础是历史文献，我们整理历史文献既存的异体字，对我们普通民众或社会用字规范是没有必要的，没有针对性。异体字作为历史用字现象储存在那儿是语言文字研究的重要课题，它留下了语言文字发展演变的一些线索和轨迹。如果我们把它规范后印出来，古籍的面貌反而发生了变化。因此这是专家的课题，而不是规范的任务。

程荣研究员和北京师范大学李国英教授都认为，对于大型权威字书的收字和计算机已编码的汉字进行大范围的异体字整理很有必要。应当弄清楚，在计算机大字符集的七八万个汉字当中，哪些字是哪些字的异体，否则在大字库里不断增加异体字和错别字，表面上看是给使用者带来了方便，想打哪个字打哪个字，但是实际上，在很多字当中选择正确的字，这在无形中又增加了很多的工作量。当不容易鉴别的时候，就会随便选用，这对汉字规范化工作非常不利。因此整理异体字的工作是当前做好汉字规范化工作的重要一环。

王立军教授认为，当前的异体字整理需要分两个层面。一个是在通用字层面上，确实需要对异体字进行整理，凡是与通用字具有严格异体关系的字就不能在现代通用层面使用，这里面必须把握一个概念就是"严格异体字"③，如果使用有交叉就应该保留。再一个就是在大字库层面上，大型字库里面的严格异体字也需要整理，但其中有些也出现于古籍中。由于出现的时代不同，它的应用就不完全对应，整理这批字确实非常难，所以做这个工作就必须建立一个能够包含古今汉字信息的大型汉字资料库。建这种数据库需要投入大量的精力，一步一步、一个时代一个时代地做，合理选取汉字发展史的切面，分步骤逐步完成，然后用《说文解字》记载的小篆这个切面为坐标，把那些切面穿起来，建立一个大型的、能够体现汉字历史发展层面的汉字字际关系的信息库、资源库。所以，整理异体字不能就现在的字库去做，而要以古籍实际的应用情况、应用的字形为基础做起，才能全面、科学。

五、规范标准的宣传推广与贯彻落实

教育部语言文字应用研究所费锦昌研究员认为，要编写规范标准的通俗性解读读物。可以根据社会不同层面、不同需要，编写面向不同群体的规范标准的解读读物。给记者、编辑用的，可以编比较详细但不那么全的；给一般老百姓查阅的，可以编一个通俗性的读物。还要加强培训工作，分期分批培训语委干部、图书编辑、教师等，只有加强宣传和培训工作，研制出来的规范标准社会知晓度才能提高，才谈得上贯彻执行。但贯彻落实要首先处理好规范标准的整合优化与相对稳定之间的矛盾、约定俗成跟科学调整之间的矛盾。比如 20 世纪 50 年代，有语言学家提出“恢复疲劳、打扫卫生”的说法不规范，但是这么多年还是没有改。所以到底是遵照“习非成是”还是“改非为是”，不能一概而论，有好多问题可能不是完全能用“改非为是”来解决的，有些时候可能就要“习非成是”。

教育部语言文字应用研究所张世平所长认为，在国家通用语言文字推广方面，有一个基本经验，就是以学校为基础。规范标准的宣传和推广，除了面向社会，还要重视学校这个基本阵地，要发挥学校的基础作用。做好了学校的宣传工作，事半功倍。因为学生们源源不断地走上社会，这实际上是一种从源头抓起的工作。学生在知识点和语言文字的学习中，可能不断地遇到各种各样的问题，在第一次遇到某个概念之下的一个问题时，教师可以根据不同的年龄层次，有浅有深地解释，这个问题不是一个孤立的语言现象，而是一类的问题。对于这一类问题，要知道国家有哪些规范标准。这样学生以后遇到其他问题或同类问题，能够主动找相关的标准查一查。这可能是一种比较现实和有效的教育方式。

六、普通话与方言

推广普通话是新中国成立以来一以贯之的方针，但对它的作用很多人认识不足。国家语委原副主任、教育部语言文字应用研究所陈章太研究员认为，推广普通话在国家生活中所发挥的重大作用可以说是无法估计的，应该从语言经济学角度对普通话推广、普及在我们整个国家语言生活和社会生活当中的社会效益、经济效益做总的评估，要有具体的数据。我们国家今天政治上高度统一、社会高度稳定、市场经济快速发展，可以想象到普通话所起到的作用。教育部语言文字应用研究所时任副所长刘朋建对普通话的作用做了很好的比喻，他说，人们常说知识就是力量，学校教给孩子知识是给他力量和腾飞的翅膀，而学好普通话就好比给翅膀再配上一副漂亮的羽毛。

除了前文所述的繁简字问题，近些年来，普通话与方言的关系也是颇受大众关注的热点问题之一。大众如此关注，媒体的讨论也十分热烈，这个问题真的这么严重吗？对此，专家们有不同的看法。

陈章太研究员作为参与制定《国家通用语言文字法》的国家语委老领导和语言学家，他指出在制订语言文字法时已经考虑到方言分歧问题，推广普通话是为了克服语言交际障碍，不是为了消灭方言。方言演变非常缓慢，濒危、消亡更缓慢，不用担心推广普通话就会挤压方言。他很不赞成保护方言和为方言立法。有人提出方言进课堂，他认为可以在教学中增加一点方言知识，设方言课是不妥当的。单独设方言课没有意义，起不到保护方言的作用，相反是干扰了整个的语文教学。由于语言交际的需要，有个别的方言萎缩、濒危或消亡，这是语言进化的一个表现，是一种进步。

北京语言大学张维佳教授强调，要从国家政治学、地理经济学和文化生态学等多角度来综合考虑普通话和方言及民族语言的关系问题。要做好双语教育（包括在汉语方言区和在少数民族地区教普通话），同时应该有一个语言保持，就是说学普通话的同时还要保持你的语言，这样不会出现语言濒危的问题。所以语言濒危不是一个真实的命题。社会在发展，时代在发展，有些语言消失是正常的，历史上有多少语言都消失了。更何况任何一个群体都不想为了维持自己的语言而让自己边缘化。现在老是强调保护抢救方言和少数民族语言，这样可能会强化地方意识。还有人说要为方言造文字，这绝对不能允许，同一种语言造不同的文字不利于国家统一。张维佳教授还对“普通话”的名称问题发表了看法。他认为现在把国家通用语定名为“普通话”是不妥的，对内应该叫“国语”，对外可以叫“中国语”或“华语”，叫“中国语”比较好。因为作为一个民族国家，必须要有一个代表国家的语言。在国语下面才是汉语、维语、蒙古语等，汉语底下有方言。有了这种定位，“挺粤语”“挺吴语”之类的事件也就很容易处理。

广州市教育局时任局长屈哨兵教授提出，我们国家的标志有国歌、国旗、国徽，就差第四个概念——国语。对国家通用语言应有更加精准的定位，这个问题如果不解决，我们就极容易受到国家语言安全和国家统一方面的挑战。“普通话”的“普通”，不是指“普普通通”，而是“普遍通行”。但“普遍通行”只是功能上的描述，不是一种国家意义上的定位。这个问题现在不面对，今后迟早还得面对。

北京大学王洪君教授也认为，国家通用语是地位高于方言和民族语的全国通用语言，它实际上是属于国语的性质了。它是全国各个民族和各个方言区人们在官方场合或者文化教育的场合都应该使用的语言。她还提到，现在没有关于普通话的具体的语音方面的规定，主要是字音异读的规定，建议建立标准音的示范语音库。

江蓝生研究员认为，改革开放前后社会背景差异很大。改革开放前，人们的生活空间都是封闭的，很多人没跨过村没跨过县更甭说跨省，这种封闭性就造成方言的势力非常强大，推广普通话的难度也就很大，所以要采取很多的措施、方法。但现在完全变了，你不让他学他都得学，不让他说他也得说。那么多打工者，他觉得不讲普通话简直是寸步难行，也找不到工作。社会背景变了，我们的政策也要变化，要做到推广普通话和保存方言并行不悖。方言是一种非物质文化，是一种情感的、文化的纽带，我们千万不要小看方言对凝聚人心、维系情感的作用。她特别强调，主张保存方言绝不是反对推广普通话。

有不少人认为，当前一些方言的弱化或者消失，与推广普通话有直接关系。山东大学钱曾怡教授对此有不同看法。她说，语言永远是发展的，不推广普通话它也要发展，有人说方言消失都是推广普通话的结果，这话是不对的。方言的发展肯定要受到共同语、其他方言乃至外语的影响，推广普通话是引领方言的发展走向统一的途径，对完善语言这一交际工具的职能有百利而无一害。方言无须消灭，更不可能消灭。“抢救方言”的口号是吕叔湘先生提出来的，但吕先生的原意是，方言迅速变化而向普通话靠拢，要及时调查记录，为后世保存现实方言的实况。而近几年国家语委正在做的有声数据库建设实际上就是这个目的，把方言的声音录下来，用音频、视频记录下来，这些都很有必要。近年来不少人提出保护方言，或者说保卫方言、抢救方言，如果是针对普通话而言的，那是没来由。吕叔湘先生提出的保护与抢救方言，就是把方言及时地记录下来。也没有人说过推广普通话就要消灭方言。

暨南大学詹伯慧教授也认为，推广普通话不会影响到方言的存在，最能影响方言的传承与发展的，是家庭层面的语言使用。

七、地名用字问题

地名用字的厘定，既需要专家们从语言文字学角度把握其科学合理性，更得尊重其人其地的使用习惯。民政部地名研究所原副所长商伟凡教授长期研究中国地名问题，课题组对其访谈时，他针对地名与语言文字工作的关系，从地名的用字、读音、组词、拼写四个方面谈了自己的看法。

对于地名中的生僻字，他开始时的想法，是想减少地名中的生僻字，缩小地名中生僻字的使用范围；到现在看法转变，他认为对这些生僻字应尽可能保护，因为它们是历史的积淀和化石，是地名文化遗产，如云南的澄（澂）江县、江西的鄱阳县、福建的侯官县、黑龙江的爱辉（瑷珲）县、山西的洪洞县等。地名带有生僻字的地方，往往都是历史最悠久的地方，有的其历史可以追溯到春秋时期甚至更早。2007 年联合国地名标准化大会通过了一项决议，确认地名属于非物质文化遗产。因此，我们对于地名中的生僻字，再不应该是排斥态度，而应该是保护和弘扬的态度。

地名的读音很复杂，如福建冠豸山，“豸”应念 zhài 还是 zhì[④]；广州番禺，“番”念 fān 还是 pān；福建厦门，“厦”为什么要读成 xià[⑤]；安徽六安，“六”应该读 liù 还是 lù；安徽蚌埠，“蚌”读 bàng 还是 bèng；河北大城县，“大”读 dài 还是 dà[⑥]；等等。这里面有方言方音的因素，也有换字的因素。地名定音应该遵从北京师范大学李运富教授提出来的“据义定音”，即根据该字在地名中的意思来确定它读什么音。

地名的换字、增字或减字需要相当慎重，如果考虑不周随意改动，不但会带来很多不便，之后恢复或再次改动起来也会花费极大的精力和财力。如 2010 年国务院同意将襄樊市改为襄阳市，建国初期定名为襄樊市，是选取了襄阳县和由它管辖的樊城镇中的各一字组合而成，现在看来当时的选字组合过于随意。单字的地名可能会有如何增字的问题。如河北易县、霸县，四川万县，广东梅县，河南林县、辉县等都是单字做专名，在县改市或县改区时，一般在已有专名后加一字，如霸县改为霸州市，梅县改为梅州市，林县改林州市[⑦]；但辉县直接就叫辉县市似乎就显得不太顺畅。字数太多的地名又有如何减字或如何简称的问题，这一般出现在少数民族地名中。如云南双江拉祜族佤族布朗族傣族自治县[8]，由于太长，除了县政府的大牌子写全了，在别的场合都省略为双江县。又如新疆的巴音郭楞蒙古自治州，一般就取首字称为巴州。

地名的拼写问题最麻烦。他认为，汉字的拼音化是给中国人看的，仅仅是为汉字注音；地名的罗马化是给外国人看的，其中同时包括了音译、意译的要素。因此这是两个概念，是两回事儿，应用范围不同，对象不同，处理原则也应该不同。给老外的地图上的地名英译，要考虑如何让老外更容易看懂，全用汉语拼音的话显然效果不太好。比如西湖的三潭印月、九寨沟的珍珠滩、大理的蝴蝶泉，用汉语拼音就不能描绘其中的意境。所以要具体情况具体分析，不能一刀切。联合国要求各国地名拼写应单一罗马化，但现在中国的地名，有完全用汉语拼音拼写的，有一半汉语拼音一半英文的（如将一般位于地名最后的“街、路、站、水、山、岛”之类通名译为英文），还有用原来的威妥玛式拼音拼写的，台湾还有用所谓的通用拼音的，还有少数民族语使用自己的拼写方式，所以中国的地名罗马化的历程非常艰辛坎坷，任重道远。

八、普通话异读词问题

《普通话异读词审音表》审定了31个文白异读的音，比如“露”文读 lù（如露天）、白读 lòu（如露富），“熟”文读 shú、白读 shóu，等等。王洪君教授认为，还有不少类似情况，有人认为也是文白异读，需要审定，如颈 jǐng/gěng、六 liù/lù、雀 què/qiǎo、宿 sù/xiǔ、柏 bǎi/bó、血 xiě/xuè、乐 lè/lào、色 sè/shǎi，等等。文白异读追溯起来最初是源自同一个音，后来在不同时期的官方语言或者不同方言中有了不同的音变，因此流传下来到现在有两种读音。异读词在使用上有三种情况：一种是文读用在正式语境，白读用在非正式语境；一种是用在不同词汇中的分工；还有一种是兼有前面两种情况。异读词处理不易，她认为这里面情况很复杂，有的是冒领了字形，如“颈”读 gěng 时本来应该写作“梗”；有的可分别归到方言和普通话，如“雀”读 qiǎo 应归到方音里；有的可以都留下来，如“宿”或读 sù 或读 xiǔ，按词汇异读来做区分比较好。作为国家语委普通话审音委员会主任，她表示审音委员会对这些问题还要再讨论。

九、网络新词语与字母词

江蓝生研究员认为，网络语言常常不讲规矩，大家都能看得到，典型的如英语和汉语混杂，超常的用词、造句。后者具体来讲又包括多种情况，诸如很随意的名词做动词（如“我电邮你”）；很随意的名词带数量补语（如“百度一下”）；很随意的名词做形容词（如“很女人”“很中国”）；也有不满足于一般程度副词“很、特、非常”，而用“巨、超、爆、雷”作副词来表意的；等等。对这些超常的现象要做具体的分析，也不宜一概地痛斥、反对，只不过现在用得太多太滥了，应该在度上加以限制。再者来说，网络语言的一些负面影响我们也不能小看。比方说不能够生造字义，像“囧”字，本来是光明、明亮的意思，并没有古怪的、尴尬的这层意思，结果这个误用由于一部电影弄得全国通行了，这就是审查部门的失职。还有像“屌丝”这种生造的低俗词汇，应该坚决封杀。对于类似这样的一些网络语言现象，我们态度鲜明，绝不支持。而对于一些有理据可循的或于古有证的创造性语言现象，我们就可以暂且观察一段时间再做定论。所以任何时候都不要一刀切，要具体问题具体分析。

程荣研究员也指出，当前对新词语的规范问题应当引起特别关注，并及时加强柔性引导，这种引导跟约定俗成其实并不矛盾，不能说等到非规范的东西都泛滥成灾了再出来说话，如“屌丝”这样的用字造词一看就低俗，应当当即制止，但刚出来时没及时引导，越用越滥，越用越多，影视上也出现了，现在再出来说话就已经晚了。对字母词问题，她认为在汉语表述中可以适度地有原则地使用，但如果太多了，就会直接影响汉语表意的区别率，影响汉语的交际，也影响到汉语的纯洁性，应加以规范性的积极的引导。辞书对于字母词不是收不收的问题，而是要讨论怎么收，该怎样引导规范。工具书最主要的功能是查检，读报时不明白“GDP”是什么意思，得有地方查。《现代汉语词典》的附录中可以查到“GDP”的意思，正文 497 页上有“国内生产总值”正条。这就解决了读者查检问题，而且给读者一个规范的指向。在辞书中收不收字母词的争论上，大多数人是因为不了解规范性辞书在引导规范上的具体做法而产生的一种误解。

董琨研究员认为，字母词使用的必要性毫无疑义，但可以下功夫做字母词的汉化。华中师范大学邢福义教授也认为，很有必要设一个机构来研制字母词的汉化。有了汉化词以后，就尽量不要再用字母词。

郭熙教授认为，词典收字母词很正常，也是应该的。至于收的形式，他认为《现代汉语词典》已经比较保守了，其实字母词可以放到正文里边去[9]，因为进入了汉语就应该收。目前字母词的争论本质是语言观念的问题，过多的担忧是一种不自信的表现。应该相信汉语的力量，汉语不需要保护，也不需要汉语保卫战。

另外，有专家指出，要制定字母词的读音规范和使用规范（包括使用形式和使用领域）。建立语言海关，将字母词第一时间转换成汉语词。国家应有专门的组织来翻译、引进或审核外来词语，负责在第一时间（黄金 24 小时之内）将新概念、高新科技的英文名词转化为汉语词。

十、缩略语和专名号

缩略是人们称说字数较多的词语时经常使用的方法，比如北京语言大学简称北语，但应该如何缩略，目前没有统一的原则，以致一般社会交际中经常出现一些意义不明、有歧义甚至让人忍俊不禁的缩略。对此，原国家语委副主任、教育部语言文字应用研究所傅永和研究员认为，应该制定“缩略语原则”。目前任意缩略的现象对语言文字的规范是很大的冲击。由于领域太多，名称也太多，因此应该抓根本，定原则，规定什么样的情况应该怎么缩略。他指出，现在更改地名、审定科技名词术语、外来词的译写，都已经有跨部门的组织在管理，唯独缩略语没有，这个应该是国家语委要管的。主管部门不要仅限于制定具体的标准，要从宏观上管理，大原则定了，人们再遇到缩略语的问题就有章可循。

傅永和研究员还对标点符号的修订提出了意见。他说，上次标点符号的修订只考虑了人文社科界的情况，没有考虑自然科学领域。比如取消专名号，给计算机自动分词带来太大的麻烦了。我们现在制定语言文字规范标准，已经不只是为传统的听说读写服务，也要考虑机器处理、信息处理。很多面向人的标准，在面向计算机时就不合适了。计算机信息处理的要求是必须格式化，不能有特例。过去面向人际交际的很多标准，在面向人机交际时，有很多要进行修订、完善，全面铺开也做不到，只能先选择社会急需的部分进行修订。

郭熙教授也提出要增加专名号，这对汉语传播非常重要。外国人学汉语，在阅读过程中最大的障碍是看见一堆译名却不知道是专名，更不知道是人名、地名还是其他专名，其实加个专名号就清楚了。而且加了专名号，我们自己阅读也会更方便。

十一、辞书问题

董琨研究员认为，一些重要的品牌辞书，涉及一个国家的文化实力的问题，应该由国家出面主持、编撰、修订。比如《辞海》《辞源》《现代汉语词典》《新华字典》，不是少数单位的，更不是个人的，应该是国家层面的，因为这些辞书的质量，能在很大程度上反映一个国家的文化实力水平。国际上公认的一些好的辞书，所有权基本上都是属于国家的，需要修订时由国家出面，由国家来聘请最好的对口的专家。这方面国家垄断没什么不好，可以减少很多弊病，可以避免浪费人力物力甚至误人子弟，可以减少很多恶性竞争和低水平重复问题。

商务印书馆周洪波编审认为，辞书是专业性很强、知识非常密集的产品，它的出版要有准入资质。大家通常会对辞书抱有较高的信任度，这种情况下，如果辞书质量不过关，就会给读者、使用者带来误导。也正因为如此，辞书需要有学术规范，这种学术规范从某种意义上来说也是规范标准的组成部分。所以我们说，现在社会应该呼吁出台辞书的学术规范标准。同时，还应该呼吁建立国家辞书语料库。

十二、语言服务的领域与标准

语言服务是大约十年前才提出来的新概念，但这方面的研究发展很快。屈哨兵教授及其团队对此一直关注，发表成果很多。这次访谈，屈教授对哪些领域急需语言服务进行了专门阐述。他说，目前最急需的有五个领域：一是军事领域，比如在多国联合军演的过程当中，美国军官的语言能力是他们军官素质中非常重要的一条；二是救灾领域，目前这种语言服务比以往任何时候的需求都更迫切，因为救灾的救援力量常常是跨区域运作；三是司法领域，这个领域过去几乎不需要语言服务，现在人口的流动性太大，尤其是在城市化进程和国际化竞争当中，语言服务就特别重要；四是国际交往领域，比如外来人口管理当中的语言服务；五是特殊人群的语言服务，特殊人群是指聋哑人、盲人、自闭症患者，对他们的语言服务也包括语言治疗，这方面目前中国几乎刚刚起步。另外还有交通、旅游、国际会议、大型赛事、医疗等，范围太广了，这些都应该提供语言服务。

语言服务建立什么样的标准，每个领域都不一样。现在最缺的是具备语言服务能力的人才，而且缺得特别厉害。没有人才，规范标准就没有人来制订，制订之后也没有人来实施，实施之后也没有人来评估，评估之后也没有人来推广，所以人才队伍的建设就是做好语言服务工作的根基。各个领域语言服务人才队伍的建设是当前语言服务建设中急需解决的问题。每个领域制定出来的具体的规范标准也一定要具有通用性，国家从南到北、从东到西能够通用。

附注

①2014年3月10号，国家语委发布了《关于进一步做好语言文字信息化工作的若干意见》，其中“重点任务”的第二项就是“制定语言文字信息处理急需的规范标准”，并列举了“制定包括字形、笔画、部件、结构、笔顺、字序在内的大字量汉字属性标准，普通话语音标准，信息技术产品相关评测认证标准，资源库的选材、建库、加工标准”等具体任务。

②为落实第五届两岸经贸文化论坛关于两岸合作研发汉语文本简繁转换系统的共同建议，厦门大学、教育部语言文字应用研究所、北京师范大学于2012年底联合研发《汉字简繁文本智能转换系统》。该系统2014年11月通过鉴定并上网以供广大用户免费使用。

③“严格异体字”是指音义完全相同、在任何情况下都可以互相替换的字，又叫“狭义异体字”，如“峰—峯”“凳—櫈”等。

④民政部、教育部、国家语委曾联合发文指出，“冠豸山”的“豸”应该读zhài。

⑤厦门古时候是一个岛，岛那时叫门。“厦”最初是“上下”的“下”，与其相对的另一岛屿叫上门。后来被人雅化，“下”换成了“厦”。而当地人“厦”就读xià，他们发不出shà这个音。

⑥当地50岁以上的人还有的会说成大（dài）城县，50岁以下的人现在习惯上都读大（dà）城县。

⑦这些地方古代曾做过州。

⑧双江是指交汇于县境东南的澜沧江和小黑江。

⑨一些字母词已出现于《现代汉语词典》第六版的正文中，只是没有以正条的方式出现，而是附于相应的汉语词形最后。如“GDP”以字母词的形式收录于词典1752页的“西文字母开头的词语”中，同时又置于497页的“国内生产总值”词条最后。

附录：98位接受本项目访谈的专家名单（按姓名音序排列）

曹　文	曹先擢	陈炜湛	陈　燕	陈章太	程　荣	戴庆厦	董　琨
董振东	费锦昌	冯学峰	冯志伟	傅永和	葛本仪	郭龙生	郭　熙
郝铭鉴	何婷婷	侯　敏	胡　方	黄昌宁	黄德宽	黄曾阳	江蓝生
靳光瑾	李　兵	李国英	李　生	李守业	李　炜	李宇明	刘俐李
刘民钢	刘朋建	刘　群	吕雅娟	马庆株	潘文国	潘悟云	齐沪扬
钱乃荣	钱曾怡	屈哨兵	商伟凡	邵敬敏	邵　宜	沈家煊	沈　明
沈　阳	施春宏	石定果	石　锋	宋　柔	苏培成	万业馨	汪国胜
汪　磊	王翠叶	王恩保	王洪君	王建勤	王理嘉	王立军	王　敏
王　宁	魏　晖	萧国政	徐　波	徐大明	荀恩东	杨尔弘	杨泽生
姚喜双	游汝杰	于根元	俞士汶	袁毓林	詹伯慧	张建国	张劲松
张　普	张世平	张书岩	张树铮	张万彬	张维佳	张一清	张涌泉
张振兴	赵日新	赵蓉晖	赵世举	周洪波	周庆生	周小兵	周有光
朱晓农	庄初升						

【作者单位：北京语言大学。本文原发表于《语言规划学研究》2015年第1期，收录时有修改】

中国语言规划的开拓者*

——纪念周有光先生

王　敏

2017年1月14日，周有光先生仙逝。周先生的一生，已经成为传奇，他在语言文字学界声名显赫，尤其以现代汉语规划和规范化领域的成就为人所知。一些媒体尊先生为“汉语拼音之父”，先生表示不赞成这个说法。这固然是先生谦逊，实际上先生在语言规划、语言规范化方面的成就也远不止于参与制定《汉语拼音方案》。李宇明（2017）认为周有光先生是“中国语言规划的理论家和实践者”。周先生的语言文字工作实践是成功的，他的理论思考对我们今后的具体工作和学术研究也非常有启发性。

周有光先生自述年轻时就对拉丁化运动感兴趣，1952年，出版了《字母的故事》一书。1955年，周先生参加全国文字改革会议，并从此进入语言文字工作领域，兴趣成为事业，成就有目共睹。周先生曾概括自己在学术领域主要关注的四个方面：（1）参加制定汉语拼音方案；（2）使文字改革跟语言学挂钩；（3）找寻汉字在人类文字史上的地位；（4）语言信息化时代的中国语文问题（周有光，2002）。

周先生致力于《汉语拼音方案》的制定和推行，从阐释《方案》本身的制定过程、研究理念到研制《汉语拼音正词法》、落实《汉语拼音方案》的规范，再到教学、邮政电信、计算机处理、手语盲文、少数民族语言文字设计等与汉语拼音应用有关的方面，研究成果深入广泛。周先生有意识地将现实的语言问题放在语言学研究的框架内，保证语言文字工作的科学性；他广泛研究人类文

* 本文承蒙苏培成先生、李宇明教授提出修改意见，特此致谢。

字发展演变，总结规律，将中国的语言文字工作放在人类语言发展研究的整体中，以整体的演变规律来反观我们的语言现象。周先生一直保持对社会生活的敏锐观察，关注不同时代条件下对语言文字应用的需求，思考可能发生的问题和解决之道。他对语言规划研究学术定位的思考，在中国应用语言学刚刚萌芽时便已开始。

一、中国语言规划的学术定位

一般认为，二战以后，语言规划成为较为明确的专门研究领域。此前，现代国家政权对于语言的管理已经具有了主动干预的意识。二战后全球范围内新兴民族国家的独立运动此起彼伏，国家文化主体意识的确立和明晰化需求极为强烈。作为文化载体的语言，如何顺应这种需求？恰恰也是在二战之后，科学技术飞速发展更新，人文社会思想极大丰富，在学术领域造就了学科细分与学科交叉并进的局面。在这样的背景下，语言规划研究在文化学、社会学、政治学等领域的各种调查研究中，都成为不可忽视的组成部分。

20 世纪 80 年代以来，中国的社会语言学、应用语言学逐渐发展起来。周有光先生较早地思考了中国语言规划（计划）的定位。他认为“语言计划”属于应用语言学的研究领域，与国家语言政策关系密切。他以二战以来民族国家兴起、国家重建、国家联合的国际形势为背景提出，“语言计划”研究的问题主要是：“1. 建立全国共同语；2. 制定文字规范；3. 翻译科技术语。”其中建立全国共同语的要求有三种：“A. 没有主体语言，需要选定共同语。B. 有主体语言，需要规范化。C. 有传统共同语，需要现代化。”（周有光，1992a）中国的共同语古有雅言，后有官话，普通话是现代化的共同语，确定了语音标准、词汇规范和语法规范。制定文字规范包括：“A. 无文字的要选定字母；B. 有文字的要改进文字；C. 古老文字要现代化。”（周有光，1992b）。中国汉字的现代化，表现为《汉语拼音方案》《汉语拼音正词法》提供的字母注音形式。

周先生的这些意见，已经大略指出了语言规划研究的要点，开展语言规划研究需要综合的多学科的方法。周先生的这些研究要点是基于对世界范围内的语言规划历史和现实需求的整体认知、基于中国的有关工作和成果而提出的，大略呈现了语言规划研究的学科发展脉络。他还明确提出，中国的语言规划就是语文现代化。“清末以来，经历了切音字运动、国语运动、白话文运动、注音字母运动、国语罗马字运动、拉丁化新文字运动、手头字运动等。这一系列运动的要求可以归纳为四个方面：语言的共同化、文体的口语化、文字的简便化和表音的字母化。”（周有光，2003）“[二战以后] 外国就提出语文规划或者叫语言计划这样一门新的学问。这门新学问，其实在中国是早已开始了的。中国叫文字改革，名称不同就是了，内容、道理是一样的。后来我们扩大了‘文字改革’的含义，把它说成‘语文现代化’。语文现代化是一项长期的工作，甚至可以说是永远要做下去的，因为，语言和文字是跟着时代的发展而演变的。”（周有光，2005）

百年来的语文运动、语言规范、语文现代化，从新的研究视角来观照，就具有了新的研究价值。周先生的思考，启示我们要注重中国语言规划研究的个性，要具有学术史、学科史的意识，在应用语言学、语言规划学的框架内，追溯研究中国语言规划实践的经验，特别是成功的语言规划经验，总结阐发中国语言规划的特点，使这一必须长期进行的工作不脱离中国的现实，能够具有更好的学术研究基础；也启示我们，语言规划研究者必须首先关注语言现实，关注现实中的语言使用的状态。这样，语言规划研究就能够正确定位，正视问题，科学阐释，提供具有前瞻性、具有社会意义的研究成果。

二、语言规划研究必须关注现实应用

“应用语言学以‘应用’为生命。离开‘应用’，应用语言学就失去了存在的价值。‘应用’因时而异，因地而异，因事而异。有当前急迫需要的主要应用，有暂时可有可无的次要应用。”（周有光，1992a）在语言规划领域，从工作措施，到理论阐释、研究方法，都需要围绕“应用”，否则规划实践很可能失败，理论很可能蹈空，方法很可能扭曲。当谈到“成功的语言规划经验”时，《汉语拼音方案》的制定与推行过程是非常值得研究的案例。

周先生有多篇文章阐释、回顾《汉语拼音方案》《汉语拼音正词法》等规范的制定过程，强调实际应用的需要。新中国成立之初，提升民族文化素质、提高教育效率等现实需求，促成了《汉语拼音方案》的制定。制定过程中，“为了适应多种多样的文字工作的要求，方案在重视科学性的同时，着重地考虑了实用性。例如，不用新造字母、尽量少用字母组合，便利文字工作机械化，便利国内各民族间的文化交流及国际文化交流。草案原用六个新造字母，修正草案放弃新造字母，用四个字母组合（zh，ch，sh，ng）”。“各方面对方案提出了互不相同、彼此矛盾的要求。方案不可能只顾一方面，必须从全局看问题，权衡轻重得失，尽可能最大限度地满足各方面的主要要求，因此，《汉语拼音方案》是多种多样要求的最小公倍数。”（周有光，1983a）

尊重语言应用的事实，也是方法和理论创新的前提、基础。谈到《汉语拼音正词法》，周先生说：“把规律写成规则，要斟酌实用要求。有时规律简单，规则须要详尽……群众不愿接受的规则没有实用价值。”（周有光，1984）这种理念体现在《汉语拼音词汇》《汉语拼音正词法》的分词处理上。分词的规律首先考虑语言节律，诉诸语感。“汉语拼音的分词连写是以语言中的‘分词节奏’作为依据的……分词连写法跟语法和构词法都有密切关系，但是，它又有不同于语法和构词法的自己的规律。”（周有光，1983b）“这种基于实际的规律总结，与当时的语言理论有不尽吻合之处。合理性从理论出发。习惯性从实践出发。范围不同，出发点不同，这就是矛盾的成因。”（周有光，1984）但是，由充分尊重语言应用的基本观念出发，才有可能不受现成理论的限制，解决现实问题。

为了将制定的规划（规范）更好地推向社会应用，周先生还做了很多指导实践的工作。周先生在《文字改革》连载《汉语拼音方案解说》（一至七，1961），详细阐明了方案的字母形式问题，音节拼写法问题，语音标准问题，字母对语音的配合问题，字母的顺序、名称和形式问题，标调方法问题，音节分界法问题，帮助使用者不但知其然，还能知其所以然，更好地理解和应用《汉语拼音方案》。《汉语拼音方案》实现了汉字注音拼写，具体到社会各领域，如何应用、有什么问题、采取什么方式推行？他提出，“汉语拼音方案是文字的辅助工具。它的多种用途可以归纳为三个方面：（1）在语文教育上的应用；（2）在科学技术上的应用；（3）少数民族制定文字的基础”（周有光，1959）。语文教育，包括汉字注音和普通话拼音，盲聋哑人的手语、盲文字母方案；科学技术，包括序列索引、科技代号、常用语缩写、外来词译音、电信工具及语文工作机械化。他在所有方面都提出了具体的意见，拿出了可操作的方案，为完善计算机拼音输入法提供建议。至于推动《汉语拼音方案》成为国际标准，使汉语拼音走向世界，成为沟通中国与世界的文化津梁，周先生更是与有力焉。他认为汉语拼音是国家共同语的强大助力，将在网络时代发挥更大的作用，他对汉语拼音有利于促进世界范围内华语“语同音”抱有极大的信心。

周先生的大量工作表明,《汉语拼音方案》的制定推行以“应用”为核心,以解决现实问题为目的,在研制思路、研制过程、推行措施等各个环节都体现了科学求实的态度。《汉语拼音方案》在多个领域成功推行数十年,证明以“应用”为核心的语言规划是切合实际的,在此指导下的规范标准方案是可行的,推行步骤是清晰有效的。

随着语言规划研究的深入,周先生关注的现象越来越丰富,涉及的领域越来越广泛,专门术语和阐释方法越来越缜密。语言规划研究从根本上是以应用为核心的社会科学研究,学科的基本理论架构、研究内容、方法、目的,都要以语言的现实应用为基础。在具体工作中,确定规划行为主体,规划对象的层级和类别,设计规划推行的内容和程序,建立规划行为评估的指标等,也都需要很好地理解这一基本理念。

三、语言规划研究必须坚持科学性

周先生始终坚持语言文字领域工作的科学性。在解决问题的过程中,严谨求实,重视总结规律,更新认识。虽然他曾感慨“过早的真理不是真理”(周有光,1986),但是他也坚信“历史迟早要向科学的结论前进”(周有光,1989b)。

周先生回顾《汉语拼音方案》的制定时谈道:“有人开玩笑说,几个字母搞了三年,太笨了!其实,何止三年。国际标准化组织(ISO)审查和通过《汉语拼音方案》作为拼写汉语的国际标准,又经过三年。今天回顾,花这么长的时间来仔细设计这个方案,不是无益的。如果当年留下一点马虎,今天会后悔无穷。”(周有光,2007)

例如,方案选择拉丁字母形式,周先生说:“字母的选择决定于两种力量:一种是字母的技术价值,另一种是字母的流通价值。”“字母的技术价值的主要衡量标准是:(1)简单;(2)明确;(3)方便书写;(4)方便机械化。”“我国所以终于采用拉丁字母,除掉出于熟悉拉丁字母的知识分子和部分工农群众的影响以外,主要出于拉丁字母的国际性的作用。”(周有光,1961)还有,汉语拼音记录普通话音素,就需要一方面“弄清楚普通话有哪些音素(准确地应当说‘音位’……),另一方面要弄清楚拉丁字母在国际间的习惯读音是怎样,然后把二者配合,解决其中配合上的问题”(周有光,1961)。字母组合、条件变读等也考虑了拉丁文以及使用拉丁字母的各国的规律。这都表明《汉语拼音方案》

在研制过程中所做的选择有清晰的目的和充分的依据，经过广泛的考察和审慎的思考。

他谈到怎样确定分词连写的时候，坦言："并没有个人的创造，只是在过去人们用过的各种方法中间选择其中的要点并加以系统化。""词儿连写问题不完全是理论问题，同时是习惯问题，只有通过群众性的公开讨论和公开试用，然后可能由分歧趋于一致。"（周有光等，1958）二十年后制定《汉语拼音正词法》，他提出，"正词法的学术依据不能单纯依靠某一方面。它需要从三个方面（按：语法、语音、语义）的综合之中提炼出自己的理论体系和实用准则。它是语言学的'第四维'研究课题"。因为"理论语言学的范围中间本来没有汉语拼音。正词法需要研究的各种矛盾多半不在范围以内"（周有光，1984）。对于超出现有理论范畴的事物，需要创新的勇气和能力去解释并提出解决方法。这是只有充分调查了解现实状况，秉持客观的科学态度研究分析，才有可能实现的。

但语言应用也是在不断发展变化的，解决方法并不是一劳永逸的。例如"正词法规则要跟着拼写习惯随时修正，否则会成为脱离实际的一纸空文。规则不断影响拼写，拼写不断修正规则。如此往复，最后可能达到相对的稳定状态"（周有光，1984）。关于汉语拼音的名称，周先生曾表示，"有人认为，我们不必另立字母名称，就借用英文的字母名称好了。……可是，这是不合理的。采用拉丁字母的国家都有自己的字母名称。名称是以本国的音值为基础的，音值不同，名称也应当不同。规定名称可以参照国际习惯，可是不应当背离本国的音值"（周有光，1957）。但是随着时代变化，英语对于一般人来说不再陌生，汉语拼音在信息化时代更扩大了应用范围，他修正了自己的看法。"有人认为《汉语拼音方案》规定的字母名称无法推行，不如借用英语的字母名称，方便小学生同时学习英语。这个意见，我认为是切实可行的。"（周有光，2000b）这是尊重语言生活的真正科学的态度。

语言文字工作，需要考虑的因素纷繁复杂，使我们常常容易纠结其中，理不清思路。周先生的回答是，"群众的语文运动，政府的语文政策，学术的语文研究，三者有别，不可混为一谈"（周有光，1989b）。语言文字的使用者，语言规划、语言政策的制定者，由于立场不同，需求不同，对语言规划应该实现什么目标，会有各种各样的观点。作为语言规划研究者，坚持实事求是、符合语言发展规律的科学研究，是应有的态度。

四、语言规划研究应具有全局意识、发展眼光

以应用为核心和目的来谈语言文字问题，就是把一个问题放在多维度的空间里，因为应用就意味着动态，意味着多种关联。“纯粹的、单一的、绝对的”种种观念自然消解，“多元的、综合的、发展的”全局意识清晰凸显。周有光先生对语言规划的很多具体问题的阐释和解决之道，通常也是把问题放在纵向的历史发展和横向的跨文化、跨学科的比较中，以系统性的规律、立体的思维方式来分析、验证。

周先生自述从 1955 年开始，研究汉字在人类文字中的历史地位，“这不是褒贬古今，不是占卜未来，这是认识自我”。可见他一直将自己从事的工作放在全人类文化体系内，对具体问题的观察思考，纵横上下，不限于一时一地。经数十年积累，耄耋高龄修成《比较文字学初探》，提出：“[比较] 文字的形体和结构，传播和发展，应用功能，历史背景等，从中归纳出文字发展的规律。比较的目的是辨别相互之间的差异性，阐明相互之间的共同性。”他认为“一国文字学正在发展为人类文字学”（周有光，2000a），并初步勾勒出人类文字学研究的轮廓。

他经常从历史发展的角度、语言和文字的发展规律解读一些“难题”。例如谈到汉字演变，他认为汉字形体趋于简化是客观存在的规律，同时也实事求是地认为过度简化和过分推崇繁体字都是不可取的。他认为汉语拼音的成功应用符合人类文字发展的普遍规律，同时也认为汉语拼音将长期与汉字并用，辅助汉字应用，而不是成为文字，取代汉字。

周先生认为今天我们进行汉字和汉语词汇的整理规范工作，不能仅限于当今，也不能仅限于中国，而是应放眼历史发展和中华文化影响所及。他鼓励更新知识，避免产生错觉，“以为古代的语词是死的，不会再有变化。其实不然。学者们的研究使我们对古代的了解不断更新，例如今人对古文字的知识比古人多得多了。不妨说，关于古代的知识也是活的，不是死的”。还要避免另一种错觉，“以为中国文化只有中国人知道得最多。其实不然。世界各国都在研究中国文化，他们用新的方法，不断得到新的发现。今天，不参考外国的研究已经不可能对中国文化有全面的和全新的理解”。“要开放视野，胸中有整个汉字文化圈和整个世界。”要了解汉字文化圈日、韩、越等国使用汉字的状况，考虑海外

使用汉字的需要（周有光，1986）。

他认为人类交流的需要使得语言求同成为趋势，共同语是社会发展的必需条件。他从国家发展、民族团结的大局来看共同语的研究和普及。“对中国来说，有两种语言求同。一种是汉语各方言之间的求同。另一种是五十六个民族之间的求同。”他认为：“中国要想成为一个现代化国家，普及全国共同语是迟早必须完成的重要工作。”（周有光，1989c）早在国语运动时期，他就认为拉丁化文字是为国家共同语服务的，不能搞方言拉丁化。语言共同化是为国家建设服务，为团结全球华人服务，为中国的文化走向世界服务，决不能放弃。他也比较早地提出，中国需要在推广国家共同语的同时，重视学习使用国际共同语——英语，这样的“双语言时代”是大势所趋，是中国走向现代化不可避免的需要（周有光，1997）。

唯其具备全局意识，才能清醒地认识客观现实，也才能前瞻未来，保持充分的信心。一方面，他对汉语国际地位的分析冷静客观，认为现在的汉语并不具备有些人认为的高度的国际地位（周有光，1989a），另一方面他对华语在21世纪的发展充满希望，预言“华语将在全世界华人中普遍推广”（周有光，2001）。随着国家经济文化建设的进步，国际地位的提高，汉语一定有广阔的未来。周先生的名言“从世界看中国，而不是从中国看世界”，“厚今而不薄古，重中而不轻外，既需继承，更要创新”，体现的正是这种冷静的全局意识，坚定的发展眼光。

周先生的全局意识还表现在他始终以跨学科的角度看待语言规划。例如，他认为术语的应用领域和使用人群有特殊性，不能够用语言学、词汇学规律解释一切问题。作为语言规划的重要内容，术语国际化的研究必须有跨学科的理念，不是语言学一家的事情。他不拘泥于现有的学科界限，敏锐地指出，有些语言文字问题，真正的肇因在于文化心理。虽然“文字‘神圣’观念已经被文字‘发展’观念所代替了”（周有光，1992b），但是“语文有图腾崇拜和禁忌迷信，文化越古，包袱越重。所以，新旧并存，逐步过渡，往往是最好的更新方法”（周有光，1989c）。

五、结语

周先生经历了巨变迭起的一个多世纪。我们对他的理解，只能是他丰富的人生智慧中的点滴而已。他关于语言规划的观点，既根植于他数十年从事语言规划具体工作的实践经验，也是在社会和学术发展新形势下的思考，具有鲜明的现实性。他始终保持对世界的热情关注，反应敏锐，勤于思考，不局守固有理论，面对具体问题，思路开阔，多维交织。

周先生曾有题字："了解过去，开创未来，历史进退，匹夫有责。"他对自己的事业有深厚的感情，确定了它的历史位置，确定了它在人类文化图景中的意义后，始终保持坚定、冷静、清醒的思考，敢于正视问题，总结规律，勇于更新认识，创新方法。我们纪念他，更应该学习他关注现实、胸怀博大的使命感，通达冷静、科学严谨的治学态度，承担起自己的时代任务，促进新时期语言文字工作事业的发展。

参考文献

周有光，1957. 拼音字母的名称问题［J］. 拼音（5）.

周有光，杜松寿，陈文彬，等，1958. 词儿连写基本规则初稿［J］. 文字改革（4）.

周有光，1959.《汉语拼音方案》的应用问题（上、下）［J］. 文字改革（18 /19）.

周有光，1961. 汉语拼音方案解说（连载）：纪念汉语拼音方案诞生三周年［J］. 文字改革（1—7）.

周有光，1983a.《汉语拼音方案》的科学性和实用性：纪念周总理《当前文字改革的任务》发表二十五年［J］. 文字改革（1）.

周有光，1983b.《汉语拼音词汇》的性质、作用和问题［J］. 辞书研究（1）.

周有光，1984. 正词法的性质问题［J］. 文字改革（1）.

周有光，1986. 缅怀王力教授对文改事业的贡献：王力先生和《汉字改革》［J］. 语文建设（5）.

周有光，1989a. 汉语的国际地位［J］. 语言教学与研究（2）.

周有光，1989b. 二次战后的语言计划［J］. 语文建设（4）.

周有光，1989c. "求同存异"和"创新保旧"：纪念《民族语文》10 周年［J］. 民族语文（4）.

周有光，1992a. 应用语言学的三大应用［J］. 语言文字应用（1）.

周有光，1992b. 切音字运动百年祭［J］. 语文建设（5）.

周有光，1997. 双语言时代［J］. 群言（6）.
周有光，2000a. 关于比较文字学的研究［J］. 中国语文（5）.
周有光，2000b. 拼音正词法和国际互联网："拼音进入 21 世纪"之三［J］. 群言（11）.
周有光，2001. 21 世纪的华语和华文［J］. 群言（10）.
周有光，2002. 周有光语文论集［C］. 上海：上海文化出版社.
周有光，2003. 漫说文字改革［J］. 群言（4）.
周有光，2005. 中国语文现代化研究要放眼世界［J］. 北华大学学报：社会科学版（6）.
周有光，2007. 汉语拼音文化津梁：序［M］. 北京：生活·读书·新知三联书店.
李宇明，2017. 有光的一生［N］. 光明日报，01-15.

【作者单位：教育部语言文字应用研究所。本文原发表于《语言战略研究》2017 年第 2 期，收录时有修改】

语言文字规范理念的若干思索

刘楚群

语言文字规范工作自古就有，但轰轰烈烈的语言文字规范化运动则是近百年的事。进入新时期以来，随着经济社会的发展，城镇化进程不断加快，国际交流日益增多，网络虚拟空间逐步扩大，语言文字信息化脚步越来越快，语言生活发生了巨大变化，语言文字的使用情况表现出复杂、多元、多变的态势，不断出现的新的语言文字问题对语言文字规范工作提出了新的挑战，有关语言文字规范的争议也越来越多。冷静思索，其实很多问题和争议存在的根本原因在于各人心中的规范观念不同，所以我们觉得有必要对语言文字规范理念做深入的科学阐释，澄清一些模糊不清的观念。

一、语言文字规范的国家观念

语言文字最初始、最基本的功能是用于人类的交际，但当一种语言或文字长期稳定地被某个特定族群所使用时，这个族群都会对这种长期使用的语言文字产生某种文化依赖性，从而使语言文字具有了特定的民族文化特征。法国大文豪罗曼·罗兰说:“语言，是种族的特征，是血肉关系中最密切、最不容易泯灭的部分。”如果从国家意识的角度来看，语言文字是维系国家统一民族团结的最重要纽带，语言文字规范体现了国家的核心利益。江泽民总书记 1992 年 3 月在人民大会堂会见香港事务顾问时说:“中国是靠文字统一的国家，中华文化能够使大家统一起来。”研究中国科技史的英国学者李约瑟说:“中国文字在中国的文化的发展被地理上的重重障碍所分割的情况下，成为中国文化统一的一个多么有力的因素！”（参看张再兴，2007）苏·赖特（2012）研究发现，德意志和意大利在统一过程中文化语言也同样发挥了关键作用。统一的语言能提升凝聚力，有利于国家形成统一的文化。汉语自古多方言，而且不同方言语音差异非常大，甚至不同方言区的人无法交流，但由于都使用统一规范的汉字，规范汉字这种强大的向心力使得任何一种方言都不能脱离汉语的轨道，所以中国历史在主流上基本保持了一种统一的状态。中国历史上的所谓“合久必分”往往是不同政治集团利益斗争冲突的结果，“分久必合”则是文化向心力的作用，而规范统一的语言文字在这种向心文化中扮演了重要的角色。封建帝王和士大夫都非常清楚地认识到了语言文字在国家统一中的作用，所以历代王朝都非常重视语言文字的规范统一。秦始皇统一天下后就把“书同文”作为其治国首策。汉宣帝、汉平帝都曾专门召人讲解文字，汉灵帝曾组织力量碑刻《熹平石经》，以规范字形，汉朝还将文字规范与官员的考评及选拔联系起来。唐朝专立书学博士，以三体石经、《说文解字》、《字林》等进行文字教学，并用于科举考试。以后的科举考试中，有“明字”一科（刘福根，2000）。北魏孝文帝改革也有“断诸北语，一从正音”的规范语言使用的措施。元代统治者规定，学校教学要使用以大都（今北京）语音为标准音的“天下通语”。清代康熙年间官修了《康熙字典》，雍正六年曾下诏，明令地方官不可只讲本人的方言，同时要熟习和推广朝廷的官话。以上种种举措说明，历朝历代都将语言文字规范工作置于非常高的地位，文字规范工作从来就不是方便交际那么简单，而是带有明显的政治或行政的目的。许慎所言“盖文字者，经艺之本，王政之始”（《说文解字·叙》），深刻地反映了语言文字规范的本质，语言文字的规范统一是国家统一的重要条件。

到了近代，在挽救国家危亡、探索民族自强的运动中，国人认识到语言文字的规范统一与民族的独立自强有着密切的联系，所以“清末民初的切音字运动、国语运动、白话文运动等，都汇入到救亡图存的滚滚历史洪流中”（李宇明，2012）。无数仁人志士为之呕心沥血，付出了艰辛的劳动，当然也收获了丰厚的回报。经过几十年的努力，在“语言共同化、文体口语化、文字简便化、注音字母化”[①]等四方面取得了巨大的成就。新中国成立后，继续并强力推动了之前的语言文字规范工作，在推广普通话、整理并推行规范汉字、制定和推行汉语拼音方案等方面取得了巨大的成就，为在全国范围内扫除文盲准备了必要条件，使全民文化水平得到了快速提升，也使今天人口大规模流动和市场经济快速发展成为可能。所以说，语言文字的规范不仅仅是方便交际这么简单的事，本质上关系到国家的强盛和民族的未来。《圣经》上记载的人类修建通天塔虽然仅仅是一个故事，但是其说明语言的规范统一能够使人们团结一致从而产生巨大力量的道理却是真实的。胡明扬先生（1983）认为："民族语言规范化是一个民族在政治上高度统一、经济上迅速发展的必然要求，也是'民族意识增长，民族文化高涨的自然而直接的表现'（罗常培、吕叔湘《现代汉语规范问题》)。西方一些工业先进国家，从十七世纪资产阶级登上政治舞台起就开展了广泛的民族语言规范化的工作。""民族语言规范化决不是一个单纯的语言问题，而是一个政治、经济和科学文化发展的重要的因素。"

当代中国已经进入了一个文化多元、观念多元的时代，在语言文字规范领域也就产生了很多新的争议，但如果我们能站在国家和民族利益的高度来看待语言文字规范问题，很多争议可能就比较好解决。比如，推广普通话的问题，现在有些人认为，我们的普通话推广已经成就卓著，所以今天的问题已经不是推普而是保护方言了，因为很多方言正在慢慢地走向衰亡。保护方言对于文化的传承确实很重要，但是在今天国际政治形势错综复杂的背景之下，我们应该看到，普通话不仅承担了全民交际工具的作用，同时还承担了维护国家统一和加强民族沟通这一重要作用，特别在边疆和少数民族地区，普通话的作用更是极其巨大。从某种程度上说，普通话甚至可以理解为国家的某种标志，现代国家一般都有几个重要的标志性符号——国徽、国旗、国歌、国语，普通话其实就是我们的国语。语言或方言都承载着特定的文化，方言承载的是地域文化或者特定族群的文化。方言是在社会不完全分裂也不完全统一的状态下形成的，一个国家方言越多，方言的差异越大，就越容易产生政治上的离心力。细读近代史，我们发现一个很有意思的现象，导致满清王朝倾覆的一些大的起义或暴动的策源地基本上都是在与中央官话差异很大的方言区，这也许是一种巧合，也许有内在的原因，值得我们深思。普通话是中国现代化进程中的必然选择，是现代中国经济、政治、文化发展的需求，其承载的是一种国家大一统文化，接受普通话是中国公民的基本义务。相对而言，方言所代表的则是一种传统的族群意识和地域观念。北京语言大学张维佳教授提出，传统的族群意识应该让位于国家公民意识，这是保证国家统一的社会文化基础[②]。在当代中国快速现代化的过程中，过分强调方言的价值和地位很容易助推地方主义情绪的增长，甚至可能增长政治上的离心力；而对全国通用普通话的认可和熟练使用能增加不同地域人们的精神交流和情感认同，能凝聚政治上的向心力。熟练掌握普通话是中国公民的义务和责任，也只有切实掌握了普通话，才会有超强的国家认同感，也只有把普通话意识融入每个中国人的灵魂深处，我们的国家才会有永久统一的语言文化基础。我们从不否定方言的重要文化价值，也不反对在一定范围内使用方言，但是从国家核心利益来考虑，普通话和规范汉字一样，具有强大的文化凝聚作用，对维护国家统一具有极其重要的作用，所以，加强普通话的规范推广工作在今天仍然非常重要，特别是在边疆和少数民族地区推广普通话的工作更是应该加强。

二、本体规范重于使用规范

语言文字的使用无时无刻不在我们生活中存在，规范地使用语言文字是交际顺利进行的必要保障，那么，什么是语言文字的规范呢？错综复杂的语言文字规范到底包括哪些内容呢？李宇明先生（2007）认为，语言文字规范是客观的语言文字规则、规律的主观化成果。换句话说，所谓语言文字的规范就是人们对规范语言文字的规范使用。我们认为，语言文字的规范涉及两方面内容：第一，规范的语言文字，即全社会形成一套约定俗成的稳定规范的语言文字体系；第二，规范地使用语言文字，即人们对已有规范语言文字体系按照约定俗成的方式规范使用。前者属于语言文字本身的规范问题，即本体规范；后者属于人们使用语言文字的态度观念，即使用规范。

关于本体规范和使用规范，学界多有论及，我们认为应该区分这两类不同的规范。语言文字本体规范指使用某种语言文字的人所应共同遵守的语音、词汇、语法、书写等方面的基本标准，这种规范标准是刚性的，是语言规范的管理者可以有所作为的，本体规范的成功与失败体现的是管理者对语言生活管理水平的高低。比如，对词语的异读、变调、儿化、人名地名的读音，对词语搭配组合的基本规则，对文字形音义的确定等，管理者应该在学界研究的基础上总结规律，为社会提供一个规范使用的科学标准，而且这些标准也应随着社会的发展而不断进行改进。国家语委已经公布的《汉语拼音方案》《通用规范汉字表》《人名拼写规则》《汉语拼音正词法基本规则》《现代汉语常用词表》《出版物上数字用法》《标点符号用法》等就是这方面的规范标准。随着社会的急速发展，很多行业都迫切希望国家管理部门能够及时提供本领域语言文字使用的规范标准，比如，广播电视界希望国家管理部门能尽快提供一个权威的字词读音规范标准，医疗界希望对专业术语进行字形简化。目前本体规范的步子不是太快而是太慢，还难以满足社会的需要，管理部门应该支持学术界尽快研制适应各行各业需要的科学合理的规范标准。

与本体规范的刚性要求不同，语言文字的使用规范应该宽松对待，以柔性的引导为主。目前很多语言文字规范之争几乎都是使用规范的问题。在现实语言生活中常常有一些突破已有语言规范的创新或变异现象，这些创新往往和传统的使用习惯不符，怎么处理语言的创新现象也就成了学界争论不休的话题。比如，关于新词语和网络语言的问题，字母词的使用问题，新的语法组合问题，有人说这是不规范的表现，有人则认为这恰恰是语言充满活力的表现，也有很多学者试图对这些现象进行理性的科学分析。苏培成先生（2010）认为："应该怎样对待语文的变异呢？一律吸收或者一概拒绝都是不可行的。一律吸收就会使语文芜杂不堪，良莠不齐；一概拒绝就会使语文失去活力，停滞不前。正确的做法是对变异进行评价和选择。评价就是按照必要性、明确性和广泛性三个方面，把变异分为积极的变异和消极的变异两种类型。凡是符合交际需要、表达意思明确、流通比较广泛的变异，属于积极的变异，而与此相反的就是消极的变异。吸收积极的变异以促使语文的发展，这就是语文变革；拒绝消极的变异以保持语文的稳定，这就是语文规范。"侯敏先生（1988）认为："语言规范的实质就是对语言变化的评价和抉择。其中，评价是基础，是规范工作的主体和中心。衡量一个新出现的词语是新词还是生造词有两条重要的标准，一是在社会交际中是否确实需要，二是词语本身是否表义明晰准确、构词合乎规律、语音上没有混淆可能。"

尽管语言学家对语言变异的理据进行了辛苦的研究，提出了很多指导性意见，但语言使用者似乎并不买账，他们该怎么用还怎么用。我们认为，语言的规范标准是在人们约定俗成的基础上确立的，所以在使用过程中自然具有一定的灵活性，在对待是否符合规范的问题上也就带有一定的主观性。语言使用规范的本质是特定社会群体对有悖于传统习惯的社会语言使用现状能否接受的一种态度和限度，能接受或者在接受限度内就是规范的，否则就是不规范的。不同群体对语言新用法或变异的接受度是不一样的，一般说来，对语言文字的传统理据比较熟悉的人、年龄比较大的人对传统的东西更加热爱，传统习惯强，对创新或变异现象的接受度比较低；而相反，年轻人往往更容易接受新的变异现象，也乐意创造新的变异现象，也恰是在这一创造的过程中获得一种成就感和满足感。语言学工作者没有必要把自己的好恶强加给社会，不要充当“语言警察”，动辄指责某些用法不规范。李宇明先生说：“我们应该给语言使用留下足够的空间。”[③]20 世纪 80 年代中期以来，有人批评“的士”“巴士”“卡拉OK”“流脑”“的哥”“T 恤”等新词语，觉得它们影响了祖国语言的纯洁和健康，应该坚决取缔（张振林，2004：40）；有人认为，把“洗澡”“鞠躬”“教育”等拆解成“洗个澡”“鞠个躬”“教而不育”破坏了意义和结构的完整统一，有时还使句子显得不够庄重（施春宏，2005：18）。但语言生活的事实证明，这样的规范是没有意义的，这些词、这些用法在今天都已经被接受了，与其这样，还不如不要管，以免使语言文字规范工作丧失公信力。今天大量出现的新词语新用法又何尝不是这样呢，这些新兴的语言现象都是语言使用的问题。其实语言系统本身有一个自我调节的能力，不需要我们过多干预，那些有表现力的变异形式一定会沉淀下来为大众所接受，而那些不符合大多数人接受习惯的变异形式往往只是昙花一现，稍纵即逝。詹伯慧先生（1999）说得好，考虑语言规范化问题，最根本的出发点是为应用而规范，决不是为规范而规范。对于语言文字应用中到底存在哪些需加规范的现象，我们应该心中有数，才能有的放矢，把力气用到分析这些现象、解决这些问题上来。对于那些在语言应用中并不需要规范的问题，也就无须多动脑筋、白花力气了。

三、工具性优先于文化性

语言文字是人类社会最重要的交际工具，是人们约定俗成的一套符号系统，也承载了特定的民族文化。很明显，语言文字既具有工具特征也具有文化特征，所以语言文字规范既要考虑其工具特征也要考虑其文化特征，即既要考虑交际的方便也要考虑使用者的文化心理。近年来很多有关语言文字规范之争都来源于没有有效处理好工具特征和文化特征的关系，比如，有人认为简化字没有文化底蕴甚至隔断了中华文化，有人认为使用字母词是崇洋媚外的表现，有人认为很多新词语和网络语言体现出了一种低俗文化，不难看出，上述观点都是拿文化说事。语言文字具有很重要的文化特征这是不容置疑的。李宇明先生（2012）认为，语言（也包括文字）职能主要分工具和文化两大范畴，且两范畴又都有显隐二态。就工具范畴看，语言作为显性的工具是用于交际，作为隐性的工具是用于思维。就文化范畴看，语言既是文化的重要组成，同时也是文化最为重要的承载者，这是语言的显性文化职能；语言的隐性文化职能是起到身份认同、情感依存的作用。百余年来，中国因语言国情所定，一直侧重于从显性工具的角度规划语言。正因如此，今天的语言文字规范工作不得不考虑其文化特征，但是考虑语言文字的文化特征不等于一切唯文化是从，不等于文化就高于一切。

怎么处理语言文字的工具性和文化性的关系，二者孰轻孰重，孰先孰后，特别是当二者相悖时是优先考虑工具性还是优先考虑文化性，这是在理论上必须讨论清楚的问题。

语言最本源的特征是人类交际的工具，文字则是记录语言的工具。语言文字在其产生之初，只有一个功能，就是用来交际，而其文化功能是在长期使用过程中逐渐衍生出来的辅助性功能。语言文字的交际功能是与生俱来且永远存在的，而其文化功能则是后天获得并可以改变的。比如汉字，对于使用汉字的人来说，其基本交际功能不管何时何地都不会改变不会消失，但是其文化功能则可以随地点时间而改变。汉字到了日本就承载了日本文化，汉字到了韩国就承载了韩国文化，即使在中国，不同历史时期汉字所承载的文化也是有时代差异的，从最初的巫术文化到封建社会的皇权文化直至今天的大众文化，汉字所承载的文化内容在不断地变化。可以说，失去了某些显著文化特征的语言文字仍然是语言文字，仍然能被全民作为交际工具来使用，也正因如此，不同文化背景的人可以使用同一种语言文字作为交际的工具，不同文化背景的语言文字也可以相互翻译；但是，失去了基本交际作用的语言文字就不再是严格意义上的语言文字了，不再能作为全民交际的工具，只能被少数人作为艺术来欣赏，就像玛雅文字等一些已经消失的文明中的文字一样，它们的性质其实就是一种出土文物，与陶器等其他物质性的出土文物一样，虽然承载了深厚的人类文化，但其交际作用已经消失殆尽，只能被少数人作为研究之用。

毋庸置疑，语言文字的工具性优先于其文化性，所以在考虑语言文字规范问题时，如果工具性和文化性发生冲突，应该优先考虑其工具性。譬如汉字的繁简问题，有些人认为，简化字不美观，甚至隔断了中国文化的根，应该恢复繁体字，至少部分恢复繁体字，对此种说法，国家语委前副主任傅永和先生在一次访谈中说，这是把文字的工具性和文化性混为一谈了。傅永和先生认为，汉字在演变过程中向两个方向发展：一是交际工具的方向，作为工具，不管是交际工具还是其他生产工具，人们的主要期望就是趋简，越简便越好，就像农具一样，都是越来越简便；二是书法艺术的方向，这与作为工具的发展要求不一样，作为书法艺术，要求汉字保留传统的结构、笔势、黑白度等越充分越好，这体现着我们汉民族文字的美。书法和交际工具不可混起来谈，书法上按交际工具的要求是不行的，但交际工具也绝不能按书法的要求，汉字越来越符号化是其作为交际工具的必然要求[④]。苏金智先生（1989）也认为，审美功能实际上只不过是一种辅助性的次要的功能，在语言使用中，首先应该注意实用功能。同样的道理，对于字母词和网络语言等，如果我们认识到它们首先是一种交际工具，从方便交际的角度来考虑它们的规范时，我们就会在语言内部就事论事，而不会把强烈的民族情绪和文化情绪带入语言文字规范工作中来，这样会有利于问题的有效解决。关于字母词的工具价值问题，邢福义先生（2013）有过非常精辟的论述：当今信息化时代，全球的联系和沟通已经离不开英文字母词，比如电子邮件的发件人和收件人都是英文字母词，但我们不能拒绝。英文字母词能够在各种场合频频出现，是英语字母词对使用者具有美感引力。我们可以把英文字母词看成是一支外来的特种生力军，让它配合汉语汉字，发挥其特定的作用，这是具有积极意义的。语言本质上就是交际和交流思想的工具。

四、“于今有理”优先于“于古有据”

语言文字规范的理据是什么呢？一般有两种观点，“循古”和“从今”。所谓“循古”，就是根据以往的经典形式来制定今天的规范标准，也就是“于古有据”；所谓“从今”，是根据现代人的使用习惯来制定规范标准，主要是“约定俗成”。从历时事实来看，任何一种语言文字从古至今都已经发生了很大的变化，以后也一定还会发生很大的变化，所以，“约定俗成”派在语言文字规范的理论论争中一直是占上风和主流的。两千多年前荀子的“约定俗成”理念就一直是语言文字规范的核心指导思想：“名无固宜，约之以命，约定俗成谓之宜，易于约谓之不宜。”（《荀子·正名》）现代很多专家学者也在“约定俗成”这个大框架内阐述过语言文字规范的理念。赵元任先生（1985）认为，规范标准常常是约定俗成的，非规范的语言现象在一定的条件下可以转化为规范的东西。

许嘉璐先生（1998）认为：“规范”是人类进入文明阶段以后不久就开始的一种社会行为，并且随着社会生产力的发展而发展。这种社会行为大体有两个方向：自下而上的约定俗成和自上而下的制定、推广规范。约定俗成是基础，因为它来自使用语言文字的千千万万人，是一种习惯；制定和推广规范是归纳性行为，即从社会习惯里择优以推而广之。苏金智先生（1989）认为，雅俗问题是一个牵涉到如何对待广大语言使用者的问题，也是一个语言规范标准究竟是以广大民众在日常语言生活中的约定俗成为准则，还是以少数人的金科玉律为标准的重大问题。语言的大众化观点是我们评价语言规范工作的一条极其重要的标准。刘福长先生（1993）认为，从规范的形成过程看，有自然的，也有人为规定并通过行政或其他手段实施的。但从整体上说，语言的规范主要还是自然形成的。这就是说，即使不实施人为的、行政的规范，某语言社团的成员之间仍能相互交际，沟通思想。从这个角度看，自然形成的规范是占统治地位的，属于语言的共核部分，而人为的规范不过是自然的规范周围的某些边缘地带而已。

从理论上认识“约定俗成”的意义似乎不难，但实际操作起来却并不容易，“约定俗成”的具体内涵包括哪些要素？“约定俗成”是无章可循的吗？规范工作在“约定俗成”面前就是无能为力的吗？这些问题需要进一步阐述。许嘉璐先生（1998）认为：如果自上而下的运动不理睬自下而上的运动，制定的规范将是无效的；反之，社会的习惯要靠规范的制定和推广加以引导，无序的运动将给约定俗成者（社会及其成员）造成不便，而这“不便”才是促进社会规范的最大的动力。很明显，许嘉璐先生认为尽管约定俗成很重要，但适当的规范也是必要的。武汉大学赵世举先生认为：约定俗成，并不是放任自由，想怎么样就怎么样。语言文字是公共产体，是公共的交际工具，使用者必须遵从共同的规范标准才能把自己的意思表达清楚，从而让接受者能够理解。目前人们对约定俗成的认识有两方面的局限性：第一，认为“俗成”一定是在现实中有的，反过来只要现实中有的就是对的；第二，把规范制定过程中的理据性等同为“于古有据”，古代有的就是理据，古代没有的就不是理据。我们认为，规范的理据应该包括两个层面，一方面是“于古有据”，因为语言文字是继承性的；另一方面有必要强调“于今有理”，某些语言文字现象尽管古代没有，但从现代的科学性和使用性这些角度来讲，它具有明显的交际价值，这也是理据，是科学的理据，是现实需要的理据⑤。

我们很认同赵世举先生的观点，在语言文字规范中，“于古有据”不能全盘否定，“约定俗成”也要科学对待，尽可能吸收“于今有理”的成分，最好能把二者有机结合，但如果二者发生冲突，还是应该尊重“约定俗成”，特别是应该尊重“于今有理”的“约定俗成”。现略举数例说明。汉字简化中有一批同音或近音替代字，如“先後”的“後”用同音字“皇后”的“后”替代，“械鬥”的“鬥”用近音字“烟斗”的“斗”替代，“乾燥”的“乾”用“天干”的“干”替代，有人认为，这样的简化非常不科学，严重违背“于古有据”的原理，在繁简转换中造成了很大的麻烦，应该恢复这些繁体字。但我们认为，在这里应该优先考虑“约定俗成”，在今天的汉字系统中找不到要恢复繁体的根据，现在大家已经接受并习惯了这些简化字，如果再改回去大众肯定不答应，徒增人们记忆的负担，而且还会产生新的混乱。诚如费锦昌先生（2004）所言，大陆老百姓已经在简化字系统中生活了几十年，无论从习惯上还是从观念上都把读写简化字视为天经地义，哪怕改动其中一两个字也可能在社会语文生活中掀起或大或小的波澜。我们在这方面有过比较大的教训，“象”和“像”的表义本来区分还比较明显，但在1964年的《简化字总表》中把二者合并，“像”作为“象”的繁体字被废除了，后来在1986年重新发布的《简化字总表》中又把二者分开，确认“像”为规范字，不再作为“象”的繁体使用，这样的更改确实符合汉字的科学体系，“于古有据”，但在现代语文生活中产生的混乱却不小，全国科技名词委还特地于2001年10月18日在中国科学院专门召开了“象与像用法研讨会”，即使到了今天，二者的混乱还在很多人心中留有后遗。最近颁布的《通用规范汉字表》并没有把某些不符合汉字传统理据的简化字恢复为繁体字，就是充分考虑到了大众约定俗成的使用习惯。沈家煊先生打了一个很好的比方，电脑的键盘也有设计不科学的地方，但你能改吗？且不说更改的成本非常大，而且还可能引起新的混乱[⑥]。在汉字读音方面也有这样的问题，这涉及古今语音的演变。比如，“叶公好龙”的“叶”，根据古音应该读shè，但现在大家都习惯于读yè，而且现代汉语其他地方的“叶”都读成yè，所以“叶公”读成yègōng能保持语音的系统性，这是“于今有理”的约定俗成，而且这样符合语言文字总是在不断发展演变这一客观规律。语义和语法也会不断有变化，适当地接受今天人们约定俗成的语言使用习惯是一种明智的选择，否则规范将会成为一纸空文。20世纪五六十年代，有人认为“代表团所到之处，受到热烈的欢迎”不规范，因为受到欢迎的是人而不是地点，“打扫卫生”“恢复疲劳”也不符合逻辑，应该说成“打扫垃圾”“恢复精力”，但现实的语言生活告诉我们，语言本身的内在理据有时敌不过人们使用语言的习惯力量，积非成是在语言生活中是一种很常见的现象，根本不影响今天的语法系统，“约定俗成”在这里明显占了上风。

五、余论

语言文字规范的具体问题错综复杂，梳理起来也是千头万绪，但都离不开“应用”二字。从应用角度来看，语言文字的规范包括两个层面：社会大众语文生活层面和特殊领域语文生活层面。费锦昌先生（2004）在讨论汉字规范时指出，汉字的使用分成两个层面，一个是社会通用层面，另一个是社会特用层面，这两个层面在字量、字形、字音、字义和字用方面都有所区别。王宁先生（2006）认为，汉字规范的分歧是如何处理科学性与社会性的问题，反映的是社会不同领域对汉字规范的要求。我们所讨论的规范理念主要是针对社会大众语文生活而言，至于某些特殊行业、特殊领域的语言文字规范问题则另当别论。

附注

①周有光先生（2009）把辛亥革命（1911 年）以来的语文现代化过程中一系列运动概括成上述四个方面。

②张维佳先生在“纪念切音字运动 120 周年学术座谈会”上表述了此观点（北京，2013 年 10 月 26 日）。

③李宇明先生在国家社科基金重大项目“新时期语言文字规范问题研究”推进会上说的话（北京，2013 年 10 月 12 日）。

④ 2013 年 9 月 9 日，笔者就语言文字规范标准建设问题采访了傅永和先生，傅先生谈了这一观点。

⑤ 2013 年 9 月 25 日，笔者就语言文字规范标准建设问题采访了赵世举先生，赵先生表达了这一观点。

⑥ 2013 年 9 月 4 日，笔者就语言文字规范标准建设问题采访了沈家煊先生，沈先生打了这个比方。

参考文献

费锦昌，2004. 论汉字规范工作的层面性［C］// 李宇明，费锦昌 . 汉字规范百家谈 . 北京：商务印书馆 .

侯敏，1988. 关于新词和生造词的判定标准问题［J］. 语文建设（2）.

胡明扬，1983. 现代汉语和现代汉语规范化［C］// 北京市语言学会 . 现代汉语讲座 . 北京：知识出版社 .

李宇明，2007. 谈谈语言文字规范［J］. 文史知识（10）.

李宇明，2012. 了解世界怎样做语言规划：序《语言规划经典译丛》［M］// 语言政策与语言规划：从民族主义到全球化 . 北京：商务印书馆 .

李宇明，2013. 和谐语言生活，减缓语言冲突［J］. 语言文字应用（1）.

刘福长，1993. 规定性与描写性：孰为语言规范的根据？［J］. 语文建设（8）.

刘福根，2000. 传统语言文字规范理论与实践初探［J］. 语文研究（2）.

施春宏，2005. 语言在交际中规范［M］. 北京：中国经济出版社 .

苏金智，1989.“五四”的语言观及其现实意义［J］. 语文建设（2）.

苏・赖特，2012. 语言政策与语言规划：从民族主义到全球化［M］. 陈新仁，译 . 北京：商务印书馆 .

苏培成，2010. 当代中国的语文改革和语文规范［M］. 北京：商务印书馆 .

王宁，2006. 再论汉字规范的科学性与社会性：关于制定规范汉字表的思考与建议［J］. 语言文字应用（4）.

邢福义，2013. 辞达而已矣：论汉语汉字与英文字母词［N］. 光明日报，04-22（15）.

许嘉璐，1998. 关于语言文字规范问题的若干思考［J］. 语言文字应用（4）.

詹伯慧，1999. 再论语言规范与语言应用［J］. 语言教学与研究（3）.

张再兴，2007. 汉字的功能［M］. 郑州：大象出版社 .

张振林，2004. 关于语文工作的两分法和三分法［C］// 李宇明，费锦昌 . 汉字规范百家谈 . 北京：商务印书馆 .

赵元任，1985. 什么是正确的汉语［M］. 叶蜚声，译 . 北京：中国社会科学出版社 .

周有光，2009. 中国语文的时代演进［M］. 北京：人民文学出版社 .

【作者单位：江西师范大学。本文原发表于《中国社会语言学》2014 年第 1 期】

外语中文译写规范工作的原则与方法
——兼及新时期国家语言文字规范服务工作的特点

王　敏　刘朋建

信息化的迅猛发展促进了全球化的进程，促进了语言间的交流和转化，不同语言人群的交流日益频繁、丰富和多元。伴随着中国走向世界的步伐，汉语语境中涌现了大量外来词语。这种语言间的互动，一方面丰富了汉语的词汇，是中华文化与世界接轨的具体体现；另一方面，由于经济和文化生活中巨大的信息流需求，一些外语词来不及汉化，常常以字母词的形式夹杂在汉语中使用。这种现象引起了广泛关注，部分文化学者激烈批评外语词的夹杂使用，认为这将导致中华文化的危机。外语词的译写和使用也确实出现了一些问题，如译写形式不统一、已有的译名得不到广泛应用、各类出版物的使用形式不一致等。这些问题导致了语言交际上的不便，甚至影响到广大民众的语言知情权。如何及时跟进语言发展形势，研究外语词使用的相关问题，在此基础上提出政策建议，引导社会各领域规范使用，成为国家语言规范服务的重要议题。

2012 年 1 月 7 日，国务院批复同意建立外语中文译写规范部际联席会议制度。联席会议的主要职能是“统筹协调外国人名、地名和事物名称等专有名词的翻译工作”，包括“组织制定译写规则，规范已有外语词中文译名及其简称，审定新出现的外语词中文译名及其简称”①。2012 年 6 月 20 日，联席会议专家委员会成立，委员会主要由各成员单位推荐本领域的专家组成，各领域设首席专家，并主要由首席专家组成审议工作组。2012 年底开始，专家委员会秘书处开展了“第一批拟推荐外语词中文译名”的调研工作，并于 2013 年 9 月 13 日将《第一批拟推荐发布外语词译名表》及相关研究材料提交专家委员会审议，经其审议修改后形成《第一批推荐使用外语词中文译名表》，于2013年10月23日公布。

一、工作过程

（一）确定选词范围

调研工作之初，联席会议办公室函请成员单位提供所在领域认为应该进行规范译写的外语词，并提出建议的中文译写形式。秘书处收到的资料计有：外交部《不规范外语中文译名和正确译写建议表》（65个），中央编译局《外语中文译名收集表》（40个），全国科学技术名词审定委员会提供部分科技名词（78个）。这些词语是应用中存在疑问的，具有现实意义，以此作为第一批调研的初步范围，符合规范工作的现实需求，也符合部际联席会议作为“议事协调”机构的宗旨。

另外，《现代汉语词典》（第六版）收录《西文字母开头的词语》239个。这些词语是经过研究选择的、具有较为广泛的社会应用价值，也作为考察的范围。

以上几个来源的词语共有422条（含重合词条），作为筛选的初步基础。

（二）筛选工作原则

本项工作以社会应用范围是否广泛为重要的筛选原则。与其他机构的成果可能有交叉，但不一定重合或被涵盖。例如，全国科学技术名词审定委员会（简称“名词委”）负责多个学科专名、术语的翻译工作，成果丰富，并在海峡两岸的专名术语沟通中起着不可替代的作用[②]。但是，名词委的工作偏重专业术语，与社会应用层面有一定距离，有些外来术语已由名词委颁布中文术语，但当这些词在社会传播中成为社会关注的热点词语，从专业领域走向广大的社会语言应用层面时，却仍以外语词的形式夹杂使用，如经济类的外语缩略词CBD、CEO等。为了更好地推广规范译名，即便是曾经在专业领域发布过的，也应考虑根据社会应用状况，确定是否再次发布。

本次调研筛选的工作原则是：

第一，选择社会通行度较高、受众面较广的外语词，如WTO（世界贸易组织）、NBA（美国职业篮球联赛）等。未选择专业性较强、社会通行度较低的外语词，如M0（流通中现金）、C^3I系统（军队自动化指挥系统）等。

第二，优先选择正逐渐被中文译名替代的外语词，如 AIDS（艾滋病）、EQ（情商）等。衡量优先与否，使用频次是重要的参考。中文译名使用频率超过或接近原外语词，即说明其中文译名正逐步被大众接受和使用。但是我们也发现不能单纯以频次作为筛选依据。

我们选择了《现代汉语词典》所附西文字母开头的词语中通用性较好的 41 个，做百度关键词搜索，统计结果显示，总频次在亿次以上的有 22 个[③]，其中有的尚无比较通行的中文译名，如 B 超、CT、DVD、MP3、MP4、USB、X 光等，有的是中文名称的英文译名缩写，如 CCTV、GB[④]，有的属于商业标识，如 QQ 等。可见，单纯按照频次筛选得到的词语条目，来源和属性的情况都比较复杂，需要多重分析确定是否入选。

第三，优先选择具有较大语用价值的词语。像 WC、CCTV、QQ、RMB 等字符串，标识的功能大于语用功能，与之相比，WTO、GDP 等则具备词义、语法和语用的功能，后者更具语言学价值[⑤]。

第四，有几类外语词（或字母词）本次工作不涉及。一是在汉语书面语境中已经消失的外语词，如 FAX（传真），已由“传真”替代；BP 机，已基本退出使用领域，其名称（包括已经汉化的名称“呼机”）也已逐渐消失。二是外国人名、地名，由主管部门负责，今后可以通过联席会议协助，提高所发布词语的社会知晓度。三是中文英译后的缩略语，如 CCTV（中国中央电视台）、CBA（中国男子篮球职业联赛）等。第四，汉语拼音缩略词不属于外语词，不纳入考察范围，如 GB（国标）、PSC（普通话水平测试）、HSK（中国汉语水平考试）等[⑥]。

（三）筛选过程

依据上述原则初步筛选出 30 个备选词，根据专家意见，排除了专业性太强的、与商品名重合的、覆盖面不够广的词条，余 18 组进入第二轮[⑦]。利用国家语委现代汉语语料库、国家语言资源监测语料库有声媒体语料库及平面媒体语料库，对 18 组词的外语、中文两种形式进行了频次、应用形式等统计分析[⑧]。

选用的三个语料库各有特点。国家语委现代汉语语料库是现代汉语通用型平衡语料库，所选语料的时间跨度大、覆盖面广，各类型语料的抽样设计均衡，能够比较全面地反映现代汉语的整体面貌。有声媒体语料库和平面媒体的动态语料库，建立时间较短，可以反映当下的汉语应用状况。综合三个语料库的统计数据，能够全面反映词语应用状况。

数据显示，外语词和对应中文译名的比例，从三个语料库得到的数据基本一致[9]。在此前提下，将三种来源的语料库的统计频次相加作为总频次，比率若超过 2∶1，则认为前者优势明显。按照总频次之比，18 组词可以分为三类。

一是中文译名总频次明显高于其对应外语词的，共有 6 组，AIDS/ 艾滋病、E-mail/ 电子邮件、IQ/ 智商、OECD/ 经济合作与发展组织（经合组织）、OPEC/ 石油输出国组织（欧佩克）、WHO/ 世界卫生组织（世卫组织）。这 6 组词的外语词虽仍在使用，但中文译名已占优势，且其现有中文译名无争议，可作为首批推荐备选词。

二是外语词与其对应中文译名频次基本持平的，共有 5 组，BRT/ 快速公交、IT/ 信息技术、PK/ 对决、VIP/ 贵宾、WTO/ 世界贸易组织（世贸组织）。

"WTO/ 世界贸易组织（世贸组织）" 这一组，词义完全对等，与社会生活关系比较密切，为大家所熟知，如果作为第一批推荐译名，可以更好地促进其中文译名的规范使用。

其他几组中，"BRT/ 快速公交、PK/ 对决、VIP/ 贵宾" 这三组的外语词和中文译名在实际应用中并不完全对等，在例句中存在不能互换的情况。例如"快速公交车"，也称 "BRT 公交车" "BRT 快速公交" 等，但不能称作 "BRT 车"，也就是说在具体语境中 "BRT" 不能完全替换 "快速公交"，"各位贵宾" 不宜换成 "各位 VIP"，"PK" 和 "对决" 的使用场合和词义也不完全对等。这种不能互换，有的是词义不完全对等，有的是语法搭配不完全一致，有的是语境或情感色彩会发生偏离。以此来衡量，"IT/ 信息技术" 这一组的词义范围虽也略有出入，但专家审议会认为 "IT/ 信息技术" 这一组是可以接受的，并曾由名词委发布过规范译名，可以作为第一批发布。

三是外语词频次明显占优势的有 7 个，CBD、CEO、CPI、GDP、GPS、NBA、U 盘。应该说，这 7 个外语词是短期内比较难以替代的，原则上不考虑进入筛选范围。其中 CPI（14286 次）、GDP（27627 次）、NBA（19865 次）三个词的频次极高，说明这三个词曝光率高，已广泛进入社会公共领域，与大众生活密切相关，应予关注。实际上，这三个词的情况并不一致。GDP 应用范围广，在正式文件中出现概率高[10]，译名稳定无争议。 CPI 的使用范围与 GDP 类似，但出现较晚，有一定的时效性（与一个时期内物价的受关注度关系密切），其中文译名也尚有争议。“消费者价格指数”（总频次 36）、“消费者物价指数”（总频次 147）、“消费物价指数”（总频次 136）、“居民消费价格指数”（总频次 765）等译名中，按频次统计“居民消费价格指数”占优势，但“消费物价指数”在专业领域较为通行。NBA 的使用范围限于体育类，比较缺乏应用广度。

经征求专家意见⑪，最终确定并提交审议的方案包括了 GDP、CPI。专家审议会认为，CPI 的中文译名还需进一步考察，暂不公布。

（四）其他相关研究

1. 应用形式

根据对三个语料库和港澳报刊的调查，目前外语词应用形式包括三种情况：外语词单独出现在中文语境中、外语词与中文译名黏合出现［外语词（中文译名）或者中文译名（外语词）］、中文译名单独使用。

从考察情况看，目前各类媒体的外语词的应用形式不够规范。有关部门在推广使用中文译名时，可以选择主要通过规范媒体的使用达到引导规范的目的，特别是社会影响大、内容和文风比较正式的媒体及其新媒体形式，如《人民日报》与人民网、《光明日报》与光明网等。与媒体沟通，推荐中文规范译名，至少采取共现的方式，即建议优先使用“中文译名（外语词）”或“中文译名”的形式，以便于公众准确理解词义和接受信息。

2. 译写方法

外语词的翻译是一项专业工作，名词委、民政部地名所、新华社译名室、外交部等均有专门的机构负责。译写原则和方法的统一，需要多部门的沟通协调，方可形成较为一致的意见。由于目前尚无成熟统一的译写规则，为保证规范工作的科学有效，在本次调研工作中，我们遵循了以下原则：

其一，外语词的中文译名，均由相关部门提供的材料或其他来源的已有译名中选择，如选择语料统计中词频占优的，不对已有中文译名进行修改，不提出新的译名。

不同部门提供的译名不一致时，按照源外语词的含义确定中文译名。如 GDP,《现汉》译名为“国内生产总值”，中央编译局译名为“国民生产总值”，秘书处建议使用“国内生产总值”。

其二，中文译名及缩略语的选择，尊重和采用社会大众的习惯用法。如 Organization of the Petroleum Exporting Countries 的译名既有全称意译的“石油输出国组织”，也保留英语缩略语 OPEC 音译的“欧佩克”。

3. 辅助性研究

首先，在香港、澳门和台湾做小范围调查，了解 18 个外语词及其对应中文译名在港澳台的使用情况，作为筛选和择定译名的参考。在港澳台地区媒体上，外语词很常见，在香港、澳门表现得尤为突出，政府层面并未设立或指定机构进行规范，媒体在使用外语词时已形成了较为固定的模式，如在财经类等外语词后加注中文译名等，但在文娱、生活等版面更为自由。

其次，为测查是否还有频次较高、应该作为第一批推荐发布的外语词，我们利用国家语言资源监测语料库的平面媒体语料库，统计了字符串形式的词频，包括字母与数字组合如“PM2.5”、字母与汉字结合如“A 股”等。统计所得字符串共 65534 条，频次在 5000 次以上的有 50 条。经考察，50 词的大部分不宜作为外语词来考虑。如频次最高的“www”，单个字母如 A、B、C，拼音缩略词 mm，商品名 ipad、iphone 等。属于外语词的 16 个词中，PM2.5 已于 2013 年 4 月 19 日由联席会专家委员会与全国科技名词委联合发布中文译名；ATM 机、BBC、IMAX、CFO 等 11 词曾作为初选的 30 个备选词；其余 5 词尚不具备发布条件，如 LED、IC/IC 卡尚属专业性较强的词汇，中文译名曾由名词委发布，但应用情况不尽如人意，CFP（金融理财师）、ETF（交易型开放式指数基金）和 IPO（第一次公开募股）属于财经类词汇，应用范围较窄。

（五）审议结果

2013 年 9 月 13 日，联席会议专家委员会审议了秘书处提交的《第一批拟推荐发布外语词译名表》，提出的调整意见包括，“CPI”的译名尚有争议，应进一步征求意见，“电子邮件”增加简称“电邮”，补充“IT/ 信息技术”和“PM2.5/ 细颗粒物”。最终发布的外语词及其中文译名为 10 组，即：AIDS/ 艾滋病、E-mail/ 电子邮件（电邮）、GDP/ 国内生产总值、IQ/ 智商、IT/ 信息技术、OECD/ 经济合作与发展组织（经合组织）、OPEC/ 石油输出国组织（欧佩克）、PM2.5/ 细颗粒物、WHO/ 世界卫生组织（世卫组织）、WTO/ 世界贸易组织（世贸组织）。

二、国家语言文字规范服务工作的特点

国家语言文字规范服务，指的是从公众利益角度所进行的语言文字规范工作，具体包括规范标准研制和推广落实等一系列工作。语言文字规范关涉到全社会每一个人的切身利益，对教育、传媒、出版等文化领域具有广泛影响，因此国家语言文字规范本质上是社会公共服务工作，也是一项基础文化建设工作，需要兼顾公共政策、学术研究、社会应用。作为一个综合研究领域，需要研究者兼具宏观和微观的视角，能够将国家语言文字政策、规范标准与具体语言现象的调查分析结合起来，需要了解社会心理、把握社会文化走向，需要语言学、社会学、文化学、公共管理学等多元研究的支撑。

基于以上认识，秘书处特别注重了在工作中体现稳定性和科学性。

（一）稳定性

秘书处在工作过程中以现有的译写成果为基础，尽可能充分地了解和尊重社会应用现状，避免对社会语言生活造成不必要的冲击。

1. 充分了解和尊重现实应用状况，顺势而为

目前进行译写工作的部门各有分属，互有分工也互相交叉，取得的成果都已至少在相关领域得到应用。成立联席会议的目的是为了更好地沟通和协调，达成一致意见。因此，秘书处的调研以有关成员部门提交的资料为基础，取舍时经由各领域的首席专家听取意见，尊重相关部门的领域权威性。

工作中注意多方搜集信息，掌握使用情况，尊重社会应用习惯，区分不同性质的问题，区别对待。如“石油输出国组织”的英文缩写是 OPEC，中文音译词“欧佩克”已为大家所熟知，也作为推荐译名之一。E-mail 的推荐译名有“电子邮件”，也有简称“电邮”，二者的使用频次相近，均被推荐使用。汉语拼音缩写（如 HSK 等）不是外语词，处理方式也就不一样。在应用方式上，目前已形成一些规则，有关部门可以顺势引导，如规定首次出现时采用“中文译名（外语词）”，后文推荐使用中文译名等。

2. 以引导、提倡、推荐使用为主，分工协作

本次公布的成果名为《第一批推荐使用外语词中文译名表》，一是表示外语词的中文译写规范是一项长期工作，本次推出的是第一批，今后还陆续有第二批、第三批；二是表示本表为推荐使用，并非强制规范，例如 10 组词中有 5 个

词对应 2 个译名（或简称），可根据实际应用的场合需要选择使用。

在具体工作方式上，通过联席会议制度，由成员单位负责在各自领域推荐使用，秘书处的工作侧重提供解释说明。

3. 对不同社会领域和层面的要求不同，综合考虑今后的实施渠道

《国家通用语言文字法》所列落实国家通用语言文字的四大领域分别是党政机关、新闻媒体、教育教学和公共服务。四大领域各有特点。党政机关的公文代表我国的官方文本，应率先垂范；教育教学界，特别是基础教育阶段，是落实各类规范、培养公民的语言规范意识的基础领域；新闻媒体的社会影响力广泛，应起到表率作用；公共服务领域应考虑方便社会交际，既要注重语言规范，也要考虑实际情况，如方言区的政府、法律部门等为便于服务民众，需要酌情使用方言等。

外语译写规范工作与国家提供的其他语言规范服务一样，首先以四大领域为重点落实渠道。但面对日益多元化的社会和文化结构，为了更好地提供国家语言规范服务，既要突出重点，也要有更丰富的设计思路。根据当前的应用状况判断，落实方面应重点关注媒体，特别是具有较高公信力的纸媒，和电视、广播中代表政府、官方的或其他风格庄重的节目和栏目，党政机关发布的各类公文也应重点关注。需要尝试开拓面向各类社会应用的渠道，以多种方式掌握资料，引导规范使用。例如，经由网络渠道，既可以广泛搜集译名使用状况、译写建议，也可以提出译写方案听取意见。

综合以上考虑，为了将规范工作真正做实做好，我们认为尊重社会应用的现状和规律，审慎使用联席会议专家委员会的权威，专家委员会意见以推荐引导的方式发出。在具体的工作中，也同样以审慎推进、科学周密作为基本原则。例如第一批推荐使用的外语词数量是 10 个，有意见认为太少，希望更多一些，推出得快一些，对社会应用的干预力度大一些。我们的考虑是，外语词中文译写规范工作刚刚开始，在工作机制、研究方法等方面还有需要完善的地方。特别是以专家委员会名义正式颁布的推荐意见，更需要以周详的调研为基础，谨慎取舍，耐心推行，以期取得平稳良好的规范效果。

（二）科学性

从语言发展史来看，能够吸收语言交流带来的新词汇，是一种语言保持活力的体现。外来词的被接受需要一定的时间，特别是外来词与原有词汇系统对接——包括形式、读音，意译词的用字选择等——是关键的环节。对于汉语来说，似乎采用汉字的书写形式应是一个外来词被接纳的基本要求。历史上外来词进入汉语也均以汉字为书写形式。

外语词的特殊性在于，在中文语境中，这些词语保持了罗马字母的形式，采用英文字母的读音，其含义需有听者或读者附加译解的环节[12]。这样一种“异质”的状态，处于外来词进入汉语的过程当中，必然会引起关注。

对于造成这种情况的原因，有论者分析认为，《汉语拼音方案》的推广普及，使罗马字母成为记录汉语的新形式，因此外语词的词形对于学习过《汉语拼音方案》的人来说，并不陌生。另外随着英语教育的普及，了解英语字母发音的人也越来越多。这都是造成外语词形式能够存在于中文语境中，并且预计短期内不会消失的原因。现实中有些外语词确实还难以用汉字词汇代替，并有“X 光、B 超”这样英文发音的罗马字母与汉字紧密结合的词形，字母已经成为汉语词汇的构成部分，难以分剥了。

现实情况如此，所以也有观点认为，外语词混用没什么大影响，汉语词汇系统会筛选、调适，最终吸收的外语词还会是汉字词的形式。如果这一逻辑成立，似乎对外语词只有接纳，译写规范工作的必要性不大。但是我们认为，从语言文字规范服务的角度来说，外语词的译写是一项重要的工作，其核心价值在于维护最广大人群的语言知情权。掌握外来词融入的规律，从文化融合等多个角度理解外语词的使用现状，规范的内容、推出的时机与方式都应有多方面的研究为基础。因此，虽然在 20 世纪 90 年代中后期、2005 年、2012 年等几个时段可以见到较为集中的字母词研究成果，但是从长远来看，本项工作还需要学界给予更多的关注，提供更丰富的观点和材料。

例如从语言学和词汇史的角度来看，汉语词汇系统是否会继续接纳外语词形混用的形式，还是必将会有汉字词汇取而代之？对字母词实例进行充分的历时分析，对于理解这种语言现象非常重要，对外语中文译写规范也有重要的参考价值。从应用语言学的角度，专名翻译与通用译名的形式是有区别的，专业术语名称出于表达准确、符合术语系统的需要，往往比较长，选用的汉字常常是较为生僻的专用字；但这些专业术语一旦进入社会通用领域，就要考虑非专业人士的阅读和理解，是否提出形式较短的、用字较为常见的通用译名更好[13]？从词汇学结合语用学的角度分析，汉语词汇的不同层级对外语词形式的接纳程度是否有影响？如“X光、B超”虽并不陌生，但也属专业词汇，进入社会应用领域多年，似乎也没有被汉字形式词汇取代的迹象，这是为什么？专业词汇的词法学分析还不够深入，专业词汇进入一般社会应用领域后发生什么样的词义、功能调整？……这些问题应该引起学界重视。

三、后续工作

2013年4月19日名词委和联席会议专家委员会联合发布PM2.5的中文译名“细颗粒物”，8月调查比较发布前后的媒体应用状况发现，虽然单独使用PM2.5形式的频次趋于减少，但包括《人民日报》《光明日报》在内的纸媒，包括《新闻联播》在内的广播媒体，单独使用PM2.5的频次仍然是最高的。2013年10月23日，《第一批推荐使用外语词中文译名表》发布，社会反响平稳。后续工作将继续侧重于整理综合现有的规范成果，提高相关社会领域关注度，设计多种传播方式，如经由网络提供外语词中文译名的规范成果数据库或资料库以方便查询等，并与主管部门共同协商，联合采取恰当的方式提高相关领域对外语中文译写规范的认知和认同，根据现实需求，切实发挥影响，引导规范使用。

补记：2013年以来，外语中文译写工作持续开展，本文阐述的外语中文译写工作的基本原则，在各批次译名研制的过程中得到了较好的贯彻。在组织形式上，也延续了以下主要步骤：秘书处筛选推荐、专家委员会全体审议（根据研究需要，也邀请相关领域专家提供建议）、秘书处补充调研，修改后提交专家委员会最终审议。秘书处在工作内容和程序上也适时进行完善。如充分征求相关部门的意见，财政类的译名征求财政部意见，金融类译名征求中国人民银行等金融机构意见等，保证译名的社会应用的稳定性。

附注

①《国务院关于同意成立外语中文译写规范部际联席会议制度的批复》（国函〔2012〕2号）附件《外语中文译写规范部际联席会议制度》中指出，成立联席会议是为了加强“外语专有名词翻译工作”。为行文方便，本文采用“外语词”作为

“外语专有名词”的简称，专指用罗马字母形式表示的外语词或外语词语的缩略形式。文章涉及的外语词均源于英语，发音为英文字母发音。

②刘青《全国科技名词委的两岸科技名词对照工作》,《海峡两岸语言与语言生活研究》，商务印书馆（香港），2008年。

③含相同文本重复计次。

④“国标”的首字母缩写；另有存储容量单位的意义，如8GB。

⑤如何处理标识性的外语词或字母词，留待今后做专题研究。

⑥目前统名之为“字母词”的词语，实际上来源不同，性质不同，需要有所区别。

⑦2013年3月14日，召开部分专家研讨会议，听取意见。会后，根据专家意见，去掉30词中的12个：ATM（机）、Wi-Fi、BBC、POS机、MBA、ICU、IMAX、DJ、OTC、CFO、EQ、FM。

⑧国家语委现代汉语语料库数据提供者肖航，国家语言资源监测语料库有声媒体语料库数据提供者邹煜，国家语言资源监测语料库平面媒体语料库提供者杨尔弘。

⑨BRT、CPI、PK、U盘等词，在现代汉语语料库中统计频次为0，这是因为该语料库的语料较早（截至2009年，1999年以前为绝对主体），筛选语料的原则更侧重规范汉语，比较新近的字母词或外语词不能体现。

⑩《国家统计局关于改进和规范地区GDP核算的通知》（国统字［2004］4号）明确规定了GDP的中文译名。

⑪2013年6月14—24日，专家委员会秘书处就第一批拟推荐外语词中文译名建议方案（10词），征求了部分专家委员会委员的意见。在6月21—22日召开的中国辞书学会中青年学者研讨会上，秘书处受邀介绍了建议方案的研制过程，江蓝生等与会专家提供了宝贵意见。

⑫需要说明的是，同为字母形式，HSK（汉语水平考试）、GB（国标）、PSC（普通话水平测试）等，属于汉语词汇的拼音缩写形式，与外语词有本质区别，研究者不得不察。

⑬2010年7月6日《光明日报》采访时任新闻出版总署副署长、全国科技名词审定委员会副主任孙寿山，谈及外语词翻译，他认为可以用“提取表示核心词义的核心汉字”的方法“缩写冗长的汉语术语”，如Laser原有译名“激射光辐射放大”“光量子放大”“受激发射光”等，后来钱学森先生提出采用“激光”，为大家广泛接受。

参考文献

刁晏斌，2011. 外来字母能不能成为汉字［J］. 汉语言文学研究（2）.
樊友新，2007. 历时视野里的字母词及其研究新视角［D］. 上海：华东师范大学.
傅振国，2010. 英语深度侵入汉语事关文化安全［J］. 创造（8）.
苏培成，2006. 在争论中前行的字母词［J］. 科技术语研究（2）.
谢强英，2011. 论英语缩略词在汉语中应用的原因、价值与策略［D］. 福州：福建师范大学.
薛笑丛，2006. 字母词研究述评［J］. 语言与翻译（1）.
王琳，2010. 中文报刊中的字母词研究：以《大河报》为个案［D］. 北京：中央民族大学.
王宁，2013. 关于 PM2.5 汉语命名的几点意见［J］. 中国科技术语（2）.
周洪波，2004. 字母词的使用要区别对待，“疏”而不“堵”[J]. 科技术语研究（3）.
邹玉华，2012. 现代汉语字母词研究［M］. 北京：语文出版社.
2010. 科技术语字母词汉化之路［N］. 光明日报，07-06.

【作者单位：教育部语言文字应用研究所。本文原发表于《语言文字应用》2014 年第 3 期，收录时有修改】

对新时期汉语语法规范化问题的思考
——基于对前新时期语法规范化进程和观念的梳理与分析

夏中华　贾　雪

语法规范化历来是汉语规范化的重要内容，也是争议的焦点之一。特别是近几十年来，随着社会经济的发展，新媒体迅速普及，人们思想日益活跃，作为最重要的交际工具的语言的每一分子几乎都被激活起来，产生了一些不同于原有规则的新成分和新用法。在这种情形下，梳理以往的汉语语法规范化进程和做法，总结经验和教训，思考新时期面对新现象的对策，是很有必要的。本文拟通过反思新时期以前语法规范化的观念和做法，提出现阶段语法规范化的对策。

一

语法是语言结构和使用的规则，如果违反规则，可能会造成沟通上的障碍。因此，语法规范化显得尤为重要，特别是在20世纪五六十年代，更为人们所重视。

新中国成立之初，一些文宣工作者语文基础较差，文章语病频出，引起了人们的注意。1951年6月6日《人民日报》发表题为《正确地使用祖国的语言，为语言的纯洁和健康而斗争》的社论，同日开始连载吕叔湘、朱德熙的《语法修辞讲话》。政府对语言规范化的重视，引发了全社会强化语言规范的热潮，同时，也拉开了新中国语法规范化的序幕。

中国社会科学院研究所编《中国语言学论文索引》（乙编）收录了1950年至1980年间有关语言规范化问题的文章共83篇。如果按照时间来对这一时期进行分段，大体可以分为四个阶段，第一阶段（1949—1955年）36篇，第二阶段（1956—1965年）26篇，第三阶段（1966—1977年）3篇，第四阶段（1978—1980年）18篇。根据四个阶段所收录的文章数量可以看出，第一阶段是语言规范化工作一个比较重要而且蓬勃发展的时期，语法的规范标准就是在这个时期萌芽的；第二阶段在第一阶段的良好基础上取得了进一步的发展，语法的规范标准得到了更多人的认同；第三阶段由于政治原因，语言研究停滞下来；第四阶段的主要任务是恢复，语法规范化工作在这一阶段逐步复苏。

新中国成立之初的语法规范化是从语文规范化开始，语文规范化运动是由政府发起，并有专家指导的群众性运动。与此同时，语法规范化的问题也受到人们的普遍关注，这也为语法规范化工作进一步开展奠定了良好的基础。1950年11月22日，毛泽东给当时的中央文化教育委员会秘书长胡乔木写了一封信，要他起草一个关于如何正确地写电报的文件。1951年2月，中共中央下达了《关于纠正电报、报告、指示、决定等文字缺点的指示》，指出了滥用省略、句法不合、交代不明、眉目不清、篇幅冗长等五种常见的文字缺陷，并对此规定了纠正办法。

在这一阶段特别应该提到的是1955年10月，在北京召开了“现代汉语规范问题学术会议”和“全国文字改革会议”，这两个会议确定了普通话语音和词汇的标准，为语法规范标准的制定和规范化的推行奠定了坚实的基础。这两个会议同时也标志着新中国成立早期语法规范化工作的准备阶段基本结束，这一阶段唤起了人们正确使用语言的意识，也引起了人们的高度重视，从而开始了汉语语法规范化蓬勃发展的阶段。

1956年2月，国务院发出《关于推广普通话的指示》，增补了语法规范的标准，明确提出汉语语法规范是“以典范的现代白话文著作为语法规范”。至此，语法的规范正式确立起来。同年，《中国语文》杂志办起了“语文短评”专栏，专门刊登从报刊上收集到的有语病的句子并加以分析、评论和匡正。之后语文工作者还做了一些这方面的工作，来引导人们正确使用语言。

在这一阶段，一些学者的研究成果也对语法规范化工作起到了积极的指导作用，为汉语语法规范的推广提供了良好的理论基础。如王力的《论推广普通话》（1957）、《现代汉语规范问题》（1959）、《语言的规范化和语言的发展》（1959）。吕叔湘除了通过《语法修辞讲话》有力地推动了对语法规范问题的研究外，还发表了大量的文章来谈规范化的问题，如《谈谈现代汉语规范化工作》

（1959）、《十年来的汉语研究》（1959）、《汉语规范化问题大可争鸣》（1961）。此外，吕叔湘还在《中国语文》（1961）上发表《汉语研究工作者的当前任务》，指出了语言工作者的当前任务是“促进现代汉语的规范化”，文章从语音、词汇、语法等方面出发，提出了语言工作者今后应研究的重点。在这一阶段，还有不少的学者在规范化方面做出了自己的努力，促进了语法规范化的发展，同时也给语言规范研究指明了方向。

“文革”期间，语法规范工作及研究中止。“文革”后，70年代后期，语法规范工作进入恢复阶段。面对处于混乱状态的语言文字，一些学者提出了要进一步促进语言规范化。此间，尽管人们对语法规范化的研究有了新的认识，但这时的研究都是建立在以往研究的基础上，从反思的角度出发，在旧有研究成果的基础上提出了新的见解，进一步促进了语法规范化。

二

纵观上述近30年语法规范化的研究与实践，这一时期的成果主要表现在以下方面。

（一）语法规范标准的确立

在语法方面，要想确立明确的规范，必须以语言的发展规律作为准绳。方光焘在《汉语规范化的几个原则性问题》（1956/1986：658）中指出：“汉语规范化决不是人为地主观地‘制定’什么新的法则，‘创造’什么新的规律，而是根据科学法则，根据语言的发展规律来实现的。”林焘在《关于汉语规范化问题》（1955：4）中也强调了，在谈规范化之前的首要任务就是根据历史发展来找寻汉语语法的规律。要想讲规范就要先确定规范的标准，根据我国的特殊情况，在汉语方言纷杂的情况下要确立全国统一的规范标准，首要工作就是要对汉民族共同语言的标准加以科学的界定。

前面提到，1956年2月，国务院发布的《关于推广普通话的指示》中提出了语法规范标准，即“以典范的现代白话文著作为语法规范”。这里将语法规范化的标准聚焦在两个关键词上：“典范”和“现代白话文”。以“典范”作为标准，是因为写出这些作品的作者一般都具有较高的语言修养和较强的语用能力，所以语法的规范性要比一般人高一些；以“现代白话文”作为标准是有一定的针对性的，它排除了文言文、早期的白话文和方言，应该说，这一标准是比较明确的。

（二）语法规范观及其理论研究

20 世纪 50 年代，社会各界掀起了学习语法的热潮。1959 年 7 月 8 日，有读者对《北京日报》上出现的“恢复疲劳”的说法提出了批评，认为这种说法是不合乎逻辑的病句，对此，语言学界展开了关于语法规范问题的热烈讨论，展现出了语言工作者对于这一时期语法规范的态度及观点。

20 世纪 50—70 年代的语法规范工作主要倾向于“匡谬正俗”，在这种语言规范化思想的主导下，语言研究更多地注重了语言的规则，而忽视了语言的发展。对此，很多学者都力图纠正这一偏颇。林焘在《关于汉语规范化问题》（1955）中认为，规范化首先要做的就是从历史的角度来找语法的规律；同时，也要用发展的眼光来看待语法规范问题。邢福义在《论“们”和“诸位”之类并用》（1960）中也强调了同样的看法，“们”和“诸位”这种格式的普遍存在也说明了某种语言是不是合乎规范要看语言自身的发展，而不是主观臆断。

此外，还有一些学者提出了自己的语言规范观。如罗常培、吕叔湘的《现代汉语规范化问题》（1956），吕叔湘的《十年来的汉语研究》（1959），赵元任的“What is Correct Chinese”（《什么是正确的汉语》）（1961/2002）等。

（三）语法规范的个案研究

这一时期语法规范化研究不仅在宏观的规范观和理论研究方面有所建树，而且在一些新的语法现象的剖析方面也取得了一些成果，这种微观研究为理论建树提供了佐证和基础。

1.“副 + 名”结构

20 世纪 50 年代的学者就注意到了“副 + 名”的现象。王如霖的《“不科学”的“科学”究竟是什么词？》（1958）从不同的角度论述了“科学”的形容词性质。可以看出，当时的学者广泛认同对于“副 + 名”的那个“名”是形容词性的。高名凯在《关于汉语的词类分别》（1953）中对“副 + 名”做出了很好的解释，从新的角度分析了词类的概念，这样就可以把“副 + 名”中的“名”解释为在形式上是名词性的，而具有的句法功能是形容词性的。

朱德熙在《说“的”》（1961）中认为严格的副词是不能修饰名词的；吕叔

湘、朱德熙合著的《语法修辞讲话》（1952/2002：9）也明确指出副词不能限制和修饰名词。

2. 虚词的滥用

陆宗达在《关于汉语规范化的问题》中认为，造成语法混乱现象的主要原因是北方话内部语法不一致以及跟别的方言语法的不同，并概括出了几种类型。虚词跟词尾的滥用就是其中的一种，比如："北京话'拿'是动词，有时当'用'讲，而'把'是纯粹的虚词。这两个词在使用上是有明显区别的。可是在吴语里面，凡是北京话用'把'的，则统统说'拿'。"陆宗达认为这种现象损害了虚词的用法，应当加以规范。代词的乱用，如蒋荫枬《代词"他"的指代要明确》（1966）；助词的乱用，如安汝磐《注意"的、地、得"的正确使用》（1960）、陈新《避免"地"的误用》（1960）、陆俭明《谈谈跟"的"字有关的几种语病》（1979）；介词的乱用，如汪惠迪《怎样正确地使用介词》（1960）、李因《"把"字的误用》（1954）等。

3. 否定作用的模糊化

裘荣棠在《"难免要犯错误"和"难免不犯错误"》（1980）中对"难免"和"难免不"做了统计，结果是"难免"要比"难免不"的使用频率高很多，并分析了产生这种现象的原因，最后得出结论：后者的可接受度要低于前者。吕叔湘在《现代汉语语法提纲》（1976/2002：507）中将这种情况定义为"否定作用的模糊化"，他还列举了一些例子，"以免在教学工作中少受一些影响""只有这样才能避免不使学生的思想发生混乱""为了避免今后工作中不发生错误"。对于这样普遍存在的现象，吕叔湘在《语法三问》（1953：10）中提出解决办法："倒不如老老实实承认有些熟语性的格式是不很逻辑的，劝人只把它当做熟语来学习，不去分析它，也不去推广它。这种'既往不咎，来者可追'的态度也许比较切合实际。"从而规范了这一类的语法现象。

4. 语义对句法的影响

语义也会对句法结构有一定的影响。吕叔湘在《语法三问》（1953）中举了一些例子，"这个礼堂能坐一千人""一张稿纸写五百个字""还有十分钟，至少只能讲一个人了"。单纯从句法结构上看，这里的动词"坐""写""讲"似乎有些讲不通。但吕叔湘是这样解释的："这里的动词都等于'供'加动词，这就构成一条规律，不算是不合逻辑。"也就是说，从语义角度来分析的句法结构是符合规范的。文炼在《论语法学中“形式和意义相结合”的原则》(1960)中指出,“‘吃食堂’‘吃大灶’是否能构成动宾关系是从某种绝对的标准出发来理解语法的”,这种说法之所以成立,主要是具有受事宾语的语义类型的“食堂”和“大灶”在起作用,所以这种语言现象是合乎规范的。

此外,学者们还关注了其他一些语法现象。例如,王力在《现代汉语规范问题》(1959:8)中提出了一系列关于语法规范化的问题,比如普通话里能不能用“咱们”代替“我们”。能不能由“我们”推出“您们”。又如,陆宗达在《关于语法规范化的问题》中提到了语序的颠倒,指出方言中的某些语言现象在语义上和北方话是完全相同的,只是颠倒语序,提倡在标准语中把这些语言现象淘汰掉。

三

结合半个多世纪的语法规范化工作,反思20世纪50—70年代语法规范化进程,可以看出,这一阶段的语法规范化理论和实践取得了很大的成绩,为汉语规范化做出了历史性贡献,但其中也有不尽如人意之处,出现了一些制约语言发展、影响语言使用的不和谐因素,在诸多方面常常受到语言使用者的挑战。

首先,“匡谬正俗”的模式和方法以原有规则为语法规范标准,致使语法规范批评多,引导少。20世纪50—70年代,以“匡谬正俗”为主要途径和方法的语法规范实践取得了一定的成效,如在纠正书面语的语文错误、规范学校语法教学等方面,都起到了一定的作用。但在这种模式下,人们更多关注的是研究者们从原有和现有语言中归纳出的规则,强调语法及其规范的一体化,以单一的规则要求大众的语言使用,用过于严格的标准规范发展的、纷繁的语言事实,缺少实事求是的分析态度和因势利导的具体做法,通常以挑剔的目光看待语言中出现的一些新兴用法,排斥新兴的语法现象。

应该承认,这是我们语法规范化工作的失误,这种失误,也常常使得语言工作者自己处于被动境地,规范化的作用和信度也在很大程度上降低,甚至产生负面效应。

事实上,语言处在动态之中,它随着社会的发展和人们语用心态的变化而发展变化。“匡谬正俗”这一模式在局部问题上固然奏效较快,但作为规范工作的主要的甚至单一的方法,却难以贯彻和持久。难于贯彻是因为“匡谬正俗”的根据亦即规范的标准常常引起争论。语言本身是发展的，而规范的标准往往是反映过去的既定事实，卡得太死就会阻碍语言的发展（吕冀平、戴昭铭，1990：19）。

其次，主观规定多于客观引导，规范标准落后于语言实践。与“匡谬正俗”的模式和做法直接相关，20 世纪 50—70 年代的语法规范的依据大多出自语言工作者的主观认定，而这种认定很少考虑到发展变化着的语言事实。

在西方语文学时期，从古希腊的亚历山大里亚学派到文艺复兴时期的语法研究，都认为语言是静态的，发展变化是退化。所以，他们以原有规则为依据，采用主观认定方式，制定一些原则，以此规定人们对语言的使用。“匡谬正俗”模式下的语法规范就带有这种深厚的语文学倾向，通常按照已有的规则做出硬性约束，或以自己的语言实践制定出“语言标准”，对大众语言评头论足，这个搭配不当，那个成分残缺……这种做法势必引起人们的反感和不满。早在 20 世纪 50 年代，徐懋庸在《无法就范的规范》一文中就诉说了这种规范下人们的苦恼，呼吁语言规范化要民主一点，科学一些。有人甚至借用艾略特“扭断语法的脖子”的话表示对语法规范化的强烈不满。这在某种程度上反映了语法规范化工作中存在的一些问题。

其实，语言是发展变化的，它本身是一个不自足的系统，会经常出现一些超越现有规则的语言形式，以满足不断发展着的人们交际的需要。同时，语言虽然是全民共同的交际工具，但毕竟存在于个人的使用之中，在长期的语言实践中，每个人形成了自己的语言观和语用方式。在这种情形下，原有的规范标准和模式可能无法满足语言自身发展以及语言使用者的需要。因此我们说，语言要在交际中规范，不能以个人主观意志为标准，不允许语言中存在多种形式和多种用法的观念既不合理也不可能被大众所普遍接受。

再次，忽视语言的约定俗成和习非成是，用逻辑规则解释语法现象。20 世纪 50 年代以来的语法规范工作常常混淆逻辑与语法，对有悖事理、不合逻辑的语言现象加以指责。例如，50 年代有人批评“打扫卫生”“恢复疲劳”的说法是错误的，70 年代有人指责“贵宾所到之处受到热烈欢迎”是病句，等等。

事实上，有些语言现象不合乎逻辑事理，是人的语用习惯使然，而习惯又通常是出自获得某种效果的需要。很多语言事实表明，习惯成自然，不合规律的现象多了，也就成了规律，习非成是也是语言发展的法则之一。例如，按照汉语构词规则，除少数动宾结构外，其他复合词是不允许扩展的，但近年来，像“考试”“学习”“同学”等非动宾结构的复合词也可以插入成分了，“考完了试”“学完了习”“同过一年学”等成为常见的语言现象。语言是一个复杂的系统，绝非一个模式、一种规则固化的，对超出逻辑事理的语言现象不能轻易地以不合乎规范为由而加以排斥。

有些语言现象是某些语言社团约定俗成的。各种语言中普遍存在的惯用法也说明了这个问题。例如“考研究生”“晒太阳”“养病”“一锅饭吃三个人”都有悖于逻辑事理，但人们却普遍接受并使用，这就是约定俗成。既然如此，我们就不能把不合乎逻辑事理的语言现象一概地看成是错误的。

此外，学术领域注重语言本体研究，忽视语言应用研究，影响了语言规范化问题的深入探讨。

长期以来，我国的语言研究受结构主义，特别是美国描写语言学派影响较深，“语言是形式而不是实体”的观念在左右着我们的语言研究。学者们大都围绕语言结构本体从事研究，更多关注的是语言形式的静态描写，如词类划分、主宾语的确认、单复句的分析等，而对语言的应用没有给予普遍重视，特别是对语言规范化问题的研究大都止步于表层，鲜有深层次的探讨，当然也就难以把认识引向深入，进而难以对问题做更广泛、更有深度的思考。

造成上述问题的原因是多方面的。但就其主要而言，是静态的语言观使然。长期以来，受结构主义影响，我国语言学界忽视了语言动态发展的本质特征。由于对语言本质特征认识的偏差，产生了不当的语言观，不当的语言观导致了欠妥的规范观。对此，施春宏（1999）曾有过较深刻的分析：“我国的现代语言学研究起步较晚，长期以来受结构主义语言学研究的影响较深，印欧语的语言现象的描写和规则的建立深刻地影响了我们描写汉语现象和建立汉语规则。这种以静态的结构研究为主的方式深刻影响了人们的语言观和规范观，将静止作为语言的本质，将结构作为语言的主体，将静态的规则作为规范的标准。”施春宏还写道，斯大林（《马克思主义和语言学问题》，1951 年）虽然承认语言是交际工具，语言词汇是处在变化之中的，“但他同时认为‘语言的文法构造和基本词汇是语言的基础，是语言特点的本质’。在他看来，好像语言的不怎么变化才是语言特点的本质，这从客观上导致人们更多地注重共时的、结构的、静态的研究。我们一个时期的语言研究主要也是平面的、共时的、静态的。我国的语言研究相对来说比较单调，对于活的语言、活生生的语言生活研究不够，语言学的交叉学科和边缘学科发展缓慢。这对现代汉语规范化从理论基础到思想方法到操作手段都有直接而深刻的影响，使规则本位在客观上有了存在的理论基础，具有某种必然性和合理性。”

四

综上分析，无论从以往语法规范出现的失误和存在的问题来看，还是从社会发展、语言变化、人们语用观念的更新对语法规范的要求来看，在新的历史时期，重新思考语法规范化问题，确立新的规范观，势在必行。

语言规范是客观存在的，有语法规则就要有语法规范，否则语言就会丧失其交际功能，在人类社会也就没有存在的价值。因此，我们应该以积极主动的态度从事语法规范化工作。不过，这种规范，为真正体现其功能，做到少出、不出偏误，就必须以人为本，以“用”为据。

语言与人密切相关，语言是人与人之间的交际工具，语言的使用者是人。因此，语言规范，特别是语法规范，要以人的语言习惯为基础，密切联系语言社团实际，充分考虑语言使用者的接受认可程度，因势利导。理论应该服从并服务于实践，而不是相反。语法规范，不是单靠语言工作者搞出来的，而是从大众语言使用中归纳出来的。因此，语言工作者在进行语法规范化工作时，应该把已出现并为人们所普遍接受认可的新的用法加以整理和研究，总结规律，促进语言推陈出新。

语法规范以人为本，以“用”为据，就必须尊重约定俗成的社会习惯和追求效果的语用心态。对有悖于原有规则的语言事实，不能草率地以不规范为由而加以排斥。我们的规范方式应该从“正俗”转向“从俗”，并以“从俗”为出发点，通过约定俗成的社会习惯形成语法规范。像以往那样由语言工作者制定标准，而不能形成大众的语言习惯，再好的规范也会束之高阁。事实上，人们在使用语言时很少事先去考虑规范，也不会处处刻意去适应标准，而是重在如何获取更佳的表达效果。

另外，语言是全民共同财富。一种用法用的人多了，影响力就大，就能成为新的规则。以往是不规范的，现在可能为人们普遍接受了；现在看来是错误的，不久就又能成为常见的。这就是语言发展中的习非成是。既然如此，语法规范化工作要通达宽容，不能单一标准，更不能硬性规定，对新的语言现象和用法要冷静观察，认真分析，积极引导，绝不能轻易判断是非正误，更不能一概排斥。

同时，语法规范化工作必须在动态的语言观指导下进行。语言是发展变化的，人们的语用心态是不断更新的，所以语法规范也不能一成不变。语法规范要有发展的眼光和超前意识，以顺应语言发展和语用心态的变化，在此基础上不断地调整和完善，不能囿于原有的规则，以静制动，以不变应万变，不能阻碍语言的创新，不能违背人们的语用心态。语言是动态的，规范也应该是动态的，原有的语法规则绝非金科玉律，亘古不变。“任何语言规范的标准，哪怕是再精当、周详的标准，跟丰富多变的语言事实相比，都有一定的滞后性”，因此，“对于诸多语言现象，实在应该多一份理解，多一份体谅，稍安勿躁，宽大为怀”（黄佑源，1996）。

由于语法规范受制于约定俗成的社会习惯，也由于语法规范是一个动态发展的系统，所以，在语法规范化工作中，要时时处处关注语言事实，对新的现象、新的用法进行深入细致的调研。调研是语法规范化工作的必要前提和基础，它可以为语法规范化工作提供比较可靠的依据。人与人之间存在着各种差别，包括语感和想象。即使同一个人，在不同语境中，也可能有不同的语感和想象。

应当承认，在汉语规范化中，语法规范化是一个难点。一方面，它很难像语音、文字那样制定某种规范标准，单一的标准、硬性的规定肯定行不通；另一方面，与词汇不同，它与社会发展关联不密切，其发展状态是稳中有变，新出现的个案用法能否成为普遍规律，还处在模糊状态，语言工作者对语法规范的认识尚不一致，有的观念还未转变。可见，新的规范观的确立以及语法规范化的研究与实践，今后仍任重道远。

参考文献

方光焘，1986. 汉语规范化的几个原则性问题［C］// 方光焘语言学论文集 . 南京：江苏教育出版社 .

林焘，1955. 关于汉语规范化问题［J］. 中国语文（8）.

邢福义，1960. 论“们”和“诸位”之类并用［J］. 中国语文（6）.

罗常培，吕叔湘，1956. 现代汉语规范化问题［J］. 语言研究（1）.
吕叔湘，1959. 十年来的汉语研究［J］. 科学通报（23）.
赵元任，2002. 什么是正确的汉语［C］// 赵元任语言学论文集 . 北京：商务印书馆 .
王如霖，1958.“不科学”的“科学”究竟是什么词？［J］. 中国语文（3）.
高名凯，1953. 关于汉语的词类分别［J］. 中国语文（16）.
朱德熙，1961. 说“的”［J］. 中国语文（12）.
吕叔湘，朱德熙，2002. 语法修辞讲话［M］// 吕叔湘全集：第四卷 . 沈阳：辽宁教育出版社 .
蒋荫枬，1966. 代词“他”的指代要明确［J］. 文字改革（2）.
安汝磐，1960. 注意“的、地、得”的正确使用［J］. 语文学习（5）.
陈新，1960. 避免“地”的误用［J］. 语文学习（5）.
陆俭明，1979. 谈谈跟“的”字有关的几种语病［J］. 中国语文（3）.
汪惠迪，1960. 怎样正确地使用介词［J］. 语文学习（2）.
李因，1954.“把”字的误用［J］. 语文学习（4）.
裘荣棠，1980.“难免要犯错误”和“难免不犯错误”［J］. 语文学习（4）.
吕叔湘，2002. 现代汉语语法提纲［C］// 吕叔湘全集：第十三卷 . 沈阳：辽宁教育出版社 .
吕叔湘，1953. 语法三问［J］. 语文学习（8）.
文炼，1960. 论语法学中“形式和意义相结合”的原则［J］. 华东师范大学学报：自然科学版（1）.
王力，1959. 现代汉语规范问题［C］// 语言学论丛：第 3 辑 . 上海：上海教育出版社 .
戴昭明，2012. 现代汉语规范化答问［M］. 北京：北京大学出版社 .
赵小东，2012. 现代汉语句法规范研究［M］. 北京：人民出版社 .
黄佑源，1996. 语言规范标准漫议［J］. 语言文字应用（2）.
施春宏，1999. 现代汉语规范化的规则本位和语用本位［J］. 语言建设（1）.
吕冀平，戴昭铭，1990. 语文规范工作 40 年［J］. 语文建设（4）.

【作者单位：渤海大学。本文原发表于《阜阳师范学院学报》2014 年第 5 期，收录时有修改】

新辞书规划的实施与语言文字工作的跟进

王丽英　王东海

我国辞书的大发展得益于国家新闻出版总署在20世纪70年代和80年代进行的两次辞书规划，出台了刺激辞书产业发展的辞书政策。这使汉语辞书的发展呈现蓬勃之势，也真正形成了规模化的辞书产业。国家新闻出版广电总局日前下发通知，决定组织编制《2013—2025年国家辞书编纂出版规划》，这被称为第三次辞书规划，它将在辞书编纂出版现代化、网络化的时代，对辞书未来的发展进行新的布局。

辞书的内容是语言文字，语言文字管理的重要工具之一是辞书，二者互相支撑，互相发明。当前的语言文字管理工作面临很多问题，要解决这些问题，我们提出一个建议：将语言文字管理工作与新的辞书规划相配合，并从中获得强有力的支持，从而实现自己的转型。

一、语言文字管理工作在新时期的转向需要依靠辞书

网络时代是一个解构权威的时代，传统的以专家权威、法规规定为核心的语言文字管理工作逐渐出现一些“不适应症”，社会语文生活也出现一定的混乱。例如近几年，比较大的争议就有“恢复繁体字”、国家语委发布171条新词语、《通用规范汉字表（征求意见稿）》中所谓44个“整容字”、《现代汉语词典》收录字母词、国家语委相关文件规范字母词等，如果说这些争议还停留在民众日常语言文字使用范围之内，那么2012年媒体发生的因方言播音而产生的所谓的“脱粤入普”“脱沪入普”之争，就在一定程度上影响到了社会稳定和地域文化认同。

国家相关部门主要依靠语言文字规范管理社会语言生活。法规性的语言文字规范与复杂的社会语文生活之间不存在直接对接性，前者要求统一性，后者

要求尊重变异性，规范不能自上而下强制推行，否则易在社会上引起不满与反弹。当前语言文字规范推广与社会语文生活之间的切变突兀，缺少过渡环节。未来工作的方向在二者之间必须有过渡，既能体现学理依据，又能充分反映社会需求，在专家权威和普罗大众之间架起桥梁，使刚性规范平滑过渡到丰富多彩的社会语文生活中，起到应有的规范和引导作用。能承担这一重任的最佳选择是被称为“语言文字准规范”的“辞书”。

“规范—辞书—社会应用”构成一个连续体系：国家规范是刚性，是语言政策规划的结果，体现的是规定主义；辞书是软性补充性准规范，体现专家意识，有描写事实和学理阐释的特点，是国家规范的最重要补充。这一由刚到柔、由统一到变异、由规范到引导的一体化模型，极大地弱化了规范的刚性与社会语文应用的多样性之间的矛盾。

要打造好这一连续体系，做好“辞书”使其发挥应有的过渡作用，传统的语言文字管理工作必须实现转型。但方向在哪里呢？

近些年相关部门也充分认识到了语言文字管理工作转型的必要性和迫切性。例如：针对当前语言文字规范工作的网络化传播、全民性参与的特点，国家语委采取很多与时共进的措施，逐渐使规范工作由单纯的专家行为过渡到“专家＋民意”的模式；重视语言生活现实的描写，国家语委建立了十多个研究中心，对语言文字应用的热点领域进行监控，动态捕捉和描写语言事实的实时变化，并每年发布《中国语言生活状况报告》绿皮书，为语言文字规范工作提供了丰富的资料和数据。这些工作说明相关部门已经具有了语言管理工作的资源意识以及服务意识，但还缺少一个明确而集中的载体来统筹。

语言文字管理工作是语言规划理论的具体应用。根据周庆生（2005）的介绍，“语言规划”这个术语是在20世纪50年代后期由美国语言学家豪根（Haugen E，1959）引入学术界的，该术语是指为了改变某一语言社区的语言行为而从事的所有有意识的尝试活动，“从提出一个新术语到推行一种新语言”都可以纳入语言规划之中。Rùz（1984）提出了影响语言规划的三种取向：语言作为问题（language as problem），语言作为权利（language as right），语言作为资源（language as resource）。所以，当前的语言文字工作应该由纯管理转向本体规范、社会语言文字应用引导、语言服务“三位一体”的工作模式，其中服务是核心。服务功能主要体现在向社会和民众提供丰富的语言资源——以辞书为载体的语言资源建设应该成为当前语言文字工作方向之一，这就与马上要进行的第三次辞书规划形成了互动。

二、海外以词典为中心的语言文字管理经验及对我们的启示

西方的语言生活包括政策和资源两个层面。海外语言政策多结合自己的国情进行规定，出台的刚性政策少，主要是语言地位政策，目的是维护社会各种交际关系，并解决语言推广障碍以及语言的民族冲突等问题。在操作层面上，多以各类词典为载体，重视规范性语言资源、文化语言资源、教学性语言资源建设，可以说整个社会语言管理工作都是以词典为主要载体来完成的。其具体做法可概括为两个方面。

（一）采用语言规划理论来指导语言文字工作，核心是词典载体

海因茨·克洛斯（Heinz Kloss，1967：29—41）指出：语言本体规划，即关注语言本身或语言内部结构的规划；语言地位规划，系指某一特定社会中，为了改变一种语言或语言变体的使用和功能而付出的种种努力。

从这个界定中，我们可以看出语言规划其实就是将语言工作分为本体和社会应用两部分，后者同时属于社会语言学的社区方言规范，这与我国的语言文字工作的边界是相似的。但也有不同：海外的语言规划更多是将二者统一到一个具体的可操作性过程中，从语言规划的实施过程看，包括“选择”“编典（codification）”“实施”和“细化（elaboration）”这四大阶段。其中最核心的还是编典阶段，编典主要包括文字化、语法化和词汇化三个部分，而最终的工作成果必然体现为词典载体。词典是物质基础，舍此，语言规划的宗旨、定位、选择、实施、细化等环节都无从谈起。我们目前还缺少这方面的具体的操作性理论和实践经验。理论研究上的疏缺，极大影响到我们在这方面的管理工作的目的性和针对性。

（二）细化语言资源类型，用不同类型的词典进行收纳、承载

海外的语言资源建设主要关注三个词典类型。

1. 重视以国家语言资源工程建设为己任的大型词典的编纂、出版、维护和使用

国家词典的建设目的是为一个国家、一个民族的语言建立资源库，是典

型的查考型资源。历史最悠久、最典型的国家词典是《牛津英语词典》(*The Oxford English Dictionary*)。这一词典的编纂维护修订前后历经两个世纪，此后其一直作为英国的国家语言资源而存在，其收集信息全面，既关注到词源等方面的历史信息，又考虑到音义引申等历时信息，还照顾到共时的使用信息，且各种信息经历了时间考验、专家权威审核、社会应用检验，吸收词典评论方面的意见，修订持续、及时，所以资源的全面性、准确性和权威性都得到了保障。用户可以在这样全面的国家语言资源词典中检索到自己关注的信息，查全率高。

还有一类国家词典是以保护自己国家语言的独特个性而存在的。澳大利亚的国家词典中心一直以编纂和维护修订《澳大利亚国家词典》为核心任务，该词典把有地域色彩标记的词汇作为收录重点，除了具有同《牛津英语词典》一样的资源建设功能外，还在保存澳大利亚英语的独特个性方面做了大量工作。这体现了利用词典对语言发展和语言变化结果进行忠实记载的资源存储功能。

有的国家词典的资源建设与市场化运作相结合，更有活力，而且有助于减轻国家的负担。美国是一个高度市场化的国家，政府尽量减少对词典编纂出版的相关具体业务的干预，一切交由市场运作，而国家的主要任务是用严密的立法来进行保障，所以美国并没有明确的国家词典的概念，但却有大型出版集团出版的相类似的大型词典，本质上也起到了国家词典资源建设的任务，如柯林斯(Collins)、韦伯斯特(Webster)、麦克米伦(Macmillan)等出版社都有相应的完全版大型资源词典，与《牛津英语词典》相类。这些词典大多注重收集和反映美国英语变体的词汇、词义和用法。这种由市场进行国家语言资源建设的最大好处，就是引入竞争机制，体现词典编纂的创新和多样化特色。这几大家族的大型词典内容较少冲突和重复，为获得相应的市场和用户，它们会以认知语言学、结构语言学、功能语言学、形式语言学等不同的理论为指导，将语词的各种属性值采用不同表达方式、表达侧重以及不同的编排体例描写出来，体现出很强的创新性。

在使用上，海外的大型资源类词典大多体现公益性、服务性。这些大型的国家词典主要作为查考型词典而被使用，由于卷帙浩瀚，个人购买者少，靠这样的词典去获取大量经济利益是不现实的。所以，很多出版社都将这类词典作为公益品牌来打造，尽量通过电子化、网络化实现共享，体现服务性，例如《牛津英语词典》就出了电子光盘版，和《大不列颠百科全书》网络版、光盘版一样，成为词典服务意识的典型代表。这些大型词典资源的公益性特点，真正体现出语言文字工作的服务于社会、服务于民众的意识。

这些出版社将大型词典资源视为形象工程，视为相关组织或出版社的具有核心竞争力的知识品牌，并在社会树立语言资源权威形象，然后在这个良好形象的带动下，从这些词典中离析出各种类型、各种系列的专门性词典或中小型词典，如满足市场需求的规范型词典、描写型词典或学习型词典，这些词典直接面向广大的普通用户群，销售量大，可以保证利润增长，从而有经费继续建设和维护原有的大型词典。

2. 重视收录各语域语言资源的描写型词典的开发

海外语言规划中的“实施”是用各种类型的中小型词典发挥“轻骑兵”的作用，迅速地服务于各语用领域，在服务的过程中起到规范和引导语言文字的正确使用的作用。例如，西方针对各语域编辑了大量的办公室语言词典、政治语言词典、少儿俚语词典、司法语言词典、刑侦语言词典等，且特别重视俚语及新词语词典的编纂，这类词典多为描写型词典，关注这些词语的实时变化，如美国文化词典 *Cultural Dictionary*，就收录了当前在办公室白领间流行的最新俚语、双关语、成语等。

3. 重视在教育领域作为推广标准语工具的学习型词典的创新

英美的牛津、剑桥、朗曼、柯林斯、韦伯斯特、麦克米伦等六大词典出版公司都拥有自己的有创新性标志、区别度明显的学习型词典，如著名的《柯林斯高级英语学习词典》(*Collins Cobuild Advanced Learner's English Dictionary*)。这些学习词典在编纂理论的创新方面做出了很多探索，将用户使用词典的需要、爱好、使用方法、习惯等研究得非常深入，并基于认知心理学原理，采用了整句释义、释义词汇控制、义项索引等创新性的释义和编排方式。

（三）重视语言资源变化的监测与记录，用词典迅速反映语言变化实态

欧美词典不论是由政府层面还是由出版社层面组织编纂，都建有巨型的动态平衡语料库，并且能保证语料的动态、实时、足量更新，这使欧美词典对词汇资源发展变化的把握更客观，更准确，其基于语料库词频、义频的统计进行的释义和义项分立操作，都可得到量化的学理上的有力支持，而且词典的修订

周期也因此大大缩短。巨型语料库的建设有些由国家负担，但在英美等国，则多由出版社负担。

动态更新的巨型语料库对语言变化实态及趋势的适时把握表现在以下几方面。

首先，对语词总量变化进行监控。例如，根据美国的全球语言监测机构GLM的调查，目前每天大约有14.7个英语新词产生《Web2.0当选第一百万英文词》。这反映出语言中新词的产生，其数量是惊人的，不同程度地影响了全国各阶层各领域人们的语言交际。而这种对词汇总量的精确把握和对词汇变化的准确捕捉，极大地提高了词典资源的建设与更新的效率。

其次，语词资源监测领域越来越细化。海外多根据细化的使用领域，采集与动态捕捉各领域词语的细微变化。例如：英国智库“政策研究中心”汇编的2008年Lexicon辞典就收录了100多条“政治语言”，这项工作意味着词典编纂者需要付出更多的努力，因为其背后的语料库需要及时细化和深化。

再次，对语言中即将消失和复活的现象予以高度关注。澳大利亚国家词典中心发现单词dag曾在20世纪80年代末90年代初被美语词nerd（令人讨厌的人）替代，这个词最近又复活了（《澳大利亚英语词汇处“危险时代”》）。这些词汇的运动轨迹无一不被国家词典中心所捕捉，并在词典中记录下来。

（四）在语言资源监测的具体方法上，更重视尊重民意和实证，并将成果迅速反映在词典中

海外语言规划理论中，泰格奈尔（Tegnér E，1874：10—145）主张语言是一堆符号，只有“最易于传递、最易于理解”的符号才是最佳符号，而最易于理解和传递的符号必须是全民大多数所公认的标准和内容。这一点国内的陈原（2001：194）也认可：“语言规范就是一个语言群体在一个特定时期、一个特定空间，经语言群体多数成员所公认的标准表达形式，这个形式是根据（个人的或集体的）交际环境，包括所处的社会生活习惯以及思维方式，而自然形成或有意识地制订的，其作用是在调节语言的社会功能。”从这里可以看出，语言文字工作中，刚性政策推广的基础是民意共识和调查实证，这一点欧美国家把握得很好，主要表现在以下几方面。

其一，一些重要的词汇现象的认定与取舍多由民意决定，并在词典中及时反映。对于新词语是否进入词典，我们做法多是由编者主观认定或判断，西

方则多采用征集民意的做法。全球语言监测机构、美国方言协会（American Dialect Society）、韦氏在线词典都例行性公布年度词汇，采用的方法都是在网站公布候选词汇，然后由民众投票选举。这些词语往往具有广泛性和代表性。

其二，多利用先进的计算机和网络技术，采用定量和定性分析相结合的实证方法，调查和评估语言的新发展新变化，并在词典中加以及时反映。在西方的语言规划的流派中，有一派是理性选择学派，他们认为语言规划的决策程序包括五个步骤：辨识语言问题，开展语言调查；制定规划目标；提供多种可能的解决办法，理性选择其中一种；实施这种办法；评估，将预期目标与实际结果进行比较（Jernudd B H & Das Gupta J，1971）。这一理论中对语言调查的重视是值得我们借鉴的。

在当前的电子和网络时代，对新语言现象的调查与评估主要采用定量和定性的分析。

在定量分析方面，欧美词典多结合语料库和网络。海外特别重视语料库的建设和更新。例如《牛津英语词典》编撰和收录新词主要依据拥有一亿多词汇的“英国国家语料库”（The British National Corpus），这一语料库保持着频繁的动态更新，而且《牛津英语词典》还拥有 4800 万词汇和以每年平均近 500 万词汇的速度递增的“牛津世界阅读课题”（Oxford World Reading Programme）。

语料库提供词频、义频的客观数据，而网络搜索引擎在记录语言发展方面起到了不可低估的作用，数据来自于民众查询实态，因此更为客观，更能反映民意。例如，Google 公司每年公布的最流行搜索词汇，每个单词的搜索点击量均超过了 10 亿次。这些词汇的排序是根据用户的搜索量来确定的，由计算机自动完成，因此具有相当高的公正性。可见，“搜索引擎不仅起到了记录语言的作用，它自己也成为了语言的一部分，这正表明语言是在生活中被创造并发展的”（《搜索引擎记录英语语言发展》）。

在新语言现象的认定上，定性分析标准科学严谨。新的语言现象要进入词典也必须要有足够的科学依据，客观的定量统计只是新语言现象认定的辅助手段，必要时还需要进行定性认定。例如《韦氏大词典》的选词标准是“在特定时间段内，某一词汇被人们广泛使用，并被多家出版物所引用”（《权威英语词典彰显时代烙印》）。而编辑们的例行工作是采用“阅读并标注”的方式寻找新词、新用法，这些工作都是发挥词典编纂者主观经验的表现，与客观定量分析配合使用。

其三，网络词典在线更新也是海外词典公司监测新词语资源时主要采用的手段之一。如《韦氏大词典》《牛津英语词典》这些国家级词典的网络在线版频频纳入新词，而英国的词典编纂者还打造了一个名为“Gran Slang”的在线征集俚语词典。这些做法不但对在线词典建设有助，而且对传统词典的修订也起到积极作用。

其四，语言资源监控型词典能比较宽容地对待语言中的新变异和新质的出现。很多国家都有保持自己语言纯洁性的要求。例如法国的《拉鲁斯词典》为规定性词典，其目的是为保护法语的纯洁性，所以其不允许有对语言的混乱使用或不合适的夹杂，其规定性的特色非常明显。我国对字母词的使用也采用比较严谨的态度。欧美英语词典对待外来词语的态度比较宽容，这也成就了英语成为一种复杂的、全球性的语言的胸怀与魄力。

其实，语言的纯洁观在语言规划中是一种比较落后的观点，法国的《拉鲁斯词典》一直坚持要纯洁法语，但现在的法语及法语词典也充斥着大量词源是英语等其他语言的词汇。外族词汇的渗透往往不是侵略，而是民众在自由交际中的自主选择，最后形成一种语言使用共识，语言共识一旦形成，就是约定俗成，语言文字再进行规范时就一定要谨慎。拿我们汉语来说，我们对外来词的规范，首要看其是否真正危害到汉语汉字的母体，王力先生（2004：612）对此持开放的态度，认为“语言的本质是语法构造和基本词汇，而基本词汇具有不可渗透性，基本词汇保存了，一般词汇大大扩张了，汉语的发展就是这样正常而健康的”。另外，汉语有自己独立的文字系统，只要不废除汉字，而且普通话仍是国家的共同语，就不必过于担心外来词。但如果这些外来词汇或新创词汇的使用影响到社会用字、用词的秩序性，则必须采用规范措施。

三、语言文字管理工作与辞书规划相结合的途径

语言文字管理工作与辞书规划相结合，具体可从四个方面着手。

（一）加快出版语言资源存储与监测型辞书，维护汉语汉字载体及其承载的文化的全面性与多样性

1. 国家语言词典

20 世纪 80 年代后，我们出版有泛时性的《汉语大字典》《汉语大词典》等

大型语词资源辞书，这些辞书的出版大多是在相关政府部门的两次辞书规划中安排编纂的，体现了一定的政府行为特点，但其均为古今兼收型辞书，侧重在古今资源的收集上，而且修订进度缓慢，远远跟不上时代发展的需要，与海外大型词典几年推出一个修订新版以及在线实时更新的做法相比，差距还很大。《现代汉语词典》是中型语文词典，虽修订比较及时，但其定位在推广普通话和国家语言文字规范，资源功能不是其核心编纂追求。我们目前还缺少一部国家语言资源库式的大型共时词典。

2. 语言实态监测词典

每个新的词语的产生往往代表着国家相关领域政治、经济、文化发展的热点现象。对语言发展实态的监测是国家相关部门重要的工作职责。国家语委建立了十个中心，监控每年产生的新词、流行语、教材语言文字等方面的变化信息，每年发布《中国语言生活状况报告》绿皮书，向社会报告年度语言生活状况，这是一个很好的资源化工作思路。

但绿皮书无法代替辞书资源建设。绿皮书是调研报告集，不可能具体、完整、全面地反映词语的年度变化。比较可行的方法是编纂监测型词典。现在有关部门已经尝试推出小型年度本词典，如年度新词语词典、年度流行语词典等，但由于出版周期的影响以及效益问题，现在仅见商务印书馆推出小薄本的年度新词语。这方面还有很多工作要做。

3. 华语词典

华语圈同文同语，但由于地域的差异，形成了事实上的汉字地域变体以及语言地域变体，表现出不同程度的差异。大陆是华语圈语文生活的母体，有义务把这项工作做好。汉字的差异主要体现为繁简字、正异字的区别，因为文字的稳定性，这种差异是有规律可循、可把握的。语法的稳定性强，差异较少。语音基本都是以民国时审定的国音为基础，差别也不大。但词汇的差异比较大，除了异称词、文言与口语之别，这些年各地在译介引进外来词方面以及产生的新词语方面都有很多差异。因此编纂一部大型华语词典迫在眉睫。

要做好这三类辞书资源的建设，需首先建立国家层面的大型语料库。欧美资源储存与监测型词典不论是由政府层面还是出版社层面组织编纂，都建有巨型的动态平衡语料库，并且能保证语料的动态、实时、足量更新，这使欧美词典对词汇资源发展变化的把握更客观、更准确、更及时，其基于语料库词频、义频的统计进行的释义和义项分立操作，都可得到量化的学理上的有力支持，而且辞书的修订周期也因此大大缩短。巨型语料库的建设与维护有些由国家负担，但在英美等国，多由出版社承担。我们也应该设立专门的机构，聘请专门团队，专职从事此项工作。没有这个大型语料库，以上三类辞书永远不可能高水平实现。

（二）加快出版中型规范词典，为民众语言文字应用中的困惑提供权威规范的解决方案

西方语言规划中有一派为语言治理派，认为语言规划是一种语言治理的过程。“在语言治理过程中，授予特定人员某种权限，以便他们能够发现其所在社区成员潜在的或实际遇到的种种语言问题，并能提出系统、严谨的解决办法”（Jernudd B H & J V Neustupn，1991：34）。所以，语言治理的中心问题就是要面向广大基层群众，解决大众语言运用中遇到的或可能遇到的种种问题。

要做好以辞书资源为中心的语言文字管理工作，首先在于建好一部公益性的规范型词典。这部词典的编纂宗旨应该是，服务于语言文字规范，服务社会语言文字应用，帮助民众解决语言文字应用中的困惑，正字正音正用，引导释义。它不是简单在贯彻语言文字现有的规范，更重要的是，要在法定语言文字规范没有覆盖的地方，提供共识性的语言属性值，发挥模范引导作用。

这部规范词典应该是字典与词典的合一。辞书编厚了难，考验的是知识的广度和深度，但编简要了却更难，因为对语言文字知识的取舍的标准需要更准确的拿捏。建议以经过历史考验的、经典的《新华字典》和《现代汉语词典》为蓝本，只进行最基本的形、音、义、用属性的规定，特别是对有争议的语言文字属性，必须给出权威的或推荐性的答案，但支持罗列异说。如同古代的正字之书，给出正体字形后，胪列或、俗、简、异等字体。所立字头宜以一万左右为宜，收词宜以《现代汉语通用词表（草案）》的五万词为宜，保证规定性或推荐性内容的覆盖面。释文不应过多、过细，越是详细，规定性内容就越易引起争议。因此应该只提供常用义项，采用自编例方式提供最典型的例证，但建议列出与其他华语圈的对应词汇，以便加强沟通。释义不出语用标记，但字头释文要提供正音和正字形、构词编码、笔顺笔画偏旁部首等规定性内容。

其实，在民国时期的国语运动中，已经出版了一部类似的规范型词典——

《标准语大辞典》(1935),收词三万多,但只进行最简单的释义。这部词典的编纂理念、编纂思路很值得借鉴,但却一直没有引起足够的重视。

(三)加快出版学习词典,把教育领域作为语言文字工作的主阵地之一

中小学是一个人规范的语言文字观养成的黄金时期,因此基础教育中的语文教学是语言文字规范意识培养的最重要的阵地。国家相关主管部门应该组织专家编写面向母语、面向各少数民族、面向海外的学习词典,将国家的语言文字规范的内容和意识贯穿其中。编纂时还要注意解决以下几个问题。

一是处理好与教材的关系。教材也是语言文字准规范的一种,是教师教学和学生学习的蓝本。我们需要先制订教学字表、词表,然后有针对性地编纂相应的学习词典。词典释义应该以释教材用义为核心并适当扩展,而用例也应该以改编自教材用例的自编例为主。

二是重视与推荐性规范——行业教学手册的关系。语法方面,海外有教师语言手册、教学语法手册等行业资料集,我国也有《暂拟汉语教学语法系统》和《中学教学语法系统提要(试用)》等语法手册;词汇方面,围绕对外汉语的等级考试,相关部门在词汇规范的研究方面做了不少工作,发布了《汉语水平词汇与汉字等级大纲》,这为中小学汉语教学词表的建设提供了借鉴,但目前还没有研制出《普通话基本词汇表》;语音方面,虽然目前的法定规范也比较全面,但还没有针对语文教学需要的《普通话标准音节表》《普通话轻声词表》《普通话儿化词表》等手册。

应该组织相关专家研究有权威性的文字教学手册、语音教学手册、词汇教学手册、语法教学手册、修辞教学手册、语言表达手册等,将一些有争议的问题进行统一界定,明确推荐性的解决方案,方便教师教学和学生习得。但行业教学手册毕竟不同于词典,只能与学习词典互相支撑,互相发明。

三是加强与语言教学研究的联系。要将最新的语言教学研究成果和方法体现在学习词典的编纂中,实现整合效应。

四是与语言文字测试结合,编纂应试词典。应试型词典也是一种特殊的学习词典。海外出版过多部高级应试词典,如 *Longman Exams Dictionary*,内容整合了《朗文当代高级英语辞典(第四版)》、《朗文英语联想活用词典(第二

版）》、托业 / 托福 / 雅思 /CAE/FCE 等考试指南及模拟试题、语法手册、写作手册等内容，非常适合学习英语以及参加各种英语考试时参考备查。

用编纂应试词典的方法来推广语言文字规范更具推动力。国家相关部门要重点研究测试标准、测试内容等，并结合好已开发的测试大纲。已有的测试大纲如《普通话水平测试等级标准》（1997）、《汉语水平词汇与汉字等级大纲》（1992）以及《汉字应用水平等级及测试大纲》（2006）等推行得都很好。辞书界要根据这些大纲，组织编写有针对性的应试词典。目前对外汉语领域已经有多部针对 HSK 词表的详解词典，却尚无应试词典的出版，面向母语的应用词典更没有见到。

（四）加快出版服务社会需求的分语域词典，体现语言文字工作服务社会的功能

词典具有辅助表达的元功能。社会对语言文字的运用主要体现在各种表达和交际中。表达与交际可分为多种类型，如艺术表达和应用表达、私人表达与公务表达、对内表达与涉外表达等。立足“表达与交际”这个词典的应用中心，为各个领域编纂建设相关的表达词典资源，可间接地将语言文字规范推广到社会各应用领域。

相关政府部门不应参与这类词典的具体的编纂，但可细化出满足不同语域需求的词典体系，规划选题，然后由出版社组织专家编纂，最后向各领域的语言文字应用者推荐，以调动出版社、编者的最大积极性。这项工作全面推广后，政府将成为分语域词典资源集群的规划者，体现语言文字工作服务民众、服务社会的功能及政府在其中的统筹规划职能。

四、结语

总之，在相关部门新的辞书规划即将出台这个大好时机，建议国家语言文字管理部门一定要抓住机遇，与国家新闻出版管理部门协同工作，将语言文字管理与辞书出版两项具体业务进行有机结合，这样，既能促进我国语言文字工作的健康发展，又能使新的辞书规划体现出更广泛的实用价值，同时也能从辞书内容上保证本次辞书规划的顺利进行。

参考文献

周庆生，2005. 国外语言规划理论流派和思想［J］. 世界民族（4）.

Haugen E，1959. Planning for a standard language in modern Norway［J］. Anthropological Linguistics（1）.

Rùz R，1984. Orientations in language planning［J］. NABE Journal, 8（2）.

Heinz Kloss，1967. Abstand-languages and Auau-languages［J］. Anthropological Linguistics, 9（7）.

Tegnér E，1874. Sprak och Nationalitet［M］. Svensk Tidskrift.

陈原，2001. 辞书与语言规范化问题［M］. 北京：商务印书馆.

Jernudd B H，Das Gupta J，1971. Towards a theory of language planning［M］// Rubin and Jernudd. Can Language be Planned? Sociolinguistic Theory and Practice for Developing Nations. Honolulu：University Press of Hawaii.

王力，2004. 汉语史稿：第二版［M］. 北京：中华书局.

Jernudd B H，J V Neustupn，1991.Multi-disciplined language planning［M］// D F Marshall. Language Planning：Festschrift in Honor of Joshua A.Fishman. Amsterdam and Philadelphia：John Benjamins.

全国国语教育促进会，1935. 标准语大辞典［M］. 北平：商务印书馆.

Web2.0 当选第一百万英文词［J/OL］. 英语教育周刊电子版，168. http：//paper.i21st.cn/story/52856.html.［2013-07-01］

澳大利亚英语词汇处“危险时代”［J/OL］. 英语教育周刊电子版，166. http：//paper.i21st.cn/story/52648.html.［2013-07-01］

搜索引擎记录英语语言发展［J/OL］. 英语教育周刊电子版，88. http://paper.i21st.cn/story/33505.html.［2013-07-01］

权威英语词典彰显时代烙印［J/OL］. 英语教育周刊电子版，120. http://paper.i21st.cn/story/41142.html.［2013-07-01］

【作者单位：鲁东大学。本文原发表于《出版科学》2013 年第 5 期】

20 世纪语言规划研究方法的流变

黄晓蕾

20 世纪 50 年代末，社会语言学在西方学术界兴起的同时，“语言规划（language planning）”的概念开始在一些欧洲学者的研究中浮出水面，1959 年，豪根[①]正式在文献中介绍“语言规划”这一概念。60 年代，语言规划作为社会语言学的一个重要分支逐渐受到重视，对于语言规划的研究也日益深入。1966 年，美国召开“语言问题大会”专门讨论与语言规划相关的社会语言学问题。1968—1969 年，斯坦福大学“语言规划过程”研究项目提出了语言规划的理论框架并出版论文集 *Can Language Be Planned? Sociolinguistic Theory and Practice for Developing Nations*（《语言是可以规划的吗？——发展中国家的社会语言学理论和实践》，Joan Rubin & Bjorn H. Jernudd，1971），语言规划进入了有组织的系统研究时期。自 50 年代“语言规划”的概念提出之后，学术界关于“语言规划”的定义层出不穷、不断变化。古柏在 *Language Planning and Social Change*（《语言规划和社会变化》，Robert T Cooper，1989）一书中，曾经总结了 1959—1986 年间有关语言规划的十二种定义，并提出了他的第十三种定义。刘海涛在《语言规划和语言政策——从定义变迁看学科发展》（2006）一文中收录了 1959—2005 年间三十多种定义，并结合现代西方社会学和政治学的理论进行了一个初步的分类。

语言规划作为社会语言学的一个分支领域，其研究首先建立在社会语言学的基本研究理论和方法的基础上，伴随社会语言学研究方法在 20 世纪后半期的风云流变，语言规划定义和范畴的更迭同样异彩纷呈；同时由于语言规划研究与人类学、社会学、生态学、政治学等学科均有交叉，具有十分复杂的研究背景，根植于不同学科的语言规划研究在20世纪后半期体现了较为迥异的理论背景和学科倾向。五六十年代，语言规划研究者面对民族国家的兴起、现代社会的形成，从民族语言、现代语言以及标准语言形成的角度出发，主要在语言学框架内讨论语言规划的定义和研究方法，这一时期的语言规划研究可以称之为语言学导向的研究时期。七八十年代，面对现代社会中日益复杂的语言状况，面对双语制乃至多语制等种种现代语言问题的出现，语言规划研究者开始向更为广阔的社会空间拓展，同时伴随社会学研究方法的日渐成熟而成为人文学科的显学，研究者开始运用社会学的研究方法分析和讨论语言规划问题，这一时期可以称之为社会学导向的研究时期。八九十年代，伴随着语言多元化、民族多元化成为当代社会的主要议题，语言规划研究者则开始向生态学的领域寻求语言规划的研究方法，这一时期可以称之为生态学导向的研究时期。

一、语言学导向的研究时期

这一时期是西方社会语言学的兴起时期，亦是语言规划研究的奠基时期，代表人物和理论主要有豪根的四重模型（fourfold modle）和克洛斯的本体、地位概念（corpus/status）。四重模型和本体、地位概念是语言规划研究的理论起点和基本框架，此后的研究均是以此为基础进行的延展和修正。

（一）豪根的四重模型

豪根作为50年代末60年代初正式提出语言规划概念的语言学家，其研究在语言规划理论中具有开拓性意义，豪根的语言规划研究源于自身对于现代挪威语语言状况的思考和分析。1959年，“Planning for a standard language in modern Norway”（《现代挪威标准语的规划》）[②]一文发表于《人类语言学》，该文深入周详地叙述和分析了现代挪威标准语的形成和发展，从历史、历时角度探讨与标准语相关的语言规划问题。1966年发表的“Dialect, language, nation”（《方言、语言、国家》）一文则从社会语言学的角度（或者说在弗格森“双语体”理论[③]的催生下），深刻地分析了方言、语言的概念及其与国家的关系，并在文章的最后首次提出后来被奉为语言规划理论圭臬的四重模型[④]。“The implementation of corpus planning：theory and practice”（《本体规划的实施：理论和实践》，1983）则对其著名的语言规划四重模型进行了重新修订和详细分析[⑤]，并对同一时期其他几种重要的研究方法进行了回应和分析。

20 世纪四五十年代，历时和比较研究为西方社会语言学研究的主流方法，豪根的语言规划概念及其四重模型理论则是该方法在语言规划领域中的体现。在其 1983 年的文章中，豪根承认自身的理论是语言规划的起点而非终点，认为当前语言规划仍处于描述而非解释阶段，而且豪根强调，语言规划的理论进步仍然需要对语言规划外围领域（豪根称之为“非规划语言规划”）进行更大程度的了解，也就是说语言规划的历时、比较研究阶段仍未结束，甚至还会持续很长时间。语言规划作为社会语言学中与社会领域最为接近的部分，自研究的初始阶段便与一定的社会语言状况、一定的社会研究方法相关联，或者可以说，语言规划是一个纠结于语言与社会之间关系的研究领域，不同研究者之间的个体差异，很多时候在于研究者对于语言与社会之间的权重、具体社会类型之间的选择以及学科背景的设定、研究方法的选择不同。世界各地语言状况、社会类型千差万别，研究者本身的学科背景和研究方法也相互迥异，豪根的理论起点是挪威乃至欧洲的诸语言，如果考虑到包括东方语言状况和学术背景在内的其他地区的情况，语言规划的概念和方法就会更加复杂，而这似乎正是语言规划研究者和实施者必须面对的困境，也是时至今日语言规划理论仍充满描述性而缺乏解释力的重要原因之一。

（二）克洛斯[⑥]的本体规划和地位规划

1969 年，克洛斯在“Research possibilities on group bilingualism：a report”（《群体双语研究的可能性：一个报告》）中提出了地位规划和本体规划的概念。作为一份国际双语研究中心（魁北克）调查制度和社会—文化双语问题的研究报告，该文包含了 60 个项目和相关个案的分析建议。在这篇报告中，克洛斯认为有关语言的规划通常被人们理解为一些机构、个人和人们试图通过提出和规范新术语的引进、拼写的变化或者是新字体的采用来改变一种语言的形式和语料，该种理解具有一个共同的特征，即所有的措施都是用来修正语言本身的特征，改变语言本身的语料，可以将其称之为语言的本体规划。克洛斯认为还存在另一种维度的规划，该种规划并非面对某一语言的结构和形式，而是处理该种语言与其他语言或者政府的关系。该种语言规划首先关注的是语言的地位，即语言是否让人满意或者说是否需要降低或提升，可以将其称之为语言的地位规划。本体规划和地位规划之间的巨大差异在于：如果没有一些专家（主要是语言学家和作家）组成学会、委员会或者其他官方、半官方机构从事一些长期的团队工作，本体规划是无法实现的；而地位规划则没有那样的单独建制，它通常是政治家和官员日常工作的一部分，大多数具有一些法律背景而少有社会语言背景。

在20世纪80年代之前的语言规划理论研究中，可以和豪根的四重模型齐肩并论的可能只有克洛斯关于本体规划和地位规划的区分。豪根的四重模型将语言规划分为社会和语言两类，并对这两类的具体内容进行了描述，但是对于两类之间的本质差异以及如何界定却论之较少，而克洛斯则刚好在这一关键点上进行了较为完美的补充——即本体的和地位的，并由此确立了本体规划和地位规划的术语。克洛斯在"Research possibilities on group bilingualism: a report"中较为简明地提出语言规划关于地位、本体的区分，并没有对该问题进行深入的分析和讨论。但是由于该理论在语言规划领域的重要方法论意义，一经提出就受到包括费舍曼[7]在内诸多关注语言规划的社会语言学家的注意，此后这一区分和四重模型同时在语言规划研究中被广泛使用，豪根在1983年的理论修订中也将克洛斯的地位、本体区分纳入自身的新四重理论模型中。

二、社会学导向的研究时期

20世纪七八十年代，语言规划研究者开始采用社会学的一些研究方法拓展自身的研究领域，代表人物是古柏[8]，古柏在其*Language Planning and Social Change*（《语言规划与社会变化》，1989）一书中提出了一系列语言规划研究的概念和方法，包括习得规划（acquisition planning）、语言规划明细表（accounting scheme）和交互网络（interaction networks）。

在对前人语言规划定义进行总结的过程中，古柏认为应该将习得规划加入本体规划、地位规划的二分体系中，并将习得规划的基本框架解释为由总体目标（习得、再习得、保持）和实现目标的主要方法（学习机会、学习动机、学习机会加学习动机）两个相互影响的变量构成。同时，古柏认为当时的语言规划理论尚处于发现语言行为规律的阶段，即处于形成语言规划理论的初期，因此一个描述性的框架（即哪些变量对于描写语言规划是最有用的）对于当时的语言规划研究是有必要的，从而提出了一个基于语言社会学的语言规划研究细目[9]。在古柏的理解中，语言规划的对象不仅包括社会、国家和国际等较大社群，同时也包括种族、宗教和职业等相对较少社群，因此将语言规划视为“不断缩小的较小范围内的一系列决定”的观点是具有吸引力的，换句话说我们可以将语言规划的目标群体定义为交际网络[10]。

自 1989 年古柏习得规划、语言规划明细表和交互网络的提出，语言规划研究开始向微观共时层面拓展，进入宏观与微观研究并存的时期。纵观古柏的这一理论，与宏观时代的豪根和克洛斯语言规划经典理论旨趣有明显差异，很显然古柏的理论来自语言规划的另一个学科背景，更加倾向于社会学的微观共时研究。古柏是著名语言学家费舍曼的爱徒，后者是美国语言社会学研究的泰斗，同一般的社会语言学家相比，费舍曼理论体系中社会学的考量占更大比重，往往以社会学为出发点来解决语言问题，尤其擅长使用社会学的研究方法进行语言分析，古柏在分析语言规划时正是继承了费舍曼的思想和研究方法。当然，由于过于强调社会学的研究方法，使得古柏的语言规划理论与此前的理论缺乏有机的结合，或者说缺乏语言规划研究和实施中的可操作性，而这正是此后的语言规划研究者所要继续的工作。

三、生态学导向的研究时期

20 世纪七八十年代，语言规划研究者纷纷向语言学之外寻求规划研究的理论和方法，在社会学的研究理论和方法受到重视的同时，对于生态学的关注逐渐浮出水面。1972 年豪根提出了语言生态的观点，它是语言规划进入生态学研究时期的学术原点，但是真正将语言生态的参数纳入语言规划研究之中并进行系统分析和阐述的，是 80 年代中期哈尔曼提出的语言规划过程中基本生态关系（basic ecological relations in functional ranges of language planning processes）和声望规划（prestige planning），而最终以语言生态观为基础对 20 世纪语言规划理论进行整合和提升的，则是卡普兰和巴尔德夫[11]的语言生态系统运行力（forces at work in a linguistic eco-system）和基于层次和透明度的演化语言规划目标框架（an evolving framework for language planning goals by levels and awareness）。

（一）豪根的语言生态观

“The ecology of language”（《语言生态学》）[12]是 1970 年豪根提交世界语言

描写会议的论文。豪根认为语言生态学是人类生态学研究的自然延伸，可以定义为既定语言及其环境之间相互关系的研究，不仅描写语言的社会和心理状况，同时描写该种状况对于自身语言的影响。豪根回顾了自19世纪以来语言学研究中的生物模式、工具模式和结构模式，认为这些模式对于语言研究的启发价值始终存在，剥开其中的隐喻和神秘色彩，语言确实具有自身的生命、意志和形式，可以将其作为一种人类行为加以研究和分析，因此豪根选择运用生态科学的基本精神处理语言的“生命”[13]。如果说四重模型的提出确立了豪根作为语言规划研究奠基者的地位，那么语言生态学观念的提出则使豪根成为社会语言学研究的殿堂级人物，此后的语言规划乃至社会语言学开始强调生态背景下的研究。

（二）哈尔曼[14]的语言规划基本生态关系和声望规划

1990年，哈尔曼在 *Language in Ethnicity: a View of Basic Ecological Relations*（《种族划分中的语言——基本生态关系的观点》，1986）一书中从种族划分的角度看待语言，同时认为人类关系普遍的、可以理解的研究框架是建立在生态学基础上的，因此强调以语言为导向的生态学（或者语言生态学）是理解种族划分及其在整个生态关系中位置的关键。哈尔曼认为豪根提出的语言生态学概念迈出了该领域研究的具有决定意义的第一步，包括对于材料和实验颇有价值的评估，但是缺乏生态学的推理和方法论的讨论。哈尔曼将语言生态定义为一种试图将生态规律应用于语言的社会研究，建立了相关的生态关系模型，同时搭建了一个语言规划过程中功能范畴的基本生态关系，提出了语言规划中的本体和地位之外的第三个部分——声望规划[15]。在《从语言的总体理论看语言规划：方法论框架》（1999）[16]一文中，哈尔曼对语言规划过程中生态变量的相互作用和语言规划功能类别（本体规划、地位规划和声望规划）的相互作用进行了更为精细的分析和阐述，同时提出了一个语言培植和语言规划的理想类型，用于研究语言规划的环境和权威性[17]。

（三）卡普兰和巴尔德夫的语言生态系统运行力和基于层次和透明度的演化语言规划目标框架

20世纪90年代以来，巴尔德夫自教育语言规划入手进而研究语言规划中的一般问题，*Language Planning*: *From Practice to Theory*（《语言规划：从实践到理论》）是巴尔德夫与卡普兰在1997年的语言规划著作，该书对近四十年的语言规划研究进行了分析和总结，并特别增加了语言规划过程中资料收集方法、教育语言规划以及语言规划经济学等内容，在整合前人理论的基础上基于语言生态观提出了一个综合性的研究框架。巴尔德夫与卡普兰旨在描写语言规划的存在环境，即在语言生态观的视角下分析语言规划中各语言之间的关系（内部环境）以及政治、社会和语言对于语言规划的影响（外部环境），提出语言规划中各种工作力量的图示⑱。2004年，巴尔德夫向美国应用语言学学会提交了一篇题为“Language planning and policy：recent trends，future directions”（《语言规划和语言政策：目前的趋势，未来的方向》）的论文，该文可以看作自1997年*Language Planning*：*From Practice to Theory*以来又一次语言规划理论的总结。巴尔德夫认为，语言规划的层次、隐性语言规划、语言规划的执行者及其作用、早期义务外语学习规划（尤其是英语）这四个方面分别代表今后语言规划的发展方向，而这四个方面在语言规划的地位、本体、习得和声望四种类型中均有体现，因此提出了基于层次和透明度的演化的语言规划目标框架。

豪根在1983年的文章中曾经提及自身理论框架是语言规划的起点而并非终点，进一步的理论有待更加丰富的语言规划描写。古柏在1989年的专著中亦称当时是语言规划理论形成的初期，自身的理论框架是描写的而非总结的。也就是说，在20世纪90年代之前的语言规划研究者眼中（至少在古柏之前），语言规划近三十年的理论研究仍然处于描写性的阶段，总结性的理论研究还未到来。如上所述，语言规划理论自形成之后，定义层出、流派纷呈，这虽则与其本身明显的应用功能及其广泛的学科背景有关，但是在某种程度上也影响了该领域作为一个学科的进一步发展，尤其发展至90年代，面对语言学导向、社会学导向和生态学导向的各派研究框架，语言规划的理论层面一时间确实众说纷纭、莫衷一是。

另一方面，虽然古柏的交互网络理论和哈尔曼的语言培植、语言规划理想类型在研究导向上有很大的不同，但深入分析却会发现两者的理论有一个共通之处，即强调语言规划的层次性，强调宏观与微观语言规划的共存，巴尔德夫与卡普兰的研究正是以此为理论生长点进行整合和提升，提出宏观、中观和微观并存的语言规划⑲。巴尔德夫与卡普兰的语言规划研究始于语言生态极为丰富的亚太地区，由应用性极强的教育语言规划入手，在进行大量语言规划和语言政策实证调查的基础上，将日渐成熟的各派理论进行了整合，深入分析语言规划的存在环境和目标过程，承认语言规划的地位、本体、习得和声望四种功能类型，提出语言规划的层面和透明度观点，在语言规划的核心理论层面获得了一定意义上的突破，从而成为20世纪末至21世纪初语言规划理论的主要代表。近年来，整个世界政治、社会和语言发展日益多元化，建立于各种政治、社会和语言因素之上的语言规划自然也日益向多元化的方向发展，在实践上强调世界范围内的语言政策和语言规划调查，在理论上则体现为微观语言规划的兴起，而这两个方面似乎正是巴尔德夫与卡普兰近些年的工作。

四、结语

语言规划研究自诞生以来定义更迭、流派纷呈，20世纪四十多年的历程中出现了三十多种定义、三种主要的研究导向，既体现了该领域研究深刻的社会语言学基础，也反映了该领域研究明显的交叉学科倾向。

语言规划作为社会语言学的一个组成部分，其定义的产生、发展和流变与社会语言学的总体发展息息相关，其理论基点和研究方法受到社会语言学的研究进展的深刻影响。众所周知，社会语言学是20世纪后半期人文学科中极为活跃的研究领域，核心理论和研究方法的迅速更新让人兴叹，而作为其学科领域一个组成部分并与其他学科常有交叉的语言规划研究自然更是当仁不让，几乎每一种语言规划的研究方法均可以自当时的社会语言学研究中探求其理论来源：豪根的四重模型与弗格森的“双语体”理论，古柏的系列观点与费舍曼的语言社会学思想和方法，哈尔曼、卡普兰和巴尔德夫的研究导向和豪根的“语言生态学”观点，社会语言学研究思想和研究方法的每一次发展几乎都催生了语言规划研究方法的更迭。同时，社会语言学是一门与多种学科均有交叉的学科，语言规划更是社会语言学中涉及语言学之外因素较多的部分，由豪根至卡普兰和巴尔德夫的定义可以清晰地看出，语言规划的定义逐渐从语言学向社会学、人类学和生态学等多学科扩展，从一种语言向多种语言乃至整个语言环境扩展，语言规划与其他学科的交叉研究模式，实则伴随着20世纪后半期西方人文学科中显学的发展更替而更迭，始终坚持了西方学术界的前沿和主流。

20世纪后半期语言规划核心概念和研究方法的急速发展和频繁更迭，一方面体现了该学科的应用倾向和强大活力，同时在某种程度上也影响了语言规划作为一个研究领域的理论形成。90 年代初，众说纷纭、莫衷一是的语言规划理论界曾面临来自自身研究以及社会语言学、语言学等其他学科的不少质疑：如果一个研究领域在近三十年的研究过程中在概念上仍然缺乏一个统一的基础、甚至相互之间存在巨大的差异，那么该研究领域作为一个学科而存在是否成问题？到目前为止，关于语言规划与语言政策这两个基本概念的理解在社会语言学和语言规划研究界也是仁者见仁智者见智，该如何处理这两者之间的微妙关系？或者豪根和古柏的断言至今仍然适用，我们仍处于语言规划理论的描写时期而非结论时期？ 90 年代后期，卡普兰和巴尔德夫由世界范围的语言状况调查和语言规划描写入手，似乎在进一步扩大语言规划描写程度的同时，试图总结和提升前人的语言规划理论，给语言规划研究带来一些新的元素和方向。在 21 世纪以来的十几年中，这些倾向又获得了进一步的发展和延伸，给语言规划研究带来了一些新的思路和方法，同时呼唤世界范围内具有社会倾向的语言学家参与语言使用状况和语言规划的调查和研究，而这也许正是语言规划研究在 21 世纪的发展方向。

附注

① Einar Ingvald Haugen（1906—1994），美国语言学家，历任威斯康星 - 麦迪逊大学教授、哈佛大学教授，研究领域为社会语言学、挪威语 - 美国英语研究以及古诺斯语研究。

②该文在收入 *Scandinavian Studies33,* 1961, pp68—81 时，篇名改为“Language planning in modern Norway”.

③ Charless A.Ferguson，Diglossia，Word，1959（15），pp335—340.

④ 图示见 Evelyn Scherabon Firchow etc.，*Studies by Einar Haugen*，*Presented on the Occasion of his 65th Birthday-April 19*，*1971*. Paris：Mouton The Hague，1972，p507.

⑤图示见 *Progress in Language Planning*：*International Perspectives*，p275.

⑥ Heinz Kloss（1904—1987），德国语言学家，公认的少数语言权威之一，创造了“auausprache”和“abstandsprache”两个术语，用以描述通常被称为语言和方言之间的差异。

⑦ Joshua Aaron Fishman（1926— ），美国语言学家，致力于语言社会学、语言规划、双语教育以及语言与种族的研究。

⑧ Robert L. Cooper（1931— ），曾任耶路撒冷希伯来语大学教育社会学系教授，研究领域为社会语言学等。

⑨图示见 *Language Planning and Social Change*，p98.

⑩图示见 *Language Planning and Social Change*，p39.

⑪Richard B. Baldauf，澳大利亚昆士兰大学教育学院教授，应用语言学家，从事 TESOL 领域研究和后期管理，研究兴趣集中于太平洋地区的语言、文化和教育，包括与 TESOL、社团语言教育、第二语言学习相关的语言及教育语言的政策和规划。

⑫Haugen E, “The ecology of language”, selected and introduced by Anwar S. Dil, Stanford, California：Stanford University Press, 1972.

⑬ 豪根认为回答既定语言的生态问题应该包括九个方面：（1）同其他语言关系的分类；（2）使用者；（3）使用领域；（4）使用现状；（5）内部变体；（6）书写传统；（7）书写形式的标准化程度；（8）制度支持；（9）生态类型学。

⑭Harald Haarmann（1946— ），德国语言学家、文化学家，长期于芬兰居住和工作，在汉堡、波恩、科英布拉和班格尔等城市的大学从事普通语言学及其他语言分支学科和史前史的研究。

⑮ 对于声望规划，哈尔曼进行了详细的阐述，认为它可以定义为有关言语社团中语言规划评价的一系列个人生态变量，包括声望范围（prestige range）和声望环境（prestige settings）。

⑯ 本文被收入中国社会科学院民族研究所“少数民族语言政策比较研究”课题组、国家语言文字工作委员会政策法规室编《国外语言政策与语言规划进程》第三章，北京：语文出版社，2001 年。

⑰ 详见《国外语言政策与语言规划进程》，第 398—412 页。

⑱ 图示见 *Language Planning: From Practice to Theory,* p311.

⑲ 近些年更是注重微观语言规划的研究和分析，似乎有将语言规划研究引入微观时期的倾向。

参考文献

中国社会科学院民族研究所“少数民族语言政策比较研究”课题组，国家语言文字工作委员会政策法规室，2001. 国外语言政策与语言规划进程［M］. 北京：语文出版社 .

刘海涛，2006. 语言规划和语言政策：从定义变迁看学科发展［M］// 陈章太，等 . 语言规划的理论与实践：第四届全国社会语言学学术研讨会论文集 . 北京：语文出版社 .

Haugen E，1959. Planning for a standard language in modern Norway［J］. Anthropological Linguistics, 1（3）.

Haugen E，1966. Dialect，language，nation［J］. American Anthropologist（68）：922–935.

Haugen E，1983. The implementation of corpus planning：theory and practice［C］// Juan Cobarrubias & Joshua A Fishman. Progress in Language Planning：International Perspectives. Berlin，New York，Amsterdam：Mouton Publishers：269–289.

Heinz Kloss，1969. Research possibilities on group bilingualism：a report［R］. Quebec：International Centre for Research on Bilingualism.

Dell Hymes，1964. Language in Culture and Society：A Reader in Linguistics and Anthropology［M］. New York：Harper & Row.

Joan Rubin，Bjorn H. Jernudd，1971. Can Language Be Planned？Sociolinguistic Theory and Practice for Developing Nations［M］. Honolulu：The University Press of Hawaii press.

Harald Haarmann，1986. Language in Ethnicity：a View of Basic Ecological Relations［M］. Berlin：Mouton de Gruyter.

Robert L Cooper，1989. Language Planning and Social Change［M］. Cambridge：Cambridge University Press.

Robert B Kaplan，Richard B Baldauf，1997. Language Planning：from Practice to Theory［M］. Clevedon：Multilingual Matters Ltd.

【作者单位：中国社会科学院民族研究所。本文原发表于《中国社会科学院研究生院学报》2014 年 2 期，收录时有修改】

基于传播学的我国通用语言文字传播政策研究

刘昌华

一、国家通用语言文字传播的概况和存在的问题

随着中国国家实力的增强，汉语再一次成为世界上最有价值的语言之一，有汉语学习需求和汉语使用能力的人越来越多。据国家汉语国际推广领导小组办公室（以下简称汉办）统计，截至2014年底，全球已有126个国家和地区，开办了475所孔子学院和851个中小学孔子课堂。其时仍有70多个国家200多所大学正在积极申办孔子学院（刘奕湛，2015）。另外，很多国家尤其是那些与中国交往较多的国家也从自身需要出发积极规划本国的汉语教育，值得一提的是，近年来泰国的汉语教育取得了迅速的发展。总之，我们必须看到，近些年来随着中国硬实力的上升，汉语的传播也取得了长足的发展。

但是，我们也必须看到汉语传播过程中还存在一系列的问题。虽然汉语逐渐变“热”，但是国外学习者之中，华裔人数占了近70%。国外一些学校合作创办的孔子学院停止与中方续约，比如2014年美国的芝加哥大学和宾州州立大学、瑞典的斯德哥尔摩大学相继中止了与中方的多年合作。这些事件的发生，一方面是由于这些学校自身的客观因素，另一方面也暴露了我国汉语传播的一些问题。比如，可能给外方的感觉更像是硬性推广，而不是符合语言传播规律的“润物细无声”式的填补需求性传播；对于外方而言，汉语传播的本土化程度偏低，需要更多地研究当地文化，以当地人更易接受的方式传授汉语和相关文化。

我国奉行和平与发展的外交政策，目前我国正处于国家建设的重要阶段，“中国梦”的理想正在逐渐变为现实，硬实力的提高非常重要，软实力的建设也同样重要，汉语传播无疑是提高国家软实力、传播国家文化的重要途径，因此，

将汉语的对外传播列入国家和平发展战略之中，“从中国和平崛起的战略高度，全面调整汉语国际传播的政策和方针”，使其在新的形势下，为整个国家的发展做出自己的贡献，这非常必要（张西平，2011）。

但是，目前，我国的对外汉语教学研究的重点仍集中在汉语教学、汉语教材开发、汉语教学法等方面，对外汉语传播的宏观战略则涉及较少。我们不能否认汉语研究重视汉语教学本身的重要性，但是，语言传播宏观战略的研究也必不可少，方向的重要性不言而喻。李宇明（2007）曾说过：“语言传播是应用语言学等学科的天然职责，但以往的学术精力多集中在第二语言教学的技术层面，对语言传播的宏观规律关注较少，认识有限。”因此，在汉语传播的当前阶段，全面观察汉语传播的事实和现状，从多种学科角度加强汉语传播的宏观战略研究十分必要。

二、从传播学视角进行国家通用语言文字传播研究的可能性

语言政策，包括语言传播政策从产生之时，就注定了其不是“孤军作战”，它是一个先天的跨学科研究领域，故而怎样与其他学科更好地结合以推动国家语言政策研究的发展，是当前相关学者需要努力的重要方向。而传播学无疑能成为汉语国际传播的新领地，从学理和实践角度打破汉语传播的瓶颈，推动汉语国际传播的进一步发展。

首先来看语言学和传播学两个学科对于“语言传播”的不同定义。

从传播学的角度看，语言传播指的是以语言为媒介的信息传播。在传播学的视野中，传播的对象不是语言，而是信息，语言是信息传播的一种介质。不过，信息传播行为早已先于语言而产生，比如姿势、动作、气味等也可以进行信息传播，可见，信息传播行为并非人类所独有，动物也具备一定的信息传播能力。但是，在人类社会发展到一定阶段以后，因为语言的产生，人类的信息传播系统更加丰富，人类的信息传播效率变得更高。因此，语言是信息传播中最为重要的介质。

从语言学的角度看，语言传播指的是某种语言的推广和传播，比如英语的推广和传播、汉语的推广和传播、法语的推广和传播等。它既包括语言在国家内部的推广，也包括语言的对外传播。语言的传播肇始于语言产生之时，当然因为各种因素的综合作用，语言的传播结果是不同的，有的语言使用区域扩大、

使用人口增多；有的语言使用区域逐渐缩小，使用人口逐渐减少；有的语言从人类的语言系统中消失；还有些语言经历了波浪式发展，如法语；有些语言消失了却又得到了复兴，比如希伯来语。语言传播对内有利于国家统一，贸易发展。对外有利于国家形象的塑造，有利于文化的传播，从而有效提升国家的形象和地位。可见，从语言学视角来看，语言是传播的对象。

传播学中，语言作为信息传播的介质；语言学中，语言作为传播的对象。显然，语言在这两个学科中作用不同，但是在这两个学科中语言的地位都非常重要。在传播学中，共有五大构成要素：传播主体——传播者，传播客体——受众，传播信息——内容，传播渠道——媒介，传播效果——反馈。拉斯韦尔曾经用 5W 模式描述了信息传播的过程（Mcqual D & Wlndhl S，1981：10），如图 1 所示。

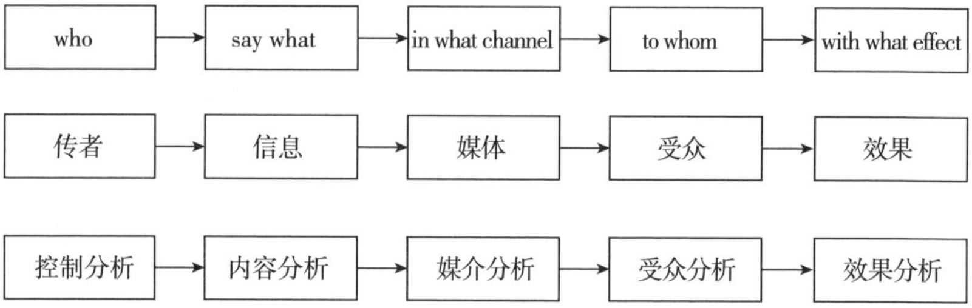

图 1　拉斯韦尔的 5W 模式

在拉斯韦尔的 5W 模式中，语言至关重要，虽然也有不依靠语言作为介质的信息传播的存在，但是以语言为媒介的信息传播是信息传播的主要类型，也就是说，“信息”主要是运用“语言”这个介质进行表现，经过内容分析，“信息”的内容是无限的，不局限于语言。事实上，语言的传播也是信息传播，语言传播是信息传播的一种特例，是把语言作为信息进行传播的一种行为。即以语言为介质进行某种语言的传播和推广。既然语言传播是信息传播的一种，那么以上的 5W 模式依然成立，所不同的是在语言作为对象的信息传播中，“信息”用“语言”这个介质进行表现，而且，“信息”也是“语言”本身。也就是用“语言”这个介质来传播“语言”这个对象。在以“语言”为传播对象的信息传播中，“语言”不再单纯作为介质，而且成了传播的对象。在此种状况下，我们可以参照拉斯韦尔的 5W 模式，构拟出以“语言”为传播对象的信息传播的 5W 模式，如图 2 所示。

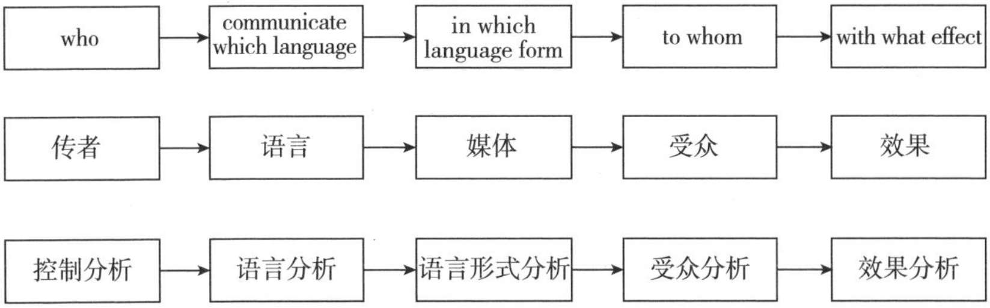

图 2　以“语言”为传播对象的信息传播的 5W 模式

以“语言”为传播对象的信息传播仍然是信息传播的一种，其必然要尊重信息传播的普遍规律，因此，在对语言进行传播时要对传播的诸要素进行规范、控制和管理，汉语国际传播仍在传播学的研究范畴之内，因此从传播学角度梳理和建构汉语国际传播的理论和基础不仅有可能，而且有可为。

三、从传播学范式汲取营养，推动汉语国际传播的发展

汉语的传播，在我国主要是指国家通用语言文字即普通话和规范汉字的传播，国家通用语言文字在我国内部推广有其自身的规律和政策，在传播学的学术框架内，要考察传播的五大要素，即传播主体、传播对象、传播客体、传播渠道、传播效果。本文要讨论如何在尊重信息传播规律的基础上，做好我国通用语言文字的对外传播。

（一）传播主体分析

在国家通用语言文字的传播和推广中，传播主体的确定非常重要。现行政策下，国家语言文字工作委员会下属的语言文字信息管理司和语言文字应用管理司主要负责国家通用语言文字的规范及其在国内的推广，汉语的对外传播则主要由国家汉办统筹管理，由汉办在各个国家设立的孔子学院具体承担。在现阶段，我们应该拓宽传播主体的范围，建立汉语对外传播的立体网络。国家汉办作为语言对外传播的机构应该继续存在，不过应在汉办创立孔子学院的基础上，继续放宽国内高校、私人培训机构与国外高校和机构合作创办孔子学院的政策，为孔子学院的创立提供更多的建设渠道和资金来源。同时，我们还应该为其他国家推广汉语给予政策和资金方面的鼓励，比如泰国自 2002 年十几年以来汉语学习热情较高，其汉语普及率之高使泰国堪称汉语推广的楷模（吴应辉、央青、梁宇等，2012），我国应该从政策、资金等方面支持这些国家学习和推广

汉语。在国内，我们应为外国留学生到中国学习尤其是学习汉语提供方便和支持。应该允许更多的个人参与创办汉语培训机构，尤其是在北京、上海、广州等较大城市设立不同层次的汉语培训机构，以满足外国友人学习汉语的需求，创建汉语学习的良好环境。

（二）传播对象——语言分析

我们必须确定汉语的对外传播指的是国家通用语言文字的传播。要对外传播国家通用语言文字，首先，我们要对语音、词汇、语法、文字进行规范化建设，进一步提高国家通用语言的规范化、标准化、信息化，对外形成汉语国家通用语言文字标准统一的规范形象。其次，承认汉语各类变体的存在，比如新加坡汉语、吉隆坡汉语、泰国汉语等各类变体，这和汉语的规范化并不矛盾，这就像英语有印度英语、南非英语、新加坡英语等变体一样，变体的存在没有影响到英语的传播。相反，承认这些变体的存在，有利于汉语在这些地区的推广。再次，在认清汉语目前国际地位的前提下，和讲法语、西班牙语、俄语、阿拉伯语等的国家进行合作，在语言推广上互相提供方便，这对于推广汉语也有帮助。另外，在外语教育方面，我们也可以提供更多选项，促进汉语的推广，同时还能够促进国家整体语言能力的提高。

（三）传播渠道——媒介分析

语言传播的媒介指的是语言传播所依靠的物理存在。语言传播媒介随着技术的发展而变化，而媒介的发展不是一个突变的过程，而是一个连续统一、渐进式发展的过程。媒介类型的发展促进了语言传播效率的提升。可根据不同媒介在历史上出现的先后顺序，把语言传播媒介分为四种类型：（1）口语；（2）基于文字的书面语，包括书、报纸、杂志等；（3）基于模拟技术的电报、电话、广播、电视；（4）基于数字多媒体技术的网络（樊友新，2006）。加拿大著名传播学家麦克卢汉曾说“媒介即讯息”（参看丹尼尔·杰·切特罗姆，1991：158—197）。从这个视角看语言传播，指的是每一种媒介的出现，都能为语言传播提供新的形式，这种新的媒介形式在产生之初往往影响巨大。口语的产生，促成了语言传播信息的出现。书面语媒介的出现让语言得以超越空间和时间，报纸的出现让语言在一定的时空范围内的传播速度加快。电报、电话、广播、电视这几种媒介技术的出现，都以自己的方式推进了语言传播的效率。而网络无疑让语言传播更方便地在全球范围内加速流动，同时增加了不稳定性。每一种媒介技术的出现，都意味着语言传播以一种崭新的方式进行。所不应该忽略的就是这些媒介的出现，或者是媒介内容的千变万化，都不能改变其以语言作为介质进行传播的本质，它们或以口语的形式，或以书面语的形式。它们出现在口语的自然交际中；它们出现在书本、报纸、杂志上；它们出现在电报、电话、广播、电视中；它们出现在网络的多媒体形式中。但是不能改变的是它们有一个共同的名字叫“语言”。

当代社会，人们也应该学会充分利用语言传播的各种媒介进行汉语的国际传播。首先，应该努力促进汉语在华人群体内部的统一和规范，以有利于汉语共同语的口头传播；其次，在书籍、报纸、杂志出版过程中，尽量使用规范的汉民族共同语；再次，在涉及国际事务的相关媒体包括互联网中，推动规范的国家通用语言文字的传播。同时，要为这些媒体行业制定相应的领域语言规范，对媒体领域使用语言进行一定的限制和要求。

（四）传播客体——受众分析

语言要传播给谁——受众。普通话对外的传播客体就是国外的民众。当然，基于国外民众的母语和汉语的语言距离，我们又可以把受众分为几个层次（徐杰，2007：1—32），如图 3 所示。

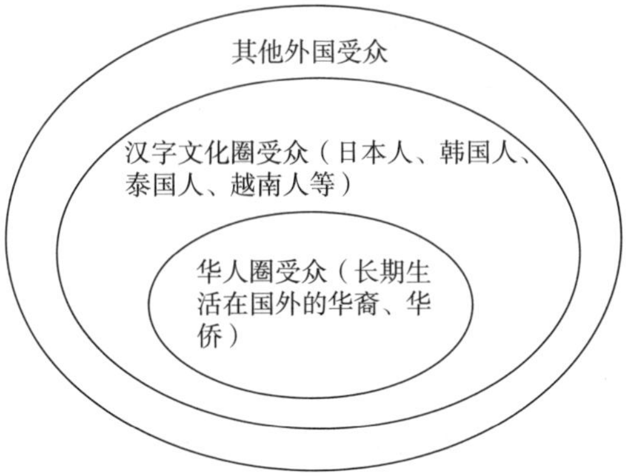

图 3　汉语传播受众分层图

从图 3 很容易想到对外的普通话传播要因材施教，分类型分层次教学。针对华人圈受众，主要是承认其所在地区的华语共同语的变体，同时，通过孔子学院和其他形式传播普通话语音、语法、词汇、汉字等方面的知识，使国外华人了解普通话的规范形式。针对汉字文化圈的国外受众，应主要推介中国文化、文学和当代中国文明的知识，让他们了解我们的现状和发展，以发展促推广。对于其他的外国受众，应加强本土化汉语教材的开发、加强从文化角度推广普通话，比如利用茶艺、武术、中医、厨艺等传统文化来推广和传播汉语。除了因材施教以外，还要开发汉语的经济价值，人类的生存需要决定了人们必然追求语言学习的经济产出，而选择学习普通话必然要付出一定的机会成本，因此，着力于开发学习普通话的经济价值，对于吸引更多的受众意义重大。

（五）传播效果——反馈分析

现阶段，必须对之前的汉语国际传播进行重新思考，其效果如何，是否达到了我们之前所设定的目标，是否适应当前的国际形势和国家现状，都需要我们进行审慎的总结和分析。同时，有必要对汉语国际传播的多种路径进行反思：孔子学院、世界汉语教学学会、汉语桥工程、各种对外交流、留学生培养等路径是否成功，应该如何改进以适应语言推广的实际，更好地促进我国通用语言文字的国际传播。不仅要对各种传播路径进行效果监测和分析，还要对不同国家的汉语传播进行定向的研究，分析这些国家的传播规模、成功的经验或者失败的教训。要重点研究推广汉语较为成功的国家（比如泰国）所实施的汉语传播方案，研究他们成功的因素，并分析这些因素的实施条件，为我国通用语言文字在其他国家的传播提供可以借鉴的经验。据以上分析，可以以泰国为例用图的形式来分析汉语在该国的传播，见图 4。

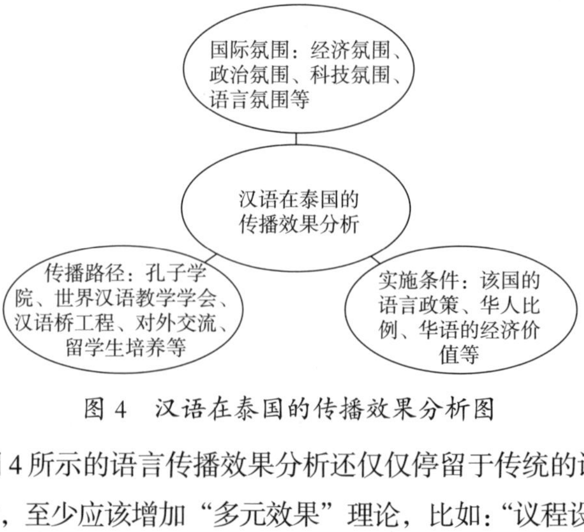

图 4　汉语在泰国的传播效果分析图

事实上，图 4 所示的语言传播效果分析还仅仅停留于传统的语言传播模式分析，基于传播学，至少应该增加“多元效果”理论，比如：“议程设置功能”理论、

“培养”理论、“知识沟”理论、“沉默的螺旋”理论、“第三人效果”理论、“框架”理论等（张国良，2009：246—269），这些理论，可以用于增强汉语言传播效果。以“知识沟”理论为例，美国的蒂契纳所提出的“知识沟”理论指的是：当大众媒介信息在一个社会系统中的流通不断增加时，社会经济地位高的人将比社会经济地位低的人以更快的速度获取信息，这两类人的“知识沟”将呈扩大而非缩小之势（Tichenor P J，Donohue G A，Olien C N，1970）。汉语国际传播，要鼓励那些社会地位较高的人学习汉语，以提高汉语的形象和吸引力，这是“知识沟”理论给人们的启示。同样，还有一些其他的理论也能够为汉语的国际传播提供一些技能和方法。那么，基于“多元效果理论”，应对图 4 做适当补充，如图 5 所示。

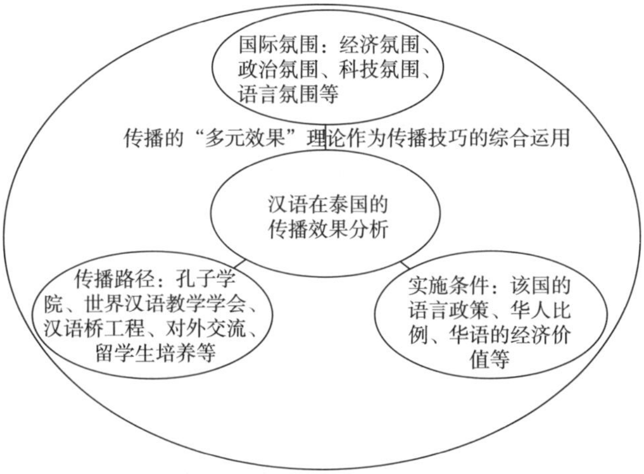

图 5　基于传播学的汉语在泰国的传播效果分析图

传播的“多元效果”诸理论可用于汉语传播效果分析的各个环节。既能通过影响外部氛围，也能通过改变传播路径，又能通过因势利导该国的内部因素，来达到增强效果的作用。总之，“多元效果”理论能够在我们国家通用语言文字的传播方面给人们很多正向启发，有力地推动标准汉语的国际传播。

四、小结

“语言”传播，从传播学来看，“语言”是传播的介质；从语言学角度来看，“语言”是传播的对象。从传播学角度看语言学中的“语言”传播，则“语言”的传播是信息传播的一种特例：即以语言作为主要介质对某种语言进行传播。因此，完全可以把具体语言的传播纳入传播学的研究范式，可以充分利用传播学的研究成果来拓展汉语国际传播的视野和战略研究；可以利用传播学的理论来加速我国通用语言文字的传播方法、传播效果研究；可以利用传播学理论来丰富汉语国际传播的新理论、新路径。总之，结合传播学，从语言政策、语言传播效果分析等角度对我国通用语言文字的对外传播进行研究大有可为。

参考文献

刘奕湛，2015. 孔子学院：目前仍有 70 多个国家 200 多所大学正在积极申办［EB/OL］.（01–13）［2015–05–18］.http://news.ifeng.com/a/20150113/42921924_0.shtml.

张西平，2011. 走向世界的汉语所面临的若干战略问题思考［J］. 北华大学学报：社会科学版（2）.

李宇明，2007. 探索语言传播规律：序“世界汉语教育丛书”［J］. 云南师范大学学报：对外汉语教学与研究版（4）.

Mcqual D，Wlndhl S，1981.Communication Models for the Study of Mass Communications［M］. London：Longman.

吴应辉，央青，梁宇，等，2012. 泰国汉语传播模式值得世界借鉴：泰国汉语快速传播模式及其对汉语国际传播的启示［J］. 汉语国际传播研究（1）.

樊友新，2006. 语言传播媒介及方式对语言的影响［J］. 重庆邮电学院学报：社会科学版（4）.

丹尼尔·杰·切特罗姆，1991. 传播媒介与美国人的思想：从莫尔斯到麦克卢汉［M］. 曹静生，黄艾禾，译 . 北京：中国广播电视出版社 .

徐杰，2007. 语言规划与语言教育［M］. 上海：学林出版社 .

张国良，2009. 传播学原理［M］. 上海：复旦大学出版社 .

Tichenor P J，Donohue G A，Olien C N，1970. Mass Media Flow and Differential Grow Think Knowledge［J］. Public Opinion Quarterly. 34（2）.

【作者单位：浙江传媒学院新闻传播研究院。本文原发表于《辽宁师范大学学报（社会科学版）》2016 年第 5 期】

文字语音规范篇

当代汉字系统优化的基本原则

王立军

汉字系统优化是指汉字系统通过自身调节和人工干预，从而使其内部结构及外部效用都达到最佳状态。依靠自身调节的优化称作自然优化，依靠人工干预的优化称作整理优化。本文所讨论的汉字系统优化专指整理优化。

对汉字系统进行整理优化由来已久，从秦始皇的“书同文”到汉代的《熹平石经》，再到唐代的字样学，都对汉字的发展产生了重要影响。进入近现代以来，出于政治文化变革的需要，社会上掀起了一场以拼音化为终极目标的汉字改革运动，针对汉字难学、难记、难写、难读的缺点提出了一系列调整方案。新中国成立以来，这项工作得到了延续，并受到政府的高度重视，于 1954 年专门成立了“中国文字改革委员会”，确定了当时文字改革的三大任务：简化和整理汉字，推广普通话，制订和推行汉语拼音方案。在汉字简化和整理工作方面，与文化部联合发布了《第一批异体字整理表》(1955)，公布了《汉字简化方案》(1956)，编制了《简化字总表》(1964)，更改了 35 个较为繁难的地名用字（1964），又与文化部联合发布了《印刷通用汉字字形表》(1964)。1985 年中国文字改革委员会更名为国家语言文字工作委员会，于 1986 年修订并重新发表了《简化字总表》，于 1988 年相继发布了《现代汉语常用字表》和《现代汉语通用字表》。此外，中国文字改革委员会还编印了《第二批异体字整理表（初稿）》(1956)、《异体字整理表（修订稿）》(1965)、《第二批异体字整理表（征求意见稿）》(1976)，发布了《第二次汉字简化方案（草案）》(1977)。后几个字表由于社会环境及字表自身的原因，有的未能正式发布实施，有的发布后又宣布废止。从已经正式实施的几个字表所产生的社会效果看，确实对社会用字起到了重要的规范作用，初步实现了社会用字的标准化，推动了我国教育、文化和科技事业的发展。但由于这些规范文件最晚也是在20多年前制订的，而随着国家现代化、信息化事业的快速推进，我国语言生活发生了巨大变化，旧有的规范已经不能完全适应现代社会的需要。因此，对此前的汉字规范工作重新审视，研制新的汉字规范标准，是非常必要的。这也是国务院当前颁布实施《通用规范汉字表》的重要原因。

任何系统都是由一些相互联系、相互制约的若干部分结合而成的具有特定功能的有机整体。作为书写符号系统的汉字也是如此，它是由一定数量相互联系、相互影响的字符集合而成，发挥着记录汉语的功能。这正如王宁先生（2004）所说："汉字不是个别字符的随意堆积，它必须形成一个适应汉语词汇意义系统的构形系统，才能全面完成记录汉语的任务。汉字的优化，不仅仅是个别字符的优选，还必须在个别字符优选的基础上，达到字系的优化。"在当代，处于实际应用状态下的汉字系统，虽然已经经过了几次大规模的整理和规范，但如果用优化的标准去衡量，仍然有进一步调整的必要。对当代汉字系统进行优化调整，必须坚持三项基本原则，即共时原则、通语原则和效度原则。

一、共时原则

衡量某一时代汉字系统的优化程度，首先要坚持共时的原则。也就是说，在界定某一时代的汉字系统时，只能包括那个时代实际应用的汉字，而不是那个时代所存留的所有汉字总和。

汉字在发展的过程中，其数量呈逐渐累增的趋势。这一点从历代字书的收字情况可以得到印证。例如：公元100年东汉许慎的《说文解字》收字9353个，加上重文共计10516字；公元543年南朝梁顾野王编的《玉篇》收字16917个；公元997年辽行均编的《龙龛手鉴》收字26430个，其中俗字较多；公元1011年宋陈彭年等编的《广韵》收字26194个；公元1066年宋司马光等编的《类篇》收字31319个；公元1067年宋丁度等编的《集韵》收字53525个；公元1212年金韩道昭编的《改并五音聚韵四声篇海》收字56001个；公元1615年明梅膺祚编的《字汇》收字33179个；公元1671年明张自烈编的《正字通》收字33549个；公元1716年清张玉书等编的《康熙字典》收字47035个，加上古文字字头共49030个；1915年中华民国陆费逵等编的《中华大字典》收字48000多个；1971年张其昀主编的《中文大辞典》收字49888个；1990年徐仲舒主编的《汉语大字典》收字 54678 个；1994 年冷玉龙等编的《中华字海》收字 87019 个。

但另一方面，汉字在各个历史时期的实际应用数量却是有限的。例如，全部《十三经》的不重复单字数为 6544 个;《史记》的不重复单字数为 6000 个；18401 首宋诗的不重复单字数为 4520 个;《毛泽东选集》四卷的不重复单字数为 2981 个；新华社 1986 年 4000 万新闻稿的不重复单字数为 6001 个；国家语委 9100 万字符的《现代汉语平衡语料库》(1919—2002)，其不重复单字数仅为 8288 个。这说明，汉字在各历史时期的实际应用数量基本上维持在 6000 字左右，这与字书日渐累增的收字数量是相当悬殊的。

那么，字书超出实际用字量的那些汉字是从何而来呢？研究表明，其中大部分是不同历史层面不同字体的积淀、重复造的字甚至是错别字，例如《汉语大字典》中“國”字有以下不同写法：

国：同“國”。《龙龛手鉴·囗部》：国，國的俗字。《宋元以来俗字谱》：國,《列女传》、《取经诗话》、《岭南遗事》等均作国。

囯：同“國”。《龙龛手鉴·囗部》：“囯，俗；正作國。”

囻：同“國”。《龙龛手鉴·囗部》：“囻，俗；正作國。”

国：同“國”。清梁同书《直语补证》：“国、子、齐、斎、李，今市侩书之。皆起于宋，见孙奕《示儿编》云。”按:《履斋示儿编》卷二十二作“国”。今为“國”的简化字。

𡆧：同“國”。《玉篇·囗部》：“𡆧，古文國字。”

囶：同“國”。《字汇补·囗部》：“囶，同國。”

囻：同“國”。《龙龛手鉴·囗部》：“囻，俗；正作國。”

圀：同“國”。《字汇·囗部》：“圀，古文國字。”

圀：同“國”。《玉篇·囗部》：“圀，古文國字。”

國:《说文》：“國，邦也；从囗从或。”高鸿缙《中国字例》：“國之初字，从囗，一为地区之通象，合之为有疆界之地区之意为通象，故为象意而属指事符；益之以戈声，故为指事符加声之形声字。周时借用为或然之或，乃加囗（即围字）为意符作國……徐灏曰：‘邦國之國，封疆之界谓之域，古但以或字为之。’是也。”

國：同“國”。《龙龛手鉴·囗部》：“國，邦國也；正作國。”

或:《说文》:“或，邦也。从口，从戈以守一。一，地也。域，或又从土。”段玉裁注:“《邑部》曰:‘邦者，國也。’盖或、國在周时为古今字，古文只有或字，既乃复制國字。”

域:《说文》:“或，邦也。从口，从戈以守一。一，地也。域，或又从土。”段玉裁注:“既从口从一矣，又从土，是后起之俗字。”王鸣盛《蛾术编》:“(徐)铉曰：今俗以或为疑惑不定意。域，无复或音。盖自唐末宋初已如此。故大徐辨之。”吴大澂《说文古籀补》:“或，古國字，从戈守口，象城有外垣。”刘心源《奇觚》:“……《说文》或、域皆國字，后人分用。”

𢧐：同“國”。《改併四声篇海·戈部》引《搜真玉镜》:“**𢧐**，音國。”《字汇补·戈部》:“**𢧐**，音义与國同。”

戜：同“國”。《集韵·德韵》:“國,《说文》:‘邦也。’古作**戜**。”

[illegible]：同“國”。《字汇补·禾部》:“**[illegible]**,《谈荟》：古國字。”

此外,《汉语大字典》还收了“或”的异体字“㦅”“𢦸”“𢦻”,“域”的异体字“𡋯”“𨙫”“𢨉”“𨻶”，这样，仅《汉语大字典》所收的“國”的不同写法就多达20余种。这20多种写法当中，在现代汉语层面仍有应用价值的就只有“国”“或”“域”三字了。

再如“網”字,《汉语大字典》也收录了不少异体字形：

冈：同“网”。《集韵·养韵》:“网，俗作冈。”

𠕁：同“网”。《说文·网部》:“网，庖牺所结绳，以渔。从冂，下象网交文。网，或从亡。”

罔：同“网(網)”。《集韵·养韵》:“罔，同网。”

䋄：同“網”。《玉篇·网部》:“䋄，今作網”。

𦊙：同“网”。《集韵·养韵》:“网，古作𦊙。”

网：同“網”。《说文·网部》:“网，庖牺所结绳以渔。从冂，下象网交文。罔，网或从亡。䋄，网或从系。𠕁，古文网。网，籀文网。”商承祚《殷虚文字类编》谓甲骨文“象张网形”。《正字通·网部》:“网，網本字。”按：今为“網”的简化字。

网：同“网”。《说文·网部》:“网，籀文网。”

⿱罒夂：同“网”。

⿱罒巳：同“网(網)”。

罓：同“网（網）”。《集韵·养韵》：“网，《说文》：‘庖牺所结绳以渔。’古作罓。”

罔：同“网”。《说文·网部》：“网，庖牺所结绳以渔。罔，网或从亡。”

䍏：同“网（網）”。

𦉪：同“网”。《字汇补·网部》：“𦉪，古文网字。”

䋄：同“网”。

網［网］：用绳线等结成的捕鱼或捕鸟兽的器具。

在上列15种字形中，只有“网”字可以在现代汉语通用层面使用。除“網”字可以在繁体字文本中作正字使用外，其他写法都属于历代累积下来的古文籀文的转写字、俗字及讹字，这些字形在现代汉语通用层面是毫无价值的。所以，对当代汉字系统进行优化，应该首先排除这些历史上积淀下来的死字、废字。

对这类字，《简化字总表》《现代汉语通用字表》清理得并不彻底。例如，《简化字总表》收录了一些已经废除的旧称用字和现代已没有使用价值的文言用字：

鳆：鳆鱼，鲍的古称。

钶：化学元素铌的旧称。

钘：化学元素镓的旧译。

镅：化学元素铽的旧译。

唡：英美制重量单位，常衡1唡是1磅的1/16，约合28.35克。也写作“英两”。现用“盎司”。

呙：口眼歪斜。

赒：赐予。

《现代汉语通用字表》也收录了一些此类的字：

甙：有机化合物苷的旧称。

簦：古代有柄的笠，类似现在的雨伞。

臁：小腿的两侧。

庀：具备，治理。

榀：房架一个叫一榀。

揾：用手指按住；擦。

塈：用泥涂屋顶；休息；取。

朘：zuī，男孩生殖器；juān，缩，减。

这些字或仅存于古代文献，或已经为新标准明确废除，在现代汉语通用层面上是不会使用的，因而均不应该纳入当代汉字系统之中。这些现象明显违背汉字系统优化的共时原则，必须进行认真审核和清理。

二、通语原则

中国是一个多方言的国家，自古以来就有专门为方言造字的现象。汉代杨雄的《方言》，就是一部专门收录方言用字的重要小学文献。随着方言和通语之间的交融，有些方言用字所记录的词汇可能被通语所吸收，这些方言用字也会随之进入通用汉字的范围。如《说文解字》中就收录了一部分《方言》中的方言字。但是，从历史和现实的情况看，更多的方言用字只是停留在方言的范围内，始终未能成为当时的通用汉字。如《方言》中所收的字，很多都不见于当时的经典文献，也就是没能进入那个时代实际应用的汉字系统中去。

如今，为方言造字的现象仍很常见，如粤方言用字“咀”（锤击）、“揾”（盖）、“揞”（团）等，都是为记录粤方言而新造的字。而另一方面，一些本来记录通语词的汉字，随着汉语的发展也有可能转化为方言用字。如方言字“奓”，义为张开，主要在湖北话、客家话等方言中通行，如湖北话说：“奓起个嘴巴。”“女伢子家，坐就要有个坐相，不要把胯子奓得太开。”该字最早见于《说文·大部》：“奢，张也。从大，者声。奓，籀文。”可见，“奓”原是“奢”的异体字。在《说文解字》中，“奓”是籀文，“奢”是小篆，“奓”出现的时间应该早于“奢”，从这个角度讲，“奢”应该是“奓”的历时变异；但从共时的角度看，小篆时代通行的字形是“奢”，而当时籀文形体可能只在东周故地使用，这样又可以将“奓”视为“奢”的地域变异。“奓”当时和“奢”一样，是可以记录通语的，如《庄子·知北游》：“神农阖户昼瞑，妸荷甘奓户而入。”后来“奓”在通语中消失，只用于部分方言中，成为方言字，并且还引申出一些新的方言意义和用法。如“奓胆”义为壮着胆子，“奓毛”义为恼怒发火等。

又如，闽南话有方言字“㴔”。陈正统《闽南话漳腔辞典》（2007）列有两个义项：“1. 船只搁浅：～浅｜～著沙。2. 碰伤：～一空｜手无张持，去互伊～著。”该字《正字通》认为是俗字，实则为方言字。《正字通·水部》：

“渏，俗字。旧注口个切。珂去声。船著沙不能行。引《集成》作𡺸。并非。”既然《正字通》认为“𡺸”“渏”皆非正字，那么，其正字应该是什么呢？《广韵·个部》：“䑣，船著沙不行也，或作𡺸。”据此可知，“𡺸”的正字为“䑣”。大徐本《说文·舟部》：“䑣，船著不行也。从舟，𡿺声。读若莘。”《段注》：“船箸沙不行也。‘沙’字各本夺，今依《广韵》一东三十三箇所引补。”段玉裁根据《广韵》所引，认为“䑣”是船搁浅在沙滩上的意思。这正与《闽南话漳腔辞典》对方言字“𡺸”的释义相合。因此我们认为，“䑣”“𡺸”原本是一组异体字，本作“䑣”，本义与船有关，故从舟，音同“莘”（《广韵》阻史切）。后来在一些方言中，“䑣”发生了音变，读为口箇切，音同“珂”的去声；此时如再写作“䑣”，则字形与字音不符，于是人们另选“沙”为义符，“可”为声符，重新为“䑣”造了个异体字“𡺸”。再后来，“䑣”在通语中消失，而“𡺸”则在闽方言等方言中保留下来，这样，“𡺸”的身份就由原来的“䑣”的异体字，转变成了方言字。

再如，许宝华、宫田一郎《汉语方言大词典》（1999）收有方言字“笏”，注云：“〈名〉牛筋。西南官话。云南昭通。姜亮夫《昭通方言疏证·释博物》：‘……今昭人言牛筋曰～。’”“筋”“笏”二字《说文·筋部》均收录，“筋”下释云：“肉之力也。”“笏”下释云：“笏，筋之本也。从筋，从夗省声。腱，笏或从肉、建。渠建切。”而“筋”“笏”二字的小篆字形分别作、，差别仅在于左下部件一作（即“肉”字），一作；而古文字中将“肉”省写为是很常见的，所以“笏”应该是“筋”省写而成的异体字，这正如徐灏《说文解字注笺》所说：“筋、腱一声之转。笏即筋之小省，非有二字二义本也。”再看其他一些训释材料：

《集韵·仙韵》：“筋，大腱也。”《欣韵》：“筋，或作腱。”《阮韵》：“腱，大筋。”

《玉篇·筋部》：“笏，亦作腱。”

《楚辞·招魂》“肥牛之腱”洪兴祖补注：“腱，筋之大者。”

综合这些材料可以得出以下判断：起初只有“筋”字，“笏”只是“筋”的异体字，后因声转分化而有“腱”；“筋”“腱”在通语中意义逐渐有了分工，“腱”特指“筋之大者”；而在昭通等方言中，异体字“笏”被传承下来，并被赋予了音转后的读音，读同“腱”，意义则专指牛筋。这样一来，“笏”就由原来“筋”的异体字身份，转化为了方言字。

我们今天整理当代的汉字系统，必须考虑记录通语的基本原则，即只有记录普通话词汇或已被普通话吸收的方言词汇的汉字，才有资格成为通用汉字。无论方言字的来源如何，只要它所记录的词语不属于通语，这些字就不能纳入到当代汉字的系统之中。

在《简化字总表》和《现代汉语通用字表》中，都存在一些不符合这一原则的字。如《简化字总表》“襀”“掗”二字在《新华字典》中的释义为：

襀：〈方〉①（-儿）用绳子、带子等拴成的结：活～儿|死～儿。②拴，系（jì）：～个襀儿|把牲口～上。

掗：〈方〉硬把东西送给或卖给别人。

《现代汉语通用字表》“礤”等字在《新华字典》中的释义为：

礤：粗石。[礤床儿]把瓜、萝卜等擦成丝的器具。

膪：[囊膪]猪的胸腹部肥而松软的肉。

垯：〈方〉开采出来的矿石。

囝：（一）jiǎn〈方〉儿子。（二）nān〈方〉同“囡”。

氽：〈方〉①漂浮：木头在水上～。②用油炸：油～花生米。

塮：〈方〉猪羊等家畜圈里积下的粪便。

揎：捋起袖子露出胳膊：～拳捋袖。

这些字，有些《新华字典》明确标有“〈方〉”，有些虽然没有明确标“〈方〉”，但其方言色彩依然是非常浓厚的。它们明显属于方言用字的范围，是当代汉字系统优化所需要淘汰的。

三、效度原则

记录汉语的效度是衡量汉字系统是否优化的一个重要指标，具体表现为能否用最适量的汉字去最大限度地满足记录汉语的需求。把握“最适量”的程度，是以记词职能的有效表达为标准的。在此标准指导下，对那些记词职能完全相同或非常接近的汉字进行合并认同，以求得汉字系统的简约；对那些因承担记词职能过多而影响表达的汉字进行分化别异，以求得字词关系的清晰。汉字系统的简约和字词关系的清晰，是汉字系统优化的效度原则的两个必要方面，只有二者在对立中实现统一，才能实现汉字系统优化的最佳效度。

过分强调汉字系统的简约，过度精简汉字的字数，必然会影响汉字记词职能的清晰；而过分强调汉字记词职能的细微差异，不及时整理和归并汉字的冗余信息，就会使汉字的数量越积越多，从而加重使用者的记忆负担。这两个方面的问题在现行汉字规范文件中都有存在。

（一）需要归并而没有归并的字

在《简化字总表》和《现代汉语通用字表》中，都有一些字是需要与其他字进行合并认同的。如《简化字总表》中的“硷”“挢”等字：

硷：同“碱”。

挢：同“矫”。

铓：“锋铓”同“锋芒”。

鲶：同“鲇”。

谉：同“审”。

谘：同“咨”。

谦：同“宴”。

再如《现代汉语通用字表》中的“舨”“拚”等字：

舨：“舢舨”作“舢板”。

拚：同“拼”。

缏：同“辫”。

菸：同“荭”。

蹓：同“遛”。

垅：同“垄”。

（二）不该归并而归并的字

新中国成立之初，汉字改革的主要任务之一就是要精简字数，对汉字进行归并。这一点在《简化字总表》和《第一批异体字整理表》中得到了明确的体现。《简化字总表》中最典型的就是“同音替代”和“几字共简为一形”的情况。同音替代的情况如：闆—板，彆—别，蔔—卜，衝—冲，醜—丑，齣—出，鬥—斗，範—范，穀—谷，後—后，裏—里，麵—面；几字共简为一形的情况如：發、髮—发，復、複—复，乾、幹—干，飢、饑—饥，係、繫—系，隻、衹、祇—只，等等。据统计，《简化字总表》中这两类的字共有 98 组，加上一个简化字代替多个繁体字的情况，共精简汉字106个。《第一批异体字整理表》是在1955年12月由文化部和文字改革委员会联合发布，并决定从1956年2月起在全国实施。发布时的说明中说："表内所列异体字共810组，每组最少2字，最多6字，合计共1865字。经过整理后共精简去1055字。"

《简化字总表》和《第一批异体字整理表》对部分汉字进行归并，在一定程度上达到了减少字数的目的，对于减轻使用者记忆和分辨的负担有积极作用。但是，这两个字表中都有对汉字过度归并的倾向。

《简化字总表》"同音替代"和"几字共简为一形"造成了"一简对多繁"的现象，即一个简化字对应多个繁体字（或传承字）。如果将两个本来都是比较常用的字归并在一起，就很容易导致使用上的歧义，如"干"对应"干、乾、幹"等；同时在计算机简繁自动转换和文言文印刷等应用领域，由于简繁关系不能一一对应而常常产生错误，如把"头发（頭髮）"错转为"頭發"、把"干净（乾淨）"错转为"幹淨"等。所以，这些简化的方式招致了较多的批评，不少人呼吁重新恢复这类被归并的字。如吉常宏在《汉字简化的回顾与设想》（2004）一文中评价说："同音替代人为地破坏了汉字的表意体系。简化字的制定不能只顾书写方便，不管汉字的形、音、义三位一体的完整体系，而轻易加以破坏。"裘锡圭先生（1991）也认为："使用同音代替的方法时，如果被代替的字和代替它的字的意义有可能混淆，也会引起麻烦。"

《第一批异体字整理表》在对汉字进行归并方面的问题更为突出。该字表发布时的《联合通知》指出："从实施日起，全国出版的报纸、杂志、图书一律停止使用表中括号内的异体字。但翻印古书须用原文原字的，可作例外。一般图书已经制成版的或全部中分册尚未出完的可不再修改，等重排再版时改正。机关、团体、企业、学校用的打字机字盘中的异体字应当逐步改正。"这个文件明确了异体字属于"不规范字"的范围，在通用层面书写现代汉语文本时，不能使用异体字。所以需要从记词职能完全相同而字形不同的一个字种的多个字样中，选择一个通用的字形作正字，规定其他字不再使用。该字表的发布大大减少了当时的用字混乱现象，精简了汉字字数，减轻了学习者的负担，加强了社会用字规范。但由于历史和时代的因素，《第一批异体字整理表》中确定的"异体字"，从现代汉语通用层面上来看，有些并不是严格异体字。特别是在姓氏人名、地名和科学技术术语用字中，一些非严格异体字尚有无法取代的使用价值。把这些字都列入“不规范字”的范围而取消，对意义的精确表达会产生不好的影响，也不符合科学认同的原则。

《第一批异体字整理表》中的“异体字”可以区分为严格异体字和非严格异体字两大类型。

1. 严格异体字

《第一批异体字整理表》中的严格异体字还可分为异写字和异构字。

（1）异写字。异写字是指同一个字种因写法不同而造成形体差异的两个字样。主要有两种情况：一是因笔画组合方式、数量不同而形成的形体差异，例如“册［冊］、污［汚］、插［挿］、冉［冄］、厮［廝］”；二是因构件位置不同而形成的形体差异，例如“鞍［鞌］、岸［峍］、稿［稾］、够［夠］、峰［峯］、辣［辢］”。

（2）异构字。异构字指在任何情况下音与义都相同，而在构件、构件数量、构件功能等方面至少有一项存在差别的两个字样。例如：碇［矴］、凳［櫈］、睹［覩］、妒［妬］、桌［槕］。

对于严格异体字，《第一批异体字整理表》在每组字中确立一个正体，淘汰其余的异体，这样处理对于优化汉字的共时系统是十分必要的。

2. 非严格异体字

《第一批异体字整理表》中的非严格异体字情况比较复杂。包括如下几种类型：

（1）分化字

分化字指原来用一个字记录的词和义，为了区别，分开用两个或两个以上的字来记录。分化字在发展中会出现两种结果：一种是分化之后两个字的记词职能明确，在义项上不再相互通用；另外一种是分化之后母字在记词职能上仍然能够涵盖分化字，此类型又可称为分化未遂。在《第一批异体字整理表》中，涉及的分化字大多属于第二种情况。例如：

贊［讚］：“讚”分化了“贊”的“称赞；文体的一种”等意义，但这种分化并没有持续下来，在现代汉语共时层面，“贊”既可以表示“称赞；文体的一种”，又可以表示“赞助”义，完全包含“讚”的义项。

志［誌］：“誌”分化了“志”的“记在心里；记号”等意义，在现代汉语共时层面，“志”既可以表示“记在心里；记号”等意义，又可以表示“志向”

义，完全包含“誌”的义项。

（2）通假字

通假字包括同音借用字和同源通用字。同音借用字指在本字已经存在的情况下，借用音同或音近而意义无关的字来替代本字。同源通用字是指因词的派生而孳乳出的新字在尚未完全惯用的过渡阶段，与源字通用或者新字之间混用的现象。根据两字在现代汉语共时层面上义项的异同，《第一批异体字整理表》中的通假字包括如下四种情况：

第一，由于长期使用中的义项通用，使两个字在现代汉语共时层面上的义项完全相同。例如：

鋤［耡］：两者本义不同，“鋤”本字作“鉏”，指锄头，《说文·金部》：“鉏，立薅所用也。”而“耡”原指古代的一种税赋制度，《说文·耒部》：“耡，商人七十而耡。”在使用过程中，由于读音相同，“鋤”与“耡”在锄头这一义项上通用，在现代汉语共时层面，两者的义项已完全相同。

罵［傌］：“罵”本用作责骂义，“傌”用作汉代的刑罚等义。因为读音相同，“傌”与“罵”通用，具有了责骂义。在现代汉语共时层面，“傌”所记录的汉代的刑罚等义项已成为生僻义，不再使用，现在还在使用的义项已与“罵”完全相同。

第二，义项部分相同，且正字义项可以涵盖非正字义项。例如：

煙［菸］：两者在来源上各有本义。由于读音相同，两者在“烟草制成品；鸦片”等义项上通用，其他义项不通用。在现代汉语共时层面，“煙”的义项可以涵盖“菸”的义项，但在“烟火；像烟的东西”等义项上只作“煙”。

吃［喫］：两者在来源上各有本义。《说文·口部》：“吃，言蹇难也。”《说文新附》：“喫，食也。”由于读音相近，两者在“吃饭；吸收（液体）”等义项上通用，其他义项不通用。在现代汉语共时层面，“吃”的义项包含“喫”的义项，但在“口吃”义上只作“吃”。

第三，义项部分相同，且正字义项无法涵盖非正字义项。例如：

修［脩］：两者在“修饰；钻研”等义项上完全通用。但在表示“束脩”时只能用“脩”，不能用“修”。

捍［扞］：两者在“捍卫，保卫”义项上完全通用。但在表示“扞格”义时只能用“扞”，不能用“捍”。

第四，义项完全不同。两个字在历史上存在过通用现象，但在现代汉语共时层面义项完全不同，分工明确、职能清晰。例如：

淡［澹］：历史上，两者在“含某种成分少、稀薄”等意义上通用，但在现代汉语共时层面，“淡”的义项为“含的盐分少；含某种成分少、稀薄；不热心；营业不旺盛”等，“澹”的义项为“水波起伏；安静”。两个字的义项已完全不同。

雕［凋］：历史上，两者在“修饰”意义上通用，但在现代汉语共时层面，“雕”的义项为“一种鸟类；雕琢；用彩画装饰”等，“凋”的义项为“草木零落，衰落”。两个字的义项已完全不同。

（3）历史上某个时段中曾经是严格异体字，在现代汉语共时层面上义项略有差别，但正字义项可以包含非正字义项的字组。例如：

岳［嶽］:《说文·山部》“嶽”下以“岳”作“嶽”的古文,《说文·页部》“頢，前面岳岳也”下段玉裁注:“岳，古文嶽。”可见它们都是为“山岳”义所造之字，为严格异体字。但在现代汉语共时层面，“称妻的父母及伯父、叔父”及作姓氏时只用“岳”来记录，不能写作“嶽”。

眷［睠］:《说文·目部》:“眷，顾也。”《玉篇·目部》:“睠，同眷。”两者为严格异体字。但在现代汉语共时层面，表示“亲属”义只能用“眷”来记录，不能写作“睠”。

（4）音义无关字。例如：

挪［挼］:“挪”读 nuó，义为“移动”;“挼”读 ruó，义为“揉搓”。两者音义均不相关。

婀［婐］:“婀”读 ē，义为“轻盈柔美貌、依违阿曲”;“婐”读 wǒ，义为“侍候”。两者音义均不相关。

对于以上非严格异体字,《第一批异体字整理表》也一律采取用“正字”代替“异体”的方式处理，这样处理就会使得在现代汉语层面仍然有用的字被人为淘汰了。不该合并的字硬性合并之后，严重影响了汉字记词职能的清晰度，违反了汉字系统优化的效度原则，给社会用字带来了很多不便。因此，对当代汉字进行系统优化，就应该对这些“异体字”进行重新审视，根据不同情况作出合理的处理：对于义项完全能够被正字包含的非正字，应认可为异体字；对于义项与正字完全不同的非正字，不再将其视为异体字；对于义项无法被正字完全包含的非正字，应该在特定意义上恢复其正字的地位。特别是一些姓氏用字，如“峃”“氾”“仝”“甯”等，如果按《第一批异体字整理表》被作为异体字取消，就等于强迫这些家族改姓，这是与中华传统文化的价值取向相违背的。

可见，对当代汉字系统进行优化，不是单纯的减少字数的问题，而是如何使汉字系统更好地完成记录汉语的任务的问题。在共时原则、通语原则、效度原则的共同指导下，淘汰冗余的字，恢复有用的字，才是优化当代汉字系统的正确做法。《通用规范汉字表》正是很好地遵循了这三项基本原则，在以前汉字规范工作的基础上，根据新时代标准化的理念，对已有的规范文件进行整合和优化，科学定量，合理分级，立足现实，尊重传承，是当代汉字系统优化的一次重要实践。

参考文献

王宁，2004. 汉字的优化与繁简字［C］// 史定国 . 简化字研究 . 北京：商务印书馆 .

陈正统，2007. 闽南话漳腔辞典［M］. 北京：中华书局 .

许宝华，宫田一郎，1999. 汉语方言大词典［M］. 北京：中华书局 .

吉常宏，2004. 汉字简化的回顾与设想［C］// 李宇明，费锦昌 . 汉字规范百家谈 . 北京：商务印书馆 .

裘锡圭，1991. 从纯文字学角度看简化字［J］. 语文建设（2）.

【作者单位：北京师范大学。本文原发表于《语言文字应用》2015 年第 1 期】

《第一批简体字表》研究

——附论大众汉字能力与语言文字工作者的责任

陈双新

近些年来，语言文字问题时常成为全社会关注和讨论的热点，如普通话与方言、与少数民族语言的关系问题，繁简字关系问题，字母词问题，使用错别字问题等。这些语言和文字问题都来自一般大众而非专业领域，其中不少观点反映出社会普遍的语言文字基础知识的缺乏，但问题的性质、产生和解决的方式还是很有区别：前者（语言问题）基本上都是假问题，后者（文字问题）基本上都是真问题；前者基本上是认识问题，后者基本上是能力问题；前者可以用宣传解释的方式解决，后者则既需要宣传解释更需要传授知识，甚至需要在基础教育阶段加强汉字知识的教学。

汉字简化，无论是一般大众还是语言文字专业之外的知识分子①，相当多的人都以为是新中国成立以后所做的事情，并把各种与文字简化关系不大甚至毫无关系的问题都一股脑推到简化字头上。

简化是汉字发展演变过程中最为明显的规律。或者由于书写工具的改进（由刀刻、范铸、毛笔书写到雕版印刷），或者由于书写载体的变化（由甲骨、青铜器、简帛到纸张），更由于汉字作为记录汉语的工具的性质，字形简化在汉字发展各个大的阶段之间极其显著。比如“马”从早期的象形字到今天的简化字：商代金文—甲骨文—西周金文—春秋金文—战国文字—小篆—馬—马，图绘逐渐变为线条，象形性逐步减弱以致消失，笔画越来越少、越来越便于书写，这个演变过程是极其直观的。其实在汉字发展的每一个阶段内部，简化也是司空见惯的，如甲骨文的“车”字有、、、、、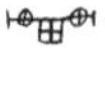、、

等繁简不同的形体；金文的情况也一样：，虽然有的正面有的侧面，但多数都极其象形（两轮、车厢、轴、辕、轭皆忠实描摹），有的与今天的繁体字形几乎没有区别。进入楷书阶段之后，字体上虽然没有大的变化，但字形上的简化依然没有停止，在不少场合，俗体、简体大行其道。作为政府行为的汉字简化工作，是从20世纪30年代的民国政府时期开始的。新中国成立后的汉字简化工作是遵照汉字简化规律的因势利导，也可以说是民国时期汉字简化工作的继续，所选用的简化字有不少都是历代使用过的简体字，所使用的简化方法也基本上都是历代一直使用过的。李乐毅先生（1996）对此有一段很好的总结：

> 多年以来，却有一些人士把现行简化字视为“中共”在本世纪50年代进行文字改革的产物，而且认为是少数积极分子闭门杜撰出来的。这是不符合历史实际的，至少是一种误解。其实，从现代的汉字简化的历史看，第一篇明确提倡简体字的论文，是教育家陆费逵1909年发表在《教育杂志》创刊号上的《普通教育应当采用俗体字》；第一个向政府当局提出的简体字议案，是钱玄同、陆基、黎锦熙、杨树达联名在1922年向当时的教育部国语筹备委员会第四次大会提出的《减省现行汉字的笔画案》；第一个由政府部门公布的简体字表，是1935年8月由国民政府教育部长王世杰签署的《简体字表（第一批）》。只是上述的简体字表公布不到半年，就奉“行政院令”宣布“应暂缓推行”而夭折了。因此，第一次由政府正式公布并且成功地得到贯彻施行的简体字方案和字表应该算是1956年由（中华人民共和国）中央人民政府国务院公布的《汉字简化方案》。

他把1964年《简化字总表》②中“不作简化偏旁用的简化字”350字、“可作简化偏旁用的简化字”132字和“附录”中的“习惯被看做简化字”的选用异体字39字，加起来共521个字头的“始见”（据其在研究中所能看到的材料）时代列为一表，统计结果发现：“80%以上的现行简化字都是在本世纪50年代以前就已经流行或存在的。其中源自先秦、两汉的竟占了30%左右。而建国以后新拟的简化字（包括建国以前在解放区通行的少量的“解放字”在内）还不足20%！”其中源自先秦的68字，占13.05%；源自秦汉的96字，占18.43%；源自三国、晋、南北朝的32字，占6.14%；源自隋唐五代的29字，占5.57%；

源自宋辽金元的82字，占15.74%；源自明清及太平天国的53字，占10.17%；源自民国的60字，占11.52%；源自1949—1956年的101字，占19.38%。因此，“现行简化字是具有深远的历史基础和深厚的群众基础的，而且已成为法定的规范字体，是具有长久的生命力的……当前，文化、教育、新闻等部门应加强对简化字的解释和宣传，消除误解和曲解，并采取各种措施，促进语言文字规范化的进程。这是责无旁贷的，而且应该是理直气壮的。”

这一事实不被业外人士所知，本身倒不重要，但建立在此问题基础上的诸如汉字简化与阅读古书的能力、传统文化、书法水平、两岸统一等宏大问题之间的关系的论述，却多年来一直混淆视听，奇谈怪论不绝于耳，在媒体和大众中产生很大的不良影响。因此，为解决问题之“本”，本文特对国民政府1935年颁布的《第一批简体字表》进行详细的研究，然后谈谈大众汉字能力的提高与语言文字工作者的责任。

一

1935年8月，国民政府教育部颁布了包括324个简化字的《第一批简体字表》(见图1。后文简称《字表》)，颁布此表的教育部《部令》认为：“简体文字，无论在文人学士，在一般民众间，均有深固之基础，广大之用途，已为显明之事实。”“旋据前国语统一筹备委员会呈复，谓字体改简，于文化前途，实大有裨益，其他专家，亦谓全国教育，既须从速普及，则采用简体字，以谋普及之促进，实属刻不容缓。”《字表》的编选原则有三条：“(1)述而不作；(2)择社会上比较通行之简体字最先采用；(3)原字笔画简者不再求简。”接着教育部还公布了《各省市教育行政机构推行部颁简体字办法》，规定：“凡小学，短期小学，民众学校各课本，儿童及民众读物，均应采用部颁简体字。”这个《字表》是第一次由政府正式公布的推行简体字的文件，选定简体字的原则及推行办法都很妥善。后来由于国民党上层保守势力的极力反对，1936年教育部不得不下令“简体字应暂缓推行”。20世纪50年代，台湾当局包括蒋介石在内的高层人士也多次提及并讨论汉字简化问题，但由于种种争议，台湾地区的汉字简化依旧未能推行。

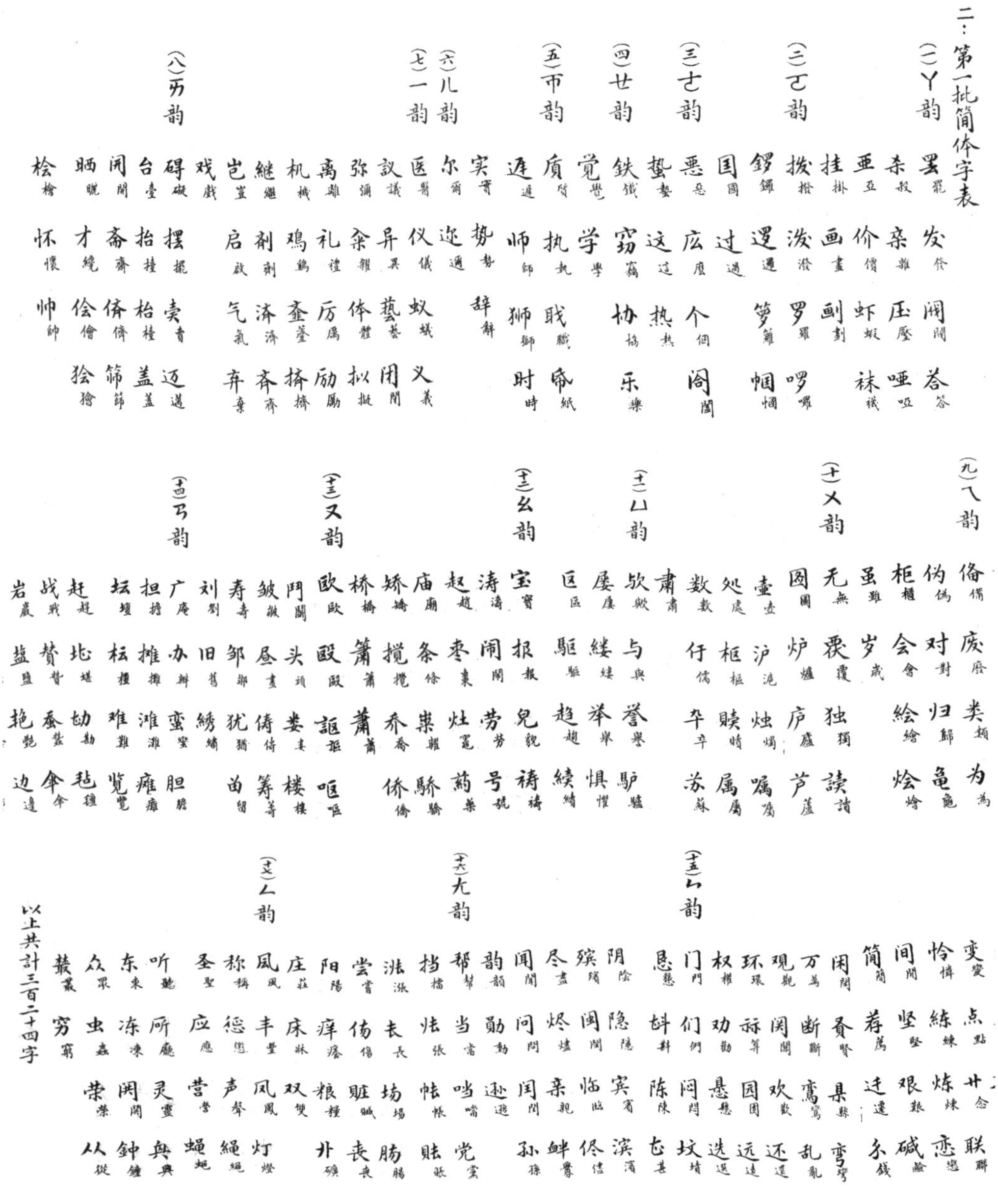

图 1　1935 年国民政府教育部《第一批简体字表》

下面我们将《字表》中的324个简化字与《简化字总表》中的相应字形列表逐个比较。几点说明如下：

1. 表头中的“繁”表示简化前的繁体字；“简1”表示《字表》中的简体字；“简2”表示《简化字总表》中的简化字。

2. 第一栏中的“a”表示《字表》中的简体字与《简化字总表》中的简化字完全同形（由于完全同形而未截图），共212个，占65.4%。可见，《字表》中三分之二的字在新中国成立后简化汉字时被采纳，至今依然为规范字。

3. 第一栏中的“b”表示《字表》中的简体字与《简化字总表》中的简化字略有不同但极其相似，可以说没有认读障碍，共64个，占19.8%。其中有些差异是书写造成的，如“发、拨、泼、废”“长、账、帐”以及“芦、苏、荐”等含草字头的字。

4. 第一栏中的“c”表示《字表》中的简体字与《简化字总表》中的简化字不同形，共48个，占14.8%。其中有些字《字表》简化了而《简化字总表》未简化，如“覀（覆）、仃（儒）、卆（卒）、皃（貌）、亩（留）、廿（念）”等[③]。

5. 注释：

（1）《简化字总表》将“盡”与“儘”合并简化为“尽”。《字表》将“盡”简化为“尽”，将“儘”类推简化为“侭”。今日台湾“盡”与“儘”依然都是常用字。

（2）《简化字总表》将“當”与“噹”合并简化为“当”。《字表》将“當”简化为“当”，将“噹”类推简化为“𪠳”。今日台湾“當”与“噹”依然都是常用字。

（3）《第一批异体字整理表》将“鬨、閧”均处理为“哄”的异体字。《字表》将“閧”简化为“闬”。今日台湾“閧”与“哄”都是常用字。

（4）“虀”同“齏”，《字表》简化前的字形用的是“虀”，《简化字总表》简化前的字形用的是“齏”。

（5）《简化字总表》将“闔”简化为“阖”，将“閤”合并到“合”。《字表》将“闔”简化为“闳”。

表 1 《字表》与《简化字总表》中汉字字形比较

	序	繁	简 1	简 2		序	繁	简 1	简 2		序	繁	简 1	简 2
a	1	罷	罢	罢	a	28	勢	势	势	a	55	擡	抬	抬
a	2	閥	阀	阀	a	29	辭	辞	辞	a	56	檯	枱	枱
a	3	殺	杀	杀	a	30	爾	尔	尔	a	57	蓋	盖	盖
a	4	壓	压	压	a	31	邇	迩	迩	a	58	齋	斋	斋
a	5	價	价	价	a	32	醫	医	医	a	59	篩	筛	筛
a	6	蝦	虾	虾	a	33	儀	仪	仪	a	60	曬	晒	晒
a	7	襪	袜	袜	a	34	蟻	蚁	蚁	a	61	纔	才	才
a	8	掛	挂	挂	a	35	義	义	义	a	62	儈	侩	侩
a	9	畫	画	画	a	36	異	异	异	a	63	獪	狯	狯
a	10	羅	罗	罗	a	37	閉	闭	闭	a	64	檜	桧	桧
a	11	囉	啰	啰	a	38	彌	弥	弥	a	65	懷	怀	怀
a	12	邏	逻	逻	a	39	糴	籴	籴	a	66	帥	帅	帅
a	13	籮	箩	箩	a	40	擬	拟	拟	a	67	類	类	类
a	14	過	过	过	a	41	離	离	离	a	68	為	为	为
a	15	個	个	个	a	42	禮	礼	礼	a	69	偽	伪	伪
a	16	蟄	蛰	蛰	a	43	厲	厉	厉	a	70	對	对	对
a	17	這	这	这	a	44	勵	励	励	a	71	歸	归	归
a	18	熱	热	热	a	45	機	机	机	a	72	櫃	柜	柜
a	19	竊	窃	窃	a	46	虀	齑	齑	a	73	會	会	会
a	20	協	协	协	a	47	啓	启	启	a	74	燴	烩	烩
a	21	樂	乐	乐	a	48	氣	气	气	a	75	雖	虽	虽
a	22	學	学	学	a	49	棄	弃	弃	a	76	歲	岁	岁
a	23	執	执	执	a	50	戲	戏	戏	a	77	無	无	无
a	24	師	师	师	a	51	礙	碍	碍	a	78	獨	独	独
a	25	獅	狮	狮	a	52	擺	摆	摆	a	79	爐	炉	炉
a	26	時	时	时	a	53	邁	迈	迈	a	80	廬	庐	庐
a	27	實	实	实	a	54	臺	台	台	a	81	滬	沪	沪

续表

	序	繁	简1	简2		序	繁	简1	简2		序	繁	简1	简2
a	82	燭	烛	烛	a	110	婁	娄	娄	a	138	點	点	点
a	83	囑	嘱	嘱	a	111	樓	楼	楼	a	139	聯	联	联
a	84	屬	属	属	a	112	皺	皱	皱	a	140	憐	怜	怜
a	85	數	数	数	a	113	晝	昼	昼	a	141	戀	恋	恋
a	86	歟	欤	欤	a	114	儔	俦	俦	a	142	間	间	间
a	87	與	与	与	a	115	籌	筹	筹	a	143	堅	坚	坚
a	88	譽	誉	誉	a	116	壽	寿	寿	a	144	艱	艰	艰
a	89	屢	屡	屡	a	117.	鄒	邹	邹	a	145	鹼	碱	碱
a	90	舉	举	举	a	118.	猶	犹	犹	a	146	簡	简	简
a	91	懼	惧	惧	a	119	劉	刘	刘	a	147	遷	迁	迁
a	92	趨	趋	趋	a	120	舊	旧	旧	a	148	閑	闲	闲
a	93	寶	宝	宝	a	121	辦	办	办	a	149	彎	弯	弯
a	94	報	报	报	a	122	蠻	蛮	蛮	a	150	萬	万	万
a	95	禱	祷	祷	a	123	膽	胆	胆	a	151	斷	断	断
a	96	濤	涛	涛	a	124	擔	担	担	a	152	亂	乱	乱
a	97	鬧	闹	闹	a	125	攤	摊	摊	a	153	歡	欢	欢
a	98	勞	劳	劳	a	126	灘	滩	滩	a	154	還	还	还
a	99	號	号	号	a	127	癱	瘫	瘫	a	155	環	环	环
a	100	棗	枣	枣	a	128	壇	坛	坛	a	156	園	园	园
a	101	竈	灶	灶	a	129	難	难	难	a	157	遠	远	远
a	102	廟	庙	庙	a	130	趕	赶	赶	a	158	權	权	权
a	103	條	条	条	a	131	氈	毡	毡	a	159	勸	劝	劝
a	104	糶	粜	粜	a	132	戰	战	战	a	160	選	选	选
a	105	矯	矫	矫	a	133	蠶	蚕	蚕	a	161	門	门	门
a	106	喬	乔	乔	a	134	巖	岩	岩	a	162	們	们	们
a	107	僑	侨	侨	a	135	豔	艳	艳	a	163	悶	闷	闷
a	108	橋	桥	桥	a	136	邊	边	边	a	164	墳	坟	坟
a	109	頭	头	头	a	137	變	变	变	a	165	懇	恳	恳

续表

	序	繁	简1	简2		序	繁	简1	简2		序	繁	简1	简2
a	166	陳	陈	陈	a	193	莊	庄	庄	b	220	幗	帼	帼
a	167	陰	阴	阴	a	194	牀	床	床	b	221	國	国	国
a	168	隱	隐	隐	a	195	雙	双	双	b	222	惡	悪	恶
a	169	賓	宾	宾	a	196	豐	丰	丰	b	223	鐵	铁	铁
a	170	濱	滨	滨	a	197	鳳	凤	凤	b	224	覺	覚	觉
a	171	殯	殡	殡	a	198	燈	灯	灯	b	225	質	质	质
a	172	閩	闽	闽	a	199	稱	称	称	b	226	議	议	议
a	173	臨	临	临	a	200	聲	声	声	b	227	體	体	体
a	174	盡	尽	尽	a	201	聖	圣	圣	b	228	鷄	鸡	鸡
a	175	燼	烬	烬	a	202	應	应	应	b	229	擠	挤	挤
a	176	親	亲	亲	a	203	營	营	营	b	230	繼	継	继
a	177	釁	衅	衅	a	204	聽	听	听	b	231	劑	剂	剂
a	178	聞	闻	闻	a	205	靈	灵	灵	b	232	濟	济	济
a	179	問	问	问	a	206	東	东	东	b	233	齊	齐	齐
a	180	閏	闰	闰	a	207	凍	冻	冻	b	234	豈	岂	岂
a	181	孫	孙	孙	a	208	眾	众	众	b	235	儕	侪	侪
a	182	韻	韵	韵	a	209	蟲	虫	虫	b	236	廢	废	废
a	183	遜	逊	逊	a	210	榮	荣	荣	b	237	繪	绘	绘
a	184	幫	帮	帮	a	211	從	从	从	b	238	圖	图	图
a	185	當	当	当	a	212	窮	穷	穷	b	239	蘆	芦	芦
a	186	黨	党	党	b	213	發	发	发	b	240	壺	壶	壶
a	187	擋	挡	挡	b	214	答	荅	答	b	241	處	処	处
a	188	嘗	尝	尝	b	215	啞	唖	哑	b	242	樞	枢	枢
a	189	喪	丧	丧	b	216	亚	亜	亚	b	243	蘇	苏	苏
a	190	陽	阳	阳	b	217	撥	拨	拨	b	244	肅	肃	肃
a	191	癢	痒	痒	b	218	潑	泼	泼	b	245	驢	馿	驴
a	192	糧	粮	粮	b	219	鑼	锣	锣	b	246	縷	缕	缕

续表

	序	繁	简1	简2		序	繁	简1	简2		序	繁	简1	简2
b	247	區	区	区	b	273	贜	賍	赃	c	299	檀	枟	檀
b	248	驅	駆	驱	b	274	繩	縄	绳	c	300	堪	圵	堪
b	249	趙	赵	赵	b	275	蠅	蝿	蝇	c	301	勘	劫	勘
b	250	藥	葯	药	b	276	鐘	鈡	钟	c	302	念	廿	念
b	251	驕	骄	骄	c	277	雜	杂	杂	c	303	錢	尔	钱
b	252	攬	揽	揽	c	278	劃	划	划	c	304	賢	贤	贤
b	253	簫	箫	箫	c	279	麼	広	么	c	305	縣	県	县
b	254	蕭	萧	萧	c	280	闔	阖	阖	c	306	關	関	关
b	255	歐	欧	欧	c	281	職	聀	职	c	307	算	祘	算
b	256	毆	殴	殴	c	282	紙	帋	纸	c	308	懸	悬	悬
b	257	謳	讴	讴	c	283	遲	遅	迟	c	309	斟	斟	斟
b	258	嘔	呕	呕	c	284	藝	艺	艺	c	310	甚	甚	甚
b	259	繡	綉	绣	c	285	賣	卖	卖	c	311	儘	侭	尽
b	260	覽	览	览	c	286	開	开	开	c	312	噹	当	当
b	261	贊	賛	赞	c	287	備	俻	备	c	313	張	张	张
b	262	傘	伞	伞	c	288	龜	亀	龟	c	314	漲	涨	涨
b	263	鹽	盐	盐	c	289	覆	覆	覆	c	315	場	场	场
b	264	練	练	练	c	290	讀	読	读	c	316	腸	肠	肠
b	265	煉	炼	炼	c	291	贖	赎	赎	c	317	傷	伤	伤
b	266	薦	荐	荐	c	292	儒	仃	儒	c	318	礦	卝	矿
b	267	鸞	鸾	鸾	c	293	卒	卆	卒	c	319	風	風	风
b	268	觀	观	观	c	294	續	続	续	c	320	懲	惩	惩
b	269	勳	勋	勋	c	295	貌	皃	貌	c	321	廳	厅	厅
b	270	帳	帐	帐	c	296	鬭	閗	斗	c	322	興	兴	兴
b	271	賬	账	账	c	297	留	畄	留	c	323	鬨	閧	哄
b	272	長	长	长	c	298	庵	广	庵	c	324	叢	藂	丛

《字表》中的324个简化字，a、b两类（完全或基本上同于《简化字总表》中的简化字）共276字，占《字表》字数的85.2%。苏培成（1993）解释说，“相同和基本相同的所占比例如此之高，实非偶然，因为同出一源。”可见，新中国成立后的汉字简化无论是从这项工作来说，还是从具体的简化字形的来源来说，都上承汉字发展和规范的历史，有广泛而深厚的使用基础。

二

何九盈（2012）说：“汉字历史最悠久，在不断演进，汉字学是一门精深复杂的独特学科，全世界没有一个国家有这样内容丰富、贯通五千年文化命脉的文字学科。而这丝毫不影响汉字对汉语的记录、表达，也不会影响汉字使用者的写作实践。在汉字世界，‘文字世界’是有级差的。文字研究者的‘文字知识’，文化人的‘文字知识’，一般人的‘文字知识’，可以有很大的差别。”当前，一般人和不少文化人的“文字知识”都十分缺乏，例子不胜枚举。上海浦东机场路牌有这样两幅各写一个字的“优秀公益广告”：、。两字右边分别加注“字可以简化，爱岂能无心！”“亲人常见方亲近，再忙也需常回家见见亲人！”该广告的“创意”就在于将二字繁体多于简体的部分“淡化”处理，前者虽略有差距，但一看即明。有人认为这两则广告是呼吁人们要有爱心，重视亲情，这个主题当然应该肯定。但无疑它也是拿简化字来“说事儿”，影射了对简体字的抨击。这虽然不是汉字误用，但也是对汉字简化的不解或误解。再比如这样的言论：“字形是一把时间之刀，制造了文明的分裂。这种经过简化改造的文字，恰恰成了意识形态的重大隐喻和谶言。如同一些研究者所揭示的那样，从‘愛’到‘爱’的转型，正是‘心’和‘灵魂’大步沦丧的象征；而‘聖’向‘圣’的转型，则意味着精神高度（耳代表谛听，口代表言说，是尊者的精神性的哲学表征）向更为低级的土木建筑高度（又土，就是土的简单叠加，预言了当代城市所展开的高楼竞赛）退化。……此外，那些莫名其妙的符号‘×’和‘又’渗透到文字内部，腐蚀着它的灵魂，把它们变成一堆可笑的杂碎。神鸟‘鳳’改成‘凤’就是一个范例，它以类似否决（‘又’类似‘×’）的方式，消解文字中的神话、神性、想象力和隐喻关系，并切断阅读/书写者的历史记忆和文化血脉。但这种粗暴的断裂模式，却完全符合革命式进化的原则。”（朱大可，2009）对此，我们一方面慨叹该学者的“想象力”和“解释力”，也就毫不费解近些年来广受关注和批评的全社会普遍的汉语汉字能力下降的原因了。另一方面，我们更应该想想，我们长期以来在普及汉字知识方面，在提高全社会对汉字的认识方面做了哪些工作，产生了什么样的效果。更进一步，我们还得想想，面对当前我国内地使用简化字、港澳台地区使用繁体字的形势，繁体字跟简化字是什么样的关系，新中国成立以后为什么要制定和推行汉字简化政策，汉字简化是新中国的创举还是对汉字发展演变规律的合理延续，推行简化字的同时能否以及在哪些场合可以使用繁体字，汉字简化与阅读古书的能力、传统文化、书法水平、两岸统一等一再被拿来“说事儿”的宏大问题之间到底有没有关系以及如何认识，作为专门从事语言文字工作特别是从事汉字研究的专业人士，我们理应挺身而出，面向社会，多多进行汉字知识的科普宣传工作（詹伯慧，2012）。

七十多年前，鲁迅先生就“名人与名言”的关系专门撰文，十分精辟地指出：“（专门家的话多悖）他们的悖，未必悖在讲述他们的专门，是悖在倚专家之名，来论他所专门以外的事。社会上崇敬名人，于是以为名人的话就是名言，却忘记了他之所以得名是那一种学问或事业。名人被崇奉所诱惑，也忘记了自己之所以得名是那一种学问或事业，渐以为一切无不胜人，无所不谈，于是乎就悖起来了。其实，专门家除了他的专长之外，许多见识是不及博识家或常识者的……这病根至今还没有除，一成名人，便有‘满天飞’之概。我想，自此以后，我们是应该将‘名人的话’和‘名言’分开来的，名人的话并不都是名言；许多名言，倒出自田夫野老之口。这也就是说，我们应该分别名人之所以名，是由于那一门，而对于他的专门以外的纵谈，却加以警戒。”[④]著名文字学家唐兰先生针对文字学研究中的硬充内行、苟且浮躁、任意猜测等不良学风也早就指出：“有些人拿住问题，就要明白。因为不能完全明白，就不惜穿凿附会。因为穿凿得似乎可通，就自觉新奇可喜。因新奇可喜，就照样去解决别的问题。久而久之，就构成一个系统。外面望去，虽似七宝楼台，实在却是空中楼阁。最初，有些假设，连自己也不敢相信，后来成了系统，就居之不疑。这种研究是愈学愈糊涂。”[⑤]著名语言学家吕叔湘先生也曾经指出：“说实在的，在我们的知识分子中间，对语言文字缺少常识性理解是并不少见的。这是非常不幸的事情，因为对合理的语文政策的阻挠常常来自他们。”[6]

诚然，要真正提高大众的汉字水平，治本之法是在中小学教育中加强语言文字知识教学，吸取几千年封建社会教育制度中“小学”教育的合理内核。在当前大众汉字基础知识普遍缺乏的形势下，应急措施只能是业内人士以多种多样的方式、浅显易懂的内容、可读性强的文笔，既在专业期刊进行学术讨论，更要在大众媒体进行广泛宣传[7]。鲁迅先生80年前就针对翻译外国作品的语言问题有过这样的论述：“（我们的译书）首先要决定译给大众中的怎样的读者。将这些大众，粗粗的分起来：甲，有很受了教育的；乙，有略能识字的；丙，有识字无几的。而其中的丙，则在‘读者’的范围之外，启发他们是图画，演讲，戏剧，电影的任务，在这里可以不论。但就是甲乙两种，也不能用同样的书籍，应该各有供给阅读的相当的书。”[8]鲁迅先生所关注到的“种种的读者层”，我们今天依然应该注意到。要针对不同的人群开展不同方式的宣传和教育工作，写内容深度、行文方式、发表场所各不相同的文章。这是语言文字工作者当前十分紧迫的任务。实际上，这方面以前有过不少很好的经验，如新中国成立初期，著名语言学家吕叔湘、朱德熙先生1951年6月6日始在《人民日报》上连载并同时由中央人民广播电台广播《语法修辞讲话》，对于纠正当时社会上语言使用的混乱状况，对于在全国范围内普及语法知识，起到了非常积极的作用。20世纪80年代初，中山大学陈炜湛教授曾在《随笔》《文字改革》杂志连载以甲骨文、金文字形为主的介绍汉字字形演变的通俗性文章[9]，深受读者欢迎。

不可否认，当前的学术评价体制使学者对撰写普及性著作毫无积极性，但学者如何以通俗浅显的表达方式撰写普及型的学术文章，也是语言文字专业人士需要考虑的急迫问题，如同刘师培所说的“优于学者往往拙于为文”[10]，在面向大众的写作上，专家学者有时确实需要借鉴新闻记者、“外行”专家的写作方式。“夸夸其谈的笔调”和“干巴枯瘦、或枝蔓横生、或生造词语、或故作深沉的论学文字”[11]，既不受业内人士欢迎，更无法让一般读者接近。

附注

①后文称从事语言文字教学研究工作的人士为“业内人士”，非从事语言文字教学研究工作的知识分子和一般大众为“业外人士”。

② 1956 年国务院公布《汉字简化方案》，1964 年中国文字改革委员会编印《简化字总表》。

③其中多数被 1977 年公布、1986 年废止的《第二次汉字简化方案（草案）》采用。

④鲁迅《名人和名言》，《鲁迅杂文全集》，郑州：河南人民出版社，1994 年。

⑤唐兰《古文字学导论》，济南：齐鲁书社，1981 年。

⑥吕叔湘《奇文共欣赏》，《吕叔湘文集》第五卷，北京：商务印书馆，2004 年。

⑦近些年出现的由业外人士挑起、影响广泛的语言文字问题，业内人士很少回应，可能是无暇，更可能是不屑。即使有回应的文章，也往往发表在业内期刊上，一般大众无法读到，根本起不到应有的回应效果。

⑧鲁迅《关于翻译的通信》，《鲁迅杂文全集·二心集》，郑州：河南人民出版社，1994 年。

⑨所发文章后来均结集出版为《古文字趣谈》（花城出版社 1985 年）、《汉字古今谈》（语文出版社 1988 年）和《汉字古今谈续编》（语文出版社 1993 年），再后来三书又合为《古文字趣谈》一书由上海古籍出版社 2005 年出版。

⑩转引自段怀清《刘师培的语言—文学观》，《杭州师范大学学报（社会科学版）》2009 年第 1 期。

⑪ 陈平原《学问该如何表述——以〈章太炎的白话文〉为中心》，氏著《触摸历史与进入五四》，北京：北京大学出版社，2005 年。

参考文献

李乐毅，1996. 80% 的简化字是“古已有之”的［J］. 语文建设（8）.

苏培成，1993.《第一批简体字表》读后［J］.（香港）语文建设通讯（41）.

何九盈，2012. 中国的文化，就是汉字的文化（下）［M］// 民俗典籍文字研究（9）. 北京：商务印书馆 .

朱大可，2009. 汉字革命和文化断裂［N］. 南方周末，04—15.
詹伯慧，2011. 粤语是绝对不会沦陷的：对出现“废粤推普”风波的一些思考［J］. 学术研究（3）.

【作者单位：北京语言大学。本文原发表于《语言文字应用研究论文集Ⅲ》，语文出版社，2014 年】

现代汉字部首的名称与命名规则

王　敏　刘海琴

一、现代汉字部首名称的整理与规范

汉字部首源自《说文解字》归纳的540部，后世字书沿用并逐渐调整、合并，直到现在。汉字部首是理解汉字构形的重要概念，也是学习使用辞书的重要工具，在汉字教学等领域的应用中更发挥着不可替代的作用。部首如何指称，虽然看起来是一个小问题，但也是关系到现代汉字规范应用的问题，需要认真对待。

新中国成立后，为了尽快提高人民文化素质，延续了20世纪以来对民族共同语进行规范的理念，极大地推动了现代汉语规范化的进程。20世纪五六十年代，是现代汉语规范化的重要时期，形成了现代汉字字形、现代汉语标准语语音（普通话）、现代汉语词汇、现代汉语语法系统的多项规范，如制定了《汉字简化方案》《第一批异体字整理表》《普通话异读词审音表》《暂拟汉语教学语法系统》。在这一时期，也广泛和深入地开展了现代汉字检字法的讨论，其中汉字部首规范是讨论的重要议题。《文字改革》等杂志发表了若干文章，还组织了专题讨论[①]，涉及部首的数量、归部、名称等。部首数量后来通过《汉字部首表（草案）》（2009年修订为《汉字部首表》颁布）得到解决，归部问题则要等到将近半个世纪后，即2009年颁布《GB13000.1字符集汉字部首归部规范（GF0012—2009）》，才形成正式规范。部首的名称规范在《文字改革》1965年第9期刊发的《偏旁部首名称表初稿》中得到体现，但因时代条件影响，最终并未形成正式的规范。

经过一段时间的沉寂，进入80年代，国家语言文字工作重新受到重视，现代汉字部首名称的规范化再次引起学界关注，《语文建设》等杂志发表了多篇讨论文章。由于汉字信息处理的需要，这一时期的讨论还同时兼顾了汉字的部件分析和命名。由于部件的切分结果与汉字部首有重合，因此部件的命名也影响到了部首的指称，信息处理用的汉字规范也不可避免地影响到社会一般应用。《信息处理用 GB13000.1 字符集汉字部件规范（GF3001—1997）》和《现代常用字部件及部件名称规范（GF0014—2009）》等规范标准所使用的名称对教学和辞书也有一定的影响[②]。

1998 年教育部颁布的《九年义务教育全日制小学写字教学指导纲要（试用）》（简称《书写纲要》）附有"汉字部首名称表"，共规定了 100 个常用部首的名称。随着《书写纲要》的推广，这些名称被基础教育界普遍接受。进入 21 世纪，对部首名称的研究虽然也取得了一些成果，但并未形成前两个时期那样的集中研讨，也没有进一步形成全面的规范或建议。

总括以上可见，部首名称自现代汉语规范化工作之初即被认为是重要问题之一，却至今也没有形成统一的规范，给现代汉字规范标准体系的建设与应用留下了一个缺口。

二、关于中小学教学实践中使用部首名称的调查

2012 年，我们在北京的 5 所中小学对语文教师做了抽样问卷调查，希望了解他们在教学中使用的部首名称，以及对于统一部首名称的看法。反馈意见的教师有小学低学年段语文教师、初中语文教师、高中语文教师。这些意见应可以反映目前教学领域对部首的习惯指称。

在设计调查表时，我们综合了《现代汉语词典》等辞书的有关附录[③]、教学参考资料、专家意见以及《信息处理用 GB13000.1 字符集汉字部件规范（GF3001—1997）》和《现代常用字部件及部件名称规范（GF0013—2009）》等规范标准中的有关名称，选取重合度高的，给出了 201 个部首的参考名称，供受访教师选择。若教师习惯用的名称不是参考名称，可在"建议名称"栏列出。

调查结果显示，所列部首名称中有 139 个（包括主部首和附形部首）得到了受访教师的认可，即受访教师没有补充建议名称，说明这些部首的名称已经比较稳定。此外尚有 50 余个部首存在异称（表 1），需要讨论确定。

表 1　2012 年抽样调查结果显示存在异称的部首列表

部首	参考名称	建议名称
㇕（乙㇆乚）	折部	折笔
乙［㇕］	乙	乙部、弯勾部
匚	三框部	左框部、半口框、半口框部、匠字框、框字部
刂	立刀部	立刀旁
亻	单立人部	单人旁、单人部
八（丷）	八部	八字头、倒八、八字头部
人（入）	人部	人字头、人字头部
卩（㔾）	单耳部	硬耳部、硬耳旁
阝	双耳部	软耳部（右耳、左耳）
凵	凶字框部	下框部、凹字框部、半口框部
廴	建之部	建字旁、建字底
土	土部	提土旁、提土部
廾	弄字底部	升字底、升字底部
小（⺌）	小部	小字头
囗	方框部	大口框、国字框
彳	双立人部	双人旁、双人部
夂	折文部	三笔折文、三笔折文部
门	门部	门字框部
宀	宝盖部	宝盖头部、宝盖头
⺕彐（彑）	横山部	雪字底部、雪字底、倒山、倒山部
尸	尸部	尸字头
女	女部	女字旁
车	车部	车字旁
攵	反文部	四笔反文、四笔反文部
爪（爫）	爪部	爪字头
灬	四点部	四点底部、四点底
礻	示字旁部	示补旁
心	心部	心字底、心字底部

续表

部首	参考名称	建议名称
示	示部	示字旁
罒	四部	四（四字变形）
皿	皿部	皿字底、皿字底部
禾	禾部	禾木旁
鸟	鸟部	鸟字旁
疒	病字旁部	病字框
穴	穴部	穴宝盖
衤	衣字旁部	衣补旁、衣部旁、衣补部
竹（⺮）	竹部	竹字头部、竹字头
羊（⺶⺷）	羊部	羊字头
糸	紧字底部	系字底部、丝字底部、系字底
釆	番字头部	采字部、采字头部
青	青部	青字旁
雨（⻗）	雨部	雨字头、雨字头部
金	金部	金字旁

综合对部首名称来源的考察，并结合表 1 的调查结果，教师在教学中使用的部首名称主要存在以下几个方面的问题。

1. 一些部首没有确定的名称。我们所考察的上述各资料中的部首和偏旁名称，均未覆盖《汉字部首表》的全部 201 个部首。例如《现代汉语词典》（第 6 版）所附“汉字偏旁名称表”不区分主部首和附形部首，共列出 69 个偏旁部首的名称，有的部首名称提供多个备选，如“厂”有“偏厂儿”“厂字头”两个名称，“亻”有“单人旁”“单立人”两个名称。不同资料对同一部首的命名也不尽相同。如“彡”，《现代汉语词典》所列名称为“三撇儿”，《现代常用字部件及部件名称规范（GF0014—2009）》所列名称为“彡（shān）”。由于这些资料各自都具有一定的权威性，使得有些教师无所适从。

2. 部首是否明确称“× 部”，并不统一。如“八部”在应用中称“八字头”，也称“八字头部”。

3. 名称不区分主、附部首。如“礻”是“示”的附形部首，称“示字旁部”，与“示”称“示部”一样，均称“部”；“羊”和两个附形部首“⺶”“⺷”混称“羊字头”。

4. 某些部首的习用名称与该部首作为构件（偏旁）的名称缺乏区分。有老师在反馈意见中明确说“教学中一般称 ×× 旁，不称 ×× 部”，如“穴部”习惯称“穴宝盖”，“鸟部”在实际教学中习惯称“鸟旁”。

5. 部分部首难以称说。有的是因为该部首不成字，如折笔的若干附形部首；有的是因为部首是古字或生僻字，对当下的使用者来说，读音和字义都很陌生，如“殳（shū）部”“疋（shū）部”。

6. 有的部首在教学中有多个名称，与推荐名称也不一致，需要梳理整合。如“凵”部，参考名称为“凶字框”，教学中常用“下框部”，还有“凹字框部”“半口框部”两个异称。其中“半口框”又与“匚”的名称有重叠。“彐”部，参考名称为“横山部”，教学中有“雪字底部 / 雪字底”“倒山 / 倒山部”等异称。

通过本次调查，我们认为目前多数部首已经有了比较稳定的名称，进一步分析后，具备形成规范或规范性文件的可能。但另一方面，部分部首还有不少异称，部首名称与部件名称、偏旁名称多有混同，命名规则不尽清晰，这些问题不可避免地影响到汉字字形分析、汉字教学和辞书应用等，也还需要进一步讨论。此外，在数字化背景下，汉字字形设计、汉字输入法设计等，也都要求进一步提高汉字的规范化程度。部首作为汉字构形的重要特征要素，应该有明确、统一的指称，这是汉字规范化的重要一环。

三、部首命名的主要规则

前辈学者就部首的名称和命名方法提出了很多建议，有的在相关规范中已有所体现④，颇多可学习借鉴之处。有些虽然是关于部件、偏旁的命名建议，但鉴于汉字的部件、偏旁与部首的密切关系，仍值得关注。

部首命名的宏观原则，前贤提出，“一是从俗，二是简化”。“从俗”是尽量采用已流行的名称，不要另立新的名称（或尽量少立新的名称）。“简化”一方面是尽量以简易繁、化繁为简，以便于称说和掌握。……另一方面是尽量把一些相近的部首名称和部位名称归类合并，少立名目（徐奕昌，1965）。

关于部首命名的方法，前贤建议标明部首的结构位置，使用“头、底、旁、边、腰、角、框、心”等专称（王展采，1966；吴建一，1965；文之初，1965）。“旁、边：在左右结构和左右包孕结构的合体字中，左边的部位定名为旁，右边的部位定名为边。”“头、底：在上下结构和上下包孕结构的合体字中，上边的部位定名为头，下边的部位定名为底。”“腰：在左中右结构和上中下结构的合体字中，其中间的部位定名为腰。”“框、心：在全包围结构和三面包围结构的合体字中，外边的部位定名为框，里边的部位定名为心。”“角：方块汉字的左上、右上、左下、右下四个角的部位定名为角。”（傅永和，1991：6）

通过前述调查，在总结目前存在的主要问题的基础上，遵循前辈学者的思想，参考前辈学者的建议，我们认为，部首名称的拟定应以部首名称易于称说、减少理解分歧、帮助记忆汉字等为宗旨。故此，我们认为拟定《汉字部首表》所收 201 个部首的名称，应遵循以下命名原则。

第一，区分主附部首。

《汉字部首表》共收部首 201 个，分为主部首和附形部首。例如折部，主部首是最能体现折笔特征的“乛”，附形部首多达 15 个；又如“水”为主部首，附形部首有“氵”“氺”。如果想显示主附部首的区别与关联，我们考虑最直观的方式是主部首称“部”，附形部首不称“部”。

特别是有些附形部首的形体与主部首的区别不大，主附部首的名称如果能有所区别，既有利于理解汉字部首的发展关系，也有利于建立部首和字形、字义的关联性意识。例如“人部”和“入”，形体相近，在部首上加以区分，有利于学习者了解“氽”属于“人部”，而“氽”的部首是“入”，

命名时，如果主部首是成字部件，可径称“某部”，如“土”“金”称“土部”“金部”。主部首是非字部件，如“丨”，命名为“竖部”。有些非字部件的主部首，如“乛”，附形部首众多，采用具有概括性的读法予以命名较好，“折部”比“横钩部”更有概括性。有些主部首可以利用参构字，连带所在的构字位置，如“旁”“头”“底”“框”等命名，如“冂”称“同字框部”等。

附形部首的命名，需要以理解目前《汉字部首表》所列附形部首为前提。附形部首中，多数是主部首因构字需要发生形变而产生的。例如左右结构字的每部分宜窄不宜宽，构成的字才能比较容易写成正方形，所以“水”在左变形为“氵”，“刀”在右变形为“刂”。又如上下结构的每部分宜横向宽纵向短，也

就是趋于“扁”，所以“竹”在上变形为“⺮”，称“竹字头”。构形时笔画需要避让，所以“羊”在上时变形为“⺶”“⺷”，称“羊字头”等。可见附形部首的命名如果包含构形位置信息，有利于提示其所在位置和形体特点。还有，附形部首名称中宜出现主部首的核心字，可以显示归属关系，如“忄”称“竖心旁”，“心”为核心字，能够显示“忄”与“心”的关联。

但若附形部首与主部首仅是形体相近而非音义同源，命名时就不应强调二者之间的关联。如“巳”“已”与主部首“己”仅为形体相近，各自独立成字，命名时不称“部”，只称“巳”“已”。又或者附形部首的形体距离主部首实在太远，难以兼顾形音义三方面的关联，也适合另行命名，如“阝”作为附形部首分别与“阜”和“邑”有关联，很难兼顾，根据所在位置称“左耳旁”和“右耳旁”。

不过，有的附形部首是主部首的对应繁体，如“門—门”“風—风”等。简繁部首在形体上构成对应，不宜采用前述处理方式，直接称“某部”较为恰当。

第二，注重命名的体系性。

一是注意部首表内部的互相照应和关联。例如在名称中通过核心字的设计，体现主部首和附形部首的关联性，如“三点水”“言字旁”等。二是通过名称体现部首与参构字的关联性等，将部首作为汉字系统的基础构成部分，将部首的学习和应用与汉字字量的扩展联系起来。

附形部首名称为“某字旁”“某字头”“某字底”“某字框”时，对“某”的选择主要有两种途径。其一，“某”即主部首字，如“页”称“页字旁”；或部首字为“某”的附形部首，如“钅”称“金字旁”。其二，“某”为含有该部首的整字，取该字为代表字，加注为“某字”并附加构字位置，如“丬”称“将字旁”、“⺁”称“反字头”、“⺣”称“杀字底”、“⺆”称“用字框”等。这样，不但部首名称易于称说，还标明了该部首在构字时的常见位置，易于联想，有利于记忆该部首参构的字。选择代表字时，还需考虑该字是常用字、该字为本部首属字等因素。如“卩”的附形部首“㔾”，调查时的建议名称为“仓字底”，但在《GB13000.1 字符集汉字部首归部规范》中，“仓”的部首是“人”，不是“㔾”，故此我们建议采用属字“卷”，称“卷字底”。

第三，在部首名称中体现该部首的构形功能。

先贤建议在部首名称中使用“头、底、旁、边、腰、角、框、心”等，标明构字时的位置。我们认为这一处理方式有利于学习者和使用者掌握部首，在查检时判断哪个部分是部首。但是，在考察201个部首后我们认为，部首与部件不同，在参构字中的位置没有那么复杂，位置提示字可以精简为“旁”“头”“底”“框”，精简后也便于称说。

“旁”指该部首在组字时一般位于左右位置，如“亻”称“单人旁”、“旡”称“既字旁”；

“头”指该部首在组字时一般位于上方，包括左上及右上包围结构在内，如“爫”称“采字头”、“耂”称“老字头”、“勹”称“包字头”；

“底”指该部首在组字时一般位于下方，包括左下以及左右下包围结构在内，如“糸”称“紧字底”、“辶”称“走之底”、“凵”称“凶字底”；

“框”指该部首在组字时位于外围，包括四周全包围以及左右上三方包围结构在内，如“囗”称“国字框”、“冂”称“同字框”。

第四，重视实际应用中的名称。

部首（以及部件、偏旁）的分析和命名当然属于文字学研究、语言文字规范研究等领域的学术问题，但是也必须将社会的实际应用作为重要的依据，即便某些部首名称看起来缺乏学术的精确性。例如“彡部”，虽然“彡”是成字部件，但其音义都较为古远，不易称说理解，我们建议命名为较通俗易懂的“三撇部”，而不用“彡（shān）部”。又如某些部首在实际使用中比较惯用的名称侧重于形象性描述，如“匚”称“三框部”、“丷”称“倒八字”、“阝”称“左耳旁”或“右耳旁”，形象易记。有些部首能够与其他部首连类而及，便于记忆，如“冖”与“宀”形似，但无上点，故称“秃宝盖”；“卩”与“阝”形似，称“单耳旁”。另外，还有些名称一定程度上能起到辨析形近部首的作用，有利于学习掌握，如“阝”，若根据构字原理分别称为“阜字旁”和“邑字旁”，对理解该部首作为形旁的构字义会更有帮助，但鉴于实在难以分辨记忆，我们还是建议采用体现位置信息的“左耳旁”“右耳旁”。

以上命名的原则，在拟定部首名称时常有交叉，例如“宀”（宝盖部）建议拟为“宝盖头部”，兼顾了明确构形功能和重视实际应用习惯两个原则。“礻”在调查时的建议名称为“示字旁部”，按照附形部首的名称拟定原则，我们建议命名为“示字旁”。有些教师建议用“示补旁”，但我们认为这会容易与“衣补旁”混淆。事实上在使用中也确实常常发生“礻”和“衤”混淆的问题。所以综合考虑，还是以将“礻”命名为“示字旁”为佳。对于某些形体相近的部首，如果部首名称的区别度高一些，对降低误写误认率是有好处的。如“匚”（方框部）改为“国字框部”，既突出了参构字，有利于联想记忆，也提高了“口”和“囗”的区别度，使仅仅在形体大小上有区别的两个部首更明确地区分开来。

《汉字部首表》的应用范围不限于现代汉语通用字，还包含了一些现代汉字不使用或极为罕用的部首。有的是繁体，如“门”的附形部首“門”，如前所述，我们建议命名为“門部”，这样处理也符合《汉字部首表》的使用规则中规定的“某些辞书（如大型字、词典，古汉语字、词典）可根据传统和实际需要，用繁体部首或变形、从属部首作为主部首”。也有一些罕用的部首，如“疋（shū）部”、“襾（yà）”（“覀”的附形部首之一）等，由于使用率低，学习者和使用者不太关注，调查时难以征得明确的命名建议，同时由于部首命名的规则仍不够完善，我们还需要根据现代汉字应用、汉字习得等领域的研究成果并结合文字学知识，进一步思考其命名问题。

早在1966年，倪海曙、凌远征两位先生就提出过“先把部首的名称定下来”的倡议，这个倡议至今仍然不能说已经实现。我们不揣简陋，提出部首命名应遵循的基本原则，例如充分尊重使用习惯、注重命名的体系性、体现构形功能等，并尝试拟定了《汉字部首表》所列部首的名称，就教于大方之家。也希望引起学界的关注，希望学界能进一步研究这一问题，为新时期语言文字规范化工作贡献学术建议。

附注

①《文字改革》1965年第11期“关于统一偏旁部首名称的讨论”。

②《学生通用规范汉字字典》（商务印书馆，2014）所附“现代常用字部件名称表”，依据《现代常用字部件及部件名称规范（GF0014—2009）》编写。部件教学法在基础教育和对外汉语教学领域有比较大的影响。

③例如《现代汉语词典》附“汉字偏旁名称表”。

④如傅永和关于汉字部件的命名研究建议，主要体现在《信息处理用GB13000.1字符集汉字部件名称规范》中。

参考文献

北京首都机场民航中学语文组，1965. 对部件名称的一点建议［J］. 文字改革（11）.
程养之，1982. 谈谈统一部首查字法［J］. 杭州师院学报：社会科学版（2）.
丁娜，2011. 汉字笔画类部首研究［D］. 福州：福建师范大学.
费锦昌，1966. 从学生的错别字来看统一偏旁部首名称的作用［J］. 文字改革（2）.
傅永和，1991. 汉字的部件［J］. 语文建设（12）.
甘桁，1984. 部首名称也应规范化［J］. 辞书研究（2）.
贾德博，1995. 部首和部件的称说［J］. 语文建设（2）.
倪海曙，凌远征，1966. 先把部首的名称定下来［J］. 文字改革（4）.
孙耀武，1965. 也谈汉字部件及其名称问题［J］. 文字改革（12）.
王展采，1966. 部首和部件的读法问题［J］. 文字改革（2）.
文凡，1965. 偏旁名称要大众化［J］. 文字改革（11）.
文之初，1965. 汉字部件应该规定名称［J］. 文字改革（10）.
吴建一，1965. 偏旁所处部位及其名称［J］. 文字改革（9）.
徐奕昌，1965. 关于统一偏旁部首名称及偏旁部位名称［J］. 文字改革（12）.
叶楚强，1965. 偏旁部首名称的意义及几点看法［J］. 文字改革（11）.
《文字改革》编辑部，1965. 统一偏旁部首名称的建议：附《偏旁部首名称表》［J］. 文字改革（8）.

【作者单位：教育部语言文字应用研究所，上海市社会科学院。本文原发表于《辞书研究》2016 年第 5 期，收录时有修改】

近代以来汉字简化思潮对台湾地区语言文字生活的影响

戴红亮

一、社会思潮对语言文字影响分析

社会思潮是在特定的社会历史背景下，建立在一定的社会心理基础之上，具备某种理论形态并在一定范围内具有相当影响力的带有倾向性的思想趋势。它是社会精英分子集体思维的发展和迸发，并得到广泛认知的社会现象，反映了一个时代或者时期人们对某些事物的看法和认知。

19世纪末20世纪初，中国社会处于千疮百孔、沉疴难起之中。面对空前严重的民族危机，一股股旨在挽救民族危亡的进步社会思潮不断产生，有主张政治变革的维新运动和民族革命运动，有主张发展军事和经济的洋务运动以及各种实业救国主张，也有主张通过学习西方民主科学启发民智的教育救国思潮。不论哪种社会思潮，他们都承认教育是其中最为重要和基础的部分，如张之洞就认为，“国势之强弱在于人才，人才之消长在于学校，环球各国竞长之争雄，莫不以教育为兴邦之急务”。教育可从多个层面去认知，但有两个方面是必不可少的，一是教学内容，就是教什么东西；一是教育呈现的语言文字，就是采用什么语言去教，以什么文字形式去呈现。

在民族危机之中，从19世纪末的切音字运动开始，汉字汉语就成为改良和改革的对象。一些知识分子把中国跟西方国家，特别是跟日本相比，感到处处落后。他们看到这些国家富强的一个重要原因在于教育普及，而其教育普及大多得益于文字简易。汉字难写难认难读的缺陷被夸大化，成为中国教育落后的一个基本原因被诟病，这在当时几乎成为社会共识。此外日本在汉字之外创制了一套表音的“假名”文字，与汉字合用。汉字只表实词，虚词和词尾等都用假名表示，同时还用假名给汉字注音，这样大大便利了学习。这也启发了我们，于是当时一些有维新思想的人也纷纷创制中国的拼音文字，用来辅助汉字认读和普及教育。虽然他们的初衷是通过拼音文字来辅助汉字认读，但这对几千年以来的汉字权威却造成了相当的影响，加上汉字文化圈特别是日本去汉字化的影响，汉字自古以来的神圣地位开始动摇，已成为可改革甚至废弃的对象。

20世纪初，汉字存废的争论日炽，汉字改革的呼声越来越高。激进者如吴稚晖主张改用“万国新语”（即Esperanto，世界语）代替汉字。钱玄同则说：“我再大胆宣言道：欲使中国不亡，欲使中国民族为二十世纪文明之民族，必以废孔学、灭道教为根本之解决，而废记载孔门学说及道教妖言之汉文，尤为根本解决之根本解决。”维护汉字的章炳麟发表《驳中国改用万国新语》，批评“汉字落后”论，但他也认为汉字繁难，无表音机制，难以语音沟通，对普及教育很有妨碍，需要制定一套标音符号来辅助扫盲和开展初等教育。在追求教育普及的实践之中，章炳麟“取古文籀篆径省之形”制定了36声母、22韵母的切音方案。后来，这个方案中的15个字母为注音字母所采用。

汉字存废的双方进行着激烈的博弈，汉字被他们批判着或赞扬着，但他们又相互影响，并逐渐靠近，推动着汉字改革的发展。在拼音化道路不可行的语境下，用拼音来辅助识字和对汉字本身动刀子就成为当时的主流社会思潮。20世纪初，汉字简化问题被提了出来。1909年，陆费逵在《教育杂志》创刊号上发表论文《普通教育应当采用俗字》，认为“教育之盛衰，人民之智愚，无不视乎识字之难易，此有识者所同唱，而改良文字之议所由昉”，建议采用已在民间流行的俗体字，并讨论了使用俗体字的好处。1920年，激进的钱玄同也认识到短期内废除汉字的难度，在《新青年》第7卷上发表《减省汉字笔划的提议》，文中认为拼音文字不是朝夕之间就能制造出来的，当前只是拼音文字的制作时代，而不是拼音文字的使用时代，因此提倡简化汉字。1922年，钱玄同提出了《减省现行汉字的笔划案》，文中认为改用拼音文字是治本的方法，但是个长期任务，而减省汉字笔画虽是个治标的方法，却是“最切要”的方法。他还提出了汉字简化的八种策略，系统地阐述了简化汉字的理由和办法。这些主张得到了陈独秀、胡适、鲁迅、刘半农、蔡元培等文化名人的认可，胡适就认为，“这虽不是彻底的改革，但确然是很需要而且应该有的一桩过渡的改革”。此后，关于减省汉字笔画的文章增多，形成了一股汉字简化思潮，有一批语言文字学家或出版人投入其中，如黎锦熙、陆费逵、胡怀琛、刘复、李家瑞、杨树达、林语堂等。经过学术界十多年的“鼓吹”和实践研究，简化汉字开花结果，如陈光垚《关于简字举要》《简字论集》《简字续集》，张耀翔《改造汉字刍议》，徐则敏《常用简字研究》，刘复共、李家瑞《宋元以来俗字谱》等。到了 20 世纪 30 年代，简化字思潮开始登堂入室，进入到国民政府文件中。《第一批简体字表》后来虽废弃了，但其社会影响继续发酵，影响着两岸汉字政策，同时《国音常用字汇》后来作为《国音标准汇编》基础部分，仍在台湾地区语言生活中发挥着很大的作用，并实质性地影响到后来的汉字系列标准。

总之，汉字简化思潮的产生是多股力量促成的，是经学者激烈争论、博弈妥协、相互影响、相互吸收的结果。其起源点在于中国教育特别是初中等教育的不普及；其思想根源在于当时一股否定中国传统文化、主张西化的思潮；其外在环境是汉字文化圈传统文化的动摇，特别是日本采用“假名”的影响；其内在动力是拼音文字短期难成气候，解决汉字难写难认难读的方式回归到汉字自身。一句话，它是当时中国落后挨打和民族危机的产物。

二、20 世纪中国语言文字领域的三项主要任务

20 世纪初，中国发生了重大的社会制度变革，由封建社会向资本主义社会转向。民国时期整个社会都处于“革故鼎新”和“建章立制”时期，语言文字也不例外。细细探究，民国时期语言文字主要有三项任务。

一是制定和推广国语标准音，形成较为统一的语言流通市场。从社会学角度来看，这是一项基于市场、教育，当然势必会影响到政治的基本活动，是历史发展的必然，政府行为只不过是推动了这项活动的发展。

二是制定拼音方案。拼音方案尽管形式多样，对其功能的认识也存在差异（如主体功能或辅助功能），但对它的基本认可则来自于中国普及教育的需要和学习西方的热烈愿望。民国时期既制定了较为传统的注音字母，也研制了西化的罗马字拼音方案。这两个方案对今天的台湾地区还产生着重要的影响。

三是开展汉字整理和汉字简化工作。在拼音文字优越化和“先进”化时代，汉字的难写难认难读以及数量庞大成为制约教育普及和发展的替死鬼，在汉字存废无法达成共识以及拼音文字无法成为主体的双重背景下，汉字简化就成为

当时最无奈但又最贴近民众、最具可行性的普及教育的方式。

这三大任务体现在标准中就是制定和颁布国语语音标准、文字标准和拼音标准。在国语语音标准上，20 世纪 20—30 年代编写的《国语辞典》和《国音常用字汇》所定的读音后来被台湾地区长期继承，直到今天大的格局仍然未发生变化。拼音方面，主要是研制注音符号和制定罗马字拼音方案，台湾地区几乎也是直接继承，当前只是做了一些技术上的修改。而在拼写社会用字方面（人名、地名），台湾地区拼音标准一直在变化，则反映了对罗马字拼音方案的踟蹰和犹疑。在文字方面，民国时期制定了两个重要标准《国音常用字汇》和《第一批简体字表》。两个标准都由国民政府教育部公布，作为当时用字标准。前者在研制方法上采取了“兼容并蓄、述而不作”的办法，即既收繁体字、也收流行的简化字，但是只是收集整理，并不进行任何的改造。《第一批简体字表》则是开了汉字系统简化的先河。按照当时的想法，是计划分批逐步公布简体字，研制的方法是“述而不作、分批发布、教育引导、逐步推行”。

民国时期的语言文字标准是一项重要的遗产，它对两岸语言文字生活产生了重大的影响，其价值尚未被充分挖掘。大陆从某个角度来说，是更全面地延续了民国时期的语言文字政策，推广普通话、简化汉字和制定汉语拼音方案是全面承接民国时期的语言文字政策。而台湾方面，由于推广国语的任务更为艰巨和急迫，因此将主要精力花在推广国语上了，而不自觉地或有意识地淡化了文字和拼音改革两项任务。但汉语拼音从 20 世纪 80 年代直到 2008 年，都是台湾地区语言文字领域的一项重要工作，目前台湾地区教育领域采用注音符号，但地名人名拼写已采用罗马化的汉语拼音。在文字上，大陆延续了民国时期的简化政策，而台湾地区则在 60—80 年代初整理了大批汉字，制定了常用、次常用、罕用字表并编写了异体字字典。汉字简化作为 20 世纪的一种重要文化思潮，在台湾地区虽未形成共识，但也或多或少地渗入到文字标准之中以及民众的书写生活之中。

三、汉字简化思潮对台湾地区语言文字标准及社会生活的影响

到了 20 世纪 30 年代，简化字研究成果登堂入室，进入到国民政府文件中。学者毫无疑问是推动的重要力量，但衡量标准的效率，还是须得官方公布实施并进入教育体系。

1932年，国民政府教育部公布出版国语筹备委员会编订的《国音常用字汇》。该书最大的历史贡献是再次确认了北京音为国音之标准。“其于第一原则，则指定北平地方为国音之标准；所谓标准，乃取其现代之音系，而非字字必遵其土音。”它同时也是个字汇，收录了九千九百二十字（含重文重音则共计一万二千二百十九字）。重音主要是一字多音，也就是所谓的多音字，而重文则主要是异体字和简化字问题。“宋元以来，有一种通俗的简体字，旧称‘破体’或‘小写’，其笔划较普通之体锐减，赴速急就，颇切实用。现在应该把它推行，使书写趋于简易。故本书对于习见之简体字，酌收若干，用小字附注于普通体之下，以示提倡。”（《国音常用字汇》说明）据我们初步考察，该书至少收录了以下简体字或后来经中华人民共和国汉字简化方案认可的规范汉字：

序	大字	小字	序	大字	小字	序	大字	小字
1	壩	垻	19	皰	疱	37	鳳	凤
2	罷	罢	20	徧	遍	38	髴	佛
3	備	俻	21	曝	暴	39	荅	答
4	襃	褒	22	麼	広	40	㠀	島
5	寶	宝	23	麥	麦	41	鬭	閗
6	辦	办	24	貉	貊	42	擔	担
7	逩	奔	25	脈	脉	43	膽	胆
8	幫	帮	26	貓	猫	44	當	当
9	繃	綳	27	蟊	蝥	45	攩	擋
10	筆	笔	28	蠻	蛮	46	燈	灯
11	鼈	鱉	29	夢	梦	47	隄	堤
12	臕	膘	30	彌	弥	48	遞	逓 递
13	邊	边	31	廟	庿 庙	49	疊	叠
14	變	变	32	緜	綿	50	點	点
15	賓	宾	33	黽	黾	51	獨	独
16	檳	梹	34	墳	坟	52	覩	睹
17	鬢	鬂 髩	35	髣	彷	53	朶	朵
18	砲	炮	36	風	凮 凨	54	墮	堕

续表

序	大字	小字	序	大字	小字	序	大字	小字
55	對	对	84	禮	礼	113	句	勾
56	斷	断	85	厲	厉	114	鉤	鈎
57	燉	炖	86	劉	刘	115	夠	够
58	搨	拓	87	匳	奩	116	趕	赶
59	牠	它	88	憐	怜	117	亙	亘
60	擡	抬	89	戀	恋	118	槓	杠
61	檯	枱	90	涼	凉	119	秔	粳
62	壇	坛	91	糧	粮	120	顧	顾
63	檀	柼	92	兩	两 両	121	國	囯 国 旺
64	體	体 躰	93	靈	灵 靎	122	過	过
65	鐵	鉄 銕	94	爐	炉	123	歸	归
66	條	条	95	廬	庐	124	龜	亀
67	聽	听	96	蘆	芦	125	櫃	柜
68	廳	厛	97	角	甪	126	觀	观
69	鬧	閙	98	羅	罗	127	關	関
70	難	难	99	鸞	鸾	128	丱	卝
71	倪	皃	100	巒	峦	129	鯀	鮌
72	暱	昵	101	欒	栾	130	殼	壳
73	溺	尿	102	灤	滦	131	會	会
74	撚	拈	103	圝	圞	132	塊	凷
75	臘	臈 腊	104	欒	脔	133	況	况
76	淚	泪	105	鑾	銮	134	蝦	蛤（蝦蟆）
77	婁	娄	106	亂	乱	135	闔	閤
78	蜋	螂	107	驢	驴	136	蠔	蚝
79	離	离	108	孿	孪	137	號	号
80	籬	篱	109	攣	挛	138	滬	沪
81	棃	梨	110	孌	娈	139	畫	画
82	釐	厘	111	箇	個 个	140	懷	怀
83	貍	狸	112	蓋	盖 葢	141	隳	墮

续表

序	大字	小字	序	大字	小字	序	大字	小字
142	繪	繢	169	舉	李	196	戲	戯 戏
143	歡	懽 欢	170	據	据	197	廈	厦
144	還	还	171	懼	惧 愳	198	嚇	吓
145	闕	閧	172	決	决	199	蠍	蝎
146	機	机	173	覺	斍	200	屧	屟
147	雞	鸡	174	捲	卷	201	瀟	潚
148	齎	賫 賫	175	棲	栖	202	蠨	蟰
149	繼	継	176	齊	斉 齐	203	繡	綉
150	價	贾 价	177	氣	气	204	鏽	銹
151	節	莭	178	棄	弃	205	躧	躧
152	屆	届	179	竊	窃	206	鹹	醎
153	鬮	阄	180	喬	乔	207	嫺	娴
154	舊	旧	181	虯	虬	208	賢	贠 吴
155	廄	廐	182	遷	遷 迁	209	筅	筅
156	艱	艰	183	鎗	槍	210	縣	县
157	減	减	184	牆	廧 墻	211	獻	献
158	鹼	碱 鹻 城	185	趨	趋 趍	212	線	綫
159	繭	茧	186	鸜	鸲	213	釁	衅 舋
160	翦	剪	187	麴	麯	214	響	响
161	鑒	鋻	188	覷	覰 覻	215	鄉	鄉
162	盡	尽	189	卻	却	216	興	兴
163	晉	晋	190	權	权	217	敘	叙
164	疆	畺	191	勸	劝	218	壻	婿 聟
165	獎	奨	192	羣	群	219	學	孝
166	彊	强	193	窮	穷	220	壎	塤
167	淨	凈	194	瓊	瓗 琼	221	選	选
168	鵾	鵾	195	攜	携 擕 擕	222	勳	勛

续表

序	大字	小字	序	大字	小字	序	大字	小字
223	隻	只	250	鐘	鈡	277	豎	竪
224	質	質	251	種	秐	278	雙	双
225	執	执	252	癡	痴	279	熱	热
226	繫	䌥	253	喫	吃	280	蝻	蚋
227	摭	拓	254	恥	耻	281	鎔	熔
228	姪	侄	255	廠	廠	282	榮	荣
229	躑	蹢	256	稱	称	283	宂	冗
230	砥	厎	257	稱	秤（名词）	284	氄	茸
231	紙	帋	258	懲	惩	285	災	灾
232	獅	狮	259	廚	厨	286	阜	皂
233	這	这	260	處	處 処	287	竈	灶
234	齋	斋 齊	261	黜	絀 詘	288	贊	賛
235	著	着（著凉、睡著）	262	脣	唇	289	臟	脏
236	趙	赵	263	牀	床	290	鬃	騣 騌
237	櫂	棹	264	創	刱 剏	291	總	揔
238	氈	毡	265	沖	冲	292	辭	辞
239	佔	占	266	蟲	虫	293	廁	厕
240	戰	战	267	蝨	虱	294	湊	凑
241	麞	獐	268	時	旹 时	295	參	参 叅
242	爭	争	269	甚	什（甚麼）	296	慚	慙
243	證	証	270	捨	舍	297	蠶	蚕
244	幀	幁	271	曬	晒	298	麤	麁 麄
245	豬	猪	272	壽	夀 寿	299	悤	匆 怱 悤
246	燭	烛	273	聲	声	300	從	从
247	囑	嘱 屬	274	賸	剩	301	叢	菆 藂
248	甎	磚 塼	275	聖	圣	302	廝	厮
249	莊	庄	276	屬	属	303	灑	洒

续表

序	大字	小字	序	大字	小字	序	大字	小字
304	糝	�	324	藥	葯	344	蝟	猬
305	溯	洂 泝	325	猶	犹	345	衛	衞
306	雖	虽	326	簷	檐	346	彎	弯
307	隨	随	327	巖	岩	347	灣	湾
308	髓	髄	328	鹽	塩、圤	348	萬	万
309	歲	嵗 岁 亗	329	嚥	咽	349	網	网
310	筍	笋	330	豔	艷	350	甕	瓮
311	礙	碍	331	陰	隂 阴	351	歟	與
312	厭	厌	332	齦	齗	352	與	与
313	鼇	鰲	333	隱	隠	353	鬱	欝
314	襖	袄	334	陽	阳	354	籲	龥
315	爾	尔 尒	335	養	养 敎	355	藥	葯
316	邇	迩	336	癢	痒	356	螈	蚖
317	醫	医	337	營	営	357	園	园
318	儀	仪	338	蠅	蝿	358	遠	远
319	蟻	螘 蛾	339	汙	污	359	蘊	藴
320	義	义	340	無	亡 无	360	韻	韵 均
321	議	议	341	韤	袜	361	湧	涌
322	異	异	342	臥	卧	362	踴	踊
323	藝	萟 蓺 秇 埶	343	爲	為			

1935 年钱玄同完成《简体字谱》，收 2400 多字，送教育部门讨论后，通过 1230 字，最后圈定 324 字，同年 8 月国民政府教育部颁布第 11400 号部令，公布了《第一批简体字表》，共收 324 字。在解释简化理由时是这样说的：“近年以来，政府和社会，虽渴望普及义务教育及民众教育，而效果仍未大著，其中原因固多，而字体繁复，亦为重大原因之一。于是谈教育普及者，多主择最通行之简体字，应用于教育，以资补救而利进行……旋据前国语统一筹备委员会

呈复，谓字体改简，于文化前途，实大有裨益，其他专家，亦谓全国教育，既须从速普及，则采用简体字，以谋普及之促进，实属刻不容缓。”同时又公布《各省市教育行政机构推行部颁简体字办法》9条。《办法》规定：“凡小学，短期小学，民众学校各课本，儿童及民众读物均应采用部颁简体字。”并通知各印书馆，从1936年1月起，上述范围新编课本、读物不用简体字不予审定。

但1936年1月，中国国民党中央议决“简体字表暂缓推行”。2月又以“国民政府”名义下发不必推行简体字的命令。从政府层面来说，汉字简化已夭折，但汉字简化的某些观念、具体做法还在影响着人们的生活。

1945年台湾光复后，中国恢复了对台湾的治理。台湾光复后，摒弃日语、推广国语成为当时的一项重要任务。1945年5月，台湾省行政长官公署颁布《国音标准汇编》。《汇编》并不是新标准，而是收录和汇总了20世纪30年代的成果，如收录了《国音常用字汇》和《中华新韵》等。其中《国音常用字汇》是《国音标准汇编》的主体部分。换句话说，台湾地区国语的标准音就是来自于该字汇。由于其经常使用，它对台湾地区的汉字简化产生了一种潜移默化的影响。如20世纪60年代末—80年代初研制并出版的《常用国字标准字体表》中以四种方式体现了这种影响。

1. 以繁体字或异体字做正体，但简体字也可使用，如“亙（或作亘），體（或作体），個（或作个、箇），姪（或作侄），掛（或作挂），據（或作据），湧（或作涌），煙（或作烟），疊（或作叠），祕（或作秘），禮（或作礼），脣（或作唇），腳（或作脚），蒞（或作莅），跡（或作迹、蹟），鹼（或作碱），蹤（或作踪），黏（或作粘），豬（或作猪），膽（或作胆），溫（或作温），沖（或作冲），況（或作况），洌（或作冽），汙（或作污），敘（或作叙），撐（或作撑）”等。

2. 本作某字，今从俗，如“堤（本作隄，今从俗），婿（本作壻，今从俗），孽（本作孼，今从俗），澄（本作澂，今从俗），拖（篆作拕，今从俗），棕（本作椶，今从俗），坑（篆作阬，从俗作坑）”等。

3. 直接以简化（体）字作为正字，如“乃（或作廼），床（或作牀），才（方才之才或作纔），梁（或作樑），灶（或作竈），痴（或作癡），遍（或作徧），逾（或作踰），升（或作昇），荐（或作薦）”等。

4. 台湾地区标准字体大多采用旧字形，继承《康熙字典》旧字形，但由于近代简化思潮和俗写的影响，某些字形也采用了新字形，如“真慎縝、紅緑紗、冉再、牙伢、瓜孤、形笄研、既即、此些、臼舅搜”等。

简化思潮对台湾地区语言文字标准的影响也体现在《标准行书模板》中。1973年，中华文化复兴运动推行委员会成立标准行书研究委员会，研制行书标准，委员包括王问梁、何锜章、张云缙、张希文等十人，1977年编制完成《标准行书模板》，1978年由台湾书店出版，共收常用字4010字，按照部首排列次序。所谓行书就是手写字，模板就是推荐标准。

除此之外，台湾地区一些民意机关也曾一再建议简化汉字以便利教育与书写。1952年秋，蒋介石在国民党中常会上再次提出文字改革，他说：“我们的汉字笔划太多，士兵教育困难，学生学习难度也太大。我觉得汉字还是应做适度的简化。我的意见，与在大陆时期一样，先提出一个简化方案，再提交到会上来讨论。”为取得大众支持，蒋介石指示“考试院副院长”罗家伦先在报刊上写些文章制造舆论。罗家伦遵命行事，1953年在《“中央”日报》《中华日报》《新生报》等报刊上多次强调汉字简化之必要。但遭到廖维藩、胡秋原、潘重规等人反对，“四十三年（1954年）二月，‘立法委员’廖维藩等一百零六人向‘立法院’提出文字制定程序法案，主张规定‘我国’新制文字及编订之字书韵书应有‘立法院’审议通过后，咨请‘总统’公布施行；并指责罗家伦氏的简化文字主张”。潘重规强调“文字是民族文化的血脉，是千万世人的公共遗产，不容一世代一部分人专横独断”。1954年3月17日罗家伦在《“中央”日报》刊登长文《简体字之提倡为必要》（后以《简体字运动》印单行本）进行回应，他列举了汉字简化的几个理由：（1）保全中国文字，认为钱玄同的主张简体字，而不是采用拼音文字，是为了保全汉字；（2）节省精力；（3）为忙碌的民众着想。从而引发了一场汉字简繁大论战，由于论争双方达不成一致意见，汉字简化再一次夭折。

1969年4月，何应钦在中国国民党十全大会提出建议，由“教育部”合同“中央研究院”切实研究整理简笔字，以适应当时之教学实用，并编有《简笔字汇辑》（油印本），收入简字747个，后来也因为遭到反对而未能推行，不了了之。最后1969年决定不再讨论汉字简化问题，而强调整理国字和制定国字标准。汉字整理既是一种政策声明，实际上也是一种规范行为，“照我的看法，所谓‘整理’，和‘研究’有点不同。‘整理’含有整齐划一的意思，注重实用的价值，因此与当前的问题可能有较大的关联。‘研究’侧重在求真，其有无实用价值并不是主要的”（周法高，1980：60）。此后近30年时间里，台湾地区开展了较大规模的汉字整理活动，制定了很多文字标准，并做了大量异体字整理收集工作。

20世纪90年代后，随着两岸交流的不断加强和对对方认知的深化，汉字简繁问题时常被提及，甚至经常成为两岸语言文字生活中的热点问题。由于对汉字功能认知存在差异、汉字改革的范围不同以及汉字改革的轨迹不同，简化思潮在两岸出现了不同的结果。当前台湾地区主要使用繁体字，而民间始终有股力量推动汉字简化。大陆则是官方和普通民众维护“规范汉字”，而部分文化学者主张恢复繁体字。这种争论短时间内不会消失，还会继续影响两岸语言文字生活。

四、结语

汉字简化思潮是20世纪中国社会转型的结果，是语言文字内部要素均衡后的选择，因此也可以说是汉字系统发展过程中的必然现象。

两岸的语言文字工作都脱胎于民国时期，当时整个社会处于“革故鼎新”和“建章立制”时期，语言文字也不例外。民国时期的语言文字标准是一项重要的遗产，它对两岸语言文字生活产生了重大的影响，但其价值尚未被充分挖掘。两岸应携手共同挖掘民国时期语言文字工作方面的遗产。两岸共同继承了共同语语音标准，并推广共同语。两岸共同继承了拼音方案，大陆虽制定了汉语拼音方案，但并没有废除注音符号；台湾地区继承了注音符号，但在社会领域使用汉语拼音方案。两岸都开展了汉字整理工作和汉字编码工作，也都进行了汉字简化工作，但推行的力度和效果差别较大。

历史遗产不是负担，分歧亦属正常。面对当前两岸文字歧异问题，两岸应共同商量。首先应共同整理民国时期的历史遗产，理性对待这段历史对两岸语言文字政策的影响；其次要共同梳理1949年以后的两岸文字标准的共性和差异，从中找到攻坚克难的科学依据。最后应坐在一起，互相交流、研讨各种可能的方案，选出可接受的最优方案。

参考文献

费正清，刘广京，2006. 剑桥中国晚清史：下［M］. 北京：中国社会科学出版社 .
（台湾）“教育部”，1983. 次常用国字标准字体表［M］. 台北：正中书局 .
（台湾）“教育部”，1978. 常用国字标准字体表［M］. 台北：正中书局 .
台湾省国语推行委员会，1947. 国音标准汇编［M］. 台北：开明书店台湾分店 .
中国社会科学院近代史研究所，2011. 中华民国史［M］. 北京：中华书局 .
周法高，1980，论中国语言学［M］. 香港：中文大学出版社 .

【作者单位：北京语言大学。本文原发表于《第十届思维与创作暨第五届台湾南区大学中文系联合学术会议论文集》，2016 年 9 月】

怎样研制普通话轻声、儿化词表

沈　明

一、为什么要研制普通话轻声、儿化词表

普通话以北京语音为标准音。而轻声、儿化是北京语音里不可缺少的成分，没有轻声、儿化就不像标准的北京音。轻声、儿化现象不仅见于北京话，也广泛见于北方的官话方言。

普通话语音的规范，包括字音的规范和词音的规范。字音的规范主要针对异读词的读音。比如“血”，《现代汉语词典（第 6 版）》注 xiě 和 xuè，那句“血 xuè 债要用血 xiě 来还”，一句话里两种读音。不过，这类问题有相对成熟的解决方案，比如《普通话异读词三次审音总表初稿》（1963）和《普通话异读词审音表》（简称《审音表》，1985），部分解决了此类问题。第三届普通话审音委员会（2011 年成立）的工作重点仍然在异读词上。

词音的规范主要针对轻声、儿化词。轻声如：

地道 dìdao　真正的；纯粹。不是“地道 dìdào”。

下水 xiàshui　用来食用的家禽家畜的内脏。不是“下水 xiàshuǐ”（下到水里）。

下手 xiàshou　帮手。不是“下手 xiàshǒu”。

儿化如：

花儿 huār　　尖儿 jiānr　　摊儿 tānr

白面儿 báimiànr　指海洛因粉。不是“白面 báimiàn”（小麦面粉）。

扳不倒儿 bānbùdǎor　不倒翁。不是“扳不倒 bānbùdǎo”。

要解决词音的规范，需要有一个普遍认可的普通话轻声儿化词表。

就音变性质和原因来看，异读与轻声、儿化的不同表现在三个方面。

第一，异读是由文白异读等语体色彩造成的音变；轻声、儿化则是语义音

变、语法音变。

第二，异读通常属于音类演变（phonological change）；轻声、儿化属于共时变异（phonetic variation）。

第三，异读词是一字一音；轻声也是一字一音，儿化则是两字一音。

由此可见，普通话的轻声、儿化有三个特点：（一）超出了字音音类系统的演变（phonological change），属于共时变异（phonetic variation）；（二）是词音不是字音，与语义、语法功能关系密切；（三）多属于口语（或方言）。

关于普通话轻声、儿化的研究，自 20 世纪 50 年代以来，多集中在两个方面。

其一，研究轻声、儿化的语音性质以及语义、语法功能。语音性质，如儿化韵的音值以及和基本韵母的对应关系，轻声调值的高低、长短、轻重等（徐世荣等，1958；曹剑芬，1986；林茂灿、颜景助，1980）。语义和语法功能，如“子”“头”“着”“了”之类的虚语素必读轻声，儿化则表小指爱等。

其二，普通话轻声、儿化词表、词典或汇编。主要有以下几种：

张洵如《北京话轻声词汇编》，中华书局，1957 年。收词 4351 条。

文字改革委员会《普通话轻声词汇编》，商务印书馆，1963 年。收词 1028 条。

贾采珠《北京话儿化词典》，语文出版社，1990 年。收词 7000 条。

中国社会科学院语言研究所《现代汉语词典（第 6 版）》，商务印书馆，1990 年。收轻声词、儿化词合计 886 条。

“普通话轻声词儿化词规范”课题组《普通话常用轻声词表》，未刊。收词 330 条。

“普通话轻声词儿化词规范”课题组《普通话常用儿化词表》，未刊。收词 100 条。

那么，普通话轻声、儿化要不要规范呢？

针对这个问题，目前主要有三种意见：（一）轻声、儿化完全可以不要，自然也就谈不上规范不规范。（二）轻声、儿化要，但不必规范。因为口语的东西没法儿规范。（三）轻声、儿化要，还得规范。轻声、儿化虽然超音段，但也是普通话语音的组成部分，不要就不像标准的普通话，关键在于怎样规范。

我们的想法是，做一些基础性的调查研究，在此基础上研制出一份普通话轻声词表、儿化词表，提出推荐读音和学术建议。

二、怎样研制普通话轻声、儿化词表

研制普通话轻声、儿化词表，需要做四个方面的工作：建立大数据库；区分轻声、儿化词的方言或口语属性；充分考虑语义、语法功能以及义类的系统性；做足量的方言调查。以下分别讨论。

（一）建立普通话轻声、儿化大数据库

大数据库的建立，应主要根据《现代汉语词典（第6版）》（2012）和《现代汉语常用词表（草案）》（2008），并利用网络互动平台的相关内容进行补充。此外，轻声还可参考《普通话轻声词汇编》（文字改革委员会，1963），儿化还可参考《北京话儿化词典》（贾采珠，1990）。必要的时候还要参考北京周边官话方言词典里的相关内容。

在大数据库的基础上，设计并确定普通话轻声、儿化调查词表。

（二）区分普通话轻声、儿化词的语言属性

对于普通话的轻声、儿化词，要从语言属性上区分其为方言词还是口语词等。以《现代汉语词典（第6版）》为例。该词典中，必读轻声或儿化的条目有886条。其中，无标记的443条，标〈口〉的246条，标〈方〉的197条。下面以轻声词为例。

【爱人】àiren ①指丈夫或妻子。②指恋爱中男女的一方。

【把式】bǎshi ①〈口〉武术：练～的。②〈口〉会武术的人；专精某种技术的人：车～|论庄稼活儿，他可真是个好～。③〈方〉技术：他们学会了田间劳动的全套～。

大数据库应按轻声、儿化词的语言属性进行分类。

（三）充分考虑轻声、儿化的语义、语法功能及义类的系统性

研制普通话轻声、儿化词表，还要充分考虑轻声、儿化的语义、语法功能，以及轻声词、儿化词的义类系统性。

首先，从语义、语法功能分析，轻声、儿化都具有名词化功能。也就是说，轻声、儿化可以使动词、形容词变成名词。轻声如“锯子、刨子、扳子、剪子、

梳子”；儿化如“摊儿、汆儿、盖儿、扫漏儿”，又如“尖儿、黄儿、葱白儿、肥瘦儿”。

轻声的功能，主要体现在三类词上。

第一类，多是一些虚化了的成分或虚语素。虚化了的成分如：打算、盘算、收拾、拾掇、归置；惦记、忘记、羡慕、忌妒、喜欢、讨厌、磨蹭、利索、迁就、告诉、吩咐、嘱咐、抱怨、冤枉；热闹、僻静、结实、干净、邋遢、窝囊、舒服、熨帖、明白、糊涂、机灵、大方、小气、活络、死性，等等。虚语素如名词后缀：× 子（桌子、椅子、凳子）、× 头（指像头一样的东西：斧头、榔头、镐头、橛头，拳头、骨头、指头）；动词后缀：× 拉（扒拉、划拉、拨拉、耷拉）、× 搭（甩搭、扭搭、踯搭）。

第二类，联绵词、分音词、圪头词之类。比如：葡萄、玻璃、褡裢、嘟噜、哆嗦、蛤蟆、碌碡、疙瘩，窟窿（即孔）、旮旯（即角）、轱辘、骨拢（即滚）、姑绒（即拱）、圪蚤（即跳蚤），等等。

第三类，亲属称谓。比如：爷爷、奶奶、姥姥、姥爷，爸爸、妈妈、大爷、叔叔、婶婶 / 婶儿、姑姑、姑夫、姨姨 / 姨儿、姨夫、舅舅，哥哥、嫂嫂 / 嫂子、姐姐、姐夫，弟弟、弟媳妇儿、妹妹、妹夫，闺女、姑娘、儿子、外甥，孙子，亲家、妯娌、连襟，等等。

儿化的功能，也主要体现在三类词上。

第一类，小称。如：洞儿、坑儿、眼儿，等等。

第二类，动植物。如：鸟儿、雀儿、蝈蝈儿、蛐蛐儿，桃儿、枣儿、杏儿、丫梨儿，等等。

第三类，小器具。如：汆儿、茶碗儿、酒盅儿、痰盂儿，等等。

其次，义类系统性是指，有些轻声现象在一定程度上可以联想类推，从而可减少死记硬背的量。但其难点在于，同一个字，有时候轻声，有时候不轻声，条件是什么？下面略举数例来说明。

× 生：在“先生、后生、学生、医生”里，“生”读轻声；在“书生、考生”里，“生”不读轻声。就“先生”的构词而言，在“老先生、大先生、小先生”里，“生”都读轻声。就“后生”的构词而言，在“大后生、小后生、老后生”里，“生”也都读轻声。就“学生”的构词而言，在“小学生、中学生、大学生、留学生”里，“生”都不读轻声。

× 瓜：在“西瓜、南瓜、冬瓜、丝瓜、黄瓜”里，“瓜”都读轻声；但在“苦瓜、木瓜、佛手瓜”里，“瓜”不读轻声；在“甜瓜儿、香瓜儿”里，“瓜”不读轻声，但是得儿化。

× 匠：在“木匠、瓦匠、铁匠、铜匠、锡匠”里，“匠”读轻声；但在“篾匠、银匠”里，“匠”不读轻声。

× 饼：在“烙饼、烧饼、月饼、煎饼”里，“饼”读轻声；在“炒饼、春饼、馅儿饼”里，“饼”不读轻声；在“油饼儿”里，“饼”不读轻声，但是儿化。（“烙饼”偏正结构读轻声，动宾结构不读轻声。）

大体上看，同一个字读不读轻声，有这样两种规律：第一，名物是原有的多读轻声，外来的、后来的多不读轻声。比如西瓜、南瓜、冬瓜、丝瓜、黄瓜是北方原本有的，苦瓜、木瓜、佛手瓜是外来的或是后来的。木匠和篾匠的情况相类。第二，跟词的切分有关。比如“大先生、小先生”的切分是“大＋先生、小＋先生”，所以跟“先生”一样读轻声。而“小学生、中学生、大学生、留学生”的切分是“小学＋生、中学＋生、大学＋生、留学＋生”，所以和“学生”读轻声不同。

儿化现象在义类上的问题更为复杂。儿化常常在语义上表小指爱，但是有些不小的东西也儿化。举例来说：

× 馆：“酒馆儿”儿化，“饭馆儿”不管大小都儿化，“宾馆”不管大小都不儿化。

× 鼻：“针鼻儿”儿化，“门鼻儿”并不小也儿化。

× 饼：“油饼儿”比“月饼”大，但是大的“油饼儿”儿化，小的“月饼”不儿化。

还有姓氏。有些姓氏在口语称呼中也常被儿化，儿化后的称呼与儿化前语义相同、语音（韵尾）相同。但在可能与其他儿化词在语音上发生混淆时，则不能对该姓氏进行儿化。比如：

[-i] 尾。“小李儿”可以儿化，但“小黎”就不能儿化，避免与“小梨儿”混淆。

[-u] 尾。“小周儿”可以儿化，但“小侯”不儿化，避免与“小猴儿”混淆；“小刘儿”儿化，但“小裘”不儿化，避免与“小球儿”混淆；“小赵儿、小高儿”儿化，但“小郝”不儿化，避免与“没好儿”相混；

[-n] 尾。“小陈儿”儿化，但“小沈”不儿化，避免与“小婶儿”混淆。

[-ŋ] 尾。“小王儿”儿化，但“小黄”不儿化，避免与“蛋黄儿”混淆。

（四）做足量调查

调查区域、调查对象。应包括北京市 50 岁以下、高中以上文化程度的群体，北京周边官话方言区 40 岁以下、高中以上文化程度的群体，非官话方言区 35 岁以下、本科以上文化程度的群体。

调查内容。应包括发音人对普通话轻声、儿化规范的态度，以及发音人对普通话轻声、儿化数据库中所有条目的掌握情况。

调查方式。可采用实地调查及网络测试系统中的问卷调查等方式。

三、普通话轻声、儿化词表的内容及编排应注意的事项

（一）选条原则

其一，首选《现代汉语词典（第 6 版）》无标记和〈口〉条，〈方〉暂缓考虑。无标记的多放在核心词表，〈口〉条多放在扩展词表。

其二，重视有区别意义的条目。比如区别于“东西 dōngxī”的“东西 dōngxi”、区别于“白面 báimiàn”的“白面儿 báimiànr”（指海洛因粉）等。

其三，先选词，短语或词组放后。

以上再根据调查结果，选取调查者或测试者的认可度和使用频率高的条目。

（二）审音原则

对普通话轻声、儿化词表的审音应遵循几个原则：以北京语音系统为依据，充分考虑北京语音的发展趋势；保持已被广泛接受的稳定读音；尽量与现有规范相衔接。特别注意区分调值的轻声和调类的轻声，以避免混淆音类演变和语流音变这两种性质不同的音变。普通话的轻声，调值既轻又短，属于调值的轻声。不少汉语方言的轻声既不轻又不短，但失去本调，和单字调系统中的某个调相同。比如太原话在非去声后读同去声调 45，如“东西”读同“东细”、“连襟”读同“连禁”、“精明”白读同“精迷”、“衣裳”读同“衣上”、“云彩”读同“云菜”、“干粮”读同“干晾”、“骨头”读同“骨透”；又在去声后读同上声调 53，如“地方”读同“地仿”、“事情”读同“事请”、“大夫”读同“大

府”、“后头”读同“后敌”。

（三）词表编排原则

轻声、儿化词表应按义类排列，尽量照顾义类的系统性和条目的概括性。

首先，可根据《现代汉语方言大词典》（42 种分卷本）必查条目表，按义类分成 28 类，分别是：天文，地理，时令 / 时间，农业，动物，植物，房舍，器具用品，称谓，亲属，身体，疾病 / 医疗，衣服穿戴，饮食，红白大事，日常生活，讼事，交际，商业 / 交通，文化教育，文体活动，动作，位置，代词，形容词，副词 / 介词，量词，数词等。

其次，要尽量照顾义类的系统性。比如身体部位：脑袋、眼睛、鼻子、耳朵、嘴巴、腮帮子、头发、胳膊、胳肢窝儿、手腕儿、巴掌、指头、胸脯子、肚子、肚脐儿、后脊梁、屁股、膝盖儿、脚腕儿、脚前掌、脚后跟儿、脚底心儿，等等。这类词大多是轻声或者儿化。又如亲属称谓，有“哥哥”就应当有“弟弟”，有“姑姑”就应当有“姨姨”或“姨儿”，有“叔叔”就应当有“婶婶”或“婶儿”“婶子”，有“妯娌”就应当有“连襟”。

再次，要注意条目的概括性。轻声如：× 头（指称像“头”一样的东西，诸如石头、砖头、斧头、榫头、锄头、橛头、镐头、锤头、榔头、指头、骨头等）；儿化如：× 眼儿（指称像“眼”一样的东西，诸如针眼儿、泉眼儿、窟窿眼儿、磨眼儿、铆眼儿、肚脐眼儿、耳朵眼儿、钱眼儿等）。像这样的情况，“× 头”“× 眼儿”放在核心条目，相关条目放在扩展条目按义类推。

（四）词表分级

应制定两个词表：《普通话轻声词表》《普通话儿化词表》。每个词表再分两级：

核心词表，300—500 条，普通话习得者，必读；

扩展词表，500—800 条，需达标的人群，可读。

参考文献

巴维尔，1987. 北京话正常话语里的轻声［J］. 中国语文（5）.

曹剑芬，1986. 普通话轻声音节特性分析［J］. 应用声学（4）.

曹剑芬，1995. 连读变调与轻重对立［J］. 中国语文（4）.
高玉振，1980. 北京话的轻声问题［J］. 语言教学与研究（2）.
厉为民，1981. 试论轻声和重音［J］. 中国语文（1）.
林焘，1962. 现代汉语轻音与句法结构的关系［J］. 中国语文（7）.
林焘，1983. 探讨北京话轻声性质的初步实验［C］// 语言学论丛：10. 北京：商务印书馆.
林茂灿，颜景助，1980. 北京话轻声的声学性质［J］. 方言（3）.
刘娟，1997. 轻声的本质特征［J］. 语言教学与研究（1）.
刘俐李，2002. 20 世纪汉语轻声研究综述［J］. 语文研究（3）.
裴培，2008. 现代汉语轻声词及相关问题研究［D］. 上海：上海师范大学.
王旭东，1992. 北京话的轻声去化及其影响［J］. 中国语文（2）.
魏钢强，2000. 调值的轻声和调类的轻声［J］. 方言（1）.
徐世荣，1958. 普通话语音讲话［M］. 北京：文字改革出版社.
杨顺安，1991. 普通话轻声音节的规则合成［J］. 应用声学（1）.
张洵如，1956. 北京话里轻声的功用［J］. 中国语文（5）.

【作者单位：中国社会科学院语言研究所】

闽浙地区四个地名用字的读音*

徐睿渊

一、虎泂

（一）虎泂地名概况

虎泂乡在福建省宁德市蕉城区西北部，距市区52公里。乡里通行宁德方言，口音与宁德蕉城区城关略有不同，有梅鹤、岩柄和新厝三种方言口音，主要差别在韵母和声调，但三种口音之间与宁德城关方言都可以互相通话，都属闽东方言。虎泂乡政府所在地为新厝村，我们以该口音为准。

虎泂当地音［hu^{41-21}（p-）βuoi^{35}］，当地人说普通话时读为hu3bei4。这一地名在万历年间初版、乾隆年间再版的《宁德县志·建置志》中便有记录："二十四都……统村七，曰虎泂、坑东、溪东、蓝口、九溪底、中村、陀罗延窟。"《宁德县志·舆地志》："虎泂，在二十四都。四面高山，山水汇蓄成泂，条分左右，乡田资灌溉焉。"

关于虎泂地名的含义，民间有两种说法：一曰乡中有山形似虎，虎泂即虎背；一曰乡中有山形似虎，山前有小河（方言称"泂"）流过。这两种说法当地居民都可以接受。我们认为第二种说法较为可靠，因为当地称小河渠为泂河，称小水渠为水泂。泂有明确的含义，也与其地形相符。此外，宁德还有其他带"泂"的地名，都与小河渠有关，如上金泂（村名）、泂墘路（小河边的路，"墘"即闽语表边缘义的俗字。现俗写为"贝乾路"）等。

---

* 本文语料为笔者田野调查所得。调查过程中得到三明学院邓享璋教授和宁德师范学院陈丽冰教授无私帮助，谨此致谢！

近年来，由于电脑录入不便，“虎浿”有时也写成同音的“虎贝”。但正式场合仍写为“虎浿”。乡民们更习惯“虎浿”的写法。

（二）“浿”字音义考

浿，《广韵》《集韵》均有收录。《广韵》反切有二：水在乐浪，普盖切；水名，在乐浪，普拜切。《集韵》反切有四：水名，出乐浪，博盖切；说文，水出乐浪，镂方东入海，一曰出浿水县，怖拜切；水出乐浪，普盖切；水名，在乐浪，簿迈切。

浿，当地音［puoi³⁵］，符合博盖切。［uoi］韵母主要来源于蟹摄开口一等泰韵和合口一等灰韵字。与“浿”字声韵相同的常用字有“赔、培、陪、倍、贝、吠、杯、背”，其中“贝”和“背”与之完全同音。因此民间有“虎浿”即“虎背”之说。折合为普通话，读为 bei4。

从词义上说，《广韵》和《集韵》的“浿”为水名专用字，而宁德方言里专指小河渠。生于明嘉靖初年的宁德县城关人陈瑺著有《宁德县志》和《东湖议》，内有书证：

川，曰溪、曰浿、曰洲、曰潭、曰井、曰泉、曰漈、曰池、曰陂、曰湖，皆川属也，故各以类叙而统之以川。（《宁德县志·舆地志》）

林普，字士周，观孙，生平重义轻财。成化壬寅，乡人筑龙潭尾浿，水道经由普园，舍地百余丈，并捐资充费。乡人德之，为立颂德祠。（《宁德县志·人物志》）

徒将化龙去，不克事师矣。徒当为寺开辟田浿，至时慎勿击钟鼓。（《宁德县志·拾遗志》）

灌田以水，通水以浿。（《东湖议》）

又于坝身分出支流，盖田地既阔，若无横浿分流，则水不能普遍。（《东湖议》）

笔者认为，宁德方言的［puoi³⁵］指小河渠，“浿”是当地俗字，三点水“氵”表意，“贝”表音，读音虽然与《集韵》的“博盖切”音相合，但实质可能并不一样。

二、曾厝垵

（一）曾厝垵地名概况

曾厝垵是福建省厦门市城郊靠山临海的渔村，现开发为景点。当地通行厦门话，属闽南方言区，其口音与厦门老城区和鼓浪屿略有不同，但彼此可通话。

曾厝垵，当地音［$tsan^{22}ts‘u^{53}uã^{44}$］，当地人说普通话时称为 zeng1cuo4an1。曾厝垵位于曾山下的山坳里，早先村中多为曾姓人。道光十九年绘制的厦门地图，其中已有“曾厝垵”。

“垵”音［$uã^{44}$］，是厦门常用地名。民国十八年的《同安县志》载有“垵炉”和“前垵”。现在厦门海沧区有新垵村，集美区和翔安区都有后垵村，翔安区还有前垵村，同安区五显镇有垵炉村，同安区洪塘镇龙泉村辖有前垵顶、前垵下、龙秋许垵等自然村。

（二）“垵”字音义考

上述地名中的“垵［$uã^{44}$］”，都对应山摄开口一等寒韵平声影母字。但《广韵》和《集韵》中都查无“垵”字。《汉语大字典》中“垵”音 an3，释义之①是“地名用字”，引福建、台海地名；释义之②是“同‘埯’”。埯，《广韵》敢韵：“坑，今之窊埯是。乌敢切。”又俨韵：“土覆。於广切。”《集韵》感韵：“阬也。邬感切。”又琰韵：“土覆谓之埯。衣检切。”音义都与厦门方言的“垵［$uã^{44}$］”不合。

厦门带“垵”的地名都在山下，如海沧区新垵村在蔡尖尾山下，同安区垵炉村则被大学山、大轮山、猴石山包围。而厦门方言中，“山坳”也说成“山垵［$suã^{22}uã^{44}$］”。笔者认为，垵［$uã^{44}$］，山坳义，常用于地名，本字应为“鞍”，“垵”是俗字。

三、雷陑

（一）雷陑地名概况

雷陑村地处福建省宁化县城关西南，方言口音与宁化城关一致，属客家话。

雷陑，当地音［$lai^{24}i^{24}$］，当地人说普通话时读为 lei2yi2。地名的含义文献没有记载，当地老人也都说不清了。据雷陑村首任支书邱伍权介绍，雷陑原本是个小村庄，当地人大多姓雷。后有张姓人迁入，人口增长快，发展迅速，张姓成为当地第一大姓。

雷陑，在崇祯年间初版、康熙年间再版的《宁化县志》及其民国十五年的重修版中，均写为“雷陕”。邱伍权回忆，小时候曾见过“雷隅”的写法，而在1971年他上任村支书时，已采用“雷陑”的写法。现在很少人能想起“雷隅”，知道“雷陕”的就更少了。

（二）“陑”字音义考

陑，《广韵》：“同陾、隭。地名。又夔险也。如之切。”《集韵》：“人之切。”日母之韵平声开口三等字，与“而”同音。“而”在雷陑客家话中，老派发［ŋi²⁴］音，新派发［i²⁴］音。而该地名发音代代口耳相传，应为老派音，所以雷陑［lai²⁴i²⁴］的［i²⁴］音，不太可能来源于日母之韵，而应该来自中古以母。

陕，《广韵》：“陙陕，险阻。以脂切。”《集韵》：“《博雅》：陙陕，险也。延知切。”以母脂韵平声，与［i²⁴］音合。

宁化全境有96%的面积是低山、丘陵和盆地，雷陑村就在山间盆地中。笔者认为［i²⁴］即陕，音义皆合。［lai²⁴i²⁴］，应为雷陕。

雷陑，这一地名在历史发展过程中，用字与发音脱节。用字经历了“陕→隅→陑”的过程，而读音一直保持不变。

四、舥艚

（一）舥艚地名概况

舥艚镇地处温州南部，属浙江省温州市苍南县，当地通行“蛮话”，温端正（1991）认为是受瓯语（即温州话）影响的闽东话。

舥艚，当地方言音［bo²¹³dzau²¹³］。宋《元丰九城考》写为“琶槽”，因与琵琶山隔海相望，又筑有长形水槽注水入海而得名。后因开发为渔港，停船无数，改写为“琶艚”。明《弘治温州府志》多有记录，如卷二《官制》：“平阳县……仙口、琶艚、江口、三魁、龟峰、雅阳六巡检司巡检各一名……”卷二《公署》：“平阳县治琶艚巡检司在二十二都。”卷六《邑里》：“平阳县二十一都郑楼、斜溪、盐亭、琶艚、东魁、河头。十一图。”卷七《差役》：“平阳县巡司弓兵仙口、江口、琶艚、龟峰、雅阳、三魁六司各一百名。”

后又改写为“舥艚”，沿用至今。我们在舥艚镇浃底村老人活动中心走访时，老人们（调查时其年龄范围在62至83岁之间）回忆，他们记事时就用“舥艚”的写法，用普通话指称时，说的是 pa2cao2。

近年来，因电脑输入不便，民间多简写为“巴曹”，但官方正式文件都用“舥艚”。我们在舥艚镇和苍南政府所在地灵溪、苍南最发达的龙港镇看到，大街小巷的招牌、广告，以及三轮车和中小巴士车身上的地名、小型地产公司的公章，绝大部分都写为“巴曹”。只有镇政府和派出所门口的招牌，以及政府用的公章，才写为“舥艚”。老人们对简写的“巴曹”比较抵触，但年轻人觉得“都可以”，“方便就行”。相应地，普通话 ba1cao2 的说法也流行起来。

（二）“舥”字音义考

舥，《广韵》：“舥，脚船也。普巴切。”《集韵》：“浮梁谓之舥。披巴切。”滂母麻韵平声开口二等字，与［$bo^{213}dzau^{213}$］的［bo^{213}］读音不合。［bo^{213}］音应来自古並母，其实就是“琶”，后来地名用字不断发生变化而语音代代传承，字音与字形脱节了。

上述四处地名，“雷陑”的“陑”和“舥艚”的“舥”相似，都是用字逐渐变化而发音不变，二者脱节，不相对应；“虎泂”的“泂”和“曾厝垵”的“垵”相似，都是方言俗字恰巧与韵书中某字同形，但实质并不相同。

附：发音人简况

虎泂乡发音人：黄垂恩，男，88岁，退休乡支书；黄陈肇，男，78岁，退休中学校长；黄巧莺，女，40岁，大专学历，宁德蕉城区林业局会计。

雷陑村发音人：邱伍权，73岁，初中学历，退休村支书；邱明辉，51岁，中师毕业。

舥艚镇发音人：林孟赐，男，73岁，退休中学校长。

参考文献

黎景曾，黄宗宪，2009. 宁化县志［M］. 厦门：厦门大学出版社.
李蓝，2013. "鄭"字的音［C］// 中国语学研究开篇单刊（15）：太田斋·古屋昭弘两教授还历几年中国语学论集. 东京：好文出版社.
李如龙，张双庆，1992. 客赣方言调查报告［M］. 厦门：厦门大学出版社.
李世熊，2012. 宁化县志［M］. 福州：福建人民出版社.
宁化县志编纂委员会，1992. 宁化县志［M］. 福州：福建人民出版社.
平阳县志编纂委员会，1993. 平阳县志：民国［M］. 上海：汉语大词典出版社.
沙平，1999. 福建省宁德方言同音字汇［J］. 方言（4）.
舒应元，1990. 宁德县志［M］. 影印版（1591）. 上海：上海书店.
温端正，1991. 苍南方言志［M］. 北京：语文出版社.
王瓒，蔡芳，2006. 弘治温州府志［M］. 胡珠生，校注. 上海：上海社会科学院出版社.
吴锡璜，1967. 同安县志［M］. 影印版（1929）. 台北：台北成文出版有限公司.
谢留文，2014. 徽语祁门、婺源第一人称代词读音试释［J］. 方言（2）.
谢留文，2015. 从徽语看"堨"字的音［J］. 方言（1）.
张桃，2004. 宁化客家方言语法研究［D］. 厦门：厦门大学.
周长楫，1993. 厦门方言词典［M］. 南京：江苏教育出版社.
周长楫，欧阳忆耘，1998. 厦门方言研究［M］. 福州：福建人民出版社.
周凯，1999. 厦门志［M］. 台湾：台湾省文献委员会.

【作者单位：中国社会科学院语言研究所。本文原发表于《方言》2015 年第 3 期，收录时有修改】

两岸语音差异及对语音审定标准的思考
——以《两岸常用词典》中有语音差异的词语为例

陈　茜

在两岸的语言交流中，语音差异可能是最容易被感知到的。大陆的《普通话异读词审音表》和台湾地区的《国语一字多音审订表》经正式公布后已经使用多年，两岸都在做语音审定的跟进工作。要了解两岸语音差异的整体情况，需要有新的语料和调查分析数据。2012 年 8 月，《两岸常用词典》（以下简称《常用词典》）面世。这本词典共收字和词语约 42000 条，其中字头 7000 个，词语约 35000 条，大陆版由高等教育出版社出版发行。

本文对大陆版《常用词典》中收录的两岸读音有差异的字词进行了整理和分析。经统计，《常用词典》中两岸读音标注有差异的条目共 2256 条，占该词典所收条目的 5.37%，其中字头 399 个，词语 1857 条。如果排除标注不同、读音相同的情况，实际读音有差异的词语是 1422 条，加上字头共 1821 个条目，占《常用词典》所收条目总数的 4.34%。具体的统计数据如表 1。

表 1　《常用词典》中两岸读音差异情况统计表

<table>
<tr><td rowspan="7">总数
1821</td><td rowspan="7">字头
399</td><td colspan="3">大陆注音有分歧，按《现汉》实际两岸读音相同的 5</td></tr>
<tr><td rowspan="4">字头在大陆为多音的 208</td><td rowspan="2">台湾地区注音为大陆多音之一的 169</td><td>台湾地区统读 125</td></tr>
<tr><td>台湾地区多音 44</td></tr>
<tr><td rowspan="2">台湾地区注音在大陆多音之外的 39</td><td>台湾地区统读 13</td></tr>
<tr><td>台湾地区多音 26</td></tr>
<tr><td rowspan="2">字头在大陆为统读的 186</td><td>审音表统读 138</td><td>台湾地区统读 157</td></tr>
<tr><td>词典统读 48</td><td>台湾地区多音 29</td></tr>
</table>

续表

<table>
<tr><td rowspan="6">总数
1821</td><td rowspan="6">词语
1422</td><td colspan="2">上上相连 4</td></tr>
<tr><td rowspan="2">轻声与否 295（单音节）</td><td>大陆轻声 282</td></tr>
<tr><td>台湾地区轻声 13</td></tr>
<tr><td colspan="2">字头词 975</td></tr>
<tr><td colspan="2">非字头词 81（多音字 60，统读或审订过 21）</td></tr>
<tr><td colspan="2">两个或两个以上音节有差异 67（包括 5 条轻声）</td></tr>
</table>

一、《常用词典》所收字词的语音差异

（一）字头的语音差异

1.《常用词典》中大陆注音与《现汉》注音有分歧的 5 个字头

这 5 个字头，《常用词典》中大陆和台湾地区注音不同，但台湾地区注音与《现代汉语词典》（以下简称《现汉》）一致（表 2）。从便于两岸交流的角度来看，《现汉》的注音更符合语言应用的实际。

表 2 《常用词典》中大陆注音与《现汉》注音有分歧的 5 个字头

《常用词典》		《现汉》	
字头	**注音**	**字头**	**注音**
麻（多音字）	ma1/ma2	麻（统读）	ma2
喂（多音字）	wei2/wei4	喂（统读）	wei4
炀（多音字）	yang4/yang2	炀（统读）	yang2
壮（多音字）	zhuang1/zhuang4	壮（统读）	zhuang4
唷（统读）	yao1/yo1	唷（统读）	yo1

2. 大陆注音为多音的字头

在两岸读音有差异的字头中，多音字的字头较多，共 208 个，占注音有差异的字头总数的 52.13%。可见，多音现象是造成两岸读音差异的一个重要类型，或者说在对多音字的语音审定上两岸不同的处理原则和审定结果是形成两

岸读音差异的一大类型。

（1）台湾地区注音为大陆多音之一的

这部分字头有 169 条，占多音字字头总数的 81.25%。其中台湾地区注音为统读的 125 个，台湾地区注音也是多音的 44 个。略举数例如表 3。

表 3 《常用词典》中台湾地区注音为大陆多音之一的字头举例

字头	大陆注音	台湾地区注音
堡	bao3	bao3
	bu3	
	pu4	
拉	la1	la1
	la2	
	la3	
血	xie3	xie3
	xue4	

台湾地区注音也是多音的，如“宁”字。

宁 ning2　①安定；平静。

②使安定；使平静。

③〈书〉出嫁女儿回娘家探望父母。

④江苏南京的别称。清朝以南京为江宁府治，故称。

⑤宁夏回族自治区的简称。

宁 ning4/ning2　①宁可，用在动词或形容词前，表示经比较之后做出选择。

②〈书〉用在动词或形容词前，表示反问语气，相当于“岂”“难道”。

宁 ning2/ning4　姓。

从功能上讲，大陆的读音更具有区别意义的作用，而台湾地区的读音在辨识、教学和标注时更容易操作。其他跟“宁”类似的字头还有“结”“晕”“载”“着”“撮”等。这些字头的读音在两岸交流中的相互影响和变化趋势非常值得我们继续关注。多音交叉现象可能随着两岸交流的日益频密而渐趋一致。

（2）台湾地区注音在大陆多音之外

《常用词典》中字头在大陆为多音，台湾地区注音却不在多音之列，与大陆任何一个读音都不同的有 39 个，其中 26 个在台湾地区也是多音字，略举数例如表 4。还有 13 个字头的台湾地区注音是统读音。

表 4　台湾地区注音在大陆多音之外的字头举例

《常用词典》		多音比较	
字头	注音差异	大陆多音	台湾地区多音
发	fa4/fa3	fa1,fa4	fa1,fa3
卷	juan3/quan2	juan3,juan4	juan4,quan2
哪	ne2/nuo2	na3,na0,ne2	na3,na0,nuo2

3. 大陆注音为统读的字头

大陆注音为统读的字头有 186 个，其中 138 个是经《普通话异读词审音表》审订为统读的，其他 48 个《常用词典》的大陆注音与《现汉》第 6 版的注音相同，读音都是唯一的。

186 个字头中，台湾地区注音也唯一的有 157 个。其中 117 个在大陆已经过《普通话异读词审音表》审订。目前来说，这 157 个字头已经在两岸的教育、传媒、商贸等领域各自有了比较稳定的应用，因各自语音标准的推行及读音的唯一性，这种差异的消融可能需要很长的时间。但是了解和掌握这些差异，对于语音识别尤其是语言应用领域的语音和文字之间的转化有较大的实用价值。如语音识别和各种语音软件的开发。

其他 29 个在《常用词典》字头中的台湾地区注音不是唯一的。仔细比较会发现台湾地区的多音大多数都包含了大陆的统读音。而台湾地区多音中被大陆舍弃的通常是不常用音或古音。

（二）词语的差异

1. 上上相连的 4 个词语

两个上声相连的词语，前一上声发生语流音变，发音近似阳平。这个规律应用在两岸语音差异中就出现了一个很有意思的情况：如果一个字音，在大陆和台湾地区读音是上声或者阳平的差异，放在后一个音节为上声的双音节词语当中，由于语流音变的影响，两岸读音实际发音却会相同。有4例：

笼统　　long3tong3/long2tong3

酩酊　　ming3ding3/ming2ding3

熙来攘往　xi1lai2rang3wang3/ xi1lai2rang2wang3

迤逦　　yi3li3/yi2li3

2. 对是否轻声标注有差异的词语

台湾地区的轻声词语少，大陆的轻声词语多，这在《常用词典》中呈现出来的读音差异中也非常明显。涉及轻声与否，两岸有读音差异的（单音节有差异的）条目共295条，占有实际读音差异条目总数的20.8%，其中大陆读为轻声而台湾地区读为非轻声的词语共282条，台湾地区读为轻声而大陆读为非轻声的13条。

（1）大陆读为轻声、台湾地区读为非轻声的词语

大陆读为轻声而台湾地区读为非轻声的词条[①]中，双音节的占绝大多数，共214条，占大陆读轻声而台湾地区读为非轻声词条总数的75.89%。经统计，台湾地区读为非轻声的双音节词语，其声调分布的情况如表5。

表5　大陆轻声而台湾地区非轻声的双音节词后一音节声调分布情况表

声调	数量	百分比
阴平	34	15.89%
阳平	55	25.70%
上声	33	15.42%
去声	92	42.99%
总数	214	100.00%

可以看出，大陆读为轻声的双音节词语，台湾地区读为去声的最多，占40%以上。由此得出，无论是在语音教学还是语音信息处理中，台湾地区读为去声而大陆读为轻声的双音节词语都是重点和难点。

（2）台湾地区读为轻声、大陆读为非轻声的词语

《常用词典》中，台湾地区读为轻声而大陆读为非轻声的词语有13条，逐条列举如下：

拜拜　　bai4bai4/bai4bai0
勾当　　gou4dang4/gou4dang0
句当　　gou4dang4/gou4dang0
咕噜　　gu1lu1/gu1lu0
了得　　liao3de2/liao3de0
佩服　　pei4fu2/pei4fu0
下场　　xia4chang3/xia4chang0
秀逗　　xiu4dou4/xiu4dou0
知道　　zhi1dao4/zhi1dao0
搞不好　　gao3bu4hao3/gao3bu0hao3
了不得　　liao3bu0de2/liao3bu0de0
小毛头　　xiao3mao2tou2/xiao3mao2tou0
正经八百　　zheng4jing1-ba1bai3/zheng4jing0-ba1bai3

逐条分析《常用词典》中台湾地区标注为轻声、大陆标注为非轻声的 13 个词语，我们发现，除了像“拜拜”“秀逗”“小毛头”等几个有特殊情况的词条外，大部分词语大陆都是可以读为轻声且通常读为轻声的。《常用词典》的大陆注音将其标注为非轻声或非必读轻声（即一般轻读，间或重读），可能也是出于对语言事实的考量，以此显示出轻声词语的变化状态。随着两岸乃至整个华语圈语言交流的日益频繁，相信这种变化会更加活跃和明显。我们的语音标注可以体现这种变化，也应该有所体现。

轻声问题本身就存在很多争议。现在，汉语走出国门越来越多地受到世界的关注，对于轻声标准的讨论就不再只局限和应用于大陆，更需要考虑到两岸的交流与合作、各华语地区的教学与应用以及汉语的国际推广。李宇明于 2012 年中国社科院语言所有关轻声词表的研讨会上曾提出轻声词语表分级制订的设想。分级制订的轻声词语表可以分别适应不同群体的需要，也兼顾了语言事实，是对以往普通话轻声单一标准的突破，形成了汉语轻声标准体系的初步构想。

3. 非字头词语

《常用词典》中两岸读音有差异的词语，其中 975 条都与字头的读音差异有关，占词语差异总数的 68.57%。在词语中有字音差异而没有列出字头的有 81 条，这里称为“非字头词语”。

“非字头词语”中有读音差异的字分两种情况：

第一种情况，该字在《常用词典》中的大陆注音为多音、台湾地区注音为大陆的多音之一。这种情况的词语占大多数，共 60 条。如：

中　　zhong1

中看　　zhong1kan4/zhong4kan4

中听　　zhong1ting1/zhong4ting1

中用　　zhong1yong4/zhong4yong4

第二种情况，大陆注音或者已经《普通话异读词审音表》审订为统读或确定其在某词语中的读音，或者在《现汉》第 6 版中统读，共 21 条。

这 81 个词语如果能在字头上就列出两岸的读音差异则可以方便查阅者，起到提醒的作用，同时词典自身也可以实现互证。

4. 两个或两个以上音节有差异的词语

一个词语当中有两个或两个以上字音有差异，在聆听理解和语音识别上都会使难度加大。《常用词典》中两个或两个以上音节读音有差异的词语共 67 个。

其中有些字音因为大陆标注本调，从注音上看起来两岸相同，实际发音却不同，需要特别注意。这里按照实际读音的差异来确定有读音差异的音节的多少。如“美不胜收”大陆注音为 mei3bu4sheng4shou1，台湾地区注音为 mei3bu4sheng1shou1，按实际读音的不同，应该是两个音节有差异。

（三）《常用词典》中的两岸语音差异小结

从《常用词典》来看，两岸字词的语音差异呈现出多对一、一对多、一对一、多对多的多样交叉的复杂情况。我们粗略地把这些差异分为以下四类：

第一类，大陆注音为多音，台湾地区注音是多音之一；

第二类，大陆注音为多音，台湾地区注音在多音之外；

第三类，大陆注音为统读，台湾地区注音也是统读；

第四类，大陆注音为统读，台湾地区注音为多音。

第一类和第四类基本都属于两岸有读音重合的部分，在这两类语音差异的字词上做语音协调和语音标准靠拢的工作，阻力会小一些，成效会很明显。两岸如果要做调整，可以适当地参考对方现有的语音标准或语音事实，以不扩大差异为原则，尽量向一致的方向调整。在没有适当的语音标注协调机制的情况下，可以在语音标准调整修订公布之前，两岸先进行沟通和协商，能取得共识的就公布，不能取得一致意见的可以暂时保持现状，避免单方调整造成更多的语音差异。

相比较而言，第二类和第三类差异因为多音的复杂性和已经形成的两岸语音标准的稳固性，相对来说语音差异消融的难度会比较大。可能更多地需要做实际语音的调查，同时也要靠两岸更积极、频繁的语言交流来彼此影响，在自然选择中找到调整语音标准的依据。

二、两岸语音差异形成的原因

辞书中反映出来的两岸词语的读音差异，实际上是两岸语音标准差异的体现。辞书是贯彻和落实语音标准规范的工具书，因而两岸语音差异产生的源头应该在两岸的语音标准。

大陆的普通话和台湾地区的国语的推行，都是清末民初以来国语运动的延续和发展。本来两岸所遵循的语音标准是同一个，即以北京音系为标准音。随着两岸分治，各自在语言发展演变过程中进行了语音标准的审订和调整。因为所设定的语音审订范围、遵循的审订标准以及所参照的语音实际状况不同，就产生了一些不同的审订结果。而语音标准审订结果的差异直接影响了两岸语音差异的形成和发展。

（一）语音标准审定对象和范围的差异

大陆语音审定的对象是异读词，审定范围主要限制在易读错、易混淆的异读词语，不涉及无异读的音、义。《普通话异读词审音表》是在 1957 年、1959 年、1962 年先后发表的《普通话异读词审音表初稿》正编、续编、三编以及 1963 年公布的《普通话异读词审音表三次审音总表初稿》的基础上，根据 20 多年的实际应用，经重新审核修订才制定发布的，共收词语 848 条，其中审定后仍为多音字的有 261 个。

台湾地区语音审定的对象是多音字，审定范围自然包括尽可能全面的多音现象。台湾地区所审定的字音，因为以字为着眼点，所以不管意义上有没有关联，只要是多音字就加以审定，因此数量和范围相当庞大。《国语一字多音审订表》以《常用国字标准字体表》《次常用国字标准字体表》《重编国语辞典》以及台湾地区出版的其他重要辞书和台湾地区中小学国语文课本为收字依据，并参考《现汉》(1996年修订本）和《普通话异读词审音表》等相关资料，对4253个多音字进行了审定。其间遇到不少古音的取舍和归并的问题，最终保留了957个多音字。

总的来说，《国语一字多音审订表》的范围较大、覆盖面较广，《普通话异读词审音表》的针对性更强、更具实用性和操作性。

（二）语音标准审定原则的差异

确立和审订语音标准最主要的两个原则，一是因循语音演变的历史规律、依据音理来确定读音，二是根据语音实际应用中的口语发音以“少数服从多数”的方式采用从俗从众的读音。当两者发生冲突、读音不一致时，在优先和侧重的原则选择上不同，就会产生最后语音标准审定结果的差异。

以往的研究大都认为，台湾地区比较注重语音的发展规律，大陆则更重视现实生活中的实际读音。这是由两岸语音标准审定的不同目标决定的。台湾地区的语音审定是为了满足语言教学和语言使用的需求，解决多音现象带来的教学和使用方面的困扰，本着单纯化、标准化的原则进行语音审定。其语音标准的审定更侧重音理，每个字音的确定都讲究有据可依。而大陆除了解决多音异读问题外，还有普及教育、提高全民文化水平的目标，进行语音审定与20世纪50年代语言文字工作的三大任务（简化汉字、推广普通话、制订和推行汉语拼音方案）有着密不可分的关系，从俗从众、以口语音为标准成为大陆语音审定的优先原则。客观地说，两项原则在两岸的语音审定过程中都是重要的审定原则，只是在两项原则发生冲突时各自侧重和优先的选择不同。

（三）两岸语言实际应用的差异

语音标准审定的原则之一是尊重语言事实，以语言事实为依据指导语音标准的调整和修订。而随着时间的推移，两岸由于长期隔阂，各自的语音标准已经在实际的语言应用中发挥效用，各自的现实语音状况已然有不同之处。

一般而言，语言的规范工作常常会滞后于语音的发展变化，这是规范工作本身的性质和要求决定的。同时，语言规范的研制和实施也都要以语言事实为根据。语言规范与语言应用即是语言理论的概括与实践，语言规范指导语言应用，同时语言规范也会根据语言应用的发展变化做出调整以适应语言应用的需要。

台湾地区国语教育与中小学的国语文教科书及出版的相关辞书也都以《国语一字多音审订表》为标准。大陆教育和媒体行业以《普通话异读词审音表》和《现汉》作为语音标准的参考依据。两岸不同的语音标准审定结果已经在各自的语言生活和应用领域产生了深远的影响。因此，台湾和大陆的实际语音状况已经出现差异。即使两岸都侧重遵循语言事实的原则进行新的语音标准审定，而只以本地区的语音实际状况作为参考，仍会产生审定结果的差异。

三、国际化背景下语音审定原则的调整

1985 年《普通话异读词审音表》正式公布，1999 年《国语一字多音审订表》正式公布。两岸语音标准分别出台以后，相关部门和语言学者都比较注意对语音标准的修订和完善。

在两岸往来交流的机遇期，大陆和台湾地区学者都希望能够尽量消除差异，方便交流。由于客观原因，现在的一些调整并不完全是向一致靠拢的。如《国语一字多音审订表》2012 年 12 月发布的修订初稿中“呱”改读 wɑ1，“噌”改读 zeng1。这两个音对于大陆的“呱”和“噌”来说都是没有的，修订后与大陆读音渐离渐远。再如《普通话异读词审音表》修订、酝酿过程中，有学者提出将“血”的读音修订为 xue3 的建议。这与台湾地区的读音会形成新的差异。

其实两岸在语音标准的修订、调整中都是有所遵循的，但如果还是只以本地区的语音现状为参照、不考虑对岸的语音状况，那审订后的语音标准还是会有扩大分歧的可能。语音标准的审订要以活的口语作为标准，而在国际化背景下就不能单纯只着眼于本地区的实际口语读音，也要兼顾到其他华语地区尤其是对岸的语音实际情况。

语音标准审订的参照系扩大后，语音标准不能再是单一的和唯一的，而是具有层级性和兼容性的语音标准体系，以适应不同的语言运用的需要。

语音标准的审订会影响和引导口语的实际使用，而口语的语音状况经过一段时间的发展变化也会反过来影响语音标准的再修订和再调整。

语音差异的消融需要语言生活中的口语交流和语言标准的调整两方面的努力。语言交流是差异消融的自然途径，标准调整是发挥人的主观能动性去促进和推动差异的消融。

另外要注意的一点是，要尊重两岸已经较为成熟稳定的语音标准和大众已

经较为成形的语音习惯，在已有的语音标准基础上微调，积极而又谨慎、稳妥。语音标准调整的大的目标，是减少差异、趋于一致。趋于一致不是放弃各自的审订标准，是在更宽广的视野下调整审订原则，便于两岸交流和华语的国际传播。

在比较两岸语音差异的同时，我们可以深切地感受到时隔 50 年两岸仍然拥有的语言沟通的坚实基础。《常用词典》中有字音差异的字头 399 个，仅占词典字头总数（约 7000 个）的 5.7%；词语有字音差异的 1422 条，占词典所收词语总数（约 42000 条）的 3.39%。因此，有差异的只是很小的部分。

但是为了两岸更畅通地进行交流和沟通，我们可以做的工作还很多。对于两岸读音差异较大、差异情况较为复杂的，可以"重在交流"的精神交给日益频繁的两岸交流活动，让两岸民众在沟通中自然地进行选择。语言交流的参与者通常都会不自觉地遵循语言迁就的原则，一定时期内两种读音并行不悖的情况是可以存在的，而且不会对两岸交流构成大的障碍。

附注

①这里的统计数字，是指大陆和台湾双音节词语的读音声韵调均相同、差异仅限于后一音节的轻声与否而言。如果除了轻声差异之外还存在声韵调任何一点不同，都不在此列。

【作者单位：教育部语言文字应用研究所。本文原发表于《语言文字应用研究论文集 Ⅲ》，语文出版社，2014 年，收录时有修改】

词汇语法规范篇

中国语言监测研究十年

侯　敏　杨尔弘

语言监测是一项以语言学和应用语言学以及相关理论作指导、信息处理技术为主要手段、田野调查为基本方法的多学科学者参与的大规模的社会性语言工程，目的是及时反映语言生活状况，描述语言使用实态，以便对语言这种资源进行更好的开发和利用，实现保护语言生态、创建和谐语言生活的目标。中国的语言监测工程实施是从2005年开始的，迄今为止，已经走过了十年。

一、机构和资源

中国的语言监测是在政府的支持和指导下开展工作的。2004年在教育部语言文字信息管理司的指导下，成立了国家语言资源监测与研究中心，教育部语信司分别与北京语言大学、中国传媒大学、华中师范大学、厦门大学、中央民族大学、暨南大学共建了平面媒体、有声媒体、网络媒体、教育教材、少数民族语言、海外华语六个分中心①。语言监测对象涵盖了最能代表大众语感的大众媒体和对一个民族语言发展影响最大的基础教育，既包括国家通用语，也包括少数民族语言。

语言监测工作主要是在国家语言监测语料库上展开。国家语言监测语料库包括三个子库：通用语媒体语料库、教育教材语料库和少数民族语言语料库。教育教材语料库已搜集了1900万字的教材语料；少数民族语料库目前包含藏语、维吾尔语、哈萨克语、柯尔克孜语、蒙古语等语种，各语种的语料以每年2亿字次的规模增长；通用语媒体语料库还分为平面媒体、有声媒体、网络媒体三个子库，每年以10亿字次的规模滚动建设，根据流通度来选择那些具有典型性和代表性的不同媒体中的语料。这些具有动态、流通特性的语料，记录了大众传媒的语言实态，反映了语言生活，是实施语言监测各项任务的基础资源。

这些反映语言生活的语言资源是语言监测的基础，是语言监测的生命所在。正是在国家语言监测语料库基础上，我们完成了一个又一个语言监测项目，获得了语言监测的成果。

二、实践与成果

在大规模语料库基础上，我们做了一系列语言使用实态的调查，包括通用语媒体用字用语、新词语、字母词调查，网络新媒体语言调查，教材语言调查，少数民族语言调查，获得了很多宝贵的语言数据，发现了一些语言使用的规律。下面通过一些例证简要说明。

（一）通用语媒体用字用语调查

这 10 年中，每年都在 10 亿字次[②]的通用语媒体语料库上开展了大规模的年度用字用语调查。尽管每年社会生活都发生很大的变化，但汉字使用表现出很强的规律性：每年大众媒体上使用的汉字在 1 万个左右；覆盖语料 80% 的汉字数量在 600 左右，覆盖语料 90% 的汉字在 1000 以内，覆盖语料 99% 的汉字在 2400 左右。这就给了我们常用汉字不同等级的数量标准。汉语用词也表现出很强的规律性：每年大众媒体上使用的词语数量是跟语料规模成正相关关系的，语料规模越大，所用词语越多；10 亿字次规模的语料大约使用词语 220 万左右；覆盖语料 80% 的词语数量在 4700 左右，覆盖语料 90% 的词语在 1.3 万左右。这也给了我们汉语常用词语不同等级的数量标准。覆盖率达到 90%，汉语最常用的字词数量可以概括为一个四字格——“千字万词”。

随着社会的变化，不同年度所使用的字词也会发生变化，这可以从共用、独用角度看出。从汉字来看，各年共用汉字都在 65% 以上，而每年的独用汉字基本都不到 5%。如果用一个字来概括说明各年度汉字的使用状况，那就是“稳”。跟汉字相比，词语使用情况则表现出很大的不同。各年共用词都不到 10%，而每年的独用词都占将近一半。以相邻的两年来比较，两年共用词占 30% 左右，独用词占到 70% 左右。如果也用一个字来概括说明各年度词语的使用状况，那就是“变”。看来，字是以稳为主，稳中有变，稳是主流；词是以变为主，变中有稳，变是主流。那么比词更大的单位——句子呢，显然是变数更大，而比字更基本的单位——音节，要比字更稳定。这也证明了一个规律：语言单位越小，其稳固性越强，种数越少；语言单位越大，其稳固性越差，种数越多。语言事实印证了洪堡特和乔姆斯基的语言观：语言以有限的形式实现了无限的表达。

在通用语媒体语料库每年 10 亿字次规模语料得到的 200 多万词种中，出现最多的是人名，几乎占全部词语的三分之一；其次是机构名、地名、其他专名以及时间、数字表达式等；而普通词语，即语文词，仅占 10%。但这些词语使用的频率是不一样的。普通词使用次数占 91%，而人名、地名仅各占 2%。如果把普通词以外的词语都归结为“命名实体”，那么普通词语和命名实体在词种分布和词次分布上有着巨大反差。占词种 10% 的普通词语覆盖了语料的 91%，而占词种 90% 的命名实体仅覆盖语料的 9%。这说明，普通词语的使用频度要远远高于各种命名实体。这就是语言使用的一种实际状态。

2013 年 6 月 5 日，国务院正式公布《通用规范汉字表》，调查通用规范汉字的使用情况成为当年的一项监测任务。我们将 2013 年度媒体所使用的 11 408 个汉字与《通用规范汉字表》进行比对，获得通用规范汉字在媒体中的使用分布情况。调查发现：8105 个规范汉字，在 10 亿字次的媒体语料中共出现 7478 个，这些规范汉字的使用频率总和覆盖了全部语料的 99.992%。从通用规范汉字在语料中的分布情况来看，《通用规范汉字表》的分级、定量符合汉字使用规律。627 个没有在媒体语料中使用的规范汉字，有 217 个是新收录的类推简化字，不可能出现在当年的语料中，其余的多是文言、地名、姓名、科技和方言用字。此项调查为社会用字规范提供了参考，也为《通用规范汉字表》随时间的动态微调提供了数据支持。

（二）新词语调查

年度新词语调查从 2006 年开始，已做到 2014 年，每年的调查结果汇集成一本《汉语新词语》予以出版。这 9 年中共提取出了 5264 个年度新词语。这些新词语记录下了社会发展的历史进程，从中也可以看出近些年来新词语产生、发展以及消亡的规律。与汉语现有词语以双音节者居多不同，这 5264 个新词语以三音节者居多，三音节词占46.26%，双音节和四音节的词分别占21.56%和22.89%。三音节词占优势与这些年来多利用词语模造词有关，以后缀“族”造成的词语有333个，“～门”162个，“～哥”69个，“～客”65个，“微～”212个，“被～”66个，“云～”57个，利用词语模造成的新词共计1300多个，占所有新词语的25%左右。

这9年，是社会转型期，又是网络文化尤其是自媒体开始盛行的时期，出现数量多、使用小众化成为新词语的一个特点，同时传播快、消亡快、生命周期短也是这一时期新词语的特点。年度新词语往往在第二年时就有三分之一不再出现，成为“隐退词”了。另外，表达事件的词语多、表达新概念的词语多也是这一时期新词语的特点，这也是相当一部分新词语很快隐退的原因之一。

（三）字母词调查

字母词大量使用是新时期汉语书面使用系统最大的一个变化。关于字母词的使用问题，一直争议不断。有人提出了“汉语危机论”，认为像NBA、WTO、GDP这些外文缩略词的使用会使得汉语在300年后消亡，提出要打一场“汉语保卫战”[③]。汉语真的会消亡吗？字母词的使用到底是一种怎样的情况？到底应如何看待它？本着问题驱动的原则，我们对1990—2012年《人民日报》字母词的使用情况进行了调查。图1反映了23年间字母词词种使用变化趋势。

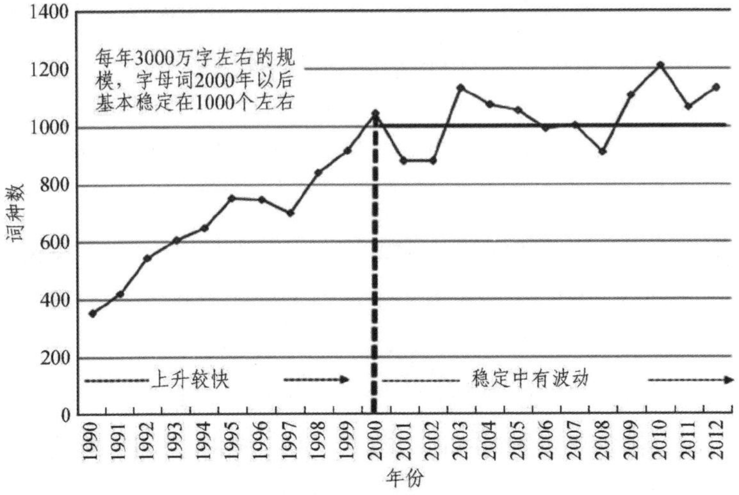

图1　1990—2012年字母词词种使用变化趋势

图 1 显示，以 2000 年为界分成两段，前一段的 11 年间字母词使用数量上升较快，从每年使用 300 多个一直升到 1000 多个；2000 年以后的 12 年间字母词使用数量略有上升，但基本上是在 1000 个左右波动。这似乎告诉我们：出于语言工具性的需要，汉语对字母词的吸收和使用不是无限制的，到达一定的量就会处于饱和状态。再看图 2。

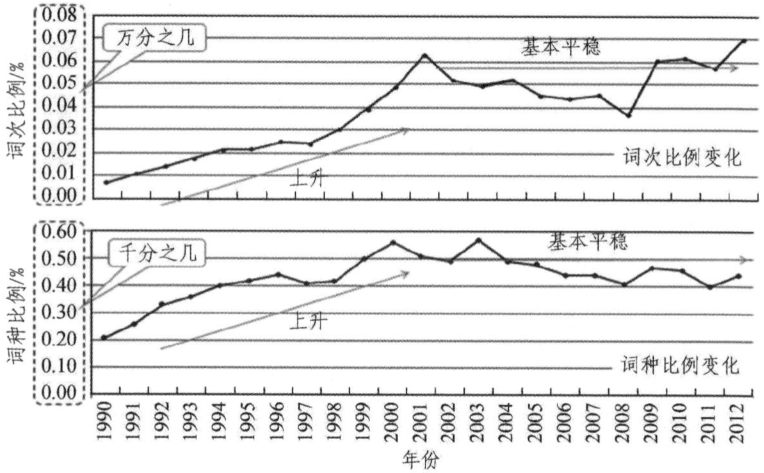

图 2　1990—2012 年字母词词种、词次使用比例变化趋势

图 2 实际是两幅图，下面是字母词词种使用变化的比例图，上面是词次使用变化比例图。这两张图与刚才的图显示了同样的变化趋势。要注意的是竖轴上的比例，词种比例是“千分之几”，1990 年时是千分之二，2000 年时是千分之五；而词次比例则是“万分之几”，1990 年时还不到万分之一，2001 年几乎最高了，也仅仅是万分之六。这说明字母词大部分是低频词，使用频次大大低于汉字词。

字母词使用的稳定性如何？也可以通过年度间共用的统计数据来说明。《人民日报》23 年间一共使用了近 1 万个不同的字母词，共用的字母词只有 23 个：ABC、BBC、B 超、CAD、CCTV、CNN、CT、DNA、GE、IBM、NEC、NHK、PC、PVC、SOS 儿童村、T 恤、T 恤衫、X 光、X 光机、阿 Q、卡拉 OK、维生素 A、维生素 C。而人们很熟悉的 APEC、NBA、GPS、MBA、MTV 等是 1992 年以后才开始使用的。GDP 是 23 年《人民日报》语料中使用频次最高的字母词，在 1990 年用过 1 次，1991 年用了 12 次，但 1992 年没有出现。

这个调查证明：（1）汉语不存在危机，不会因字母词的使用而在300年后消亡；（2）字母词使用很不稳定，绝大部分字母词是低频使用的，对大多数人是陌生的，应尽量少用；（3）应推动外文缩略词的汉化工作。

好在我国已在2012年6月20日成立外语中文译写规范部际联席会议专家委员会，专门负责外语词的中文译写规范工作。在国家语言资源监测与研究中心数据的支持下，经过专家论证，2013年4月19日已公布PM2.5的中文名称为“细颗粒物”，9月13日又发布了包括PM2.5、IT、IQ、WTO、WHO在内的10个外文缩略词的中文名称。2014年又发布了两批外文缩略词的中文名称。相信随着这样的工作，汉语会朝着越来越健康的方向发展。

（四）网络新媒体语言调查

这10年互联网飞速发展，各种新媒体相继出现，从网络论坛，到博客、微博，最后发展到微信，媒体的变化也带来了语言的变化。在调查博客语言使用状况时发现了一些很有意思的现象，比如不同性别的博客用户在使用词语上各有特点，下面是男性和女性使用最多的前10个名词（教育部语言文字信息管理司，2012：276—277）：

男性：社会、问题、国家、政府、学生、文化、政治、历史、学校、大学

女性：女人、男人、时候、女性、爱情、朋友、孩子、美女、明星、妈妈

从这些词可以看出，男性更关注的是社会、政治；女性更关注的是家庭、生活。不知道这能不能说明，如果想回到一个人本社会的话，女性管理者、女总统可能更有优势。21世纪以来国家和地区领袖性别比例的变化似乎在证明着这一点。

再如在微博语言调查（教育部语言文字信息管理司，2014a：294—296）中发现，有68%的话题标签只使用一次，话题标签标示微博帖讨论的话题，这说明微博帖讨论的内容十分广泛，带有明显的个性化特点。另外，从“晒头像”“分享图片”“分享音乐”“空间照片”“漂流瓶”“街景微博”“QQ圈子”“云游四海”“分享高清MV”这样一些带有微博行为和活动特点的标签中也可以看出微博受到年轻人喜爱的原因。

（五）教材语言调查

通用语方面主要做了基础教育教材以及汉语作为第二语言教学教材的调查，描写了教材语言使用的实态，对教材的进一步合理使用及改进有重要意义。比如对小学语文教材中的字种、字量、字序调查（国家语言资源监测与研究中心，2010：435—458），发现不同版本教材字量大致相同，基本在《全日制义务教育语文课程标准（实验版）》（以下简称《标准》）要求的2500字左右，但字种差别很大，调查的8套教材生字字种共计3855个，比《标准》要求掌握的2500字多出了54.2%，其中有些还超出了3500常用字的范围。8套教材第1册共用生字只有33个，只占第1册生字总数773个的4.27%，这说明在汉字教学最初阶段，应该选择哪些汉字作为教学对象，即字序问题，值得深入研究。

再如对大陆与台湾地区小学语文教材的对比调查结果（教育部语言文字信息管理司，2013a：234—240）显示，无论是总字数、课文总篇数，还是每篇课文的长度，大陆地区的小学语文教材都要多于或长于台湾地区的小学语文教材。在相同的学制学时下，大陆的教材厚、课文多、教学内容多，导致学生负担较重。因此，需要对中小学语文教材的教学内容、教材容量加强研究，以改变教学内容愈教愈深、教材越来越厚的趋势，把中小学生的"减负"真正落到实处。

对民国时期小学语文课本的调查（教育部语言文字信息管理司，2014a：101—108）说明，民国教材有其理念的先进性，但作为现代汉语形成过程中的产物，语言变异的痕迹还是比较明显，不宜直接照搬使用。

（六）少数民族语言调查

对少数民族语言使用状况进行调查，也是国家语言资源监测与研究中心的重要任务。从2009年开始，主要做了维吾尔语、藏语和哈萨克语的媒体用语和中小学语文教材语言使用状况的调查，其中大部分都是国内首次对该民族语言使用状况进行的实态调查，对了解民族语言实际使用状况有着重要意义。比如对现代维吾尔文网站用词情况进行了调查（国家语言资源监测与研究中心，2010：465—483），在550万词次的语料中获得了维吾尔文词尾、词干使用的基本状况，首次给出了维吾尔文网站高频词尾列表（32个），发布了维吾尔文网站高频词干表（1000个）。

除此之外，还对海外华语使用状况进行了调查，主要调查了东南亚地区媒体和小学语文教材的语言使用状况。

上述语言监测的成果大都收录在各年度的《中国语言生活状况报告》绿皮书中。目前，这个绿皮书系列已经被译为英文在德国德古意特（DE GRUYTER）出版社出版，在全世界范围内发行，韩文版也即将面世，为中国学术走向世界做出了有益的探索和尝试。从2006年开始在商务印书馆出版新词语编年本，每年一本，记录下当年的新词语，以反映社会历史的变化。此外，国家语言资源监测与研究中心还做了一系列的发布：

（1）中国主流报纸十大流行语的发布（2003—2006）

（2）中国媒体十大流行语的发布（2007—2014）

（3）中国媒体十大新词语的发布（2011—2014）

（4）中国十大网络流行语的发布（2012—2014）

（5）汉语字词盘点（2006—2014）

这些都在社会上产生了很大影响，引起广泛的关注，主流媒体包括《新闻联播》《焦点访谈》等都给予了相关的报道。从2003年发布报纸流行语开始，经过十几年的坚持，现在，用语言盘点社会生活已经成为一场盛宴，一种新的年俗。每到年底，人们都会期待着、猜测着：能代表今年的是哪些字，哪些词。

语言监测还应包括对语言文字舆情的关注和把握。从2013年1月1日开始，利用我们自己研发的语言文字舆情监测系统（程南昌，2013）实时监测语言文字舆情动态，抓取相关信息，经过筛选提炼，形成半月期的内部参考《语情信息》。教育部语信司与武汉大学共建的“中国语情监测与社会发展中心”也在密切关注语言文字舆情，从2010年开始，每季度发布带有一定深度分析的内部刊物《中国语情》。

三、理论与技术

作为一项语言工程，语言监测有三个支撑点：资源、理论、技术。资源是语言监测的基础，是语言监测获得生命的源泉；理论是语言监测的指导，使之科学健康地发展；技术是语言监测得以实现的保障。

在语言监测的实践中，除了使用现有的语言理论，我们还提出了一些理论模型，如语言动态－稳态理论、相对时间理论（张普，2009）、词汇时空运动模型（何伟等，2007）、语言监测框架体系等。

“历时中包含有共时，共时中包含有历时”（张普，2003）是动态语言知识更新的核心观点，也是实施语言监测的理论基础。历时，就是以确定的、连续的时点或时段（比如，一天，一个月，一年……）作为观察语言的窗口，以年度媒体语言数据作为语言监测的基础资源，进行字、词语、新词语、流行语等的调查与比较，历时强调的是语言数据按照时间分布的情况；共时，是对应历时时点、时段上的任意一个横切面，在这个切面上要考虑语言的空间分布，语言监测中每一个年度的语料，都要考虑媒体、地域、领域等分布，指导实施语言监测的语言数据资源建设。在历时、共时的维度下，语言中的每一个元素都具有历时、共时的属性。历时与共时的相互包含和融合，是寻找、发现以年度为节点的语言动态与稳态现象的哲学思想。

建立词汇时空运动模型的根据是，词汇系统中的每一个词语都有自己的运动轨迹，都可以从时间和空间这两个维度去考察。词汇的时空运动可以通过它在词汇系统中分布空间在时间上的变化来表示。可以用归一化使用率、使用率比、速度函数作为词汇时空运动模型的特征集。这样就可以将常用词、流行语、新词语、字母词、术语、突发事件用词等各类不同词汇现象纳入到一个统一的理论模型中，满足了各年度《中国语言生活状况报告》发布任务的需要。

语言监测框架体系（图 3）将语言监测分为自底向上、前后衔接的四个模块：语言资源—技术平台—监测数据—实现服务。其中语言资源是基础，为语言监测提供原料；技术平台是支撑，语料经过技术平台的处理才能变成有用的数据；数据是监测的结果，它们要通过一定的平台发布出去，才能实现服务国家、服务社会、服务学术的功能。语言监测正是这样通过共享机制实现它的服务功能，又通过评测机制不断改进完善。

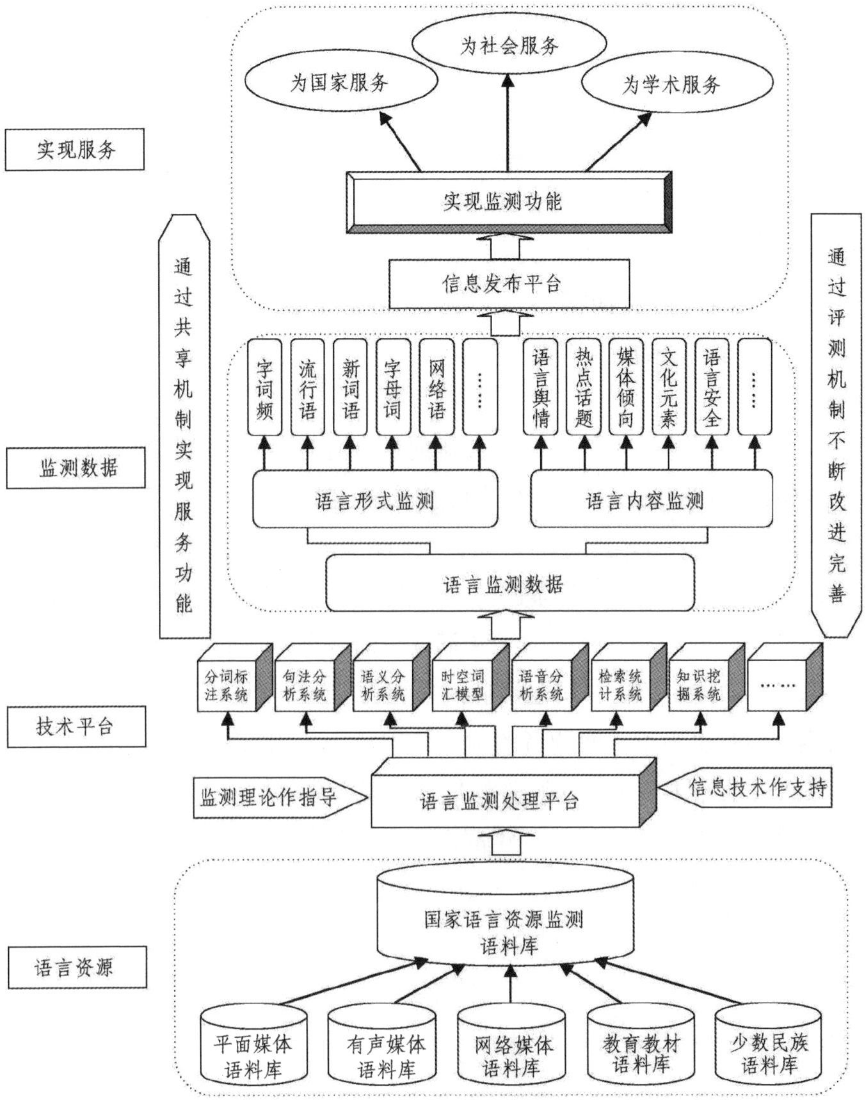

图 3　语言监测框架体系图

除了语言理论指导，语言监测还需要现代技术的支持，如果没有一个能支持下述各项功能的技术平台，语言监测就无法实现。

（1）文本语料的自动采集、分类、标注、储存；

（2）语音语料的采集、存储、检索，方便查找词语读音；

（3）提取分类语料形成子语料库；

（4）大规模语料的自动分词、词性标注；

（5）字频、词频统计功能；任意字符串、词串的检索；

（6）凸显语言新现象，以便于提取新词语、流行语；

（7）凸显特定词语，以便于提取与社会发展变化密切相关的词语（机构名、人名、姓氏、字母词、文化元素等）；

（8）语言文字舆情检测、分类、跟踪及分析；

（9）热点话题识别与跟踪；

（10）对舆情文本进行倾向性分析；

……

历年的语料采集，字词语调查，新词语、流行语、网络用语等提取，已经形成了成熟的支持海量语料数据处理的技术路线和流程（杨尔弘，2010）。

语言监测研究属于交叉学科性质，我们在调查报告撰写中使用了不少术语。这些术语及定义，多数学术界本已有之，但因分属于不同学科而不便查找使用，也有的是基于监测研究实践中的某些新认识而逐渐形成的一些专门的、比较凝固的、需要经常使用的词语，也姑且称之为“术语”。为了解决术语不统一所带来的困惑，同时也为了方便读者阅读和使用语言监测的调查报告和数据，我们搜集、整理并公布了《语言资源监测与研究相关术语》（见《中国语言生活状况报告 2007（下编）—2013》），每年都出一个新的版本，不断补充、修改，使其逐渐完善。

四、语言服务

语言服务是语言监测的终极目标，包括为国家服务，为社会服务，为学术服务。

为国家服务主要是为政府决策服务。中国语言资源监测与研究中心承担着语言智库的责任。语言监测提供的一系列数据，如常用字词数据、字母词使用数据、网络词语使用数据、外文人名地名使用数据、火星文使用数据等，为国家语委语言文字规范和标准的制定提供了有力的支撑；我们撰写的一系列咨政报告，如《外文缩略词的使用状况及对策建议》《台湾地区小学语文教材容量只有大陆教材一半》《小学语文教材不宜回到民国时代》《政府应加大对民族语文网站的支持力度》等为国家制定语言政策及语言教育政策提供了重要的参考。

为社会服务主要是为公众服务。国家资源，要取之于民，还之于民。每年的数据发布可以引导民众关注语言生活，把握语言国情，冷静客观地看待和应对语言生活中的各种新变化和歧异现象，以构建和谐的语言生活。

为学术服务可以分为在线和线下两个渠道进行。在线服务，主要是利用各中心的网站将语言资源、技术资源及文献资源公布，实现最大限度的资源共享。如有声媒体语言资源网的在线共享资源“媒体语言语料库（MLC）”“媒体语言在线分词标注系统”“新词语研究资源库”“新词语公示系统”，以及“同音字汇自动生成系统”“平行语料检索系统”“多语种语料检索系统”等免费下载的语言研究软件工具[④]，平面媒体中心网站的“DCC 动态流通语料库”[⑤]，等等。线下服务，采用合作研究的方式用语料、数据及工具支持兄弟院校和科研机构承担的研究项目以及国内外语言研究人员尤其是一些博士、硕士研究生以及本科生的研究课题。

综上可以看出，语言监测工作包括三个基本元素：语言＋计量＋社会。它的目标就是运用计量的方法，了解语言生活，把握语言生活；用语言这把尺子来丈量社会，从语言这面镜子中观察社会，反映社会生活，进而借助语言的力量推动社会朝着和谐健康的方向发展。珍爱中华语言资源，力图把语言研究与社会生活、与国家发展、与语言服务紧密联系起来，就形成了生长于中国大地的、不同于以往也不是跟在洋人后面的语言学流派——语言生活派。这个学派的研究特点是接地气、求真知、重实用。我们将会沿着这个方向继续前行。

附注

①后因考虑海外华语不宜作为监测对象，海外华语研究中心单设，国家语言资源监测与研究中心只含其余五个分中心。

② 2005 年因第一次做调查，规划不周，语料为 7 亿字次，2006 年开始每年为 10 亿字次，包括报纸、广播电视、网络新闻，语料量的比例为 5∶1∶4。

③傅振国《英语蚂蚁在汉语长堤打洞》，人民网 - 强国社区，2009 年 11 月 25 日，http：//www.people.com. cn/GB/32306/33232/10449570.html；傅振国《300 年后汉语会消亡吗？》,《文汇报》2010 年 2 月 28 日。

④网址为 http：//ling.cuc.edu.cn。

⑤网址为 http://dcc.blcu.edu.cn/main.action。

参考文献

国家语言资源监测与研究中心，2006. 中国语言生活状况报告 2005：下编［M］. 北京：商务印书馆 .

国家语言资源监测与研究中心，2007. 中国语言生活状况报告 2006：下编［M］. 北京：商务印书馆 .

国家语言资源监测与研究中心，2008. 中国语言生活状况报告 2007：下编［M］. 北京：商务印书馆 .

国家语言资源监测与研究中心，2009. 中国语言生活状况报告 2008：下编［M］. 北京：商务印书馆 .

国家语言资源监测与研究中心，2010. 中国语言生活状况报告 2009：下编［M］. 北京：商务印书馆 .

教育部语言文字信息管理司，2011. 中国语言生活状况报告 2011［M］. 北京：商务印书馆 .

教育部语言文字信息管理司，2012. 中国语言生活状况报告 2012［M］. 北京：商务印书馆 .

教育部语言文字信息管理司，2013a. 中国语言生活状况报告 2013［M］. 北京：商务印书馆 .

教育部语言文字信息管理司，2014a. 中国语言生活状况报告 2014［M］. 北京：商务印书馆 .

教育部语言文字信息管理司，2015. 中国语言生活状况报告 2015［M］. 北京：商务印书馆 .

教育部语言文字信息管理司，2013b. 中国语言生活要况 2013［M］. 北京：商务印书馆 .

教育部语言文字信息管理司，2014b. 中国语言生活要况 2014［M］. 北京：商务印书馆 .

周荐，2007. 2006 汉语新词语［M］. 北京：商务印书馆 .

侯敏，周荐，2008. 2007 汉语新词语［M］. 北京：商务印书馆 .

侯敏，周荐，2009. 2008 汉语新词语［M］. 北京：商务印书馆.
侯敏，周荐，2010. 2009 汉语新词语［M］. 北京：商务印书馆.
侯敏，周荐，2011. 2010 汉语新词语［M］. 北京：商务印书馆.
侯敏，杨尔弘，2012. 2011 汉语新词语［M］. 北京：商务印书馆.
侯敏，邹煜，2013. 2012 汉语新词语［M］. 北京：商务印书馆.
侯敏，邹煜，2014. 2013 汉语新词语［M］. 北京：商务印书馆.
侯敏，邹煜，2015. 2014 汉语新词语［M］. 北京：商务印书馆.
程南昌，2013. 语言文字舆情自动监测方法研究与系统实现［D］. 北京：中国传媒大学.
张普，2009. 动态语言知识更新研究［M］. 北京：商务印书馆.
何伟，侯敏，文采菊，2007. 流行语时空监测模型研究［C］// 内容计算的研究与应用前沿：第九届全国计算语言学学术会议论文集. 北京：清华大学出版社.
张普，石定果，2003. 论历时中包含有共时与共时中包含有历时［J］. 语言教学与研究（3）.
杨尔弘，2010. 支持语言监测的海量数据处理技术［J］. 术语标准化与信息技术（2）.

【作者单位：中国传媒大学，北京语言大学。本文原发表于《语言文字应用》2015 年第 3 期】

字母词多维透视

侯　敏

字母词的使用在汉语中已有100多年的历史，近30年来字母词数量增多，日益引起社会、学界和政府的关注，争议颇多。在梳理前人研究成果以及自动监测、大规模调查的基础上，本文试图从本体、历史、功能、规范等不同侧面对字母词做一个多维度的透视。

一、本体

字母词本体研究主要涉及字母词属性、定义、特征及分类。

1994年，刘涌泉发表文章《谈谈字母词》，全面论述了字母词的概念、性质、范围和类型等，标志着字母词概念的形成和确立。他认为“字母词是指汉语中带有外文字母（主要是拉丁字母）或完全用外文字母表达的词”。此定义引起了很多专家学者的思考与讨论，许多学者发表了不同的观点。此后，刘涌泉（2002）又提出了较为全面的定义，字母词是指“由拉丁字母（包括汉语拼音字母）或希腊字母构成的或由它们分别与符号、数字或汉字混合构成的词”。关于字母词的属性和界定，学界存在如下三种争议：（1）字母词是外语词还是汉语词；（2）汉语拼音缩略词是不是字母词；（3）外文原单词是不是字母词。

邹玉华（2006，2012）避开后两个争论，根据认知语言学原型范畴理论，构拟出了字母词概念结构，求证出了字母词的四个形式特征：（1）与汉字组合；（2）读字母名称音；（3）形体大写；（4）缩略。从理论上解决了字母词的概念和范围问题，认为字母词是个原型范畴，从形式和语言词的维度上看都有典型和非典型之分，非典型字母词的界定是学界的分歧所在。

侯敏（2007，2016a，2016b）指出，典型字母词除了在形式上要符合上述四个条件，在语言运用上还要符合以下四个条件：（1）语义上具有概括性；

（2）认知上具有公众性；（3）使用上具有较高频度；（4）具有国际通用性。形式四特征和语言运用四条件是判定一个字母串或带字母串是不是典型字母词或在多大程度上是典型字母词的标准。

上述定义在承认字母词是汉语词的前提下说明了字母词的内涵，却并没有界定它的外延。汉语书面表达中字母使用现象纷繁复杂，字母词只是其中的一部分，从本体研究以及语言监测的角度，有必要对其进行工程分类，通盘考察，给出一个更加清晰的描述。

从自动监测、语言调查这一工程性目标出发，“字母词”这一集合与其他汉语词汇类别有两点不同，其一，“字母词”是从书写形式角度提出的一个汉语词汇的类别，采用带西文字母的形式或完全用西文字母形式来书写记录词义，是字母词的本质特征；其二，从这一形式特征出发，汉语字母词与非汉语字母词（如英语词）、典型字母词与非典型字母词均形成一个连续统，其间并没有明显的形式上的界限。上述两点中，第一点给字母词的自动识别带来一定的便利，第二点则造成了字母词自动识别的困难和障碍。因此，对汉语中的字母形式进行全面细致的分类，是顺利完成字母词自动监测和大规模调查的基础。

汉语中出现的字母形式大致可进行三级分类：第一级，可根据其是否属于汉语系统分为字母词和非字母词两类；第二级，字母词又可根据其与原型特征的相似度分为典型字母词和非典型字母词两类；第三级，典型字母词与非典型字母词又可以根据其形式或内容特征各自分为多种类别。

汉字加字母的字母词和外文缩略词是字母词在形式上的两个原型，是典型字母词的核心，但其中情况也不完全一样，还需进一步分析。

（一）外文缩略词

根据表达内容，外文缩略词还可细分为人名、地名、机构名、其他专名、量词、化学符号、货币符号和普通缩略词八类。根据典型字母词在语言使用上的四个条件，其中后四类基本上可以认定为典型字母词，当然每一类中各个词的表现也不一样，如量词中，“cm、kg、km、KB、MB”使用频率较高，而“BTU、GEV”的使用频率就不那么高，化学符号和货币符号也带有较明显的领域性，其中有相当部分使用频率也不是很高，但考虑到它们的国际通用性和认知的公众性，以及类的封闭性，还是放到典型字母词中为宜。人名，指的是

“G·W·布什、H.T.D.罗斯特”这种字母缩写加汉字的，这是一个开放的类，专属性极强，使用频率较低，应归属非典型字母词。外文缩略的地名和其他专名在语料中出现较少，因有些无法归入英文单词，只好自成一类，如“KKL音乐厅、MIL图书馆、LV、NKK奖”，都属非典型字母词。机构名又不一样了，它和人名一样具有专属性，但其中有一部分，如“WTO、NBA、IBM”，具有极强的国际通用性和认知公众性，也具有相当高的使用频率，从语言运用的角度来看，放在非典型字母词中不合适。但一些层次比较低的缩略机构名，在各种属性和运用上又和人名没什么区别。因此我们做了一个硬性规定：国际级机构名（如“WTO、UN”）、国家级知名机构名（如“CCTV、BBC”）和国际上知名的商业机构（如“IBM、TCL”）划入典型字母词，其余列入非典型字母词。

根据形式上是否带汉字，外文缩略词还可分为带汉字的和不带汉字的两种。不带汉字的外文缩略词上面已有说明，不再赘述。带汉字的普通外文缩略词往往都是外文缩略词再加义标或义类，加义标的如“ATM机、DVD盘、GPS导航系统”，加义类的如“3G手机、4D电影、3D打印机”，这类字母词与两个概念原型都有相似之处，符合四条形式特征，一般也符合除了“国际通用性”外语言运用的其他三个条件，其典型字母词的地位无人质疑。

（二）带汉字字母词

其余带汉字字母词根据字母表达内容的不同，可分为排序替代词、借形词两类。排序替代词是指“维生素A、B小调、A先生、D楼、X光”之类的字母词，其中字母的主要作用是排序或者替代。借形词与其不同，是指“T型台、T恤衫、A字裙、V字领、S形”之类，是借字母的形状来表意。这两类词构成了第一种字母词原型，符合除“缩略”外的三条形式特征，也符合除“国际通用性”外的三条语言运用条件，虽然词种不算太多，但使用频度非常高，是字母词中比较稳定的部分，应归入典型字母词。

（三）其他

除此之外，汉语中还有一些字母形式被使用，包括外文原单词、汉语拼音、汉语拼音缩略词、（产品等）型号、车牌号、车次航班号、版本号、网址邮箱、网名等，具体分析如下：

1. 外文单词与汉语拼音

外文原单词是外语中的词，汉语拼音是给汉字注音的工具。这两个类别与字母词概念原型之间没有直接的相似性，不符合任何一条形式特征，也不符合语言运用上的四个条件，因此不是字母词。

2. 汉语拼音缩略词

汉语拼音缩略词是指“GB（‘国标’拼音的缩略）、HSK（‘汉语水平考试’拼音的缩略）”这样的词。虽然不是外文缩略，也没有与汉字组合，但是它和外文缩略词共同满足“形体大写”“读字母名称音”和“缩略”三条形式特征，同时符合语言运用四个条件，因而应归入典型字母词。

3. 型号、车牌号、车次航班号、版本号

型号是指各种产品、项目的编号。在所有字母形式中，型号是较早出现在汉语中的、词种数最多、一次性使用频度最高、构成最不稳定的一个类。车牌号是指汽车牌号。车次航班号是指火车车次和飞机航班编号。版本号是指报纸等版面信息。这四类词语都带有编号的性质，都往往与阿拉伯数字组合，但由于形式特征不同，为便于工程处理和词表管理，将其分为四类。因表意不具有概括性，使用频度低，这类词属于与原型有较大差别的非典型字母词。

4. 网址邮箱

网址、邮箱是随着互联网飞速发展，近几年才出现在汉语中的语言现象，一般较长，网址以“www”或“http”为标志，主要组成部分为数字和小写字母；邮箱以“@”为标志，以小写字母为主，也有的带有数字。因其随意性太大，形式和语言使用上都不符合字母词条件，而且直观上也不像一个词语，因此，我们将其归入非字母词之列。

5. 网名

网名也是近年来出现的一种新鲜事物。因其用于虚拟社区，不具法律效力，所以人们可以随心所欲创造，形式也五花八门，其中带有字母的，就自然进入我们研究的视野，如“风信子 waiting、jinto 大鹏、小石头妈妈 t、POCKEY_LAI”，这类也可以看作字母词与非字母词的中间地带，我们将其归于非典型字母词，属于非典型字母词的最外围。

6. 特殊词

由于字母形式非常复杂，还有一些比较特殊的现象，如“OK、IN（in）、

OUT（out）、N（n）、ing”，它们有的是英文词，有的是英文词的一部分，但用在汉语中，经过汉化，表达了与英文不太一样的意义；还有像“WORD、Windows”等，是普通英文词，但也是软件名称，后者常用在汉语中。好在这些词语不多，我们称其为“特殊词”，因使用率较高，暂且归入典型字母词中。

根据上述分析，汉语中使用的字母形式可根据在汉语中的作用分为典型字母词、非典型字母词、非字母词这样不同层级，用图形表示如下：

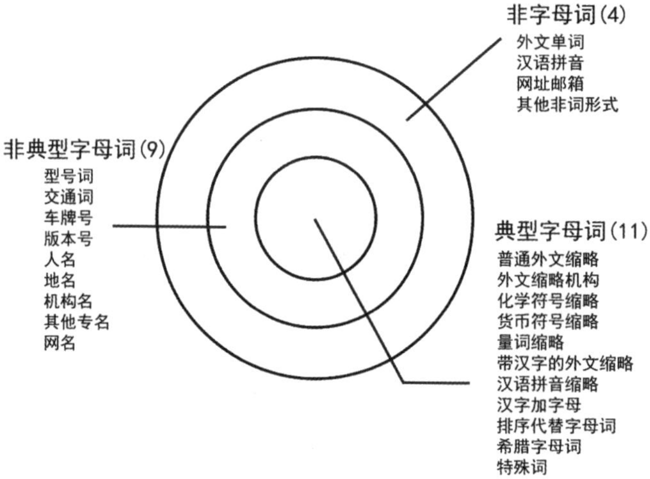

图 1　字母形式不同类别层级图

二、历史

以史为鉴，可以知兴替。从 1868 年《格物入门》首次出现拉丁字母的元素符号开始算起，字母进入汉语的书面表达系统有近 150 年的历史。但我们不妨把眼光放得更宽广更长远一些。

（一）汉语记录系统的历史：从同质到异质

从古至今，汉语记录系统经历了一个从同质到异质的变化（郭熙，1992）。翻开先秦的作品，其中只有方块汉字，汉代以后，才有了断句的点号。今天，汉语书面表达系统包括四个子系统：汉字、标点符号、阿拉伯数字、字母。其中只有汉字是中华文化中固有的，是从我们的古人那里继承下来的，尽管不同时代其书写形式也发生了甲骨文、金文、小篆、隶书、楷书等的变化，但根是中国的。其余三者都是外来户、舶来品，是语言接触、文化交融的产物。

标点符号，是借鉴西方，经过一定改造，在五四运动之后才开始广泛使用的。我国 2011 年公布了《中华人民共和国国家标准标点符号用法》，目前正在进行新的修订。

阿拉伯数字本是古代印度人创造，传入阿拉伯后，阿拉伯人将其发扬光大，12 世纪又由阿拉伯传入欧洲，欧洲人称之为“阿拉伯数字”。大约 13—14 世纪，阿拉伯数字传入我国，但没有得到广泛运用。直到 20 世纪初，随着我国对现代数学的引进和重视，阿拉伯数字在我国才慢慢开始使用。中文出版物改为横排版后，阿拉伯数字使用范围日益广泛。1987 年 1 月 1 日，国家语言文字工作委员会、国家出版局、国家标准局、国家计量局、国务院办公厅秘书局、中宣部新闻局、中宣部出版局联合发布了《关于出版物上数字用法的试行规定》。经修订，于 1995 年 12 月 13 日由国家技术监督局正式作为国家标准颁布，从 1996 年 6 月 1 日起实施。阿拉伯数字现在已成为人们学习、生活和交往中最常用的数字写法，甚至有些已进入了普通词汇，成为构词的一部分，如“211 工程、4S 店、9・11 事件”。

汉语文献中出现拉丁字母起于明代，《程氏墨苑》收有意大利传教士利玛窦在 1605 年用拉丁字母标注的四篇中文，成为现代《汉语拼音方案》的胚芽（罗常培，1958），但这时拉丁字母仅是给汉字注音的工具。作为汉语记录工具的字母词，最早可以追溯到 19 世纪下半叶，1868 年江南制造总局出版的《格物入门》一书介绍无汉语译名的元素符号表示法时直接使用了拉丁字母（张铁文，2006、2013）。之后，字母词虽然使用不多，但因拉丁字母本身具有的无意义性、书写的简洁性、记忆的方便性和天然具有的位序性，非常适合作为排序和指代的符号，如“A.、A 组、B 座、W 先生”，这种用法在汉语中是常见的。以至于毛泽东批评党八股是“开中药铺，甲乙丙丁一二三四 ABCD”。大量外文缩略式字母词进入汉语是在改革开放以后。

应该说，对这三者的吸收丰富了汉语的书面表达系统，使信息传递更准确、更简明，大大提高了汉语书面表达的效率。

还有一点也应注意到，这四个子系统在汉语书面表达中的作用是不同的，汉字是汉语书面表达的主体，汉语词汇绝大部分是用汉字来记录的，其余三个都是起辅助作用的。标点使信息传递得更准确，排除歧义性；阿拉伯数字使数目的书面表达更简洁明了，增加了排序和数字表达的丰富性；字母的指代、排序作用使汉语的指代、排序表达更丰富更方便。但新近出现的字母词，尤其是其中的外文缩略词与它们不一样，它直接表达内容，替代了原本应由汉字来传递的概念性信息。这大概也是人们格外关注它的主要原因。

（二）字母词进入汉语的历史：从无序走向有序

与世间万物产生发展的轨迹相似，字母词进入汉语词汇系统也经历了产生、形成、发展的过程：从晚清萌芽时期的零星出现，如元素符号，光学领域的 D 线、X 线，到民国时期集中于文学、政治、医学领域，数量不多，如阿 Q、三 K 党，再到改革开放以后，随着新概念、新事物的大量涌现，受科技迅猛发展和国际交流的影响，字母词高频出现、数量激增，发展到今天，字母词俨然具有了自身的词汇家族系统（张铁文，2013）。常用字母词不仅被一些权威词典收录，学界还有了专门收录字母词的词典，如《字母词词典》（刘涌泉，上海辞书出版社，2001 年）、《汉语字母词词典》（刘涌泉，外语教学与研究出版社，2009 年）、《实用字母词词典》（沈孟璎，汉语大词典出版社，2002 年）、《实用字母词词典》（侯敏，商务印书馆，2014 年）等。

字母词的书写形式也经历了从无序慢慢向有序发展的过程。同形词多是字母词使用的一个特点（侯敏，2007）。1949 年《人民日报》中表“滴滴涕”义的字母词共出现 57 次，有 4 种写法：“DDT”33 次，“D.D.T”20 次，“D・D・T”3 次，“D・D・T・”1 次。后来才形成统一的“DDT”的规范写法。表“无线保真”义的字母词自 2007 年首次在《人民日报》上出现以后，就有“WIFI、WI-FI、wifi、wi-fi、WiFi、Wi-Fi”等多种不同写法，直至 2015 年《人民日报》还有两个词形：“WiFi”101 次，“Wi-Fi”2 次，还没有达到最后的统一。

（三）字母词传播的历史：从专业领域进入日常生活

字母词的传播也有一个历史过程。从最早的“X 光”到新晋的“APP”，大部分典型字母词都经历了专业领域→科普文献→日常生活的过程。目前最常用的字母词，如“X 光、CT、B 超、DNA、维生素 C、ICU”来自医学领域，“GDP、A 股、B 股、H 股、APEC、IC 卡、CPI、CBD、IMF、ATM 机、POS 机、VIP、P2P”来自经济领域，“NBA、CBA、F1 赛车、VS、PK”来自体育领域，“3D、4D、3G、4G、IT、PC、LED、GPS、APP”来自科技领域，“4S 店、SUV、ETC”来自汽车领域，“MTV、KTV”来自文化领域，“PM2.5、PM10”来自环保领域，只有少数如“T恤、DIY”原来就属于日常生活领域。值得注意的是，一旦字母词这种形式在汉语中被接受并扎下根后，并不是所有的字母词都是外来词，其中有一部分是汉语自产的，如“阿Q、AA制”这种带汉字的以及“GB、HSK、WSK”这种汉语拼音的缩略形式，也有一部分字母词竟是我们中国人自己先把汉语翻成英文，再进行简缩而形成的，如在某些时段饱受网民诟病的“CCTV”。本来已有好好的“中央电视台”，也有其简缩形式“央视”，为什么一定要用英文中简缩意义[①]与其大不相同的“CCTV”？其中原委值得我们深思。

（四）世界表意文字体系与表音文字体系演化的历史：从拒绝到吸收

如果我们再把眼光放开一些，从世界文字演化历史的角度来看汉语中的字母词，它应该是世界表意文字体系与表音文字体系对话的结果（樊友新，2007）。作为世界上现存的表意自源文字，几千年来，汉字一直在一个相对封闭的环境中创新、成长并传承下来，其中虽有几次与外界的交融，但基本守住了汉字表达的底线，汉唐时传进的一个非汉字符号“卍”只用在艺术表现的场合，并没有成为普遍使用的文字。但到了20世纪末期，当代全球一体化的大潮、中国改革开放的胸怀和英语咄咄逼人的气势，以及国人对汉语拼音的熟悉和外语水平的提高，再加上汉语表达系统中已有的缝隙（如“X光、阿Q、三K党、维生素C”之类少数字母词），使得以外文缩略词为主的字母词撕开汉字表达的防线，在人们猝不及防中如潮水般灌进汉语表达系统，在表意的自源汉字的铁板中掺进了表音文字的沙子。是耶？非耶？从长远来看，还不好说，但从近处来看，至少可以说，是字母词救了汉字一时无法消化扑面而来的科技文化新词的急，弥补了汉字不易转写外来成分的局限（写成“西替、西剃”可能还不如直接写成“CT”），帮助汉字记录了汉语中吸收的外来新成分，才使得汉语能够高效完成交际沟通的任务。从这一意义看来，是不是也可以说字母词的使用是汉语记录系统为适应新时代的社会需求，汲取了表音文字的优势而做出的自我改进和创新？

三、功能

语言是交际的工具，记录语言的文字是工具的工具。作为一种工具，具有其他工具不具有的功能是它存在的价值。字母词进入汉语以后的100多年间，表达意义从简单的排序替代到记录复杂的具体内容，从只表达单纯的理性意义到附加上不同的色彩，表达功能不断增加。下面按这些功能在汉语中的重要程度逐一说明。

（一）排序替代

在我们的语言生活中，经常需要给同类事物内部作一些临时性的区别，如一片楼房中需要给每一栋楼一个区别性的代号，企业需要给每个不同型号、不同性能的产品一个区别性的名称，飞机的航班、火车的车次、汽车的牌号，都需要一个区别性的代号。这种代号性的东西，没有很强的内涵意义，在具有区别性的前提下只求方便、简洁、易记。而字母的无确定含义性、书写的简洁性、记忆的方便性和天然具有的位序性，使得它非常适合承担这个任务。“A区、B楼、C座、记者D”显然比“第一区、乙楼、第三座、第四个记者”更简便易记。因此，在需要表示区别意义的指代、排序等场合，字母和阿拉伯数字共同联手，在汉语的交际系统中起到了非常重要的、不可替代的作用（侯敏，2007）。最早有文献可查的典型字母词是“X光”，其中的“X”就表示替代，“一种未可知的（光）”。当然，这种替代是在英语中就存在的，汉语只不过是直接借用过来，将其后的英文单词“ray”意译为“光”或“射线”。再比如“维生素A、维生素B、维生素C、维生素D、维生素E，G调、F调、B调，W君、Y君”等早期使用较多的字母词，都是由字母和汉字组合起来在汉语中起排序和替代作用，因此它们和一些表形的字母词如“T恤、S形、V领”等一起构成人们对字母词认知的第一个原型。一直到20世纪90年代初，字母词的这种作用仍然是主流。这从《人民日报》1980、1990、2000、2010、2015各年度使用频度最高的10个典型字母词（表1）中就可以看得很清楚。

表中可以看出，2000年以前，字母词是以表排序替代的为主，1980年和1990年10个高频字母词中均有半数以上属这类。但2000年以后越来越少，2000年有2个，2010年有1个，2015年1个也没有了，外文缩略词占据了绝对主流。但这些表排序替代的字母词并没有消失，只是在使用频度上不如外文缩略词。而且可以预测，这类字母词在汉语中将会永远存在下去。

表 1　1980、1990、2000、2010、2015 各年度使用频度最高的 10 个典型字母词

序号	1980	频次	1990	频次	2000	频次	2010	频次	2015	频次
1	阿 Q	51	A 组	148	WTO	760	GDP	2183	GDP	1888
2	三 K 党	25	B 组	128	NMD	311	CPI	372	APP	551
3	DNA	19	C 组	51	IT	247	LED	326	APEC	429
4	X 光	11	IMO	40	GDP	239	3D	301	PM2.5	399
5	维生素 C	9	D 组	38	甲 A 联赛	196	3G	296	PPP	343
6	ABC	8	AC 米兰	30	甲 A	165	A 股	229	O2O	315
7	X 射线	7	OK	27	VCD	154	IMF	181	P2P	293
8	A 型	6	A 级	25	APEC	137	ECFA	181	4G	276
9	BBC	5	三 K 党	24	DNA	126	NBA	142	G20	241
10	PCT	5	卡拉 OK	23	WAP	108	QQ	135	CPI	232

（二）直接借用

这里指的是直接把外文缩略词（主要是英文缩略词）的形音义拿来在汉语中表达一个比较复杂的概念，也有人称之为“零翻译”，李宇明（2013）称之为“形译类字母词”。改革开放以后涌入汉语的字母词大部分都属这类。因此，20 世纪 90 年代以后，它成了汉语字母词的第二个认知原型。由于它直接表达词汇内容，替代了原本应由汉字来传递的概念性信息，所以引起了人们的格外关注，也引起了一些人的恐慌。这些词语既然是缩略语，就说明它的特点必然是言简意赅，又高频使用。如“GDP、NBA、GPS、MP3”，它们要么对应汉语中的短语“国内生产总值、美国职业篮球协会、全球定位系统”，要么对应的是一种解释性话语“一种能播放音乐文件的播放器”。语言工具的经济性原则以及各种心理作用使得人们在多数场合下放弃了后者，而使用短小简洁、时髦前卫的前者。

（三）借形表义

借形表义指的是借用字母的外形来表明词义。如“T 台、S 弯、V 领、A 字裙、D 形盒、U 形弯、O 型腿”。汉语中也有一些汉字可用来表形造词，如“八字眉、工字楼、丁字尺、国字脸、十字路口、之字形”等，但方块汉字能这样用的有限，所以形体简单、形状各异的字母就被借用来造出一些表形状的词，生动、形象，易于理解。

（四）借以记音

汉字表意，无法拼音，所以汉语中有些词有音无字。早年鲁迅笔下的“阿Q”就是一例，当代的“Duang”又是一个明证。duang 这个音汉语中早已有之，但无字，因其是口语中的拟声词，很少出现在书面上，偶或人们一定要写时，往往用“噹、当、咣”等字替代。有意思的是，2015 年成龙做的洗发水广告不知触动了网民的哪根神经，大家一定要把他口中的那个音作为特效表现出来，于是，只能用“Duang”来记录。口语中表“别致、可爱”或“滑弹、有嚼劲”义的“kiū”无字，也只能写作“Q”“QQ”“Q 弹”。

（五）借以标识

有些字母词主要不是用来记录词汇，而是在书面上起一个标识的作用。如“GB、SC”，它们在口语中一般不会读字母名称音，而是按汉字词来读。GB，“国标”的汉语拼音缩写，在话语中一般会读成 guóbiāo，而不是像与之同形的表信息容量的“GB”那样读字母名称音。“SC”是我国 2015 年 10 月 1 日开始启用的食品生产许可标志，是“生产”一词的拼音缩写。就心理感觉来说，“SC”作为一个生产许可标志比较容易接受，直接用汉字“生产”来标识似乎就不是那么回事，因为它的表义性太强了。实际上，中央电视台的“CCTV”以及很多地方电视台的台标如“BTV、SDTV、TJTV”等，都主要起的是标识作用。这种功能有些时候是汉字无法替代的。

字母词在表达上述理性意义的同时，还能传递出一些感性的附加色彩，年轻人以及有些媒体人喜欢用字母词，是因为字母词在汉字系统中的另类形式往往会带给人们新奇前卫的感觉，也有一些字母词的使用会起到使表达委婉、含蓄的作用（沈孟璎，2002）。

四、规范

语言规范有两种：一种是语言出自工具性需要做出的自我调节，另一种是人对语言的干预——语言规划。这里主要讲的是后者。字母词大量出现以来，政府相关机构及权威媒体都给予了相当的关注，也出台了一些相关的规范政策。

（一）政策与措施

2010 年 12 月 21 日，新闻出版总署下发了《关于进一步规范出版物文字使用的通知》，规定：出版物中需高度重视外国语言文字的规范性使用。汉语出版物中，禁止出现随意夹带英文字母或缩写。

2012 年 1 月 7 日，国务院批复同意建立外语中文译写规范部际联席会议制度。联席会议主要职能是“统筹协调外国人名、地名和事物名称等专有名词的翻译工作”，包括“组织制定译写规则，规范已有外语词中文译名及其简称，审定新出现的外语词中文译名及其简称”。2012 年 6 月 20 日，联席会议专家委员会成立，委员会主要由各成员单位推荐本领域的专家组成，各领域设首席专家。2012 年底开始，专家委员会秘书处开展了“第一批拟推荐外语词中文译名”的调研工作。2013 年 4 月 19 日，名词委和联席会议专家委员会联合发布“PM2.5”的中文译名“细颗粒物”。2013 年 10 月 23 日，外语中文译写规范部际联席会议专家委员会公布了《第一批推荐使用外语词中文译名表》，包括“AIDS/ 艾滋病、E-mail/ 电子邮件”等 10 组。之后陆续公布，至 2016 年 6 月 21 日，联席会议专家委员会共公布了四批共 72 组外语词及其中文译名。

《人民日报》作为我国权威纸媒的代表，近些年更是一直关注字母词语的使用，发表了一系列文章。如 2004 年就有《请尊重我们的母语》《维护祖国语言健康发展》《外来词使用当规范》3 篇，2012 年有《外来语将有规范中文名》《可用不可滥，翻译要到位》2 篇，2013 年有《警惕字母词侵蚀汉语》1 篇，2014 年有《外来语滥用，不行！》《对汉字多一份敬畏》《要预防外语词“捷足先登”》《“零翻译”何以大行其道》《留住我们语言的根》《纯洁语言，让母语保持生命力》6 篇。这些文章从不同角度讨论了字母词现象，主要思想是使用字母词应慎重。

（二）影响与效果

显然，对字母词，主要是其中的外文缩略词的使用，政府相关机构和权威媒体都采取措施，做了一系列的工作，那么结果怎么样呢？

“PM2.5/ 细颗粒物”是名词委与联席会议专家委员会共同发布而且是最先发布、单独发布的，影响应该比较大。调查比较发布前后的媒体应用状况发现，虽然单独使用“PM2.5”形式的频次趋于减少，但包括《人民日报》《光明日报》在内的纸媒，包括《新闻联播》在内的广播媒体，单独使用“PM2.5”的频次仍然是最高的（王敏、刘朋建，2014）。

我们在每年近 4 亿字次的报纸和广播电视语料中分别调查了第一批 10 组词语在发布前后的 2012 年、2015 年的使用状况，具体如表 2 所示。

表 2 《第一批推荐使用外语词中文译名表》发布词语 2012 年、2015 年使用数据对比变化表

词语	2012 年 中外频次比值	2015 年 中外频次比值	变化趋势
艾滋病 /AIDS	380.9	534.1	↑
电子邮件 /E-mail	9.06	33.6	↑
智商 /IQ	7.5	7.86	↑
信息技术 /IT	0.98	1.41	↑
细颗粒物 /PM2.5	0.04	0.07	↑
世卫组织 /WHO	7.46	12.8	↑
世贸组织 /WTO	1.85	1.56	↓
国内生产总值 /GDP	0.31	0.2	↓
经合组织 /OECD	21.87	7.84	↓
石油输出国组织 /OPEC	60.73	8.55	↓

表 2 显示，10 组词语中汉字形式使用处于优势的 2012 年有 7 组，2015 年升为 8 组，“信息技术”使用频次又超过了“IT”，其中优势最明显的是“艾滋病 /AIDS”，其次是“电子邮件、电邮 /E-mail”；汉字形式一直低于字母形式的是“国内生产总值 /GDP”和“细颗粒物 /PM2.5”这两组。

更值得玩味的是这两个阶段的变化趋势，有 6 组汉字形式使用频次处于上升状态，有 4 组汉字形式使用频次处于下降状态。每一组词中汉字形式使用频次的上升或下降都有它具体的缘由，其中的规律值得总结。

如果能从更长历史阶段、更大范围去看字母词的使用，也许会看得更加清楚。侯敏（2016b）对60年《人民日报》字母词使用的抽样调查结果表明，汉语中的字母形式（包括字母词和非字母词）在1990—2000年的媒体语料中急速增长，2000—2015年逐渐平稳下来，甚至呈现减少趋势。侯敏（2016a）对国家语言监测语料库中2006年和2015年各10亿字次的语料进行统计。这10年间，媒体中字母形式的使用比例明显减少，词种比例由2006年占9.01%到2015年的6.85%，减少了近四分之一，词次由占0.82%到0.36%，减少过半，并没有出现预期中的持续增长。其中减少最明显的是英文词语和以各种型号为代表的非典型字母词。

上述调查事实说明，这几十年来，字母词在汉语中使用数量的轨迹是由少变多，再至平稳甚而减少。由少变多，自然是改革开放、全球一体化的社会变化所致。平稳甚而减少，这种变化产生的原因至少有两个：一是语言系统的工具属性使其具有的自我调节功能，使得影响交际的语言代码不为语言系统接受；二是政府机构的行政干预，相关机构出台的一系列有关语言文字使用的规章，对媒体语言使用产生了积极的影响。

五、结论

通过上述不同维度的分析考察，我们对字母词提出以下认识。

其一，就汉语记录系统从同质到异质的发展历史来看，交际工具所追求的效率性已经使其打破了汉字的铁板一块，阿拉伯数字、标点符号的引入方便了书写，丰富了汉语书面表达系统，字母及字母词的引入也成为必然。

其二，以汉字为主的汉语书面表达中已掺入一定量的字母形式，字母词只是其中一部分。字母形式中，字母词与非字母词，以及字母词中的典型字母词和非典型字母词之间是一个连续统，没有截然分明的界限。字母词的使用有一个由无序走向有序的过程。

其三，字母词已成为汉语词汇系统的一部分，字母词中的外文缩略词也是汉语中以直接借用方式引入的外来词，不是外语词。有些字母词已经深入汉语词汇底层，成为构词语素，如“e”（英文electronic的缩写），可以随时随地、随心所欲地构成不同的词语，如“e生活、e支付、融e购、e洗车、e洗衣、e租车、e代驾、e系列”。

其四，字母词的表达功能主要有：1. 表排序替代（如“A 组、X 光”）；2. 直接借用（如“CT、MP3”）；3. 借形表义（如“T 台、S 弯”）；4. 借以记音（如“阿Q、Q 弹”）；5. 借以标记（如“GB、SC”）。其中功能 1、3、4、5 是汉字无法替代的，功能 2 是汉字在短时间内无法很好完成的。

其五，字母词的出现可以看作是世界表意文字系统和表音文字系统在新时代对话的结果，字母词的使用是汉语记录系统为适应新的社会需求，汲取表音文字的优势而做出的自我改进和创新。

其六，作为汉语词汇系统中新产生的子系统，字母词从整体看基本处于一个无序状态，其中只有一小部分稍微稳定下来。因此字母词使用有待三方面的规范：一是用与不用的规范。陌生化程度高、汉语中又有相应表达方式的字母词尽量不用。二是采用什么形式的规范。如果一个字母词人们已经耳熟能详，如 CT，就可以直接使用，没必要给出汉语的注释。但人们不大熟悉的，就需要给出汉语注释，注释时用不用括号，用括号时是汉语注释在括号中，还是字母词在括号中，都需要有一个规范和标准。哪些字母词是人们熟悉的、常用的，哪些不是，也应有个可遵循的范本。三是本身写法的规范。目前有些字母词写法混乱，如 $PM_{2.5}$、PM2.5，WIFI、WI-FI、wifi、wi-fi、WiFi、Wi-Fi，应根据一定的原则和人们的书写习惯确定规范形式，引导人们使用，使其逐渐走向有序。

其七，语言有自己的发展规律，其中也包含人对语言的有效引导和控制。字母词要健康使用，政府的管控、媒体的自律、语言机构的引导都会起到重要的作用。大众媒体应该尊重国人的感受，在使用字母词上需谨慎。在这方面《人民日报》做出了榜样，仅举一个简单的例子：2015 年全年《人民日报》954 次用到“伊斯兰国”，但一次也没有使用“ISIS”或“IS”；而《北京青年报》1544 次用到“伊斯兰国”，140 次用到“IS”，21 次用到“ISIS”，显然“ISIS”“IS”是可以不用的。相信随着政府机构的不断规划、媒体的引导和语言工作者的努力，汉语字母词的使用会朝着一个健康的方向发展。

附注

①在英语中 CCTV 是 Closed Circuit Television 的缩写，意思是“闭路电视监控系统”。

参考文献

樊友新，2007. 历时视野里的字母词及其研究新视角［D］. 上海：华东师范大学.

郭熙，1992. 汉语、汉字和汉语现行记录系统运用中的一些问题及其对策［J］. 语言文字应用（3）.

侯敏，2007. 报纸、广播电视、网络（新闻）字母词语使用状况调查［M］// 中国语言生活状况报告 2006：下编. 北京：商务印书馆.

侯敏，滕永林，程南昌，2016a. 2015 与 2006 年媒体字母词语使用比较［M］// 中国语言生活状况报告 2016. 北京：商务印书馆.

侯敏，滕永林，2016b. 字母词使用 60 年［J］. 语言战略研究（3）.

李宇明，2013. 形译与字母词［J］. 中国语文（1）.

刘涌泉，1994. 谈谈字母词［J］. 语文建设（10）.

刘涌泉，2002. 关于汉语字母词的问题［J］. 语言文字应用（1）.

罗常培，1958. 汉语拼音方案的历史渊源［J］. 文字改革（1）.

沈孟璎，2002. 解读字母词的表达功用［J］. 平顶山师专学报（6）.

苏培成，2012. 谈汉语文里字母词的使用和规范［J］. 中国语文（6）.

王敏，刘朋建，2014. 外语中文译写规范工作的原则与方法——兼及新时期国家语言文字规范服务工作的特点［J］. 语言文字应用（3）.

张铁文，2006.《现汉》"西文字母开头的词语"部分的修订［J］. 中国语文（4）.

张铁文，2013. 字母词使用是语言接触的正常现象［J］. 北华大学学报：社会科学版（2）.

邹玉华，2006. 现代汉语字母词研究［D］. 北京：中国传媒大学.

邹玉华，2012. 现代汉语字母词研究［M］. 北京：语文出版社.

【作者单位：中国传媒大学。本文原发表于《语言规划学刊》2017 年第 1 期】

基于计算方法的语言规范效力检测初探
——以异形词整理工作为例

饶高琦

一、前言

语言规范是语言规划学的核心研究对象。语言规范实施效力的检测与反馈是语言政策与规划领域的一大难题。

自然语言面对内在和外在扰动时，具有规范和调节的能力。这样的规范和调节有的来自其自身，有的来自人工干预。后者主要是各类语言文字规范。内外扰动的结果常表现为一段时间内的无序状态，如一种内容对应多种形式。语言生活中的不少规范问题是由此造成的。异形词不同词形间的混用便是一个典型例子。而语言规范的过程体现为自然语言遭遇扰动后经过规范恢复和谐、丰富状态的过程。

语言规范的行为和语言政策本身都是对各种语言变项的选择（戴昭铭，1999；李宇明，2015；伯纳德·斯波斯基，2016）。相比于“雅正观”，这一观念称为语言规划的“选择观”（李宇明，2015）。基于“选择观”，语言规范的过程可以视作一定时间段和一定领域内不同语言变项间的竞争过程。竞争将通过语言社团集体性的“用口投票”或“用笔（键盘）投票”完成。语言社团的选择在数据上就体现为诸语言变项使用的多寡，从而可以用频率、分布和生命度等计算方法对其进行刻画与分析。由于变项的竞争发生在一定时间段内，因而规范实施的效力也是具有时间属性的分析对象。同时，大规模语料库可以视作语言生活的采样。综上所述，在语料库中对可形式化的语言变项进行历时计算分析可以考察语言规范的实施效力。

要开展这一工作，在数据上要求具备一定时间跨度的历时语料库，在技术上需要具备对规范对象（即相应语言变项）的计算手段，在方法上需要对语言变项进行形式化并控制其规模，以适应计算和分析的需求。

本文对使用计算手段检测语言规范实施效力的方法进行了初步的探索，选择规模可控且对语言生活产生较大影响的异形词规范工作进行了研究，借此以实践基于词语定量计算的效力检测方法。本文在第二部分简述相关的词语计算研究和本文使用的历时语言资源，第三部分使用计算手段考察异形词整理的规范实施效力，第四部分探讨了词语定量调查的适用范围和人工干预的注意事项，第五部分为本文的结论与展望。

二、研究现状

（一）使用语言信息处理技术的词语定量研究

面向现代汉语，基于语言信息处理技术的词语定量研究从 20 世纪 80 年代就已开展起来。其代表性成果就是《现代汉语频率词典》（北京语言学院语言教学研究所，1986）。张普及其团队的一系列研究（张普，1999、2003、2008a、2008b；郭慧志等，2004）推动了词语定量研究中资源和计算方法的持续进步，并为大规模的语言监测奠定了基础，进而支持了稳态词（赵小兵，2007；谢晓燕，2010）、新词语（刘长征，2008、2011）、政府话语（张冲，2011）、成语（刘长征、秦鹏，2007；李彦燕，2015）、流行语（谢学敏，2006）、中医术语（王文媛，2013）、传统经典著作中的词语（陈晓丹，2014；王佳，2014；郭景旋，2016）的使用及变迁。

当前对现代汉语开展的最大规模的词语定量研究是国家语言资源监测与研究中心从 2005 年开始并延续至今的语言生活状况调查（国家语言资源监测与研究中心，2006—2010；教育部语言文字信息管理司，2011—2015）。词语使用调查的内容以《中国语言生活状况报告·数据篇》和“汉语盘点”活动的形式逐年向社会发布，成为推动社会语言研究和语言规划研究的重要力量，形成了学界和社会喜闻乐见的“语言民俗”。

（二）中文历时语料库资源

中文方面，邹嘉彦等（2011）等的泛华语地区汉语共时语料库 LIVAC

（linguistic variation in Chinese speech communities），主要收集两岸三地的报刊数据，尤其是同题报刊数据，目前规模 5.5 亿字。虽名为共时，但其数据特点决定了其稳定的更新速率，因此自 1993 年该工程启动以来就具有监测历时语言演变的功能。

北京语言大学建立的动态流通语料库（dynamic circulating corpus, DCC）是国家主导语言监测工作的直接产物，辑录近三十年的报纸语料，并根据动态流通理论逐年更新，现已成为中国语言生活监测的最重要语料库之一。具有类似功能和目标的还有中国传媒大学的有声媒体语料库与华中师范大学的网络媒体语料库。但是它们的时间跨度都远远小于 DCC 语料库。

针对目前历时语言资源建设的短板，北京语言大学荀恩东团队于 2012 年建设了“现代汉语词汇历时检索系统”，即现在 BCC 语料库历时频道的前身（荀恩东等，2015、2016）。该语料库涵盖 1946—2015 年的《人民日报》语料，时间跨度 70 年，规模 12 亿字，经过分词和词性标注后获得分词单元种数约 220 万，并收集了近似跨度的《贵州日报》语料。本文所使用的数据即主要来自该语料库 1949—2012 年的部分①。

由于报刊语言是语言规范的先行者和执行标杆，可以忽略规范标准的社会宣传与推广这一变量，因而适合作为语言规范尤其是人工规范相关研究的语料。本文以异形词为对象，对语言规范及其实施效力进行定量分析和研究。

三、对异形词整理规范效力的考察

异形词是书面语中存在的一种特殊词汇现象，指的是“共时使用的同音、同义而书写形式不同的词语”②，如“笔划－笔画”“身份－身分”。异形词是汉语漫长发展过程中的累积现象，多数近现代作家不可避免都要写异形词（周有光，2002）。异形词的使用非常广泛，给语言学习与传播带来了不必要的负担和障碍，也增加了语言使用的复杂程度，对语言传播、信息化的发展并无益处。因此 2001 年 12 月教育部和国家语委联合发布了《第一批异形词整理表》（2002 年 3 月 31 日试行）。2003 年中国出版协会校对研究委员会和中国语文报刊协会等四单位又编制了《第二批异形词整理表（草案）》。

异形词整理表的研制首先遵从的原则是约定俗成，其他还包括“义明”“音准”“形简”“分化”和“兼顾”几个原则（杨剑桥，2000）。本文中基于语料库的考察主要着眼于“从俗从众”原则。在长时间跨度的历时语料库中可以观测到异形词不同词形间使用的频率关系，从而判断语言规范在报纸语言中的实施效力。

（一）对具体词形使用趋势变化的考察

在微观上，通过对历时语料库中不同词形的频率对比可以直观反映一组异形词不同词形在报纸中的使用变化情况，图 1、图 2 和图 3 分别展示了“笔画－笔划”（第一个为规范文件中的推荐词形，后同）、“计划－计画”和“孜孜－孳孳”在 1949—2012 年间使用情况的变化。其中横坐标为年份，纵坐标为频率，以下如无特殊说明皆为此意。这三组异形词分别代表了词形间频率差异不明显、一种词形完全不使用和一种词形极少使用三种分布情况。

本文称在过去几十年中频率上占据明显优势的词形为优势词形，如图 2 和图 3 中的“计划”和“孜孜”；频率上为劣势的称为劣势词形，如图 2 和图 3 中的“计画”和“孳孳”。图 1 中的两个词形则无法确定哪一个占有整体性的优势。在本文历时语料库中，规范文件中的绝大多数推荐词形是优势词形。《第一批异形词整理表》和《第二批异形词整理表（草案）》分别整理异形词 338 组和 264 组，其中推荐词形为非优势词形的分别仅有 7 组和 5 组[③]。可见异形词的规范工作基本上遵循了“从俗从众”的原则。

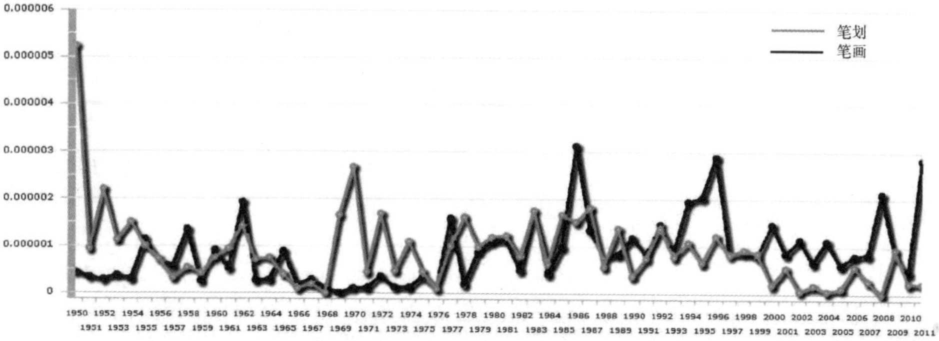

图 1　1949—2012 年间“笔画－笔划”使用情况图示

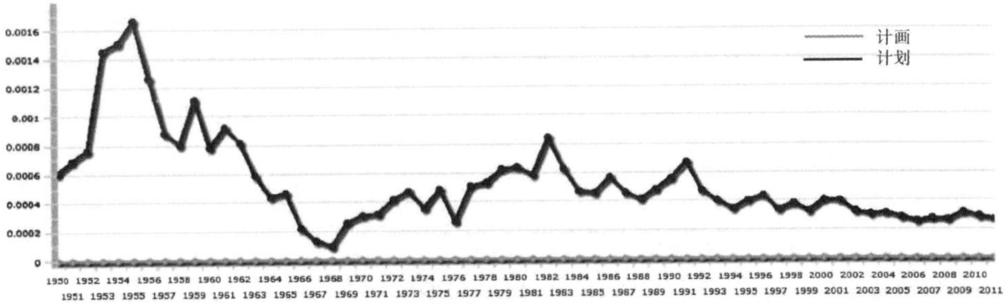

图 2　1949—2012 年间“计划 – 计画”使用情况图示

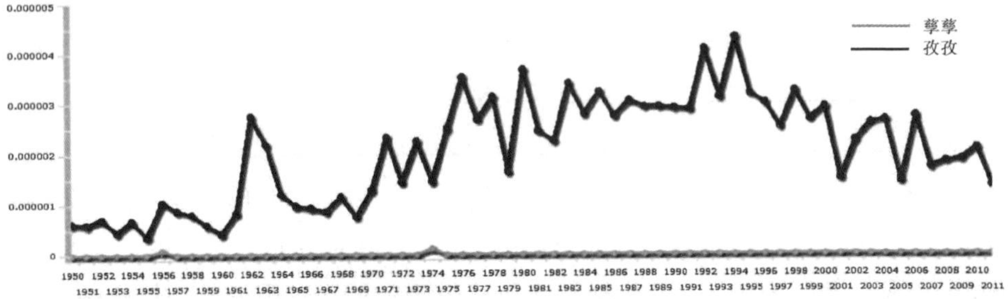

图 3　1949—2012 年间“孜孜 – 孳孳”使用情况图示

如果一个异形词的各词形在多数年份的语料中均出现 10 次以下，我们认为其在语料库中的使用具有较大偶然性，统计可信度较差，因而在本文中不对这类词语进行考察。在两份规范文件中，这样的异形词分别有 50 组和 75 组。

对异形词使用情况的考察侧重于不同词形间使用情况的对比，但有些劣势词形在语料库中基本不出现，即异形词的多种词形在语料库中已不再混用，如图 2 和图 3 中所示。因而在统计推荐词形的频率优势时也将这一部分排除。这一部分异形词为数不少，两份规范文件中分别有 198 组和 111 组。除去上述两种情况后剩余的 168 组异形词为本文的有效数据。

我们根据两批整理表先后发布于 2001 年底和 2003 年，在历时语料中分别统计 2002—2011 年（第一批）和 2003—2011 年（第二批）的语料中，具有混用情况的异形词的推荐词形（它们大多为优势词形或优劣不明显词形）使用频率的变化情况。结果如表 1 所示。

表 1　整理表发布后异形词推荐词形的使用变化情况

整理表	优势不变		优势扩大		优势缩小		优势不明	
	个数	占比	个数	占比	个数	占比	个数	占比
第一批	3	3.3%	57	63.3%	15	16.7%	15	16.7%
第二批	2	2.6%	55	70.5%	10	12.8%	11	14.1%

由表 1 可知，两批整理表对语言生活中具有混用情况的异形词使用起到了明显的规范作用。整理表发布后，有 60%—70% 的推荐词形使用优势得以扩大，减少了语言使用中的混淆情况。推荐词形不占明显优势的情况也存在，这一类被归入表中“优势不明”一栏。推荐词形优势扩大的异形词如图 4 所示的“启程 – 起程”，优势不变的例子如图 5 的“神采 – 神彩”，优势不明的例子如图 6 的“战栗 – 颤栗”。

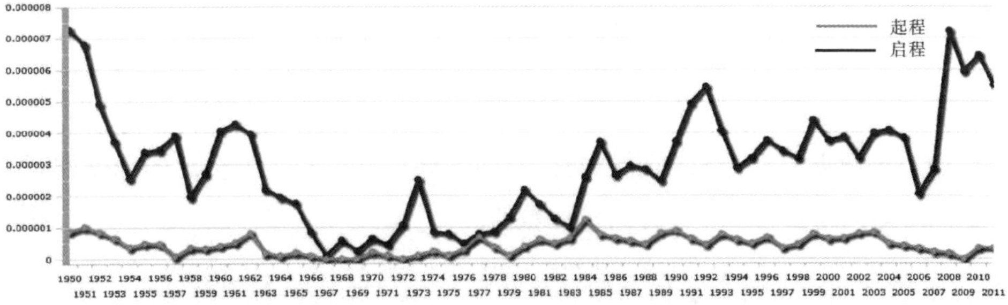

图 4　1949—2012 年间“启程 – 起程”使用情况图示

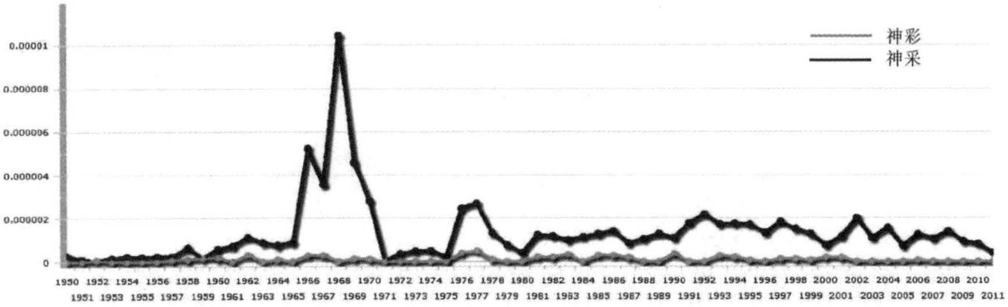

图 5　1949—2012 年间“神采 – 神彩”使用情况图示

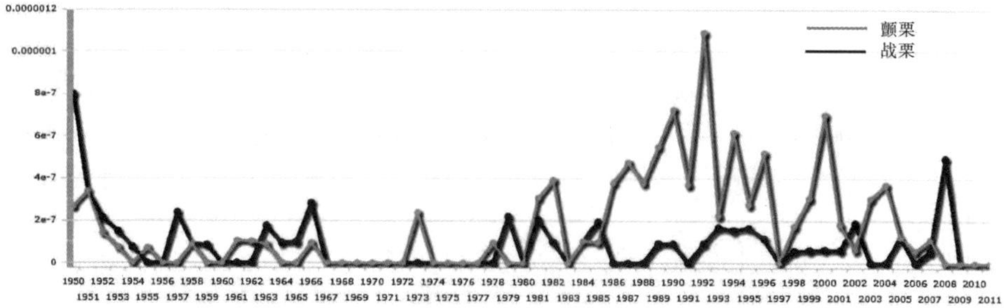

图 6　1949—2012 年间“战栗 – 颤栗”使用情况图示

（二）对推荐词形整体使用情况的量化考察

如果要考察整个异形词群体的规范使用情况，可以使用所有推荐词形的频次之和与非推荐词形频次之和的对比来进行衡量。本文称之为“倍比”（r），其计算方法如公式（1）所示。

$$r = \frac{\sum f(w_t)}{\sum f(w_u)} \qquad (1)$$

其中 $f(w)$ 为词 w 在当年的词频，w_u 为非推荐词形，w_t 为推荐词形。在历时语料库中对两批异形词整理表中的异形词进行计算，诸年度倍比的数据如图 7 所示，横坐标为年份，纵坐标为倍比数值。

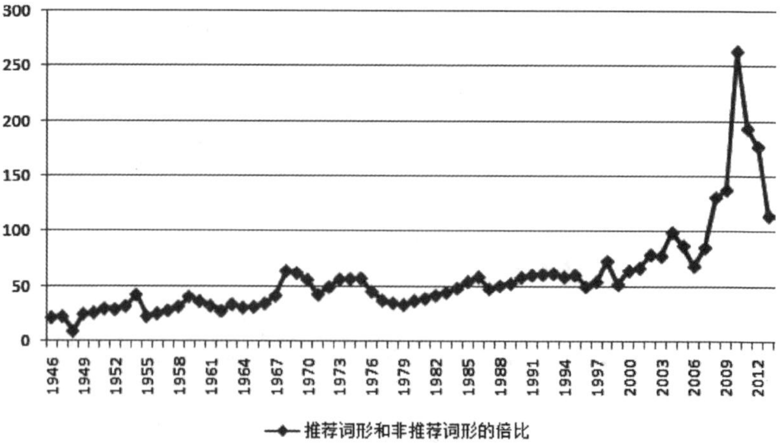

图 7　异形词推荐词形与非推荐词形间的倍比变化

两批异形词整理表中异形词推荐词形与非推荐词形的倍比变化区间为 8.9 倍至 236.2 倍，即非推荐词形的总频率最高时仅为推荐词形频率的约九分之一，最低时推荐词形每出现二百余次非推荐词形出现一次。总体而言，异形词的规范状况较好。从 1946 年到新世纪初，规范词形的使用频率持续缓慢增长，这也体现了语言社团自发的语言规范行为在发挥作用。

2001 年、2003 年两批《异形词整理表》的发布带来了规范词形使用频率的明显增长。2003 年后，许多异形词在语料中都过渡到了非推荐词形频率为零的状态。倍比的增长主要由处于该种状态的推荐词形的频率增加造成。如 2009—2010 年的高峰，主要由“参与、人才、计划、标志”等词本身频率的大幅增加造成，它们所对应的非推荐词形在当年语料中已经消失，语言规范的成果在该语域内得到了巩固。可以推测，这些词在语言生活中已基本不存在可选的变项，稳定的语言规范已经形成。因而此时出现的倍比高峰和之后倍比的下跌不再代表推荐词形和非推荐词形的实力对比。

如果仅对存在混用情况的异形词进行考察，以评价语言规范在有混用情况下的作用，则不需要考虑非推荐词形频率为零的词对观察的影响。我们将单纯基于频率的倍比 r 发展为公式（2）所示的修正倍比 kr。

$$kr = \frac{\sum f(w_t)}{n\sum f(w_u)} \qquad (2)$$

其中 $f(w)$ 为词 w 的词频，w_u 为非推荐词形，w_t 为推荐词形。但修正倍比中 w 的选择范围比计算倍比时有所缩小。修正倍比仅计算非推荐词形频率大于零的异形词的频率，即存在混用的异形词。同时，考虑到存在混用的异形词越多，规范状况越差，而混用词语的数量对公式（1）并无影响，因此我们在公式（2）中使用存在混用情况的异形词的数量 n 在分母上对混用词数较多的情况进行调整。

我们针对历时语料库中对两批《异形词整理表》中的异形词存在混用的部分使用公式（2）进行计算，修正倍比的变化情况如图 8 所示，横坐标为年份，纵坐标为修正倍比数值。

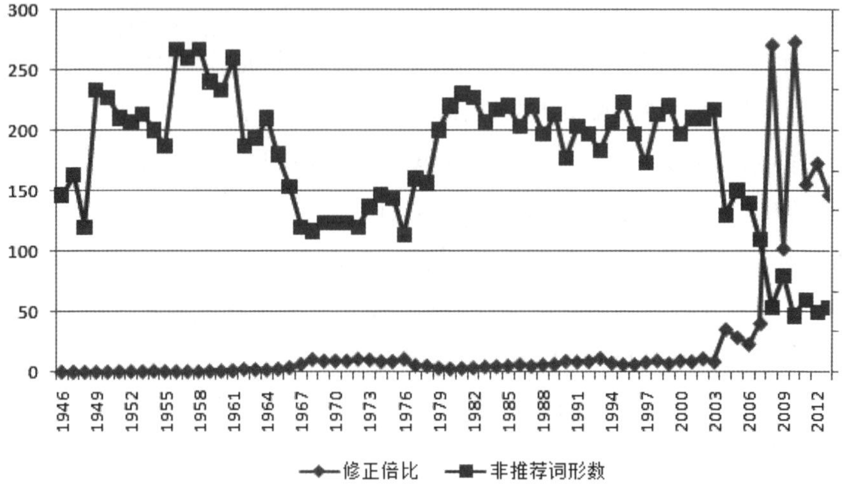

图 8　1946—2012 年历时语料库中存在混用情况的异形词修正倍比和非推荐词形数的变化

2002 年 3 月 31 日《第一批异形词整理表》开始试行，引起了随后的 2003 年推荐词形频率的增长和 2004 年非推荐词形数的迅速下降。两种效应合力之下，2008—2010 年出现了修正倍比的高峰，非推荐词形的数量则下降并停留在 10—20 个之间。在这种情况下，个别非推荐词形偶然的频率起伏就会对修正倍比产生较大影响。但总体上推荐词形的使用频率在震荡中保持在远高于 2003 年以前的水平（150—200 倍之间）。

（三）对推荐词形在历史时期中整体使用情况的考察

倍比和修正倍比描述了异形词在一个时间点上的使用情况，但若量化考察一组异形词在整个历史时期中的使用情况则需要不同的计算方法。我们较容易想到一组异形词的不同词形在一段时间内平均使用频次的比值可以刻画它们的使用情况的差异，其计算方法如公式（3）所示：

$$S = \frac{1}{e-s}\sum_{i=s}^{i=e}\frac{f_{ai}+1}{f_{bi}+1} \tag{3}$$

S 为该异形词在一个时间段中的两种词形的平均频率比。其中 e 为时间段的终了年份，s 为时间段的开始年份，f_{ai} 和 f_{bi} 分别代表词形 a 和 b 在 i 年语料里出现的频次。假设计算 1950—2005 年间“笔画 - 笔划”的平均使用频次之比，则 e 为 2005，s 为 1950。由于有的词形在许多年份中不出现，为避免分母为 0，在分式中使用了加一平滑策略。

显然公式（3）所示的计算方法中各年份数据的地位是一致的。但对现实的语言规划工作而言，更晚近的语言数据重要性更高。因而我们对公式（3）进行了改进，形成公式（4）：

$$S=\sum_{i=s}^{i=e}\frac{1}{e-i+1}\frac{f_{ai}+1}{f_{bi}+1} \tag{4}$$

公式（4）中各符号的意义不变。其中，越早年份的语料里，词形频次比在最终结果 S 中所占的权重越低。假设以公式（4）对“笔画 – 笔划”这组异形词在 1950—2005 年这个时间段中进行计算，则 1950 年两词形频次之比所占的权重为 1/（2005–1950+1）≈0.018，而 1990 年频次之比所占的权重为 1/（2005–1990+1）≈ 0.063。越接近现在时间点年份的数据对 S 的影响越大，即对今天的参考价值越高。假设存在一组异形词，其词形在每年语料中的频次 f_{ai} 和 f_{bi} 都相等，s 和 e 分别取本文所使用语料的开头年份（1949）和结尾年份（2012），则此时的 S 值为 4.74，可称之为临界值。大于临界值的异形词可以认为其词形 a 相对词形 b 在 70 年的考察范围内具有整体性的优势，反之亦然。

如果在使用公式（4）进行计算时将推荐词形设为 a，那么在《第一批异形词整理表》和《第二批异形词整理表（草案）》的有效数据中有 94.6% 的 S 值高于临界值，79% 的 S 值超过临界值两倍，57% 的 S 值超过临界值五倍。可见异形词规范工作中所选择的推荐词形在较长的时间跨度内具有整体性的使用优势。我们认为，这样的优势在人工规范制定前来自于语言社团的自我规范，在人工规范制定后部分来自于人工规范的强制力量。

总体而言，《异形词整理表》在报纸语言中得到了良好的执行，规范实施效果显著。因所选语料在语言规范问题上比较严格，是执行语言规范标准的模范，因此统计数据只能在一定程度上反映语言规范的效力。如果更换其他语料，具体数值可能会有变化，但我们认为总的趋向不会改变，即《异形词整理表》起到了提高语言文字使用效率、减少学习负担等作用。正如李行健、余志鸿（2005：222—233）对该规范的评价：整理表的发布是具有创建性的推荐规范，也是词汇学理论与实践相结合的产物。

四、语言规范计算分析的反思

（一）计算方法的适用范围

前一部分对异形词整理的实施效力进行了研究。但不存在“包治百病”的方法。显然并不是每一类语言规范的实施效力都适合通过计算方法进行分析和检测。计算方法检测的适用范围是由语料库和分析方法的形式化能力决定的。由此我们可以归纳适用于计算方法分析的语言规范所应具备的几类特征。

首先，计算方法基于对语言现象的符号化和形式化，因而规范对象可以形式化为符号或符号序列的就比较适合使用计算方法进行检测，如字、词。以当前技术手段难以形式化的规范对象，如文风、语体等，就难以使用计算方法进行检测和分析。

其次，由于计算方法所涉及的语料数量极大，需要自然语言处理诸多技术的支持，因而规范对象的处理不应超出相应语言信息处理技术的适用范围。例如，目前通用文本上的自动分词与词性标注已具有较高精度，因而面向词语，尤其是字词形式的规范可以进行计算调查。但句法分析性能尚无法令人满意，在大规模语料上语法规范效力的检测就面临巨大困难。

再次，语言变项间具有较好的可对比性。基于“选择观”的语言规范本身就是语言变项的选择过程。因而规范实施效力的核心刻画手段就是语言变项间的对比。在时间、语域、种类等不同侧面对语言变项进行对比，从而从不同侧面获得语言规范对变项使用情况的影响，进而评价语言规范的实施效力。

最后，历时语料库的时间或领域对规范内容有较好覆盖。在时间方面，语料库需覆盖规范实施前后较长的时间段，以提供规范实施效力的参考。在领域方面，语料需覆盖规范对象的常用领域，或与其相一致。

综上，除本文所研究的异形词外，规范汉字、异体字、阿拉伯数字、字母词、计量单位符号等都适合使用计算方法对其规范的实施效力进行分析和反馈。

（二）人工规范的时机选择

如果视语言使用者对语言变项的选择行为为随机过程，当一个变项的使用衰减成为小概率事件④时，变项间的实力对比就失去了意义。这在异形词的倍比统计中得到体现。如果此时占据使用频率优势地位的是规范标准所支持的变项，则可以认为社会规范在该语域内已经得以实现。此时人工规范应该关注具体的失范实例，并进行微调。

对语言单位的规范过程进行人为干预，需要把握时机。由图 8 和图 9 可知，《第一批异形词整理表》试行的时候，推荐词形的总体频率已经达到了非推荐词形的 79 倍（图 8），修正倍比为 11 倍（图 9）。如果以最大似然估计进行概率估计，非推荐词形的使用概率已经很小。变项间实力对比出现这种情况的时期可以视作人为干预期。这个阶段的人工规范容易取得较好效果。

在我国语言规划的历史上，出版物数字使用的规范则展现了不同的情况。1956 年、1980 年、1981 年三次发布的相关规范（国务院，1956、1981；人民日报社，1980）均是在汉字数字书写占据绝对优势情况下，逆势拉升阿拉伯数字的使用频率。当时效果虽然较为明显，但没能改变变项间的实力对比，且紧随其后出现了 60 年代到 80 年代初的较强反弹。变项间实力对比类似以上情况的时期可以视作观察期。这个阶段的人工规范应当十分慎重，强行推广规范可能遭遇较强烈的反弹。

介于观察期和干预期之间的是引导期。此时应广泛收集语言变项，甄别选择适合的变项，为制定人工语言规范进行准备。2011 年最新颁布的出版物数字使用国家标准不再强调阿拉伯数字的使用，而要求使用者更加重视“得体原则”和“局部体例一致原则”。这恰好体现了引导期语言规范工作的特点。

五、结论与展望

本文对使用计算方法尤其是词语计算方法进行语言规范实施效力的调查和分析的数据资源、适用范围和具体方法进行了初步探索，并对异形词在历时语料库中的使用情况进行了统计和分析。对异形词规范工作的效力给出了定量计算，并基于数据得出了异形词规范工作基础较好、效果显著的结论。

作为使用计算手段检测语言规范实施效力的初步探索，本文所做的工作尚有许多待完善之处，尤其是对异形词整理工作的研究还较为粗糙。为适应长时间多领域的语言规范效力检测，还应该在报纸语料之外扩充多语域、多语体的历时语料库，在计算手段上广泛使用更加多样化的方法。充分融合语言本体研究的成果，对语言规范对象进行更科学的形式化建模也是重要的研究内容。

附注

①由于种种原因，本文实验过程中没有获得2003—2008年的《人民日报》语料，该部分由相应年份的《贵州日报》替补。

②该定义见于2002年教育部和国家语委联合发布的《第一批异形词整理表》。

③第一批：浑水摸鱼-混水摸鱼、摩拳擦掌-磨拳擦掌、叫花子-叫化子、绵连-绵联、五劳七伤-五痨七伤、小题大做-小题大作、凝练-凝炼；第二批：黏液-粘液、黏性-粘性、黏土-粘土、黏稠-粘稠、俯首帖耳-俯首贴耳。

④统计学上常用的两个小概率事件阈值为＜1%和＜5%。

参考文献

北京语言学院语言教学研究所，1986. 现代汉语频率词典［M］. 北京：北京语言学院出版社.

伯纳德·斯波斯基，2016. 语言管理［M］. 张治国，译. 北京：商务印书馆.

陈晓丹，2014. 基于动态流通语料库的《道德经》语言使用状况调查研究［D］. 北京：北京语言大学.

戴昭铭，1999. 语言功能和可能规范［J］. 语言文字应用（2）.

国家语言资源监测与研究中心，2006—2010. 中国语言生活状况报告2005—2009[M]. 北京：商务印书馆.

教育部语言文字信息管理司，2011—2015. 中国语言生活状况报告2011—2015［M］. 北京：商务印书馆.

国家技术监督局，2011. 出版物上数字用法的规定：GB/T 15835-2011［S］. 北京：中国标准出版社.

国家语言文字工作委员会，2002. 第一批异形词整理表［S］.

国务院，1956. 关于国家机关的公文、电报和机关刊物横排横写以后采用阿拉伯数码的通知［S］.

国务院，1981. 国家行政机关公文处理暂行办法［S］.

郭慧志，王强军，刘华，等，2004. 大规模动态流通语料库的构建［C］// 全国学生计算语言学研讨会.

郭景旋，2016. 组合类成语的词汇化考察：以出自《孟子》的组合类成语为例［D］. 北京：北京语言大学.
李行健，余志鸿，2005. 现代汉语异形词研究［M］. 上海：上海辞书出版社.
李宇明，2015. 语言规范试说［J］. 当代修辞学（4）.
李彦燕，2015. 报纸媒体四字成语使用状况调查［D］. 北京：北京语言大学.
刘长征，2008. 基于动态流通语料库（DCC）的新词语监测［J］. 长江学术（1）.
刘长征，秦鹏，2007. 基于中国主流报纸动态流通语料库（DCC）的成语使用情况调查［J］. 语言文字应用（3）.
刘长征，2011. 基于动态流通语料库的新词语监测研究［M］. 北京：世界图书出版公司.
王佳，2014. 当代语言生活中的《论语》使用情况考察［D］. 北京：北京语言大学.
王文媛，2013. 基于动态流通语料库的中国传统医学术语使用情况考察［D］. 北京：北京语言大学.
人民日报社，1980. 关于数目字改排阿拉伯数字的规定［S］.
谢学敏，2006. 基于动态流通语料库（DCC）的流行语释义信息自动提取研究［D］. 北京：北京语言大学.
谢晓燕，2010. 基于 26 年《深圳特区报》的稳态词语提取与考察研究［D］. 北京：北京语言大学.
荀恩东，饶高琦，谢佳莉，等，2015. 现代汉语词汇历时检索系统的建设与应用［J］，中文信息学报（3）.
荀恩东，饶高琦，肖晓悦，等，2016. 大数据背景下 BCC 语料库的研制［J］. 语料库语言学（1）.
杨剑桥，2000. 关于汉语多音节异形词的几个问题［J］. 复旦学报：社会科学版（6）.
赵小兵，2007. 基于动态流通语料库的现代汉语基本词汇自动识别与提取方法研究［D］. 北京：北京语言大学.
张冲，2011. 历年《政府工作报告》的词语变化及其反映的内容分析［D］. 北京：北京语言大学.
张普，1999. 关于网络时代语言规划的思考［C］// 中国科协首届学术年会论文集.
张普，2003. 基于 DCC 的流行语动态跟踪与辅助发现研究［C］// 全国计算语言学联合学术会议论文集.

张普，2008a. 论语言的稳态［J］. 郑州大学学报：哲学社会科学版（2）.
张普，2008b. 论语言的动态［J］. 长江学术（1）.
中国出版协会校对研究委员会，等，2003. 第二批异形词整理表（草案）.
周有光，2002. 现代汉语异形词规范词典“代序”［M］// 现代汉语异形词规范词典. 上海：上海辞书出版社.
邹嘉彦，邝蔼儿，路斌，等，2011. 汉语共时语料库与追踪语料库：语料库语言学的新方向［J］. 中文信息学报（6）.

【作者单位：北京语言大学。本文原发表于《语言战略研究》2016 年第 6 期，收录时有修改】

民国时期人文社会科学名词使用审定初论

黄晓蕾

科学名词的翻译介绍[①]是晚清以降西学东渐的重要内容，民国时期科学名词的使用审定继承并发展了晚清的传统。自民国初至20世纪30年代中期，人文社会科学名词的传播使用始终较为分散地停留在知识分子、学校教育以及民间出版的层面，延续其戊戌以来广泛社会普及的历史传统。后期，以国立编译馆为主导的民国官方术语机构在继续自然科学名词的审定之外，开始着手人文社会科学名词的审定，近代以来自然科学名词、人文社会科学名词各有传统、各成体系的局面终于得以冰解。

一、清末民初的日语借词和译名讨论

清廷将倾，中国面临几千年来之大变革，社会政治状况剧变，社会语言生活随之剧变。伴随戊戌失败、留日狂潮而来的日本留学生、日文译著以及日语借词，迅速填补动荡之后的政治制度和文化思想空间以满足时人日益增长的人文社会科学需求，日语借词以及随之而来的译名大讨论成为这一时期语言生活中的重大事件。

清末十年间的大规模留日狂潮给民国初年的中国社会带来了大量的日语借词，与此同时，清末科学名词译介的一支——维新派倡导的人文社会科学名词译介，在清廷官方失去发展空间之后也转而向民间寻求生存。大厦将倾的最后几年，清廷官方对于社会的控制日渐式微，具有某种官方意味的严译名词[②]面对日渐蓬勃的政治文化思潮和日语借词冲击终于渐行渐远，而一批以日语借词形式出现的人文社会科学名词却获得惊人的社会传播。多部介绍日本新名词的百科（专科）辞典和专名辞典问世，如《新尔雅》《外国人名地名辞典》《东中大辞典》《汉译日本法律经济辞典》等，或译或编的各类日本新名词辞典迅速填补了清末人文社会科学名词的空白，极大地满足了时人的人文社会科学渴求。民国初立，新式教育、报纸杂志以及辞典、百科全书等经过清末十年间的发展已具雏形，大量日译人文社会科学名词在报纸杂志、教科书、专业辞典以及百科全书等各种民间出版物中获得了使用和普及。与自然科学名词自洋务运动以来循序渐进、自成体系的发展模式不同，清末民初日译新名词涌入中国时，国内的人文社会科学几为空白，且需求膨胀，时人对于日译人文社会科学名词的使用和传播是在一种不加选择、草率急就的状态下进行的，由此形成了一种迅速而混乱的人文社会科学名词使用传播模式。

大量民间出版物在带来人文社会科学名词普及的同时也带来人文社会科学名词的混乱，民国初年关于译名的大讨论因此产生。关于译名的讨论自晚清即引起以傅兰雅为代表的译者的注意，至清末时期讨论日益增多，较有影响的有严复[③]、梁启超[④]、蔡元培（1901）和王国维（1905）等。1910年，章士钊以“民质”为笔名在梁启超创办的《国风报》上发表《论翻译名义》一文，针对译名中的义译和音译问题展开分析，并倾向于后者。章氏的文章引发了学界对译名问题的讨论，1910—1912年间《国风报》《民立报》刊登了关于译名的系列文章，讨论的中心是音译、义译的利弊以及各自的适用范围。1912年，章士钊离开《民立报》，自创《独立周报》，译名大讨论亦转向《独立周报》。在第一轮关于音译、义译利弊讨论的基础上，《独立周报》1912年的几篇文章将讨论的重心转向译名分歧的原因和统一的办法及意义，这一点对于民国早期缺乏官方参与的人文社会科学名词的使用传播具有特殊的意义。1914年2月，胡以鲁在《庸言》报发表万言长文《论译名》，胡氏在语言学上颇有建树，此篇《论译名》更是其重要的代表作，文章开篇即将音译定义为借用语，并将晚清以来音译主张分为六派，逐条加以分析解说，强调借用语与汉语及中国社会现实的不适用处。1919年11月，朱自清在《新中国》杂志发表《译名》一文，朱氏认为译名在翻译中“格外重要些”，将历来的译名方法概括为五种（音义分译、音义兼译、造译、音译、意译）详加分析，认为“意译的办法”是“译名的正法”，并强调采用日本译名和借用西语必须谨慎和思考；文章最后阐述了朱氏的译名统一的思想，认为译名本身固然要正确，同时也需要人为的努力，即政府审定、学会审定、学者鼓吹和约定俗成。《译名》对清末以来的译名讨论历史进行了总结，既主张意译，也不绝对排斥音译和借用，相对辩证公允，代表了这一时期译名问题的基本共识。

二、民国中期的几部术语辞典

从1919年五四新文化运动发生至1927年南京国民政府建立，中国社会经历了政治文化层面种种变革乃至革命，与之关联的新名词，尤其是人文社会科学名词，通过各种文化载体在社会语言生活中被广泛介绍和使用，并由此在一个相对于清末民初更为广阔的社会背景中获得普及和传播，“现在新文化的书，一天多一天。书里头从西文译出来的新名词，多得了不得。初学的人，看见这些名词，不晓得他的出典，还能够懂全篇的意思吗？我本来要想编一部很精细的百科辞典，因为这个缘故，就从文艺一部分，着手编辑”（郝祥辉，1923）。新名词传播的重要工具之一为术语辞典（黎难秋，2006：551—566），以下梳理其中较有代表意义的几部辞典，以览民国中期人文社会科学名词使用之一斑。

专有名词统一是人文社会科学名词统一的前提，有关专有名词音译的理论问题在民初译名讨论中已基本解决，1924年出版的《标准汉译外国人名地名表》和《中外地名辞典》则在实践层面完成了专有名词中人名地名的制订和统一。《标准汉译外国人名地名表》面对人名地名的淆乱现状提出专名翻译的四条原则，并在《外国人名地名表》之外附录《汉文索引》《西文译音总表》和《英语各字典音符对照表》，总结了清末民初以来专有名词翻译使用的各种经验和理论，以民间出版的方式对近代以来专有名词的使用进行了审定和统一，为此后人文社会科学名词的普及和统一提供了条件。该表序言称：“外国人名地名，向无一定译法，淆乱之弊，与日俱增，学者苦之。本书目的，在补救斯弊；换言之，即谋译名之统一，使学者稍节时力而已。”至20年代末，专有名词已由外国人名地名扩展至现代社会各类专有名词，如世界大事年表、世界全图、世界国旗、中外度量衡、各国币制等。《中华百科辞典》（1930）以收集各科名词术语为主，尤于书末附有多种图表，如中国历代纪元、世界大事年表、中国商埠表、中国全图、世界全图、世界各国国旗、世界大事年表、中国县名表、世界各国国名及都城表、世界纪念日表、化学原质表、中外度量衡比较表、世界各国币制表、中西名词对照表（普通名词、人名）等，极为当时辞典界看重。

哲学历来是人文科学的中坚，现代哲学名词的产生、发育对于中国现代人文社会科学的发展具有深远意义。晚清以来中西文化碰撞日趋激烈，中西哲学研究风潮亦日益繁盛，哲学领域的译名问题尤为方家关注，其中几个关键名词的讨论直接引发了清末民初人文社会科学领域的译名大论争，自严复、梁启超、王国维、蔡元培至章士钊、陈独秀、钱玄同等一干当世俊杰均有参与。尽管如此，根植于西方文化传统、思维模式的西方哲学名词的汉文翻译却由于触及两种不同文化的精神底层，在清末民初始终莫衷一是，没有定论。至20年代中期，西方哲学传播渐具规模，严译词、日译词之争也尘埃落定，西方哲学名词在争论中不断被使用和普及，通用译名逐渐增多并开始固化，但是一名多译的现象仍然存在，樊炳清的《哲学辞典》（1926）于此时应运而生。《哲学辞典》以“编罗列哲学的术语之主要者，而解释其大义”为主要内容，以“供一般读者及研究哲学者参考之用”为主要目的（《哲学辞典·例言》），由蔡元培和唐钺分别作序。20年代中期，伴随人文社会科学的发展，哲学作为一门学科开始向一般民众普及，哲学名词作为专门名词开始向一般名词渗透，“虽然他的这部书并不是一部极丰富极广博的哲学辞典，但在册子这样大的书的范围内，是一部普通适用的书，是一个难得的来得凑巧的贡献”（《哲学辞典·序二》）。

至30年代初期，人文社会科学名词在获得传播普及的同时依然面临术语混乱、概念不清的巨大困境，《新术语辞典》（1929）⑤对于当时国内翻译外国术语极不一致的现状描述尤为恳切，该辞典力图采用最流行和最正确的名词形式并主张附注原辞：“我国翻译外国术语极不一致。本书采用最流行的或最正确的，并附注原辞，以便读者对照。”“各术语中有须阅他术语方能完全了解其意义的，则于其后注明参看某术语；有异名同义的，或附载于他术语底说明中的，则于其后注明详见某术语。”（《新术语辞典·编辑凡例》）

三、民国后期国立编译馆的人文社会科学名词审定工作

20年代术语辞典的出版和使用从一个侧面反映了人文社会科学名词在传播和普及层面的发展情况，至南京国民政府国立编译馆成立（1932）的最初几年，其人文社会科学方面的工作仍以外国书籍的翻译为主，“就过去二三年来之情形而言，自然组之编译工作，一向重在科学名词之统一方面，人文组则重在外国书籍之翻译”（《本馆编译工作之近况》）。30年代中期，人文社会科学名词官方

层面的审定和统一终于被提上国立编译馆的工作日程。1935年初，国立编译馆人文组开始考虑社会科学名词的审定和统一，“惟自本年度起，人文组在社会科学方面，亦渐致力于名词之统一，诚以正名一端，实为编译任何科学书籍之基本工作也”（《本馆编译工作之近况》），近代以来的自然科学名词、人文社会科学名词各有传统、各成体系的局面此时终于破冰。

自清末戊戌变法以来，人文社会科学中的经济学、政治学、教育学和哲学即是新学传播的先头兵，严复、梁启超、王国维等均有参与并各有所持，经历了20世纪前30年的学校教育和社会传播，至30年代中期经济学、政治学、教育学和哲学名词的统一已俨然成为人文社会科学名词中最为迫切且最具条件的部分。1935年，国立编译馆政治学名词卡片搜集工作完成，共得名词1900余则，经济学名词也开始搜集材料。1936年，国立编译馆教育学名词的卡片搜集工作就绪，并向教育专家发出调查表。至1937年，国立编译馆人文社会科学名词的审定积极开展，渐具规模，“惟以正名一端，为翻译科学书籍之基本工作，故本馆决自本年起积极着手编订人文方面各科名词，为征求各方学者意见起见，月前曾派专任编译汪少伦先生赴平津武汉等地接洽，各方佥表示人文科学译名有从速统一之要，对于本馆编订名词者：有哲学名词社会学名词由专任编译兼代人文组主任汪少伦先生担任，经济学名词由专任编译沈章甫先生担任，政治学名词由专任编译王世富先生担任，教育学名词由编译赵演先生担任，地理学名词由编译周祖豫先生担任云”（《人文科学名词工作近闻》）。1938年底，社会学名词初稿完成已经送审，哲学名词初稿完成准备送审，教育学名词、政治学名词、普通经济学名词和会计学名词初稿则正在编订中。

30年代末至40年代中期，在上述几类人文社会科学名词渐次完成的基础上，国立编译馆开始了音乐、艺术、体育、语文、法理、人类学和历史学等学科名词的编订和统一。1939年1月，国立编译馆开始音乐名词和法律名词的编订工作，6月，教育学名词、政治学名词和经济学名词初稿完成准备送审，7月，法理学名词已着手编订并编辑名词七千余则。至40年代中期，虽屡受战争影响，国立编译馆仍苦心经营、勉力维持，在人文社会科学的多个学科，尤其是社会学、经济学、政治学、教育学和哲学等，均有成绩。1946年，人文社会科学名词的审定情况如表1所示（加※者为已经完成初稿）。

表 1 1946 年人文社会科学名词审定情况表

已公布	社会学名词（一八一八则）
	经济学名词（三六二五则）
	教育学名词（二〇九三则）
	统计学名词（九二四则）
编订已完成，正在审查中	哲学名词（二五一七则）
	政治学名词：国际关系部分（三四七四则）
	政治学名词：政府与行政部分（二三三二则）
	政治学名词：政治思想部分（一四五四则）
	财政学名词（二一二七则）
	会计学名词（三四八八则）
	国际贸易名词（二九二八则）
	货币及银行学名词（六五一二则）
正在编订中	※ 语文名词：语法部分
	※ 语文名词：修辞学部分
	※ 法律名词
	人类学名词
	边疆地名
	外国地名
	外国人名
	历史名词
	音乐名词
	艺术名词
	体育名词

伴随清末民初日译借词的尘埃落定、译名讨论的渐趋平静以及二三十年代术语辞典的繁荣发展，人文社会科学名词虽然没有获得类似自然科学名词的官方权威机构正式认定，但终归以民间的讨论和实践获得某种程度上的理论共识，专有名词、通用译名日益固定，一名多译现象逐渐减少。当然，人文社会科学名词中众说纷纭、各有所持的现象依然存在，至 30 年代，人文社会科学名词的

分歧仍然是学术界、文化界的一大困境，30 年代中期，国立编译馆终于以官方立场着手人文社会科学名词的审查并有佳绩，最终将在民间孕育发展近 40 年的人文社会科学名词审定纳入国家科学名词审定体系中来。

四、民国时期自然科学名词和人文社会科学名词使用审定过程比较

晚清以降，西学东渐，现代西方科学由“艺学”[⑥]至“政学”[⑦]涌入中国，中国传统的文化格局被打破。民国时期，诸多现代学科一一建立，这一重大社会文化思潮在语言上的表征之一即为科学名词的使用与审定。民国前半期，自然科学名词延续其权威（准官方）机构规范性、合法性的历史传统，人文社会科学名词则侧重其学校教育或民间出版自主性、普及性的社会特征，至 30 年代中期，在人文社会科学名词渐次进入了国家层面科学名词统一体系之后，两大基本类型名词的审定才终趋统一。作为大变革、大动荡时代的科学文化产物，民国时期的科学名词在体制、内容等多个层面均有值得深思之处，其中科学名词的两大基本类型——自然科学名词和人文社会科学名词的使用审定过程（该过程传播路径迥异、最终归宿趋同），是民国时期科学名词工作中一个极具特点且耐人寻味的问题。

其一，洋务运动与戊戌变法分别引发的两类名词译介传统。

晚清的洋务运动引发了清廷和传教士机构主持的、以自然科学名词为主导的使用和审定，对我国的现代自然科学产生至深影响，开启了国家（官方）主持自然科学名词审定的传统，民国时期的自然科学名词审定由医学名词审查会至科学名词审查会最终至国立编译馆，由传教士至民国政府，由权威组织至官方机构，循序渐进，自成体系。清末的戊戌变法引发了知识精英倡导并渗透社会多个层面的、以人文社会科学名词为主导的普及和统一，是现代中国人文社会科学的标志性事件，民国时期人文社会科学名词使用由知识精英的译名讨论至学校教育、民间出版，由个人至社会，由学术至普及，众说纷纭，论出多门。

洋务运动和戊戌变法的得失成败姑且不论，而“中学为体、西学为用”的价值判断却是晚清民国统治阶层面对西方新学的基本态度之一。在该种价值判断之下，现代自然科学作为形而下、实用主义“西学”，顺理成章地为不同时期统治阶层所接受，而这也是洋务运动所开启的自然科学名词审定始终为官方支持（或主持）的原因所在；现代人文社会科学作为形而上、政治思想“西学”，在不能

为各个时期统治阶层主动接受的情况下，只有转而在知识分子、学校教育以及民间出版等其他社会阶层中寻找普及和传播途径，由其引发的人文社会科学名词审定也就多停留于民间的讨论与普及层面，难以进入当时的官方体系。

其二，名词审查会与译名大讨论分别形成的两类名词传播模式。

在民国时期自然科学名词审定和人文社会科学名词使用中，分别发生了两个重要的语言文化事件：自然科学名词形成了对现代中国科学体系搭建产生重大影响的名词审查会制度和自然科学名词公布制度，人文社会科学名词引发了民国时期吸引多位文化精英参与、促进人文社会科学萌发的译名大讨论和术语辞典出版。

晚清的统治阶层和知识精英上层认为，近代中国为西方乃至日本所侵的原因在于科学技术的落后，因此从洋务运动开始便利用传教士等外来人员逐步介绍西学、翻译名词，从某种意义上讲自然科学名词工作从最初便具有了某种官方血统。至民国时期，以中国科学社为代表的本土自然科学家逐渐介入自然科学名词审定并占据主流，进而主动寻求民国政府的支持。在此背景下，自然科学名词在其翻译和审定过程中逐渐形成了一个具有权威性或者说准官方性的组织——名词审查会，并通过该组织持续审定和公布各类自然科学名词，因此这些自然科学名词一经公布即具有官方的权威性和规范性。相对于现代自然科学名词翻译审定循序渐进、自成体系的制度和成果，现代人文社会科学名词在清末民国前期经历的则是一个众说纷纭、语出多门的民间启蒙与传播的过程。见弃于清末统治阶层的人文社会科学名词（尤其是日译名词），于译介之初即来自知识分子自发的翻译和传播，至民国初期，大量日译人文社会科学名词依然没有得到当政者的积极支持。另一方面，由于民国时期文化思潮蜂涌、知识分子活跃，人文社会科学名词在文化界、教育界等民间层面获得极大关注，引发了一系列译名讨论，吸引了众多知识分子关注和参与，在催生和启蒙中国现代人文社会科学的同时，译名讨论就人文社会科学名词翻译和使用等基本理论问题逐渐获得一定的共识，此后的教科书、术语辞典和各类译著则在这些共识基础上于实践层面展开了人文社会科学名词的普及和传播，逐渐形成了民国前期人文社会科学名词强常识性、弱规范性的使用模式。

其三，两类名词的语言功能比较。

民国时期，自然科学名词在国家层面的审定统一成就斐然，彪炳史册，但在社会层面的推广普及相对欠缺，一般民众自然科学常识相对缺乏，从而导致自然科学术语向现代汉语词汇的渗透转化落后于社会语言生活的需求，在某种程度上影响了现代汉语在自然科学技术层面的表达功能。人文社会科学名词在民间层面传播普及甚广，但是由于缺乏官方（国家）层面的审定和统一，在相当长的时间内、在很大程度上停留在新名词形式的常识层面，学术层面的官方审定统一直至30年代中期方得破冰，其结果是人文社会科学内部的术语混乱，概念不清，从而最终影响了人文社会科学学术的进步与发展。同时，由于现代科学两大基本领域的名词在较长时间内，泾渭分明，各有分野，缺乏学术层面、官方层面的沟通交流和协调统一，从而在语言功能层面导致了现代科学新概念、新思想的学术表达缺乏传统汉语的音韵和谐与视觉美感，致使自然科学领域的语言表述时有生硬直白、简单粗糙之感，而人文社会科学领域的语言表述则时有言之无物、莫名其妙之感。

时至今日，西方科技文化对中国乃至东方世界的冲击依然存在，东西方文明的交流更加频繁，新名词和科学术语依然不断地产生、出现，如何理性地面对这一重要社会语言现状，才能避免现代汉语优美传统性和精确现代性的双重损失，恐怕依然是当代中国语言生活中必须正视的重要问题之一。

附注

①民国时期对于术语的一般称谓，如自然科学名词、人文社会科学名词等。学界关于自然科学名词的翻译和统一对于中国近现代科学技术发展贡献的研究文献颇多，而人文社会科学名词在近代时期（尤其是民国时期）的普及和统一则梳理和研究相对较少。

②严氏曾于1909年任清廷学部编订名词馆总纂。

③严复所创人文社会科学名词及其所提“信、达、雅”的翻译原则为清末一时之选，颇为当时知识分子看重，但其“古奥渊雅”的思想意识和语言追求却逐渐为急切寻求人文社会科学普及传播的社会现状所不容。

④维新派政治失意之后，力主在文化上有所作为，以梁启超为代表的文化精英开始大量介绍日本的政治经济文化，日语借词形式的人文社会科学名词作为重要内容之一自然也在传播之列。

⑤该辞典以一般读物所常见的经济学、政治学、法学、社会学、社会心理学、社会问题、社会思想、社会运动、文学、哲学、外交史的新术语及其他所有流行的新术语为内容进行简明的解释。

⑥主要指自然科学。

⑦主要指人文社会科学。

参考文献

汪荣宝, 1903. 新尔雅［M］. 上海：商务印书馆 .

坂本健一, 1904. 外国人名地名辞典［M］. 卢宗岳，编译 . 上海：新学会社藏版 .

戢翼翚, 1908. 东中大辞典［M］. 上海：作新社发行 .

田边庆弥, 1909. 汉译日本法律经济辞典 . 王我臧，译 . 上海：商务印书馆 .

蔡元培, 1901. 译学［M］// 学堂教科论 . 上海：上海普通学书室 .

王国维, 1905. 论新学语之输入［J］. 教育世界（4）.

民质（章士钊）, 1910. 论翻译名义［J］. 国风报（29）.

丁詧盦, 1924. 中外地名辞典［M］. 上海：中华书局 .

舒新城, 1930. 中华百科辞典［M］. 上海：中华书局 .

吴念慈，柯柏年，王慎名, 1929. 新术语辞典［M］. 上海：南强书局 .

何崧龄，等, 1924. 标准汉译外国人名地名表［M］. 上海：商务印书馆 .

樊炳清, 1926. 哲学辞典［M］. 上海：商务印书馆 .

郝祥辉, 1923.《百科新辞典文艺之部》序言［M］// 百科新辞典文艺之部 . 上海：世界书局 .

黎难秋, 2006. 中国科学翻译史［M］. 合肥：中国科学技术大学出版社 .

蔡元培, 1997. 蔡元培全集：第一卷［M］. 杭州：浙江教育出版社 .

佚名, 1935. 本馆编译工作之近况［J］. 国立编译馆馆刊（1）.

佚名, 1937. 人文科学名词工作近闻［J］. 国立编译馆馆刊（25）.

【作者单位：中国社会科学院民族研究所。本文原发表于《中国社会科学院研究生院学报》2015 年第 1 期】

基于70年报刊语料的现代汉语历时稳态词抽取与考察

饶高琦　李宇明

一、引言

汉语演变的历程中，词语使用受时间影响的程度不一，表现为词语在时间维度上的分布不同。词汇系统中很多词语使用稳定，受时间影响小，更新和变异缓慢，构成了现代汉语词汇系统的底层，起到基础和主干的作用。张普（2008）的研究中将这部分词语称作稳态词。

在自然语言处理中的直接相关研究较少。Fukumoto F、Suzuki Y、Takasu A（2013）使用卡方检验从30年的MedLine英文文档集中筛选具有时间显著性的名词。Degaetanoortlieb S等（2012）在SciTex中挖掘了与时间相关的词类串和用词特征，并使用相关分析协助选择。谢晓燕（2010）则使用词语生命度方法计算了词在各时间点上的活跃程度，辅之以问卷调查，从26年的《深圳特区报》中获得稳态词表。

本文从大时间跨度的历时语料中抽取稳态词候选集，以描述当代汉语报刊语言使用的底层，进而观察整个语言社团语言生活的基础。历时语料库可以被视作不同时期产生的文本集。抽取没有时间区分度的稳态词语等效于找出其中没有文本区分力的词。这恰好是文本分类任务的反面，因而可以借鉴计算方法抽取在历时语料库中没有时间特征的词语。

本文使用了文本分类任务和停用词抽取任务中比较成熟的几种特征统计方法。语言监测中常用的"共用词"提取也是重要的方法。本文使用的语料为BCC历时检索系统①（荀恩东等，2015；荀恩东等，2016）中1946—2015年的

《人民日报》语料[②]，时间跨度70年，规模12亿字，词种数约220万。

本文的组织架构如下：第二部分介绍了9种词语使用情况的计量方法；第三部分为本任务中各方法获得稳态词候选集的情况；第四部分中通过重叠程度、覆盖程度和文本分类精度评价了诸方法的性能，并获得了最优候选集；第五部分分析了稳态词的基本性质；第六部分为结论与展望。

二、稳态词的抽取方法

（一）词频逆文档频

Karen Sparck-Jones（1972）和K S Robertson等（1976）在信息检索中使用包含特定词的文档频率对单纯词频统计进行平衡，从而发展出词频逆文档频，后文简称TF·IDF。本任务中，TF·IDF值较小的词更倾向于成为没有时间区分度的稳态词。

由于不同时期的语料规模不一，总语料规模和总文档数量可以用来对词频与逆文档频值进行归一化。本文使用式（1）至（3）对历时语料库中所有词的TF·IDF值进行了计算。

$$TF \cdot IDF(w) = TF(w) \cdot IDF(w) \tag{1}$$

$$TF(w) = -\log(\frac{F_w}{N}) \tag{2}$$

$$IDF(w) = \log(\frac{D_w}{D}) \tag{3}$$

其中F_w和D_w分别表示词w在整个语料库中出现的次数和整个语料库中包含词w的文档数，N为总数词，F和D则是整个语料库的全部词次数与文档数。注意到文档数D的大小取决于历时语料库划分的颗粒度。如一年的语料视作一篇文档（年颗粒度），一个月的语料视作一篇文档（月颗粒度），或使用其他颗粒度，对D和D_w值会产生巨大影响。

（二）互信息

在文本计算中互信息（mutual information）越大，特征w和类别c共同出现的可能性就越大，由此可以推断w和c的关联性越强（C E Shannon，1948；T M Cover & J A Thomas，1991）。在这一部分中w即为语料库中的词，类别c则

是包含 w 的语料所属的时间。本节在计算中采用 Xu Y 等（2007）在文本分类任务中推导的词与分类的互信息计算公式，如式（4）（5）。

$$I(w)=\sum_{i=1}^{m}p(w,c_i)\log_2\frac{p(w,c_i)}{p(w)p(c_i)}+\sum_{i=1}^{m}p(\overline{w},c_i)\log_2\frac{p(\overline{w},c_i)}{p(\overline{w})p(c_i)} \quad (4)$$

$$p(w,c_i)=\frac{count_{c_i}(w)}{N} \quad (5)$$

上式中 w 为词，c_i 是分类，即特定时间点的语料。这里使用最大似然估计来计算词 w 在 c 中的概率。$count_{c_i}(w)$ 是词 w 在语料 c_i 中的频次。N 为整个语料库的总词数，m 为语料库在一定时间颗粒度下的文本数。如年颗粒度下，m=70。

（三）联合熵

相较于互信息，联合熵（union entropy, UE）的计算中同时体现了包含特定词的句子在文本中出现的概率和词语在该句子中出现的概率。在少数民族语言和现代汉语的语料库中，联合熵在获取停用词、过滤噪音词方面取得了较好的效果（顾益军等，2005；巩政、关高娃，2011）。联合熵的计算方法如下面一组公式所示。

$$UE(w_i)=H(w_i)+H(s\mid w_i) \quad (6)$$

$$H(w_i)=-\sum_{j=1}^{n}p_j(w_i)\log p_j(w_i) \quad (7)$$

$$H(s\mid w_i)=-\sum_{l=1}^{n}p_l(s\mid w_i)\log p_l(s\mid w_i) \quad (8)$$

$$p_j(w_i)=\frac{count_j(w_i)}{\sum_{j=1}^{n}count_j(w_i)} \quad (9)$$

$$p_l(s\mid w_i)=\frac{count_l(s\mid w_i)}{\sum_{l=1}^{m}count_l(s\mid w_i)} \quad (10)$$

这组公式中一个词 w_i 在语料库中的联合熵 UE（w_i）由其在句子中分布的熵值（8）和包含 w_i 的句子在特定时间的语料中分布的熵值（7）构成。其中（9）为 w_i 在某一句子中出现的概率，用最大似然估计计算。$count_j$（w_i）是 w_i 在该句子 j 中出现的次数，n 为句子数。公式（10）中，$count_l$（$s|w_i$）是包含 w_i 的句子 s 在文本 l 中出现的次数，m 为文本总数。

（四）词项随机采样

词项随机采样（term based random sampling, TBRS）方法由 Lo T W 等（2005）提出，用于在网页上自动探测停用词。该方法随机选取若干词，在包含这些词的文档中计算所有词的 *KL* 距离，并归一化。对每个词在其出现的每个文档中的 *KL* 距离值取平均，排序后选取得分较小的为停用词。本部分使用的 *KL* 计算公式如式（11）（12）所示。

$$KL_c(w_i) = p_c(w_i)\log\frac{p_c(w_i)}{p(w_i)} \tag{11}$$

$$TBRS(w_i) = \frac{\sum_{c=1}^{m}\frac{KL_c(w_i)}{\max_{c=1}^{m}(KL_c(w_i))}}{m} \tag{12}$$

其中 c 为特定时间的语料，KL（w_i）为在语料 c 中 w_i 分布和整个语料中 w_i 分布的 *KL* 距离，p_c（w_i）为 w_i 在 c 中出现的概率，p（w_i）为 w_i 在整个语料库中出现的概率，m 为有 w_i 出现的语料的份数，*max* 函数则在各份语料中取 *KL* 距离的最大值。

（五）修正频率

修正频率（korregierte frequenz, KF）又称为调整频率（adjusted frequency）。*KF* 统计可以避免单纯统计频次时，集中于某些文档的某些高频词被误认为是整个语料的高频词。本文使用的 *KF* 计算公式（冯志伟、胡凤国，2012：255；I Rosengren，1971）如式（13）所示：

$$KF(w_i) = (\sum_{c=1}^{m}\sqrt{p(c)f(w_i)})^2 = (\sum_{c=1}^{m}\sqrt{\frac{N_c}{N}count_c(w_i)})^2 \tag{13}$$

其中 w_i 的 *KF* 值为它在特定时间语料 c 中出现概率与语料概率的根平均数。p（c）为语料 c 在整个语料库中出现的概率，用最大似然估计计算，N_c 为语料 c 的词数，整个语料库词数为 N，m 为按特定时间颗粒度划分整个语料的份数。

（六）均根匀度

Huarui Zhang、Churen Huang、Shiwen Yu（2004）研究了词汇使用的分布程度，提出了均根匀度（square-mean-root evenness, SE）用以获得特定文档的核心词表。其计算方法如式（14）所示：

$$SE(w_i)=\frac{\left(\frac{\sum_{c=1}^{m}(\sqrt{count_c(w_i)})}{m}\right)^2}{\frac{\sum_{c=1}^{m}count_c(w_i)}{m}}=\frac{\frac{(\sum_{c=1}^{m}(\sqrt{count_c(w_i)}))^2}{m}}{\sum_{c=1}^{m}count_c(w_i)} \tag{14}$$

其中 c 为特定时间的语料，m 为整个语料划分的份数，其余符号含义与前文相同。

（七）变异系数

如果一个词是稳态词，那么它的使用情况随时间变化小，在统计上应表现为离散程度较小。但语料库中不同词语标准处的测量尺度相差很大，直接比较并不合适。变异系数（coefficient of variation, CV）是常用于这种场景的统计量。它是变量标准差与平均数的比，如式（15）所示。

$$CV(w_i)=\frac{sd(w_i)}{aver(w_i)} \tag{15}$$

对于词 w_i，离散程度低（标准差小）、频率高（频率均值大）就更倾向于成为稳态词。因此选取变异系数较小的词作为候选词。

（八）共用词

共用词是在一组文本中都出现的词。在《中国语言生活状况报告・数据篇》中使用共用词描述不同领域中词汇的重合程度，并间接显示领域间的词汇差异。借鉴到本任务中，年共用词是在各年语料中都出现的词语。该性质使得这部分词语可能成为较好的候选稳态词语。

对于本文中的历时语料，年度共用词即为文档频率 DF=70 时产生的词表。月、周、日共用词即为 DF 为相应数量时产生的词表。

（九）累积频率

从整个语料库中抽取出的分词单元按频率高低进行排序，并计算其累计频率。由于词汇使用分布的不均衡性，少数超高频与高频词占据了语料库的大部分篇幅。累积频率达到一定阈值时的高频词更容易成为整个语料库中具有通用性的词。该方法只能获取词语的全局频率，因而局限性明显，本文以其作为对照组。

三、稳态词候选词集的获取

（一）通过拐点确定候选集

词语的 TF · IDF 值计算取决于文本的颗粒度，即 IDF 的大小。随着时间颗粒度的变化，词语的 TF · IDF 值和词汇的 TF · IDF 排序都会出现显著不同，如图 1 上所示。

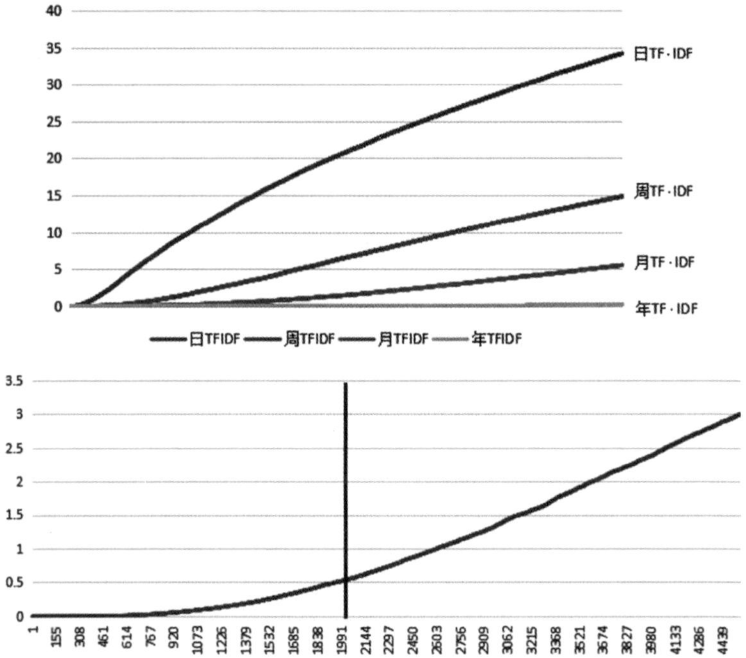

图 1　年、月、周、日四种颗粒度下词的 TF · IDF（升序前 15000 个）

从图 1 下中可以发现各颗粒度曲线在拐点之后 TF · IDF 值的斜率趋于平缓。可以通过观察词 TF · IDF 值曲线的拐点来确定稳态词的数量。在以日为时间颗粒度的情况下拐点大致出现在 600 词的位置，在以周为时间颗粒度的情况下拐点大致出现在 2000 词的位置（如图 1 下），在以月为时间颗粒度的情况下拐点大致出现在 3000 词的位置，在以年为时间颗粒度的情况下拐点大致出现在 12449 词的位置。

以年为颗粒度的 TF · IDF 值的拐点取的是零跳变点，即在此排序中前 12449 个词的 TF · IDF 值均为 0。原因在于这些词在每一年的语料中都出现，造成 IDF=0。此时，依 TF · IDF 值选取出的候选词退化为了年共用词。各颗粒度的共用词将在后文中详细讨论。

大体上，四种时间颗粒度下的候选词表从大到小依次包含。各词表的交集为 599 词。

类似地，我们通过观察拐点的方式确定了基于互信息、联合熵、词项随机采样、修正频率、均根匀度、变异系数和对照组累积频率方法的候选词集的大小。由于数值的分布差异较大，为了便于绘图和观察拐点，本部分对互信息、联合熵、修正频率值取以 10 为底数的对数。各颗粒度下候选集的规模如表 4 第二列所示。

（二）基于共用词方法的候选集

表 1　年、月、周、日共用词数量及词类分布

	总数	名词	动词	形容词	虚词与其他
年共用词	12449	5208/0.418	4356/0.350	953/0.077	1932/0.155
月共用词	1818	576/0.317	633/0.348	169/0.093	440/0.242
周共用词	406	105/0.259	132/0.325	31/0.076	138/0.340
日共用词	15	1/0.067	1/0.067	1/0.067	12/0.800

本部分计算了历时语料库中年、月、周、日四种颗粒度下的共用词。年共用词有 12449 个，月共用词 1818 个，周共用词 406 个，而日共用词仅有 15 个。

日共用词按频率从高到低排分别是：的、了、在、和、是、一、个、中、上、为、地、到、人、大、下。它们都是单音节词。唯一的动词为“是”。“为”和“到”也有做动词的情况。唯一的名词是“人”，但“人”在数量结构中也可以做量词。唯一可以做形容词的是“大”。

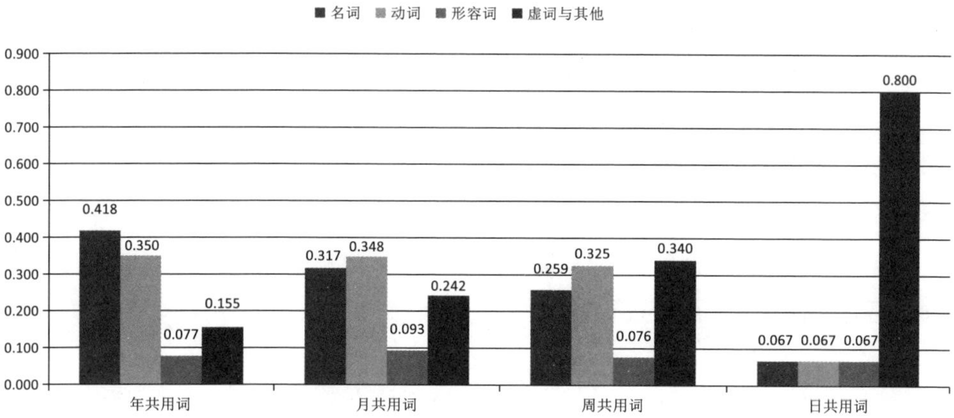

图 2　年、月、周、日共用词的词性分布

构筑日常语用生活底层最稳定的部分是虚词。当“日常语言”细分到“每日必说”的程度时，名词、动词和形容词所占寡少。虚词所负载的主要是语法意义，是组织语言所必需的骨骼。而构成句子内容的实词则有很强的流动性甚至是偶然性。形容词在年、月、周、日共用词中的比例十分稳定，在 7% 上下波动，是总量较少但不可或缺的一部分词汇。

由共用词的定义可知，年、月、周和日共用词表是逐层包含的。

四、选择一种稳态词表

前文综述了多种稳态词表的选取方法。本章采用以下办法对其进行评价：（一）不同时间颗粒度下的重叠程度和时间敏感程度；（二）对语料的覆盖程度；（三）对历时文本分类的贡献。

（一）重叠程度和时间颗粒度敏感程度

不同时间颗粒度下候选词表的重叠程度可以评价该方法的稳定性，重叠程度越高越好。

稳态词和非稳态词不会是泾渭分明的两个集合，而是渐变的连续统。前文使用了“年、月、周、日”四种时间颗粒度，获得了不同的稳态词候选词集。如果使用更大的时间颗粒度如“世纪”，则整个历时语料库都处在一个时间单元内。那么所有词都应该进入该颗粒度下的稳态词候选集，并包含其他颗粒度下的候选集。类似的，如果某方法在诸颗粒度下产生候选词集互相包含的程度高，它所筛选出的候选词集就更符合其作为连续统一部分的特性。

本节将重叠程度划分为四个等级③：完全重叠，即年、月、周、日四种时间颗粒度下产生的词表存在一者包含其他三者的关系；大部分重叠，即其中任意两者重叠部分占各自很大比例（>80%）；部分重叠，即其中任意两者重叠部分占各自较大比例（>30%）；较少重叠，即其中任意两者重叠部分占各自比例较少（<30%）。表 2 为各种方法的重叠程度。累积频率法获得的结果和时间颗粒度无关，故不在本部分进行评价。

表 2　各方法产生的候选词集的重叠程度

	完全重叠	大部分重叠	部分重叠	较少重叠
TF·IDF		√		
互信息				√
联合熵	√			
词项随机采样				√
均根匀度			√	
修正频率		√		
变异系数		√		
共用词	√			

对于抽取稳态词集，本文倾向于选用对时间颗粒度的敏感性高的方法。这里是由不同时间颗粒度下词表规模的大小差异来衡量不同方法对时间颗粒度的敏感程度，并将年、月、周、日四种时间颗粒度下任意两候选词表间的词数之比取平均，来衡量这种差异。形式化描述如式（16）所示。

$$sen_t = aver(\sum_{s_j > s_i} \frac{s_j}{s_i}) \quad (16)$$

其中 sen_t 为某方法的时间敏感性，S_j 与 S_i 为两个不同时间颗粒度下获得的候选词表的规模，且有 $S_j > S_i$，$aver$（ ）为取算术平均值。

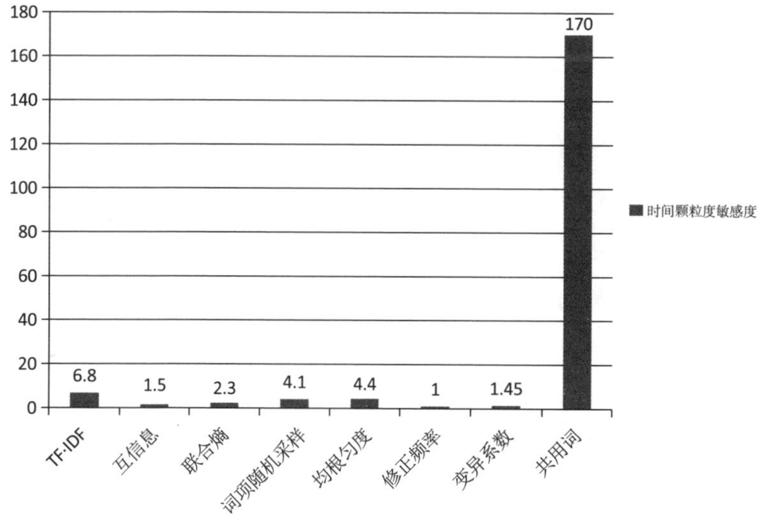

图 3　各方法的时间颗粒度敏感度

如图3所示，从时间敏感性和重叠度上来看，共用词和TF·IDF方法都是表现最好的稳态词获得方法。

（二）在语料中的覆盖程度

如果一种方法获得的词表，其中词项在语料中的覆盖程度过小，说明它们充当语言生活底层的可能性不大，则其作为稳态词的可信度较低。各候选词表的语料覆盖程度如表3所示。TF·IDF、共用词、变异系数和修正频率在该项评价中表现较好，其中TF·IDF表现最佳。

表3 各方法在总词汇中的覆盖度

	年	月	周	日	交集
TF·IDF	0.876	0.762	0.725	0.582	0.581
互信息	0.0005	0.004	0.015	0.079	—
联合熵	0.571	0.663	0.716	0.751	0.571
词项随机采样	0.06	0.0355	0.0415	0.16	0.02
均根匀度	0.368	0.509	0.588	0.841	0.364
变异系数	0.511	0.665	0.709	0.765	0.503
修正频率	0.663	0.662	0.662	0.662	0.658
共用词	0.876	0.703	0.517	0.239	0.239
累计覆盖率	0.8	—	—	—	—

（三）对文本分类的贡献

根据稳态词的特性，在历时语料库中去除候选词集后剩下的词汇应是与文本时间特性较为相关的。如果以这些词为特征对不同时间的文本进行以时间为类的文本分类，应有较好的分类效果。候选的稳态词集的质量越高，则去除该词集后语料库中保留下的具有较好时间敏感性的词越多，则最终文本分类的精确度越高。本节以此检验候选词集的质量。

本部分实验选取了文本分类任务中最经常用作基线实验的朴素贝叶斯分类器[④]对测试数据集进行文本分类。

在历时语料库中均匀选取五分之一的年份（共14年），每年选取2000词的文本片段 20 篇，共 280 篇，56 万词作为文本分类任务的测试数据集。实验中去除频次为 1 的超低频词，再从测试集中去除本文第三部分中各方法生成的候选词集，以剩余的词为特征，频次为特征值，进行分类实验。

同时，设置一组对照实验。设测试数据集中包含各候选词集的词种为 m。作为对照，从测试数据集中随机去除 m 种词，以观察各方法生成的候选词集的质量。候选词集的质量越高，去除候选词集后的分类精度相较对照组提升的越大。

实验中，以年份为分类标准（14 类），10% 交叉验证。实验结果如表 4 所示。

表 4　各方法在各颗粒度下产生的稳态词候选词集在文本分类任务中的表现

词集	词数	去除候选词精度（%）	随机去除词精度（%）	增幅（%）
累积频率	3007	73.2	74.3	−1.48
TF · IDF. 日	600	78.9	76.8	2.73
TF · IDF. 周	2000	90	75	20.00
TF · IDF. 月	3000	90.4	72.1	25.38
TF · IDF. 年	12449	87.5	70	25.00
TF · IDF. 交集	599	79.6	77.1	3.24
互信息 . 日	1500	74.3	72.1	3.05
互信息 . 周	2000	73.2	76.1	−3.81
互信息 . 月	2500	72.9	75.7	−3.70
互信息 . 年	3000	75	76.1	−1.45
联合熵 . 日	2000	83.2	76.1	9.33
联合熵 . 周	1500	83.6	76.7	9.00
联合熵 . 月	1000	80.4	76.8	4.69
联合熵 . 年	500	78.6	73.2	7.38
联合熵 . 交集	500	78.6	73.2	7.38
词项随机采样 . 日	1600	76.4	73.6	3.80
词项随机采样 . 周	800	75	77.5	−3.23
词项随机采样 . 月	250	74.3	74.6	−0.40
词项随机采样 . 年	200	73.2	75	−2.40
词项随机采样 . 交集	48	75.4	75.4	0.00

续表

词集	词数	去除候选词精度（%）	随机去除词精度（%）	增幅（%）
修正频率 . 日	1000	80.4	75.7	6.21
修正频率 . 周	1000	81.4	76.8	5.99
修正频率 . 月	1000	83.6	76.8	8.85
修正频率 . 年	1000	81.8	76.1	7.49
修正频率 . 交集	967	81.1	76.8	5.60
均根匀度 . 日	5000	87.1	73.6	18.34
均根匀度 . 周	1000	81.1	76.8	5.60
均根匀度 . 月	800	79.6	76.8	3.65
均根匀度 . 年	500	74.6	75	–0.53
均根匀度 . 交集	331	75.7	76.4	–0.92
共用词 . 日	15	73.6	76.8	–4.17
共用词 . 周	406	76.8	76.4	0.52
共用词 . 月	1818	88.2	74.3	18.71
共用词 . 年	12449	87.5	70	25.00
变异系数 . 日	3000	70.0	60.7	15.32
变异系数 . 周	2500	74.3	67.1	10.73
变异系数 . 月	2500	75.4	62.9	19.87
变异系数 . 年	1500	75.7	65.0	16.46
变异系数 . 交集	962	74.3	60.7	22.41

从表 4 中容易看出，TF · IDF 方法在月颗粒度时形成的候选词集（后简称为 TF · IDF.m）帮助分类器获得了最好的分类精度，且该组实验相比于对照组也有最大的精度提升。相较于对照组，个别组的分类精度不增反降，说明这些词表中包含了具有较好时间敏感性的词。

经过比较，TF · IDF.m 完全包含了文本分类实验中分类精度第三名的月共用词词集，并且 TF · IDF.m 与精度第二的 TF · IDF 方法周颗粒度形成的候选词集（TF · IDF.w）仅有 12 个词的差异。也正因为这 12 个词，在重叠程度评价中 TF · IDF 方法没有成为完全重叠关系的方法。在覆盖度评价中，TF · IDF 方法形成的候选词集在年、月颗粒度中都优于其他方法。在时间颗粒度的敏感程度上，虽与共用词有较大差异，TF · IDF 方法也超过其余诸方法。

TF · IDF 方法本质上是对单纯词频统计法的修正，其修正方式在于通过逆文档频 IDF 值描述了词分布的广泛程度。显然频率相同或相近的词中，分布更广泛的词所包含的信息量少，更有可能是构筑语言生活的底层的语言单位。而分布更窄的词对于了解其所在文档的特征具有更大价值。但 IDF 值的大小很大程度上取决于对整个语料库划分的粗细程度，亦即每份语料的规模。语料库默认以年为主要的时间计量单位。但每年语料的篇幅很大，词汇中不同词的词频波动范围很大。年颗粒度下的 IDF 取值（0 到 70），对中高频段的调节作用非常有限。实验表明以月为颗粒度进行划分对 IDF 值发挥调节作用较为合适。

月共用词的性能仅次于 TF · IDF.m。共用词的提取方法是选择每部分语料中都出现的词，而不考虑该词在各部分语料中出现频次的多寡。这实际上是 IDF=0（即文档频率 DF 取最大值）时 TF · IDF 的计算方法。因此共用词的取词方法是 TF · IDF 的一种极端情况。月共用词对语料的划分与月颗粒度 TF · IDF 的划分方法完全一致。这可以部分解释为何月共用词的性能仅次于月颗粒度 TF · IDF 方法。语料颗粒度主要确定词语在语料库中的分布程度，也就是历时的分布程度。颗粒度对候选词集的抽取有较大影响，说明词语是否进入时间分布层次的底层，分布广度较之频率高低更加重要。

类似的，在语言生活状况研究中常用的独用词是 TF · IDF 方法中 DF=1，IDF 取极小值时的另一种特殊情况。它所提取的恰恰是时间敏感性较强的词。

综合不同时间颗粒度下的重叠程度和时间敏感程度、对语科的覆盖程度以及对历时文本分类的贡献三种情况，本文选择 TF · IDF 方法在月和周为颗粒度下形成的候选词集的并集（词与标点共 3015 个）为最优稳态词候选集（后文中简称为“词集”）。该词集完全包含月、周、日颗粒度下的共用词。

五、最优稳态词候选词集的性质

（一）词类分布

词集中如“组织”“限制”“希望”等都是兼类词。表 5 第一行是以词在语料库中出现频次最多的词类为被统计词类。如果用兼类词在语料库中不同词类的出现概率对相应的词次数进行修正，如式（17）和（18），则可以得到修正词数和修正比例。

$$N_i = \sum_{w \subset W} p_i(w) \tag{17}$$

$$p_i(w) = \frac{N_{wi}}{N_w} \tag{18}$$

式中 p_i（w）为词 w 为词类 i 时的概率，通过最大似然估计获得。w 为整个词集，N_{wi} 为 w 以词类 i 在词集中出现的次数，N_w 为 w 的总次数。

表 5　最优稳态词候选集词类分布

词类	标点	形容词	动词	名词	虚词与其他
词数	15	254	1073	1038	633
比例	0.50%	8.43%	35.61%	34.45%	21.01%
修正词数	15	260.8	1025.5	936.9	774.8
修正比例	0.50%	8.65%	34.01%	31.07%	25.77%

词集中，动词略多于名词，且各占总词集的三分之一略多。形容词的比例和共用词方法中获得的相似，占比 8% 略多。表 6 统计了词集中频次最高的无词类兼类现象的名词、动词和形容词。

表 6 的频序分布呈现“名词 < 动词 < 形容词”的趋势，且差异明显。这主要是由于动词和形容词的兼类现象十分突出。总的来讲，前十名的名词和形容词体现了很强的报刊语体特性。

表 6　最优稳态词候选集中非兼类的高频名词、动词、形容词前十与频序

名词	人民 21	中国 30	国家 40	问题 46	群众 61	美国 66	企业 78	党 80	新华社 61	干部 82
动词	做 104	加强 124	参加 132	去 131	解决 141	举行 143	管理 152	表示 177	建立 178	实现 188
形容词	重要 121	伟大 236	友好 257	困难 313	严重 340	认真 378	重大 391	完全 403	坚决 411	正确 466

（二）词长分析

词集的词长分布可以按照词种和词次数分别进行计算。前者不考虑该词在语料库中出现的频次，仅由词表计算生成；后者则用词集所覆盖的语料长度除以词数获得。

表 7 所示为按照两种方法计算所得的词长分布。平均词种词长为 1.75 字。双音词占据了词集的近七成，三音节、四音节的词占比不足 3%。仅有的两个超过四音节的词是“中国共产党”和“中华人民共和国”。双音词已成为构成报刊语言生活底层的主力。长词进入稳态词集需要强大而持续的社会外力。

表 7　最优稳态词侯选集词长分布

词长	单音节	双音节	三音节	四音节	五音节及以上
词种数	880	2024	88	19	2
比例	29.21%	67.18%	2.92%	0.63%	0.07%
词次数	232047655	219767247	6269166	1365739	251471
比例	50.48%	47.81%	1.36%	0.30%	0.05%

按照词次数计算的平均词长为 1.52 字。与词种数分布产生巨大差异的地方在于单音节词和双音节词的对比发生了反转。单音节词的种数虽少，但平均词频很大，因而在词频比例上超过双音节词。如将标点符号也算入其中，则所占比例更大：单音节 57.85%，双音节 40.69%。

汉语的词汇变化总体而言是从单音向双音 / 多音演化。稳态词是随时间变化很小的词汇部分，因而保留了较多的单音节词。而在当代汉语中得以保存的这些单音节词多为基本构词语素或功能词，在组织语言的过程中不可或缺，因而频次很高，分布很广。

（三）频位分布

对词集在语料库总词表中的频位分布进行统计可以发现，3013 个词与标点前密后疏地分布在频序 1—7608 之间，如图 4 所示。前 64 位和总词表频序完全相同。整个词集相对于总词频表的平均分布密度为 3013/7608=0.396。这一较低的平均分布密度表明了文档频率对纯粹词频的巨大修正作用。频序最低的稳态词频序位 7607，总词表在这里的累积频率为 0.889。

90% 累积频率是对语料分布进行考察的常用阈值。它与词集中最低频序词所对应的累积频率很接近。累积频率 90% 的高频词基本可以包含质量较好的稳态词集。

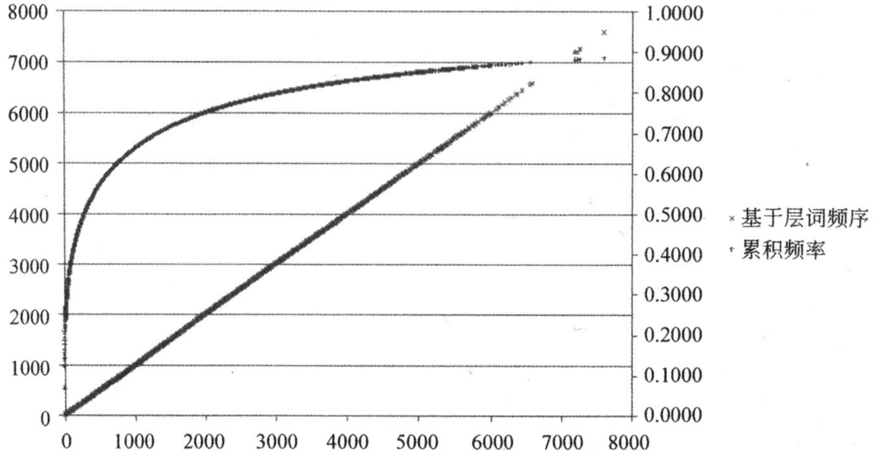

图 4　最优稳态词候选集在总词表中的频序分布（左坐标轴）和对应的累积频率（右坐标轴）

将频序前 7609 位的词均分为十组，每组中稳态词出现的词数和密度如表 8 所示，频序越低越稀疏。

表 8　最优稳态词候选集在总词表诸频序段的分布密度

分组	1	2	3	4	5	6	7	8	9	10
组内稳态词数	720	648	520	422	318	211	97	61	12	4
组内稳态词密度	0.947	0.853	0.684	0.555	0.418	0.278	0.128	0.080	0.016	0.005

《汉语水平词汇等级大纲》甲级词（1035 个）中的 70% 出现在词集中。谢晓燕从《深圳特区报》中使用流通度理论提取了 26 年间使用较为稳定的稳态词，其中各时期稳态词交集的高频 3000 词与本文候选词集重合 2177 个，占 72.25%。由于其研究中的分词颗粒度和本文不同（如“一下子”），加之《深圳特区报》作为地方报纸对广东省外事务报道有限，造成中国和世界范围内的一些重要常用命名实体（如地名“山东省”“河北省”）没能进入其词表。排除这

一部分（63 词），则与本文词集重合率为 73.8%。其余差异多由本文语料库更大的时间跨度和更广的新闻覆盖面造成。如“领袖”“耕地”“拥护”等词语是谢晓燕稳态词表中所不具备的。由于语料时间跨度差异巨大，计算方法并不完全相同，造成一些词语选择的差异并不奇怪。较高的重合率也从另一个角度验证了本文词集的性能。

六、结论与展望

本文基于 70 年跨度的历时语料库，借鉴文本分类、停用词抽取等技术中的算法对各年度语料进行分析，获得稳态词的候选集。通过历时文本分类性能、时间敏感性、重叠性和语料覆盖程度的考察遴选出了最优的算法和时间颗粒度设定——TF · IDF 方法和月颗粒度。

TF · IDF 方法统一了常用程度和时间分布两种重要的语言属性。逆文档频是对时间分布的刻画，对词频进行了时间的修正，从而在共时常用之外展现了时间维度的“常用性”。

最优稳态词候选集共包含 3013 个词，其中动词略多于名词，各占近三分之一略多，平均词长 1.75 字，前密后疏地分布于历时语料库总频序表的前 7609 位，覆盖了全部语料的近九成。稳态词中包含大量构造句子结构的核心词语。它们塑造了稳态词在词长和词类上的特性。稳态词的提取可以加深对语言生活底层与基础词汇的认识，进而对于汉语教学、中文信息处理、语言规划和词典编纂都具有重要意义。

附注

① http：//bcc.blcu.edu.cn/hc.

②由于种种原因，本文实验过程中没有获得 2003—2008 年的《人民日报》语料，该部分由实验室积累的相应年份的《贵州日报》语料替补。

③这一划分方法是针对本任务诸方法进行的，因而没有完备划分所有可能情况。

④本文使用 weka 数据挖掘平台（Witten，2011）实现的朴素贝叶斯分类算法，版本 3.6.13。

参考文献

冯志伟，胡凤国，2012. 数理语言学［M］. 北京：商务印书馆.

顾益军，樊孝忠，王建华，等，2005. 中文停用词表的自动选取［J］. 北京理工大学学报（4）.

巩政，关高娃，2011. 蒙古文停用词和英文停用词比较研究［J］. 中文信息学报（4）.

谢晓燕，2010. 基于 26 年《深圳特区报》的稳态词语提取与考察研究［D］. 北京：北京语言大学.

荀恩东，饶高琦，肖晓悦，等，2016. 大数据背景下 BCC 语料库的研制［J］. 语料库语言学（1）.

荀恩东，饶高琦，谢佳莉，等，2015. 现代汉语词汇历时检索系统的建设与应用［J］. 中文信息学报（3）.

张普，2008. 论语言的稳态［J］. 郑州大学学报：哲学社会科学版（2）.

Degaetanoortlieb S，2012. Feature Discovery for Diachronic Register Analysis: a Semi-Automatic Approach［C］// Proceedings of International Conference on Language Resources and Evaluation（LREC'12）：2786-2790.

C E Shannon，1948. A mathematical theory of communication［J］. Bell System Technical Journal（27）：379-423/ 623-656.

Fukumoto F，Suzuki Y，Takasu A，2013. Timeline adaptation for text classification［C］// ACM International Conference on Information & Knowledge Management：1517-1520.

Huarui Zhang，Churen Huang，Shiwen Yu，2004. Distributional Consistency：A general method for defining a core lexicon［C］// Proceedings of International Conference on Language Resources and Evaluation（LREC'04）.

Ian H Witten，Eibe Frank，Mark A Hall，2011. Data Mining：Practical Machine Learning Tools and Techniques［M］. 3rd ed. San Francisco：Morgan Kaufmann.

I Rosengren，1971. The quantitive concept of language and its relation to the structure of frequency dictionaries［J］. Etudes de Linguistiques Applique（1）：103-127.

Karen Sparck Jones，1972. A statistical interpretation of term specificity and its application in retrieval［J］. Journal of documentation, 28（1）：11-21.

Lo T W，He B，Ounis I，2005. Automatically Building a Stopword List for an Information Retrieval System［J］. Journal of Digital Information Management, 3（1）: 3-8.

S E Robertson, K S Jones，1976，Relevance weighting of search terms［J］. Journal of American Society of Information Science, 27（3）：129-146.

T M Cover，J A Thomas，1991. Elements of Information Theory［M］. New Jersey: John Wiley & Sons: 96-99.

Xu Y，Jones G J F，Li J T，et al，2007. A study on mutual information-based feature selection for text categorization［J］. Journal of Computational Information Systems, 3（3）：1007-1012.

【作者单位：北京语言大学。本文原发表于《中文信息学报》2016 年第 6 期】

数词“零”的不同形式及其应用现状分析

郭龙生

一、引言

中华人民共和国国家标准《出版物上数字用法（GB/T 15835—2011）》自2011年7月29日发布、2011年11月1日实施以来，关于“〇”与“零”的争论出现了新一轮高潮。因为，该国标对“零”和“〇”的使用专门做了明确规定，说明在汉字数字的使用中，关于“零”与“〇”的使用，要注意区分它们使用的不同功能域，即在做计量的数词中，要用“零”；在做编号的数词中要用“〇”。

然而，在现实生活中，我们经常看到在颁发的聘书、结业证书、奖状奖牌，甚至是贺年卡片、某些文件中，使用汉字数字表示年份的，多有写成或印制成“二零一三年”“二零一四年”的字样，人们也常常为到底应该用“零”还是应该用“〇”而心中犯嘀咕，甚至因此而争论不休。由此，激发了我撰写此文的念头，以向学界同仁请教，同时也借机宣传一下国家语言文字规范标准。

二、“0”“〇”和“零”的来源

（一）“0”的源流浅析

大约公元前200年，印度人发明了十进制的数字体系，大约1400年前，他们改进了这个体系，引入了“0”。到了15世纪，印度阿拉伯数字成为最流行的数字体系。今天，世界上大多数国家都使用现代的印度阿拉伯数字体系[①]。“0”是十进制印度阿拉伯数字体系（0、1、2、3、4、5、6、7、8、9）中一个重要的记数符号。“0”的出现是数学史上一大创造。“0”一直被人们称为阿拉伯数字，其实，它的诞生地却是在古代印度。印度的瓜廖尔石碑上有记载无误的

“0”。用圆圈表示零，是数学史上的一大发明。“0”的出现有其深刻的宗教与哲学基础。“0”的梵文名称为Sunya，当时称零为“首那”。汉语音译为“舜若”，意译为“空”。0乘以任何一个数，都使这个数变成0。0是正数和负数的分界点，所有的正整数、负整数和0都称为整数。0是实数轴线的中心，也是解析几何中笛卡儿坐标轴上的原点。

（二）“〇”的源流浅析

曹先擢在《关于〇的一点意见》（1995）一文中说，《康熙字典》《中华大字典》等都没有“〇”，唐武则天造字，其中有“〇”，指星，但未流传下来。类似“〇”的符号我们祖先也早创造出来了。据蔡美彪主编的《中国通史》第七册（人民出版社）介绍说：“南宋蔡沈的《律吕成书》内，把118098用文字表示为十一万八千□□九十八。这□□即代表空白。画方时一快就变成〇了。大约江南在南宋末，北方在金末元初，数学著述中都出现了〇的符号。”“我们要补充指出，这里的□□，表示的是系位结构，□既代表位数又代表系数，与阿拉伯的〇（引者注：似应为“0”）仅表示位数的空缺，是不同的。”

苏金智在《汉语的数目字》（2009）一书中说：在记数时，我国古代用□形表示空位，也就是表示“零”的数概念。后来书写符号用“〇”代替方框，文字形式则采用“零”字。“〇”有时也作为文字使用，可是长期以来没有得到广泛的承认。《现代汉语词典》（中国社会科学院语言研究所词典编辑室编，商务印书馆1978年第1版）已经将“〇”作为汉字收入。现在一般是把“零”与大写数目字并列，把“〇”与小写数目字并列。“〇”与“0”从符号产生的历史看是不一样的，“〇”是中国人自己创造的数字符号，是中国的特产，“0”是阿拉伯数字，是进口的。

（三）“零”的源流浅析

苏金智在《汉语的数目字》（2009：9—11）中讲道：作为数目字的“零”出现的时间则很迟。汉字“零”出现的时间很早，但开始并不表示数概念。甲骨文中就有这个汉字。……“零”用来表示数概念大概在元明以后。在记数时，我国古代用□形表示空位，也就是表示“零”的数概念。后来书写符号用“〇”代替方框，文字形式则采用“零”字。

三、“0”“〇”和“零”的应用及问题

（一）身份的认定

1.“0”的身份认定

作为阿拉伯数字序列中表示空位的一个数字，0与1、2、3、4、5、6、7、8、9一起，构成了阿拉伯数字表达系统中最基本的10个数字。0是整数系统中一个重要的数。它小于一切自然数，是介于正数与负数之间唯一的数。在加法里，$a+0=0+a=a$；在乘法里，$a\times0=0\times a=0$；在除法里，0不能作除数。在计量时，数0表示“没有”；有时还用来表示某种量的基准，如摄氏温度计上的冰点，记作0℃[②]。其身份界定十分清楚，作为十进制阿拉伯数字体系中的重要一员，它本身没有大小写形式之分，在具体应用中，不易产生混淆。

2.“〇”的身份认定

娄华荣在《讳缺号的起源及其分化》（2004）一文中说道：“讳缺号是指在书面语言中，经常代替某些词语表示讳饰或虚位、残缺的符号（×□〇△）说的，不包括乐谱中所使用的这些符号，也不包括表示判断正误、选择与否的这类符号。”“‘〇’的作用与‘△’是完全相同，表示虚位、选择或强调。”

在《讳缺号的命名》（2004）一文中，娄华荣举例说，例（12）譬如：“〇〇〇映画の入场券，一枚余つているしけあと。”（曹志明《中日两国の的言语表现の相违にって》，《外语学刊》1997年第2期）例（12）中的“〇”都是虚位的用法。……例（12）“〇”是举日语中的例子，不必填加名称，或者说可以填加许多个名称，因而用“〇”来代替表示作者所要表达的意思。虚位用法的符号一般使用一个“□”，大小如同一个字的外框，有时是一个“×”，有时是“〇”，有时是“△”，它代替有意空缺。

可见这里的“〇”还只是一种具有独特书面表达功能的符号，表示有意空缺、虚空、没有的意思。它与表示数字空位的“〇”只是形式上的类似，在意义上虽然有一定的联系，但并不是一回事。

曹先擢在《关于〇的一点意见》（1995）一文中，对“〇”是否是一个汉字进行了论证，认为“〇”从形体结构上说不是汉字，道理简单易明。但是从功能上看，“〇”又可以算是一个汉字。为此曹先生把“〇”看成一个准汉字，其作用在于补位。“它不是一个可以自由使用的汉字。‘〇’与数目字

一二三四五六七八九结合使用，表示空位。在表示序数时，这种空位既可用〇，也可用零，如一九九〇/一九九零、二〇〇〇/二零零零，然而以用〇为常；在表示基数时，有时空位必须用‘〇’，如‘增产幅度从每年亩产一〇八六到一五〇〇斤’。后者‘〇’不能换用零。〇与汉字数目字夹用，使用上已比较习惯，已约定俗成，在这种情况下，如果说‘一二三四……九’是汉字，属阿拉伯数码夹用，于理有悖。词书可以收录它。”

在《〇的突破》（1992）一文中，曹先擢讲道：“古文字里有〇，它就是圆的最早的写法。〇是这样演变的：〇→員（上边是个小圆圈）→員→圓（简化做圆）。近些年来，中西文化、中国与世界各国文化的交流进程加快了，正是在这个背景下，汉字数目字才夹用〇；〇，走进了汉字的系统里。〇的突破，显示中外文化交流的进程加快了。但是，一切以应用为目的，〇，在汉字系统中，它仅仅用于数字表示中补位，它不是一个可以自由应用的汉字。从形态上讲，它仍带有‘非我族类’的面孔：如果字典用部首笔画来派件，它还真不好安置呢。”

金泉润太郎、曲翰章在《〇是汉字吗》（1992）一文中讲道：“在《文字改革》1983年10月号上曾经就〇是不是汉字，如果是汉字，是几画汉字，笔画名是什么，笔顺是什么等问题作了解答。傅永和的回答要旨如下：〇是一个汉字。它收入了《新华字典》和《现代汉语词典》。它的读音为líng，它的意义与零（líng）字中的一个意义相同（表示数的空位）。〇的字形特殊，是与普通汉字不同的曲线形。无笔画名称。画数是一画。笔顺是逆时针方向。如后面所看到的那样，就目前来说，除《新华字典》和《现代汉语词典》两辞书外，还有20多种辞书承认〇为汉字。”

但是，在文章的最后，作者写道：“以上介绍了把〇认定为汉字，在字形、发音、笔画、字头排列顺序、部首等处理上存在的问题。从排列和部首上可以窥见大体方向，尚未取得一致看法。在第四节介绍了晚近辞书中已多把〇收为汉字，但《辞海》（1989年版，上海辞书出版社）、《辞源》修订本（商务印书馆，1988年）、《汉语大字典》（四川辞书出版社、湖北辞书出版社，1986年）、《汉语大词典》（上海辞书出版社，1986年）等大型辞书中，俱未收录。这一点似乎说明要把〇称为公认的汉字尚需时日，虽然如此，即使在未认定〇为汉字的辞书里，在‘零’的释义中也都涉及了〇，最低限度要指出其以〇为字形及一百〇八人这类用例。在部首方面也都涉及归入囗部或乙部问题。从目前约定俗成的趋势看，将〇公认为汉字已为期不远。”

3.“零”的身份认定

作为一个汉字，“零”一开始的本义是指零星小雨、慢慢落下的小雨，后指雨、霜、露等的降落，指凋落，又指零碎。其中一个主要的义项就是指数的空位，在数码中多写作“〇”。

（二）应用的场合

1.“0”的应用

“0”作为阿拉伯数字中表示空位的一个数字，它的使用与阿拉伯数字在汉语文本中的使用规定是一致的。在《出版物上数字用法的规定（GB/T 15835—1995）》（国家技术监督局，1995 年 12 月 13 日发布）中明确规定：

> 4.1.1 统计表中的数值，如正负整数、小数、百分比、分数、比例等，必须使用阿拉伯数字。
>
> 4.2 使用阿拉伯数字或是汉字数字，有的情形，如年月日、物理量、非物理量、代码、代号中的数字，目前体例尚不统一。对这种情形，要求凡是可以使用阿拉伯数字而且又很得体的地方，特别是当所表示的数目比较精确时，均应使用阿拉伯数字。遇特殊情形，或者为避免歧解，可以灵活变通，但全篇体例应相对统一。

因此，在 1995 年的《出版物上数字用法的规定》中，有一个基本的原则就是凡是能够用阿拉伯数字的地方尽可能用阿拉伯数字。而在 2011 年颁布的《出版物上数字用法（GB/T 15835—2011）》中，则对阿拉伯数字的用法与汉字数字的用法，有了一个比较明确、科学且合理的功能域的区分。

2.“〇”的应用

曹先擢在《关于〇的一点意见》（1995）一文中，不仅对“〇”的身份归属进行了论证确认，他还从汉字发展历史角度，从楷书的笔画形态与结构上分析了楷书中为什么没有〇这样的形态结构，同时又从汉字数表示法的发展变化角度论述了为什么汉字数字中会夹用〇。“汉字数字中夹用〇，是因为汉字在表示两位以上的数目时，采用的是‘系位结构’表示法。系数词与位数词结合成系位结构。系位之间是相乘的关系，系位结构之间是相加的关系。而阿拉伯数字表示法则不同，没有位数词，位数靠字码所在位置来确定。阿拉伯数码中的

1 2 3 4 5 6 7 8 9，与汉字的一二三四五六七八九相对应，唯有 0，在汉字中没有相对应的数目字，只好借用‘零’。‘零’字的笔画多，与其他数目字不相匹配。‘零’本指畸零，例如‘一百零八’‘一千零八’‘一万零八’，不管中间省了多少系位结构，只补一个零。而阿拉伯数字表示法，凡位数有空缺时，都得补 0：108，1008，10008。这种地方难以换成‘零’。因此补位的零，只好借用〇。日本、南朝鲜都是用汉字，我们注意到他们也将〇与汉字数目字一二三等夹用。”

3.“零”的应用

汉字数字有大小写之分。“〇”与“一、二、三、四、五、六、七、八、九”是一类，为小写；“零”与“壹、贰、叁、肆、伍、陆、柒、捌、玖”是一类，为大写。二者之间不是繁简之关系。除“〇”与“零”在个别情况下可换用外，汉字数字的大小写也是不能混用的。大写数字主要用于书写票据，除“零”外，一般不常用。在使用支票打印机打印支票时，打印出来的数字都是大写的汉字数字。如“贰零零捌年拾贰月贰拾捌日”“壹仟贰佰叁拾肆万伍仟陆佰柒拾捌圆玖角零分”。“〇”与“零”的使用要注意：“零”只用在数字 0 用于计量的场合；用于编号的场合时则应该用“〇”。

（三）常出现的问题

1. 该用阿拉伯数字“0”时，误用了“〇”或“零”

“1980 年”不能因书写错误或打印错误而误作“198 〇年”。注意阿拉伯数字“0”与汉字小写数字“〇”在形状上的区别。也不宜写成“一九八零年”。

2. 该用“〇”时，误用了阿拉伯数字“0”或大写汉字数字“零”

“80 后（bālínghòu）”和“90 后（jiǔlínghòu）”，分别表示 1980—1989 年之间出生的人和 1990—1999 年之间出生的人，这是最近几年兴起的表示不同年代出生的人的一种独特方法。líng 是按照读数习惯而非按照读位习惯读出的数字读音。如果按照读位习惯读这两个数词，则“80 后”“90 后”应分别读为 bāshíhòu、jiǔshíhòu，这显然是不对的。“80 后”“90 后”在书面上不可以写作“八零后”“九零后”。为了避免误读，建议将“80 后”“90 后”统一书写为“八〇后”“九〇后”，这样就不会读错了。例如，在句子“20 世纪 50 年代出生的人往往被人们称作‘50 后’”当中有两个“50”，则分别要根据它在句子中的功能被读为 wǔshí 和 wǔlíng。为了减少误读，建议将后一个“50”规范写作“五〇”，那么这句话就变成了“20世纪50年代出生的人往往被人们称作‘五〇后’”。现在人们日常习惯中较多使用阿拉伯数字来表示某个年代出生的人，甚至还有用“00后”指2000年出生的年轻人这种用法。在“00后”当中，因“00”不涉及读位问题，只能是读数，只能读成 línglíng hòu，所以也不太会引起歧解。但为了统一规范使用数字，此时的“00后”建议写成“〇〇后”。

“二〇〇八年”，不宜写成“二00八年”或“二零零八年”。另外，在具体使用过程中，还要注意不要用阿拉伯数字的“0”或拉丁字母中的“o”及其大写形式“O”来代替汉字数字的小写形式“〇”。

3. 该用“零”时，误用了“〇”或阿拉伯数字“0”

“一百零九岁”不可以写成“一百〇九岁”或“一百0九岁”，但是可以写成“109岁”。

4. 该用“零”时，误用了另外一个同音或近音汉字“另”或“令”

“一百零九岁”不能写成“一百另九岁”或“一百令九岁”。

5. “0”的读音

“G20”是读作“G二〇（èrlíng）”还是“G二十（èrshí）”？这两种读法是不一样的。“80岁”和“90岁”以后的人戏称自己是“80后”“90后”，也有数词形式与读音的问题，是人们自称时从数词“80”“90”形式上故意读数形成的读音，以取得类似于指“1980年”和“1990年”以后出生的年轻人，以愉悦自己和别人的效果。

6. 港澳台与内地在数词“零”（“〇”“0”）的使用上不一致的情况

香港和台湾学界同仁的通信中提到2014年的时候，他们会写成“二零一四年”。台湾的工具书中，也有“一九九零年”的用例。

7. 语言学界内部认识不一致的情况

关于“〇”是否属于汉字的问题，学界同仁观点不尽一致。有的认为“〇”是汉字，有的则认为“〇”不是汉字，或者勉强只能算是一个准汉字。国务院最新推出的《通用规范汉字表》中就没有收录“〇”。此前的《现代汉语常用字表》《现代汉语通用字表》等当中也都没有收录“〇”。在2011年《出版物上数字用法（GB/T 15835—2011）》颁布实施以后，语言学界关于“2014年”的汉字数字形式到底应该怎么写，是写成“二〇一四年”还是“二零一四年”，意见也不统一。

《通用规范汉字字典》未收入“〇”字，认为“〇”不是汉字。其中对“零”的解释（2013：227）是：

零 líng 一级 13 画 ①数目字。最小的自然数。②数的空位：二零零八年｜三零五医院。③在两个数量中间，表示单位较高的量后面附有单位较低的量：七点零五分｜一年零四个月。④某些量度的计算起点：零点｜零下八度。⑤不够一定单位的零碎数量；不足整数的尾数：零数｜挂零儿｜找零儿。提示：与表数目的汉字“一二三四五六七八九”连用时可用“〇”替代。

8. 语言文字规范标准不知晓或不遵守的情况

2011 年和 2012 年，《出版物上数字用法（GB/T 15835—2011）》《中国人名汉语拼音字母拼写规则（GB/T 28039—2011）》《标点符号用法（GB/T 15834—2011）》《汉语拼音正词法基本规则（GB/T 16159—2012）》等四个语言文字规范标准先后颁布并实施。但是，现在明确了解这四个国家标准内容的语言文字学界的专家学者、语言文字工作者又有多少？更不要说非语言文字领域的人了。

语言文字规范标准的研制与推广宣传，往往会犯出台的只管出台、不管具体应用如何的毛病。因此，常会出现人们不知晓与自己的语言文字生活密切相关的语言文字规范标准的出台与应用的情况。即使知道了，能够严格遵照执行的人也不太多。有的是缺乏规范标准意识，有的是懒于改变旧有的应用习惯，不屑于接受规范标准的新生事物，于是，语言文字规范标准的应用情况便可想而知了。

四、解决问题的对策

（一）正确区分读位与读数、计量与编号

阿拉伯数字传入中国之后，人们参照其中的“0”，创造了汉字数字中的“〇”。“〇”不是由汉字的传统笔画构成的，也就是说，它不是传统的汉字。因此有人认为“〇”不是汉字。但是，人们在使用汉字数字时常常会用到它，特别是用汉字数字写年代的时候，使用很普遍。从书写角度来看，写“〇”比写“零”要方便得多。“〇”的形状是正圆形，它的读音是 líng，意思是数字中的空位。这表明，它像其他汉字一样有自己的形、音、义，可以被认为是汉字。

因此,《新华字典》《现代汉语词典》《现代汉语规范字典》《现代汉语规范词典》等重要工具书已经收入了“〇”,大型汉字编码字符集的国家标准 GBK 和国际标准在“单位符号”和“特殊符号”区也收入了“〇”。在具体应用过程中,是选择使用“零”还是使用“〇”,要看数字的不同情况。如果是出现“十、百、千、万”等数位的数字,可以用“零”,例如:一万六千零七十、五千零三十吨、一万零五百年、四百零三条;如果数字中不出现数位,则可用“〇”,例如:一六〇七〇、七〇三〇号、二〇〇五年、三〇六医院、一〇四路电车。这也就是人们常说的“读位法”和“读数法”,也体现为该数词是在计量还是在编号的功能差异。在汉字数字中,如果出现了数位,是读位法,就用“零”;如果没有出现数位,是读数法,就用“〇”。

(二)“0”不能与“〇”或“零”同时混用于一个数词中

按照 2011 年颁布实施的国家标准《出版物上数字用法(GB/T 15835—2011)》,阿拉伯数字“0”有“零”和“〇”两种汉字书写形式。一个数字用作计量时,其中“0”的汉字书写形式为“零”;用作编号时,“0”的汉字书写形式为“〇”。在《〈出版物上数字用法〉解读》(2012:60)一书中,作者又对此进行了深入解读:从功能上讲,“零”既可用于读数,也可用于补位,而“〇”则只能用于读数。在表达数值时,“零”更多的是在行使补位功能,而这是“〇”所不具备的功能。如“三千零五十二”,不能写作“三千〇五十二”。从形式上看,汉字“〇”笔画简单,“零”笔画繁多。在行使读数功能时,人们更倾向使用“〇”。如用于表达年份时,“二〇〇八年”和“二零零八年”都可,但前者用得比后者多。需要注意的是,在表达年份时,有人用阿拉伯数字“0”的书写形式代替汉字的“〇”形式,比如“二00八年”或“二0 0八年”,但这都是不规范的写法。此外,财务文件(如发票、收据等)中的金额数值都应该用“零”,而不用“〇”。一般来说,一个数词用于表示编号时,一般多用读数法,所以对应的汉字数字形式要写作“〇”。但是在实际使用中,处理专有名词中的数字要遵循两条基本原则:一是名从主人(尊重传统原则),二是前后一致(系统一致原则)。

（三）制定语言文字规范标准需要考虑大华语区内国家通用语言文字的使用情况

在《朗文中文高级新辞典（第2版）》（叶立群、黄成稳主编，培生教育出版亚洲有限公司、人民教育出版社，2009年）中举例用的是“一九九零年”，与香港的朋友通邮件，他们使用的就是“二零一四年”。

这就需要我们在制订国家通用语言文字的规范标准时，扩大学术视野，胸怀全球华人，目标是实现全球华语使用者能够规范地使用国家通用语言文字。

（四）进一步增强学理依据，增强规范标准的科学性，广为宣传，提高规范标准的知晓度与美誉度

《通用规范汉字表》中未收入“〇”字，认为“〇”不是汉字。但是，王宁主编《通用规范汉字字典》（2013：227）在“零”字的注释部分的“提示”中则说道：“与表数目的汉字‘一二三四五六七八九’连用时可用‘〇’替代。”那么，如果使用了“〇”，是否就意味着使用了不规范汉字呢？这个问题，将进一步激发人们对规范标准研制过程中科学理据与现实应用之间关系的深入思考。

附注

①［英］安·克莱玛（A. Kramer）主编，陈育仁等编《阶梯新世纪百科全书》，中国友谊出版公司，1994年，第335页。

②辞海编辑委员会《辞海》（下），上海辞书出版社，1999年，第5652页。

参考文献

曹先擢，1992. 〇的突破［M］// 曹先擢 . 汉字文化漫笔 . 北京：语文出版社 .

曹先擢，1995. 关于〇的一点意见［C］// 国家语言文字工作委员会语言文字应用研究所 . 语言文字应用研究论文集 . 北京：语文出版社 .

国务院，2013. 通用规范汉字表［S］. 北京：语文出版社 .

教育部语言文字信息管理司，2012.《出版物上数字用法》解读［M］. 北京：语文出版社 .

娄华荣，2004. 讳缺号的起源及其分化［C］// 娄华荣 . 讳缺号研究 . 香港：香港新闻出版社 .
娄华荣，2004. 讳缺号的命名［C］// 娄华荣 . 讳缺号研究 . 香港：香港新闻出版社 .
李行健，2014. 现代汉语规范词典：第 3 版［M］. 北京：外语教学与研究出版社 / 语文出版社 .
曲彦斌，1997. 神秘数［M］. 石家庄：河北人民出版社 .
苏金智，2009. 汉语的数目字［M］. 北京：语文出版社 .
王宁，2013. 通用规范汉字字典［M］. 北京：商务印书馆 .
中国社会科学院语言研究所词典编辑室，2016. 现代汉语词典：第 7 版［M］. 北京：商务印书馆 .
中华人民共和国国家质量监督检验检疫总局，中国国家标准化管理委员会，2011. 出版物上数字用法：GB/T 15835—2011［S］. 北京：中国标准出版社 .
金泉润太郎，曲翰章，1992. 〇是汉字吗？［J］. 语言教学与研究（1）.

【作者单位：教育部语言文字应用研究所。本文原发表于《语言文字应用》2015 年第 2 期，收录时有修改】

从泰式华文的用词特征看华文社区词问题

施春宏

泰国是一个多民族的国家，全国人口6300多万，其中华人占12%。泰国的官方语言是泰语，但英语在泰国也有比较广泛的使用。泰国华人绝大多数为泰国社会所同化，以泰语为母语；只有10%左右的华人以华语为母语，其中又以使用潮州话为主体。泰国在历史上是潮汕移民最多的国家，由于长期的语言互借互用，导致了“泰化潮语”和“潮化泰语”成为泰国语言应用中所出现的普遍现象（张双庆、潘家懿，2012）。近些年使用汉语共同语（普通话）的华人呈显著增加的趋势，华语在泰国成为仅次于英语的第二外语。由于本文考察的对象是泰国华语报纸上的表达形式，为了称说的方便，我们称之为“泰式华文”（Thai-style Chinese）；但在不只涉及书面文字表达的情况下，则常称作“泰式华语／华文”；如果涉及的是更大的范围，便径用“华语”来统称华语和华文。

泰式华语／华文在词汇、语法及语音等方面都有一些显著的特征，学界对此已有一定的观察和研究，如张启（1996），李欧、唐韵（1999），黄艳梅、华玉明（2001），张淑娟（2003），杨锡铭（2004），孙淑芹（2005）等。这些研究多集中于泰式华语／华文相对于普通话的变异情况的描写，以举例性分类介绍为主。相对而言，词汇描写受到更多的关注，其中以张淑娟（2003）的研究最为系统，该文对泰国华语书面语词汇与大陆汉语词汇的差异、影响泰国华语书面语词汇变异的因素、泰国华语词汇与泰国社会生活的关系、泰国华语书面语词汇的特点等都做了较为详细的分析。词汇对比研究中，学界又比较多地关注借词问题，如林伦伦（2006）讨论了潮汕方言和泰语的双向借词及其演变发展问题。另外，李泰盛（2004）描写了泰语中潮州话借词的使用、变化及其词义嬗变情况，吴圣杨（2006）描写了泰语中的闽南方言借词，徐武林（2009）观察了汉语熟语在泰国的流传及借用情况，这些文献虽然不是研究泰式华语／华文，但为我们进一步认识泰式华语／华文的用词情况提供了新的视角。

本文并不试图全面描写泰式华文的构词方式和用词特征，而是以普通话的词汇系统为参照，比较泰式华文与普通话在词汇系统方面的异同①，借以考察泰式华文词语系统的基本特征；在此基础上，重新审视社区词的基本内涵，并着重讨论华文社区词和普通话词语的互动关系。在具体梳理词语关系的基础上，我们还试图从词语生成的多能性、语言调节的系统性以及语言交际与变异的社群性和时空性等方面对这些问题做出初步阐释。

为此，我们查检了在泰国有较大影响的三份华文报纸，并随机选取了各一天的内容作为考察的对象，它们是：2009 年 12 月 1 日的《世界日报》、2010 年 5 月 8 日的《星暹日报》和 2011 年 3 月 5 日的《中华日报》（下文分别简作《世界》《星暹》《中华》）。这三份报纸都是繁体字版。版式方面，《世界》采取横排形式，而《星暹》《中华》以竖排为主，但也有几个版面全部采用横排形式②。

本文虽只是从这三天的报纸文章中选取分析用例（原文中的一些校对错误随文指出），未必能反映泰式华文与普通话词汇系统差异的全貌，但也可借此窥豹一斑。文中所列的泰式华文词语，笔者均利用三次去泰国教学的机会请泰国的老师和学生进行了一一鉴别；同时也以更大范围的阅读作为参照，因此基本上排除了错讹使用及偶发现象。

需要说明的是，这三期报纸上都有一些文章直接或间接取自中国大陆的报刊③，这方面的内容自然不在本文分析之列；有关政治、王室、宗教方面的某些用词因具有特殊性和专用性，本文不予讨论（若其语义拓展到非专用领域，则作为考察对象）；而纯粹用字的选择问题，如中国大陆用“意大利”，泰式华文中用“义大利”，本文也不考虑。另外，本文讨论的泰式华文词语，未必就是泰国华语所独用的，甚至未必就是它首先使用的，而只是说，相对于通用语（普通话）而言，它是社区性的、区域性的。

一、基于普通话视角的泰式华文和普通话的用词差异与特征

特点是因比较而呈现出来的。为了描写泰式华文的用词特征，我们将它跟普通话的词汇系统进行比较。泰式华文与普通话用词之间的差异，最为显著的

表现是“形异实同”和“形同实异”，此外还有其他一些重要表现。下面分类具体描写，并从词语生成机制、语言调节方式和语言变异限制等方面进行初步的阐释。

（一）形异实同

形异实同指的是，同一个概念，泰式华文和普通话采取不同的词形。形异实同的情况相当普遍，内部的情况也比较多样。例如：

（1）温家宝回应说，中国坚定不移地走可持续发展道路，但中国仍是开发中国家，无论是历史积累排放还是人均排放，都远远低于已开发国家。（《世界》A1 版）

（2）准决赛淘汰掉球王费德勒的俄罗斯名将戴维登科，30 日在伦敦举行的南网年终总决赛冠军赛速战速决，直落两盘击败今年美网冠军波特罗，首度登上总决赛冠军宝座。（《世界》A11 版）

（3）警获讯迅速率员驰抵现场侦查，警抵达肇案地点只见到一大滩鲜血，四周溢满难闻血腥味。（《星暹》第 14 版）

（4）同时缴获六万六千粒疯药，三点二克艾药，一本客户手册，一柄九毫米手枪九六颗子弹，银行手折有三十万铢周转金及其他部份资产等赃物。（《中华》第 6 版）

（5）有一批步枪及手枪暨大量子弹自该连的火库失踪。（《中华》第 8 版）

上面各例中标有下划线的词语“开发中国家、已开发国家、准决赛、肇案、疯药、手折、火库”分别跟普通话的“发展中国家、发达国家、半决赛、肇事、摇头丸、存折、弹药库／武器库”相对应。两者的复合词构成方式基本一致。

上列形异实同的两地词语中，往往含有相同的字或字组（语素或语素组），而且不同的字（语素）在语义上也有一定的联系。由此可见，在选择同义或相关义成分以构成复合词时有一定的灵活性，这是在不同时空中词语生成、构造和使用的多能性（multi-probability）的一种路径[④]。同类的情况又如泰式华文中的“网路、纾困金、存户、债信危机、低跌”，在普通话中分别作“网络、救济金、储户、债务危机、下跌”。我们注意到，泰式华文中很多跟中国大陆形式相异的词，倒是跟台湾地区或香港地区相同，跟新加坡也比较接近。可见，泰式华文除了独自发展以外，受台湾、香港、新加坡等地区华语/华文的影响以及相互的影响也比较大[5]。据了解，泰国华语报社从业人员中有不少就来自这些地区，如《世界日报》的总编辑即来自台湾地区。这是全球华语词语使用空间交互性的社会表现，华语在不同子系统中调节着相关的语言成分和关系，使语言交际的变异形式显得更加丰富多彩。

外来概念词（包括意译词和音译词）中的形异实同现象更加明显。例如：

（6）印度国内生产毛额（GDP）趋势向上，撤回部分刺激措施势在必行。（《世界》A1版）

（7）穆迪征信公司还没通知要取消来泰收集资料，而是等待证据明朗后再作决定。（《星暹》第9版）

（8）这篇由财星杂志（Fortune）总编辑瑟瓦（Andy Serwer）执笔的专文指出……（《世界》A4版）

例中的“国内生产毛额、征信公司、财星杂志”在普通话中被意译成“国民生产总值、信用评级公司、财富杂志”。其中，“国内生产毛额”在泰式华文中又说成“国民总值”。

人名、地名、事物名等专有名称的译名，由于大多采用音译的形式，因此差异更是显著，随处可见。如泰式华文中的“欧巴马（前美国总统）、辛哈（前印度总理）、阿玛丁加德（前伊朗总统）、纽西兰、维吉尼亚、沙乌地、杜拜、卡翠娜飓风”，在普通话中分别说成“奥巴马、辛格、艾哈迈迪·内贾德、新西兰、弗吉尼亚、沙特、迪拜、卡特里娜飓风”。这类似于纯粹的用字选择问题，但往往又不是同音字的选择（受母语或母方言语音系统的制约）。泰式华文中的“阿拉伯联合大公国、国际原子能总署”和普通话中的“阿拉伯联合酋长国、国际原子能机构”则是不同的意译形式，所指相同；而泰式华文中称老挝为“寮国”，则是跟港台一样，沿用的是历史上的说法。

泰式华文中有的常用表达在普通话中也偶或使用，但并不普遍，普通话中另有更为常见的表达方式。例如：

（9）政局受害者组织开立网站 接受诉苦并代向官方求助（标题，《星暹》第16版）

（10）今年第3季经济较去年同期成长7.9%，创18个月新高，表现优于市场预估，显示印度已经走出全球金融危机的阴霾。（《世界》A1版）

（11）此外业者在成本方面都提高，将使业者继续亏本，若油价仍在目前数字，业者应调升车票多一铢，以减轻成本的负担。(《星暹》第16版）

（12）这些警察身穿制服，包括防弹背心，当时正在查看手提电脑，准备开始工作。(《世界》A1版）

（13）杰说，政府将拉拢业者在集会散后，每逢周六周日在叻巴颂地区举行平卖会，推介优待价国内旅行节目。(《星暹》第9版）

例中的“开立、预估、调升、手提电脑、优待价”在普通话中更多地说成“开办、预期、提高／调高、笔记本电脑、优惠价”。其实，中国内地在手提式电脑刚刚流行时，也常用“手提电脑”，以区别于“台式电脑／台式机”，后来“笔记本电脑”（或简为“笔记本”）一词占了上风。而“优待价”在普通话中的使用受限，是由于普通话中“优待”的对象往往是需要特别关照的对象，如“军人、烈属、学生、俘虏”等，而这与优惠活动的实际有所不同。这反映了语言交际中的微系统也会影响词语的选择和使用。

与之相对应的是，有时普通话中的某个常用词在泰式华文中并非完全不用，而是其使用频率在普通话和泰式华文中有很大差异。例如普通话中的“增长”，在泰式华文中基本上都说成“成长”，但泰式华文也偶有使用“增长”的情况。例如《星暹》第9版有一标题“和谐路线图倘近日能奏效 国家经济就可如期般增长”，但正文中还是说成“泰国的经济将如期成长”。又如普通话中的“渠道”在泰式华文中一般说成“管道”，但也偶有使用“渠道”的情况。

这种由于使用频率的悬殊而形成的形异实同现象正是下文将要论述的社区词现象及普通话和社区表达互动关系的重要体现。过去我们的词语对比研究更多地关注甲有乙无的情况，其实这种频率差异现象往往更能彰显两者之间的依存、互动关系。

需要附带说明的是，形异实同还有一种比较特殊的情况，即普通话书面表达中曾作为异形词整理过的若干形式，目前在泰式华文和普通话书面表达中各用其一。如“爱滋病”与“艾滋病”、“身分证”与“身份证”，前面的形式用于泰式华文，而后面的形式是普通话书面表达中经过异形词规范后取用的形式。其实，异形词问题并非单纯的字形问题，而是跟特定系统中词语、语素的语义关系密切相关（施春宏，2001)。海外华语异形词问题需要专门研究。

（二）形同实异

形同实异指的是，同一个词语形式，在泰式华文和普通话中语义、用法、色彩等不甚相同。例如：

（14）整体而言，亚洲各国皆逐渐从全球不景气中复苏，第3季都有大幅成长。(《世界》A1版）

例中的“成长”在普通话中说成“增长”。跟“成长”有关的组合有“成长率、成长计划、经济成长模式、就业成长、不断成长、成长了一倍、成长7.9%”等。

（15）以出口为导向的经济成长模式，过去虽然为亚洲带来良好成果，但也导致城乡分配失衡日益严重。(《世界》A1版）

（16）方汉标林家平郑惠中等发言通过多宗要案（副标题,《中华》第4版）

（17）慕吉强调他之相命学为依据相学而论，没意破坏人身名誉，且未因此而裹足（原稿：衰足）不前，照常为明星看相，但将小心注意，同时将向高庭投诉。(《星暹》第14版）

（18）后来凶手衫朗在警好言相劝了好一阵后，终乖乖（原稿：乘乘）就范被警逮捕治以蓄意（原稿：畜意）杀人之罪依法裁判。(《星暹》第14版）

（19）……认为政府的途径仍隐藏陷害，包括政府有些还极力要驱散集会，未取消紧急法令，封闭新闻，新闻一面倒，黄衣衫衣人还有反对的行动。(《星暹》第7版）

上面各例中的“成果、要案、投诉、裁判、封闭”在普通话中分别是“效果／成效、重要提案、上诉／申诉、裁决／判决、封锁”。

下面一例中的“津贴”跟普通话中的“津贴”在语义和功能上都不同，而跟普通话中的“补贴”对应：

（20）会议中决定津贴B2柴油价每公斤另50士丁，因此津贴费每公升4.5铢增加为5铢。(《中华》第9版）

有时这种对应情况稍有特殊之处。例如：

（21）受油价上涨及集会影响 联营公车酝酿调升票价（标题,《星暹》第16版）

普通话中的“公车”指属于公家的车，与之不同的是，泰式华文中的“公车”是“公共橱车”的常见缩略形式，跟中国大陆的公共汽车作用大体相当（但实际车形常有差别）。

从这些例子可以看出，两地形同实异的词语在语义上有比较强的关联性。形同实异，同样彰显了词语及其语义生成的多能性和语言调节的系统性。在不同的交际系统中，某种词义的显现和使用呈现出不同的可能性，是受系统调节和制约的，因而呈现出不同的变异状态和交际价值。这体现了结构主义语言观的基本原则：系统决定关系，关系决定价值。每一个词语都是基于系统中的其他词语而具有特定的语义内容和具体的交际价值。语言在调节中变异，变异在系统中调节。

形同实异的情况在词语搭配方面的差异比较显著。如下例中的“开创、照顾、摆设、紧张、广阔、抚平”：

（22）以出口为导向的经济成长模式……未来已不具可行性，亚洲必须开创其他成长计划。(《世界》A1 版）

（23）这组委会由国会主席照顾管理，可能是从拍卜告学院分开来，或委任新的一组委会。(《星暹》第 7 版）

（24）白宫特别在当晚为辛哈摆设盛大的国宴。(《世界》A2 版）

（25）印度的菁英阶层对欧巴马十分紧张，“不少人很怀念布希”。(《世界》A2 版）

（26）许秋正董事长，交游广阔，人缘甚佳，尤其他的事业辉煌。(《中华》第 3 版）

（27）欧巴马大力抚平印度对中国妒火（标题，《世界》A2 版）

在普通话中，“开创计划、照顾组委会、摆设宴会、对奥巴马紧张、交游广阔、抚平妒火”这样的搭配都是不用的。最后一例，正文中用的是“平息印度对中国的妒火”，跟普通话的表达一致。这种情况给我们的启示就是，判断不同时空中的语言成分规范与否，必须在特定系统中进行，以交际值作为规范与否及规范度高低的基本标准（于根元，1996：210；施春宏，1998a、1998b、1999a、2000、2009）。我们不能用普通话的使用状况来超时空地判断泰式华文语言使用的规范与否。

形异实同与形同实异是两种有联系又有区别的语言现象。形异实同中每一词只在一地或基本在一地使用；形同实异的两个词在两地均有使用，但意义或用法有别。前者更多地涉及词语生成过程中组词成分选择及其组合的不一致，后者更多地涉及词义生成与延伸的方向和路径、词语搭配的对象和性质的不一致。但无论哪种表现，基本构造成分（语素或语素组）及其构造方式是基本一致的。两者都是语言调节和语言变异的多能性的体现（施春宏，1999b、2005；高晓虹、施春宏，2013），它们实现于特定的交际系统和时空环境中。这是不同华语社区语言交际没有大的障碍的语言基础。

（三）表达形式的缺位和互补

由于交际背景和交际时空的差异，两地在词语运用上必然会出现你有我无、我有你无的情况。如泰国是个君主立宪的国家，同时又以佛教为国教（94%的居民信仰佛教）。这样有关王室、宗教方面的特殊用词就比较多，在普通话中常无对应的词语。其他有关文化特征、特殊功用的词语也是如此。

撇开这些特殊的政治、宗教、文化等因素，仅就一般交际用语而言，也存在你有我无、我有你无的情况。例如下例中的“灾胞”：

（28）泰中旅游同业工会情系玉树灾胞 捐赠五十万铢支援重建美好家园（标题，《星暹》第4版）

从表达主体的视角来看，“灾胞”并不等于普通话常说的“受灾群众”。这个词如果借用到普通话中，完全可以方便地用来指称“受灾同胞”。

（29）内务部行政厅报称，不过本月十一日首批三十万张多功能公民证将能到民众之手，并将首先配发予一百处偏远地区民众。（《中华》第7版）

中国大陆只有“身份证”，没有“公民证”。这是现实的社会制度关系造成的表达缺位。这个词可以借用到普通话中，指某些华语区的“公民证”；将来如果中国大陆也实行类似的证件制度，“公民证”自然就是一个现成可用的表达。

你有我无、我有你无还包括这样的情况：一方是词，另一方却无词来对应，而必须用短语来表达。例如：

（30）美国经济在这十年更是风波不断。先是恩龙、世界通讯等作帐加破产丑闻，金融衍生性商品带动过度借贷及消费，连带造成房市泡沫及经济濒临崩溃。（《世界》A4版）

（31）投资人忧心杜拜政府本身也会倒债，恐形成2001年阿根廷倒债

时间以来，最严重的主权债券违约潮。(《世界》A5 版)

上面的“作帐（按：若按普通话异形词整理的规范，‘帐’应写作‘账’）、倒债”，普通话用的是“做假账、出现债务危机”这样的短语形式。

当然也有反过来的情况，普通话中的词在泰式华文中需要用短语形式来表达。由于本文的立足点是泰式华文，这种情况暂不涉及。

（四）用词的“历史”色彩差异

相对于普通话，泰式华文中用词的“历史”色彩较重。这首先表现在字义或词义显得比普通话要“古”一些，即文言色彩明显。如下面诸例中的“不靖（不安定）、川行（往来行驶）、彼等（他们）、俾（使）”：

（32）南部“安定热线 1880”开通之后，还计划在南疆设立“安仑达中心”为南部不靖地区民众服务，努力促进南部地区的安定与和睦。(《世界》A3 版)

（33）全国川行的公共橱车九四六〇辆……若车龄超过十年的橱车，不找新车代替，仍用旧车川行是非法行动。(《星暹》第 16 版)

（34）他已于本周五邀见拥有逾卅名会员商会的外国商会联合会代表，以解释泰国政治局势及总理阿披实提出的和谐路线图，并听取彼等的反映。(《星暹》第 9 版)

（35）在日前召开之内阁会议交通部将提议申请批准信贷，俾用于付还曼谷大众运输机构燃油价、维修费等。(《星暹》第 16 版)

泰式华文“历史”色彩较重的更为显著的标志是，一些在普通话词汇系统中被看作历史词或准历史词（即在特定表达中偶或使用）的表达，在泰式华文中仍有比较普遍的使用。如下面诸例中的“庶民（人民，群众）、冠盖（官吏，此包括名流）、矢言（即誓言）、墟日（赶集的日子）、京畿（首都）、苦主（被害人家属）”：

（36）研考会表示，将再结合其他管道所搜集到民怨，提出完整的报告，作为“改善庶民生活行动方案”的参考依据，纳为未来各机关考评的指标。(《世界》A1 版)

（37）当晚宴会各界名流济济，包括第一夫人蜜雪儿，众议长佩洛西，以及印度商业巨子、好莱坞明星和印裔州长金达尔等，可谓冠盖云集，给

足了辛哈面子。(《世界》A2 版)

(38)宏都拉斯保守派总统候选人罗柏在6月28日政变后首度举行宏国总统大选大幅领先获胜。他矢言筹组全国团结政府。(《世界》A4 版)

(39)每逢墟日,来自农村的男同性恋者都会齐集到大理古城外的隐秘树林幽会,回家后增加了爱滋病的传播机率。(《世界》A8 版)

(40)联合京畿第六部域指挥处,侦讯局和京畿指挥处扫荡侵犯版权商品组织。(《中华》第6版)

(41)警官须审讯全部苦主的口供和再详细勘察真相一次,续后续把事件向上司提出续审理。(《中华》第6版)

由此可见,以普通话的眼光来看,泰式华文的文白夹杂现象比较显著。周清海(2014)认为"华语文(包括华语和现代汉语)是一种'古今杂糅,南北混合'的语文",泰式华文中的文白夹杂现象正是"古今杂糅"的一个侧面。

与此相关的是,中国内地已经废弃不用的计量单位用字,有的在泰式华文中仍在使用,如"呎(英尺)、吋(英寸)、哩(英里)"这类的英制单位。还有"矽"(即硅)这个普通话中废置不用的名称在泰式华文中也有使用。

(42)一个类似 iPod 的 MP3 播放器上用英文标注"中国制造,但我们使用来自矽谷的软件",体现爱音乐也爱中国制造的理念。(《世界》A9 版)

根据笔者与泰国华人的接触和了解,泰国华语教材和日常交际中的"历史"色彩并不重。如当天的《中华》登载了一些同乡会的演讲稿、发言稿,其表达比叙述性文字要"现实"得多。这同样体现了语言交际调节的系统性选择和语言功能变异的时空性差异,从而导致语言发展地区的不平衡性。这也是本文将考察的对象称作"泰式华文"而没有使用"泰国华语"这一概念的原因之一。

(五)缩合形式使用程度的差异

这里的"缩合"既可指一般意义上的简称性缩略,也可指带有临时性的简缩组合。

泰式华文的缩略形式随处可见,远比普通话普遍。例如泰式华文中的"卫生部、财政部、商业部、内政部长、国防部长、交通部长、瑞士法郎、委员会、民意代表、高等法庭、销售额、营业收入、健康保险、资本市场"分别被简作"卫部、财部、商部、内长、防长、交长、瑞郎、委会、民代、高庭、售额、营收、健保、资市”。这些全称形式在普通话中都有高频使用，但其相应的简称形式在普通话中基本不用或较少使用。从构词的系统性着眼，这些词的缩略形式都是普通话系统所允许的。其中有的具有较强的系统性，一旦某个全称形式出现了简缩词，相关表达就会产生波及效应。如倘若有一日普通话中将“卫生部、交通部长”简缩为“卫部、交长”，那么就会大大增加其他的双音节“～部、～长”出现的可能性。这是语言调节系统性的表现。其实，更大的系统调节功能在于，一旦这样的简缩操作较少受高频使用的制约，那么，多字语（尤其是四字语）的简缩数量将会成倍增加。

有时由非凝固性的短语减缩而成的词形，也可以看作是一种短语的缩合形式。有的已经成词，有的只是临时性的语素组合。例如：

（43）让民会进行审研，以认同增修宪法条例，包括民代来处，在一年内完成审研。（《中华》第 8 版）

（44）虽然欧洲经济发生问题，但亚洲经济坚稳，所以国民产值（GDP）会成长，出口将良好发展。（《星暹》第 9 版）

其中的“审研”指审议研究，有时也指审查研究；“坚稳”指坚固稳定或坚挺稳定⑥。类似这样的缩合方式，在普通话中也很常见，但在泰式华文中尤为多见。这是汉语／华语极其灵活的一种构词方式。由于汉语／华语的语素以单音节为主，而语素又常常具有多义性，因此语素之间组合的可能性很大，语义配合也存在多种可能性。因此，这种构词方式使汉语／华语词语生成和语义调节的多能性得到更加充分的发挥。朱景松（1992）在分析现代汉语中义项平行的多义复合词时，已经指出了这种情况的存在。而这种方式可以进一步推广到不同华语社区中，因而呈现出语言交际的社群性和语言变异的时空性。

虽然有的全称形式在泰式华文和普通话中相同，但在具体词语的缩略方式上，有时并不一样。如泰式华文中的“人行”（指中国人民银行），在普通话中一般说成源自“中央银行”的“央行”。除了介绍大陆银行的“人行”和“国家银行”的简称“国行”外，泰式华文中“银行”的缩略形式是“银”，如“商业银行、盘古银行”被简作“商银、盘银”。

二、从泰式华文的用词特征看社区词的基本内涵

上面只是笔者就三份泰国华语报纸的一日部分内容所做的粗略分析，从五

个方面相对系统地比较了泰式华文和普通话的用词差异（当然，两者词汇差异并非只有这五个方面），并主要从词语生成的多能性、语言调节的系统性和语言变异的时空性等方面就泰式华文和普通话之间词汇系统的关系做了些初步的思考。下面我们再借此进一步探讨特定语言社区用词和普通话词语之间的关系等相关理论问题。

语言是在社会交际中存在和发展的，而交际都是在特定的社会群体中实现的。因此，语言交际的社群性（social group property）是语言社会性的当然之义，也是社会语言学研究的当然论题。社群即社会群体，它指“在某些方面具有相同或相似特点的人群”（《现代汉语规范词典》第2版，1161页），因此有大有小，大到可以将整个普通话交际区看作一个社群，小到就是一个个特定的语言交际群体，如农民工、流浪儿、韩寒的粉丝群等。就此而言，“共同语”实际只是一个原型性的交集概念，是不同社群语言交际中相对交叠比较大、代表性比较强的那部分。社群与实际的地理交际空间没有必然联系，虽然某些社群常与特定地域相关联，如城乡接合部的交际群体。由于社区指“在一定地域形成的社会生活共同体”（《现代汉语词典》第6版，1149页），因此社区性（community property）是基于一定交际地域的社群性的特定表现形式[⑦]。由于泰式华文是在泰国华人社区中使用的表达系统，社群和社区的概念在此基本重叠，因此这里便立足于社区的概念来分析。同时由于本文只考察泰国华文系统中的用词表现，因此便重点考察泰式华文中的社区词问题。为此，我们首先需要对社区词的基本内涵做出新的说明。

就社会语言学而言，将泰国华语看作整个华语（汉语）的一个社会变体，是没有什么疑问的。这样我们就可以从社会变体的角度来审视泰式华文的性质和功能。

关于词汇系统的区域性社会变体，田小琳在20世纪90年代提出了一个重要的概念——“社区词”（community word）（田小琳，1995a、1995b、1997），后来在概念的理解上逐步有所调整[⑧]，并编写出了《香港社区词词典》（田小琳，2009）。在该词典的“说明”中，作者指出：“社区词即社会区域词。由于社会制度的不同，社会政治、经济、文化体制的不同，以及不同社区人们使用语言的心理差异，在使用现代汉语的不同社区，流通着一部分各自的社区词。具体地说，同属中国的领土，中国内地、台湾、香港特别行政区、澳门特别行政区，在使用大量的共通的现代汉语词汇外，还有一些各自流通的社区词。海外华人社区使用现代汉语时，也会流通一些各自的社区词。”社区词概念的提出，是词汇学研究和社会语言学研究的重要收获，为进一步认识语言调节和语言变异的内涵及其关系提供了一个新的视角，不但深化了人们对词汇系统的构成及运动方式的认识，而且深化了人们对语言交际过程和方式的认识。基于此，我们可以将泰式华文中的区域用词看作现代汉语甚至全球华语的社区词来认识。上面的分析也是大体从这个角度来认识的。

然而，就泰式华文的用词特征来看，关于社区词的理解和操作还有值得进一步探讨的地方。如田小琳的定义主要是从词汇系统的外在因素来说明社区词的范围的。社区词本来是个跟方言词、文言词、外来词相区别的概念，如果仅仅从词汇系统的外部因素来考察，就不容易将它们区分开来。如黄富荣（2010）就对田小琳《香港社区词词典》（2009）中收录的不少词语是否属于社区词提出质疑，主要是社区词跟方言词（如“拍拖、生果、炒鱿鱼、淘古井”）、通用词（如“蓝领、白领、选美、做爱、安乐死、自闭症、人头税、高峰会议”）之间的区别问题[⑨]。从上面我们对泰式华文用词情况的分析来看，这些词的特征并非完全或主要由外部因素所制约。另外，目前对社区词的理解很大程度上是指基于“社会制度不同”而产生的“社区”之词[⑩]，这恐怕也有进一步商榷的必要。同一个社会制度下不同的语言使用区域是否存在社区词？如果我们本着对“社区”（community）这个概念的基本内涵来理解的话，这些区域同样可能存在着社区词。上面分析的泰式华文社区词，基本上与“社会制度”没有必然的联系，更多地是从交际场景和交际系统的差异以及语言调节和语言变异的关系来认识的，词语生成的多能性只是语言调节的系统性和语言变异的时空性的表现形式。又如广州、北京、上海，同属一个社会制度，但它们在用词上肯定存在着某些“社区性”差异，这种差异虽然远不及香港和北京之间、泰国和中国之间的差异大，但词汇系统之间存在着社区性差异则是不容置疑的。也就是说，是否属于同一种社会制度，只是理解“社区词”的一个参数，虽然它常常是一个相当重要的参数，但并非必有参数。而且，哪些方面的“社会制度”会对语言使用有影响，如何发生影响，实际也是需要进一步讨论的。

基于上文对泰式华文中社区词的分析和对社区词概念的重新探讨，我们认为应把社区词理解成“形式上是普通话词而在某个社区流通”（于根元、王铁琨、孙述学，2003）的词，甚至可以进一步拓展为“形式上是通用语而在某个社区流通”的词，即由华语社区词拓展到具有普遍语言学意义的通用语社区词。所谓“形式”，我们觉得应该既指构词方式，也指构词语素（其语义可以有基于特定社区交际的引申）。这样，社区词这个概念，其适用面就更宽了，既能跟方言词相区别，又能跟通用词相区别。这样的理解似乎更能揭示社区词的本质。社区词这样一些概念的定位显然是立足于跟通用语的“异”而不是“同”，但“异”中却有“同”的基础，而且异和同之间还存在相互转化的可能。若如此，原来的理解只是新的理解的一个特例，当然是比较典型的特例了。我们在阅读泰国华文报纸时，能够直观地感受到遇到的障碍比阅读香港报纸时要小得多，这在很大程度上是因为这些泰国报纸中方言词比较少，而香港报纸的方言词及相关的方言用字比较多。

当然，无论是社区词、方言词还是其他基于某种社会变体、时间空间变体而形成的词群概念，都是一个原型范畴，都有典型成员、次典型成员、不典型成员之分。我们在理解时，应既立足于典型现象，同时也需要考察相关词群之间的过渡状态。

三、从泰式华文社区词到全球华语社区词

从上面我们对“社区词”的内涵所做的重新理解来看泰式华文，上文分析的词基本上可以看作泰国华文 / 华语中的社区词。无论是复合词的构造要素和构造方式，还是简称的简化方式，抑或外来概念词意译成分的选择和意译方式的使用，都跟普通话基本一致。从交际系统考虑，有的社区词首先出现在哪个社区带有偶然性，但其构造方式及其组成要素都是普通话的或普通话发展规律所允许的。例如：

（45）棕榈园农恫言结集向政府抗议，请解决棕榈价格低问题。(《中华》第 9 版）

（46）政府将拉拢业者在集会散后，每逢周六周日在叻巴颂地区举行平卖会，推介优待价国内旅行节目。(《星暹》第 9 版）

（47）参院多数党领袖瑞德也指出，参院完成健保改革的工作后，会讨论就业法案。(《世界》第 5 版）

例中泰式华文中的“园农”指种植园农户；“平卖会”可以看作是缩合型词语，

意指平价售卖集会；“健保改革”和普通话的“（奥巴马政府）医疗改革”只是命名角度的不同。

随着普通话和泰国华语交流的逐步深入，两地的词汇系统会进一步相互影响，更多的社区词将会进入到彼此的交际领域之中。

如果这样的认识比较合理的话，自然可以将这种社区词概念推广到全球华语／华文社区中。李宇明（2010）在其主编的《全球华语词典》前言中说：“（本词典）把华语看作‘以普通话为基础的全世界华人的共同语’。”我们在此基础上做些视角上的微调，将华语理解为“以普通话为基础的全世界华人使用的语言”，它同样会从方言的、古代的、社区的、其他民族的、外国的语言系统中吸收语言成分及其关系。基于此，华语社区词的概念就比较好理解了：“以普通话为基础的特定华人社区流通的词语。”这种研究观念的调整和考察视野的拓展，将使语言调节和语言变异的研究进入到一个新的领域。

就此而言，本文虽然只是对泰式华文中的社区词进行的描写和解释，但这样的描写和解释的观念和路径正是以一般意义上的华语社区词为背景的。

四、华文社区词和普通话词语的互动关系

互动是双向的。由于泰式华文词汇系统中的词语大多是来自通用语（普通话）的词汇系统，因此这里主要就泰式华文社区词谈谈华文社区词向普通话词汇系统渗透、扩散的可能性和现实性，从而进一步认识词语生成的可能性、语言调节的系统性和语言变异的时空性，并以此进一步说明语言交际的社群性。

基于我们对社区词内涵的再认识，自然就可以得出这样的推论：社区词是形式上跟通用语词无本质区别的一类词，合乎通用语的构造规则及其发展趋势；它不是方言词，但跟方言使用有某种区域上的叠合。由于华语社区词采用的是普通话的成分及其基本结构关系，因此总体而言它比方言词要更容易进入普通话（当然，就具体词语而言，谁先谁后受到多种因素制约）。如果不考虑其“籍贯”和“工作单位”，社区词就跟通用词语没有本质上的差异。同样，总体而言，一个特定社区的社区词也比方言词更容易为其他方言区吸收。至于是否进入或吸收，如何进入或吸收，则受到词语自身条件、特定交际系统、具体时空环境的制约。

也就是说，不同的泰式华文社区词进入到普通话中的可能性是不同的。结

合前文对泰式华文和普通话的用词差异与特征的比较分析，概括起来大体有这样一些情况：

（一）普通话中存在表达缺位的泰式华文社区词，可以（并非必然，更非立即）吸收到普通话中来补位，借以丰富和发展普通话的词汇系统。在上面举的例子中，像“灾胞、作帐（作账）、倒债、公民证”这些普通话中缺位的词语，若被普通话吸收是比较便捷的。

（二）前文所分析的“形异实同”中的“同”主要着眼于指概念内容的基本相同。然而，如果泰式华文社区词和普通话词语的概念内容虽然大体相同，但是在认知角度、语义细节、语用色彩上有差异的话（就此而言，概念内容也可以视为不同的了），就有互动的可能性。像泰式华文社区词“肇案”这样的词，它跟普通话词语“肇事”命名的角度不同，而且有特定的所指，因此若能被吸收进来，将使普通话在这方面的表达更细致。

有时，在特定的交际时空中，泰式华文中的某些社区词甚至比普通话的现有词语表达得更加到位。例如：

（48）一名男子在一家咖啡店，以行刑式枪击，打死隶属湖木市警察局的三男一女 4 名警察，并在行凶后逃逸，一名受害警察可能曾开枪与凶嫌交火。（《世界》A1 版）

《现代汉语词典》第 5 版将“凶嫌”看作方言词（以前各版均未收此词），释为“凶杀案的犯罪嫌疑人”（不是一般的犯罪嫌疑人）。可是这个词的方言特征并不显著，看作社区词更合适（当然不一定是首先出现于泰式华文的社区词）。这从另一面也可以看出，方言词和社区词有相互交叠的地方。而且，普通话中缺少这样的表达，因为“凶犯”是指“凶杀案的罪犯”，从法律意义的层面上看，无法包含“凶嫌”的含义。再如：

（49）在刚过去的建政 60 周年阅兵典礼上，三军女兵方队的英姿飒爽，引发新一轮女子参军热。（《世界》A8 版）

中国内地关于“中华人民共和国成立”的说法，有的说“建国”，有的说“新中国成立”，有的说“解放”（如“解放后”“解放以来”）。然而，这些说法用到泰式华文以及中国内地之外的其他交际系统中显然都不合适，尤其是“建国”和“解放”。因此，作为“建立政权”简称形式的“建政”则是一个更为妥帖的表达，而且引入普通话中也是相当合适的[11]。

由此可见，与普通话词语形异实同的泰式华文社区词，像“国内生产毛额、开发中国家”之类，如果不存在或不能发展出特殊的色彩和语义内容、表达功能，便很难被普通话吸收，因为普通话词汇系统中已经有表达相同概念的词占位了，要想挤得一位，除非有特殊的条件。

（三）与普通话词语形同实异的泰式华文社区词，如果被引入普通话中，则牵涉到普通话既有词语词义系统和搭配关系的调整，因此进入普通话同样非常困难。但词语搭配方面的差异有时可以丰富普通话词语的用法，如“开创＋计划、交游＋广阔”之类的搭配并非不可用于普通话中，其实这还是因为普通话中有此表达缺位。

（四）泰式华文中缩合表达很丰富，如果普通话中有其全称形式而其简缩表达缺位，且简缩表达不会引起歧义的，有很多是可以很方便地移用于普通话中的，如“～部、～长”类简缩词语。

（五）至于泰式华文社区词中“历史”色彩较浓的词语本来就存在于普通话形成的历史中，在特定场合（如叙述历史事件、显现典雅表达风格等）下完全有激活自身的空间；只是它们已基本退出普通话日常交际系统了。

当然，这里对泰式华文词语进入普通话可能性的分析还只是面上的说明，相当粗糙，有待细化和系统化。但仅此而言，我们发现，不同社区（从本质上看，普通话交际区域也可以笼统地看作一个大社区）中的特定表达是否为对方所吸收，实际上都牵涉语言表达方式的缺位（及补位）和占位（及挤位）问题。缺位和占位是不同社区词语互动现实性和可能性的重要条件。语言系统就是在这种时空变化中调节着它的社会属性和交际功能。

总之，只要满足了特定的语言条件和非语言条件，特定的社区词进入普通话交际时，无论是直接进入还是通过“第三方”辗转进入，都有其方便快捷之处。普通话也可因此而从社区语言中吸收丰富的营养。有学者对海峡两岸词语的互动关系做过探讨（李昱、施春宏，2011），实际也可以结合社区词和普通话词语之间的关系做出进一步分析。有学者还通过个案考察分析了不同华语社区同义词群的竞争与选择（邵敬敏、刘杰，2008）。这些都是语言调节和语言变异互动关系的深刻体现，反映了语言交际社群性和时空性的根本特征。

五、余论：加强华语社区表达系统研究，积极建设和发展普通话

目前对台湾国语与普通话、香港中文与普通话的比较已经有了很多研究成果，但对其他华语社区的汉语使用状况与汉语通用语（普通话）的比较研究成果还比较少，而这又是一个富矿，值得深入挖掘。当前不同华语社区语言使用状况的研究更多地立足于词汇对比分析，这显然是很不充分的。华语社区的语言研究，不只是社区词问题，而是整个社区表达系统问题，如社区语音、社区语法，还有社区语用、社区修辞、社区语体、社区文体等。这些都是现代汉语研究的重要内容。这不但是分析内容的变化，而且必然带来研究观念、分析模式、调查方法、研究结论的调整和更新。石定栩、邵敬敏、朱志瑜（2006）对港式中文与标准中文的比较中就包含了语法、语用方面的异同考察。目前有学者正倡导和开展全球华语语法研究（邢福义、汪国胜，2012；周清海，2014），这将会在继社区词之后开辟社区语法研究新领域。当然，相对而言，不同华语社区接触、交流过程中，社区词层面互动起来更直接更鲜明，这主要的原因就是词语在语言系统中"零件"性特征比语音、语法显著，因而"离境"式的借用、传播、调整比较方便。社区词一旦通用开来，也就不再是社区词了，虽然它的"出身"是社区性的。

另外，通过对泰式华文用词特征及其所体现的社区词性质的分析，我们还想到了普通话的使用和发展问题。我们除了要大力推广普通话，还要积极建设普通话。有学者指出："建设普通话，要向古汉语学习，要向外语学习，要向民族语言学习，要向方言学习。要积极吸取这些方面的有益的成分。总体是向人民群众学习，向生活学习。""还要吸取普通话内部不同语体的有关营养。"（于根元，2009）。此外还要向华语社区语言学习。总之，普通话要从非普通话的、非通用语的各个语言系统中学习，丰富自己的表达系统，完善自己的表达功能。这体现了语言文字主体化和多样化的有机结合，"迎接、欢迎、研究、引导、促进这个大趋势，是正确、积极的态度"（于根元、施春宏，1998）。在国际华语交际互动频繁的背景下，学习境外华语中的有机成分，也是积极建设普通话、发展普通话的有效途径之一。

附注

①作词汇系统比较一般都是从有无、同异这些方面入手来描写。本文自也如此，但我们只是以此为基础探讨更深层次的理论问题。另，在作比较时，本文的“普通话”多指普通话书面表达系统，在非比较的情况下多指整体而言的普通话。由于不影响理解，为了简便起见，本文对此不作具体区分。

②由于历史原因，泰国的华文以繁体字为主。泰国的华文报纸主要有《世界日报》《亚洲日报》《星暹日报》《中华日报》《曼谷时报》《京华中原》《新中原报》等，都是繁体字版的。近些年随着中国大陆与泰国各个层次交流的深入发展，汉语共同语和简化字在泰国的使用面逐渐拓宽。2004 年 5 月 6 日创办的《中华青年报》便以简体字印行。

③相对而言，《中华日报》采用中国大陆的文章比较多。如该天有关港澳台、体育、文艺、世界经济的内容基本上直接使用新华社、中新社的文章，有的是经过了综合。该天中国新闻中有很多关于中国大陆两会的内容，也基本如此。由于泰式华文和普通话在表达系统上差异较大，一篇文章只要读几行就能判断出其性质所属。

④高晓虹、施春宏（2013）通过个案分析从历时和共时的角度讨论词语构造的多种可能性，即多能性。这是在同一种语言使用空间中的探讨。对华文词语构造和生成中的多能性的认识和分析，则是对这种研究观念的进一步拓展。

⑤就这种影响及相互影响过程而言，周清海（2014）指出：这与 1949 年之前，中国大陆知识分子向这些地区迁移及定居之后出版和传播读物有关，“华人的大迁移所带去的‘国语’和‘国文’，在所居地发展而形成了当地华人的‘华语’‘华文’”；而“大陆和台湾的出版物，因为意识形态以及政治立场的关系，在东南亚所占据的市场有限。尤其是大陆的出版物，大部分被当地政府列为禁止书刊”。该文同时指出：“各华语区之间的政治制度比较接近（特别是港澳新马），交往比较多，彼此之间语言的相互影响也就比较大。华语区的华人又大都是操南方方言的，华语也就不可避免地受到南方方言的影响，因此各地‘华语’之间就具有相当多的共同性。”

⑥换个角度看，将它们视为复合词，也是可以的。如果构成词的两个字都可以成为独立的语素，那就更是可以看作“拼合”式的复合词了。一般的处理策略是，

如果现实交际中有较为常见的相应短语形式，那么就视为缩合；如果没有，则视为复合。可见，如何对待，这里面有权宜之计。就词汇系统而言，具体词语的生成带有相当程度的偶发性，但这同时又是在系统“轨道”上运行的结果。

⑦一般社会学文献中都不怎么区分“社区”和“社群”。但基于语言交际的实际表现，将这两个概念区分开来，能够描写更丰富的语言事实，揭示更丰富的理论蕴涵。

⑧如田小琳（2004）将社区词区分为广义和狭义两种：“能在各地区语言交流中为规范词吸收的，是广义社区词；只能在本小区流通的，是狭义社区词。”这样的理解看到了社区词和通用词之间的关联和某些社区词的发展前景，但也有局限，似乎广义社区词并不包含狭义社区词。而通常情况下我们说广义和狭义之分，是将狭义包含在广义之中的。

⑨胡娟（2011）借助田小琳《香港社区词词典》（2009）从同形异义、异形同义考察了香港社区词与普通话词语的差异，并初步探讨了其成因。

⑩这与“社区词”概念的提出是倡导者以中国香港（及澳台）地区和大陆（内地）的社会制度等差异为考察背景有关。这是由“历史”局限性造成的，并非必然性的理解。

⑪ 其实，“建政”一词在海外华语中多有使用。如台湾国语日报出版中心主编的《新编国语日报词典》（国语日报社，2005 年）589 页列有“建政”一词并释为：“成立政府，行使治权。”

参考文献

高晓虹，施春宏，2013. 词语构造的多能性和时空性：从“腰封”及其相关词语的形义关系谈起［J］. 语言教学与研究（3）.

胡娟，2011. 从同形异义、异形同义看香港社区词与普通话词语的差异及其成因［J］. 中州大学学报（1）.

黄富荣，2010.《香港社区词词典》读后［J］. 语文建设通讯（96）.

黄艳梅，华玉明，2001. 华语在泰国［J］. 语文建设（1）.

李欧，唐韵，1999. 泰国报刊书面汉语的变异［J］. 四川师范学院学报：哲学社会科学版（5）.

李泰盛，2004. 泰语中潮州话借词及其词义嬗变说略［J］. 汕头大学学报：人文社会科学版（3）.

李行健，2010. 现代汉语规范词典：第 2 版［M］. 北京：外语教学与研究出版社 / 语文出版社 .

李宇明，2010. 全球华语词典［M］. 北京：商务印书馆 .

李昱，施春宏，2011. 海峡两岸词语互动关系研究［J］. 当代修辞学（3）.

林伦伦，2006. 潮汕方言和泰语的双向借词及其演变发展［J］. 民族语文（2）.

邵敬敏，刘杰，2008. 从“手机”看不同华语社区同义词群的竞争与选择［J］. 语文研究（4）.

施春宏，1998a. 现代汉语规范评议失误研究［J］. 语言研究（1）.

施春宏，1998b. 语文评议中的现实同一性问题——从“野尻”的使用谈起［J］. 语文建设（1）.

施春宏，1999a. 现代汉语规范化的规则本位和语用本位［J］. 语文建设（1）.

施春宏，1999b. 语言调节与语言变异：上、下［J］. 语文建设（4/5）.

施春宏，2000. 关于语言规范化原则的确立［C］// 于根元 . 世纪之交的应用语言学：第四届应用语言学学术讨论会论文集 . 北京：北京广播学院出版社 .

施春宏，2001. 试论语义关系对异体词显隐和使用的制约［J］. 语言文字应用（1）.

施春宏，2005. 语言在交际中规范［M］. 北京：中国经济出版社 .

施春宏，2009. 语言规范化的基本原则及策略［J］. 汉语学报（2）.

石定栩，邵敬敏，朱志瑜，2006. 港式中文与标准中文的比较［M］. 香港：香港教育图书公司 .

孙淑芹，2005. 泰国汉语词汇特点浅析［J］. 长春师范学院学报：人文社会科学版（4）.

田小琳，1995a. 现代汉语词汇研究和教学浅议［C］// 第四届国际汉语教学讨论会论文选 . 北京：北京语言学院出版社 .

田小琳，1995b. 谈谈现代汉语词汇规范问题［J］. 中国人民大学学报（4）.

田小琳，1997. 社区词［C］// 第五届国际汉语教学讨论会论文选 . 北京：北京大学出版社 .

田小琳，2004. 香港社区词研究［J］. 语言科学（3）.

田小琳，2009. 香港社区词词典［M］. 北京：商务印书馆 .

吴圣杨，2006. 闽南方言与泰语中的汉语借词［J］. 解放军外国语学院学报（2）.
邢福义，汪国胜，2012. 全球华语语法研究的基本构想［J］. 云南师范大学学报：哲学社会科学版（6）.
徐武林，2009. 汉语熟语在泰国的流传及借用：以泰译本中国古代小说为考察中心［D］. 杭州：浙江大学.
杨锡铭，2004. 泰国潮州话初探［J］. 韩山师范学院学报（4）.
于根元，1996. 二十世纪的中国语言应用研究［M］. 太原：书海出版社.
于根元，2009. 积极建设普通话［J］. 语言文字应用（3）.
于根元，施春宏，1998. 主体化和多样化相结合［J］. 语文建设（6）.
于根元，王铁琨，孙述学，2003. 新词新语规范基本原则［J］. 语言文字应用（1）.
张启，1996. 泰国的"洋泾浜"汉语［J］. 语文建设（1）.
张淑娟，2003. 泰国华语书面语词汇变异研究［D］. 石家庄：河北师范大学.
张双庆，潘家懿，2012. 泰语中的潮汕方言词汇试析［C］// 王建设，孙汝建. 第二届海外汉语方言研讨会论文集. 昆明：云南大学出版社.
中国社会科学院语言研究所词典编辑室，2012. 现代汉语词典：第 6 版［M］. 北京：商务印书馆.
周清海，2014. 汉语融合时期的语言与语言教学研究［C］// 第二届马来西亚华人研究国际双年会论文. 吉隆坡.
朱景松，1992. 现代汉语中义项平行的多义复合词［J］. 语文建设（1）.

【作者单位：北京语言大学。本文原发表于《语文研究》2015 年第 2 期】

语言教育篇

双语教育与中国语言治理现代化

郭龙生

一、双语教育的定义

双语教育，准确地说就是以两种语言作为教学用语的教育。但是，它又不是简单的两种语言的教育，而必须加上一些限定成分，以便用它来指称我们的研究对象。

双语既可以指中外两种语言，也可以指两种民族语言，还可以指国家通用语言与一种少数民族语言，等等。本文中所探讨的双语教育，特指我国多数学者研究过的用国家通用语言与某种少数民族语言进行的教育，而不是指外语学者研究的汉语与英语或某种其他外语所构成的双语教育。

因此，双语教育指的是以双语问题（用哪两种语言进行教学？哪个为主，哪个为辅）、双语现象（以使用国家通用语言为主，兼用某种少数民族语言；以使用某种少数民族语言为主，兼用国家通用语言；兼用两种少数民族语言）、双语人（掌握两种语言并能应用自如的人）、双语教学等为基础开展的教育活动。

二、双语教育的模式、类型与问题

周庆生和其他学者在他们的系列论著中，曾分析并提出了双语教育的类型与模式，使我们明确了当前我国双语教育中存在的问题。

（一）双语教育模式

一般而言，我国的双语教育主要包括以下三种基本模式：

（1）以某种少数民族语言授课为主，加授国家通用语言；

（2）以国家通用语言授课为主，加授某种少数民族语言；

（3）以某种少数民族语言授课为主，逐步过渡到以国家通用语言授课为主。

（二）双语教育类型

按照语种来划分，我国的双语教育主要又可分为六种类型：

（1）国家通用语言与蒙古语的双语教育；

（2）国家通用语言与藏语的双语教育；

（3）国家通用语言与维吾尔语的双语教育；

（4）国家通用语言与朝鲜语的双语教育；

（5）国家通用语言与彝语的双语教育；

（6）国家通用语言与其他民族语言的双语教育。

（三）双语教育问题

1. 文化传承与生存发展问题

在双语教育体系中，民族语言承担着传承民族文化的作用，接受双语教育者为了生存发展得更好，可能就需要多学习国家通用语言。如何二者兼顾，既能保证传承弘扬民族文化，同时又能够得到很好的发展与生存空间？这是摆在每位接受双语教育者面前的重要问题。

2. 接受双语教育者不断增多，但双语学校生源又面临持续减少的问题

通过双语教育的多年推行，接受过双语教育的人越来越多，双语人的语言应用质量也在不断提高。然而，随着社会发展的日益多元化，发展速度的加快，有部分双语学校的生源数量面临着持续减退的窘境。

3. 双语师资不足制约双语教育发展

尽管国家大力推广双语教育，并采取了一系列激励措施，鼓励人们参与或接受双语教育，但总体来看，从事双语教育的师资力量还远远满足不了现实社会的需要，尤其是高质量的双语师资更是稀缺。

4. 双语教育事业发展不平衡

由于不同地区的经济、文化、民族构成、生活习惯等的不同，双语教育在不同地区的发展呈现出不平衡的现象。这可能与当地其他配套措施是否完善有密切关系。例如，在东北，国家通用语言与朝鲜语的双语教育具有较好的发展前景，因为中韩贸易需要大量这样的双语人才。而有的地方则缺乏双语人才所

需的就业与深造的机会和发展空间。

5. 跨境民族的双语教育问题

我国周边少数民族地区总计有30个跨境民族。这些跨境民族的语言也就面临着双语教育中的实际问题。跨境民族因其所处的地理位置，其双语教育可能或多或少地都会受到来自境内外的影响。

6. 如何正确处理好两种语言的关系

双语教育的终极目标就是培养出既懂国家通用语言文字又懂某种民族语言文字的双语人才。然而在具体的双语教育过程中，这两种语言之间的关系处理得如何，直接关系到双语教育成效的大小，关系到双语教育事业的成败。

三、语言治理与中国语言治理现代化

（一）语言治理

1. 治理

“治理”，按照一般语词类工具书的解释，是统治、管理、处理、整治、改造的意思。可见，它有“统治”与“管理”的意思，但是我们必须认识到它又不同于“统治”和“管理”。“统治”的指向往往是单向的，主要指向人民、公众或某个群体，或者指向某个系统内部的个体。而“治理”的对象是整个国家和社会，是整个系统，它的指向不是单向的，而是双向或多向的。与传统意义上的“管理”相比，现代政治学和行政学等研究将“治理”拓展为一个内容丰富、包容性很强的概念，重点是强调多元主体管理，民主、参与式、互动式管理，而不是单一主体管理（周晓菲，2013）。

2. 语言治理

语言治理是语言规划理论在发展过程中产生的一种学派，也是一种具体实施语言规划行为的途径、手段或方法。该学派试图把语言规划放在一个普通社会规划的框架内来进行讨论。他们认为语言是一种“社会资源”，语言规划就是一种决策过程，旨在解决“语言问题”，或从社会政治角度讲，旨在解决“交际问题”，因而采用一种“语言治理”的路径，并从社会经济的视野来分析。

20世纪80年代末期以来，为了克服将主流语言规划同单一指令性经济挂钩的弊端，语言规划研究领域出现了一种新的转型，即从“规划型”转向“治理型”。复兴的语言治理学派是“从学术上对人民权力作出的一种反应”，它反对主流派的强制性举措，“承认众多不同的利益竞争”。在这方面，瑞典裔学者颜诺（B.Jernudd，亦译“耶努德”）和捷克裔学者内乌斯图普尼（J. V. Neustupný）较有名气。该学派认为，语言治理是一种过程。在语言治理过程中，授予特定人员某种权限，以便他们能够发现其所在社区成员可能会遇到或实际遇到的种种语言问题，并能提出系统严谨的解决办法。所以，语言治理就是要面向广大基层群众，聚焦大众的话语，解决大众语言运用中遇到或可能遇到的种种问题。大众的话语问题成为语言治理的中心问题（陈章太，2015）。

（二）中国语言治理体系与能力现代化

1. 中国语言治理体系与能力

中国语言治理体系，主要表现为以往中国实施语言规划时所建立的一套运作系统，以及其中的体制与机制。中国语言治理能力则表现为具体的执行力。

2. 现代化

现代化，大致上应该包括民主化、法治化、科学化、制度化、规范化、程序化、高效化这样几个基本的要求。

“治理能力现代化”就是要把治理体系的体制和机制转化为一种能力，发挥其功能，提高公共治理能力。“治理体系现代化”和“治理能力现代化”的关系是结构与功能的关系，硬件与软件的关系。治理体系的现代化具有本质属性，是治理结构的转型，是体制性“硬件”的更换。只有实现了治理体系的现代化，才能培养治理能力的现代化。同时，治理能力又反作用于治理体系，执政者、行政管理人员的能力强不强，作用发挥得好不好，对治理结果会产生积极或消极的影响（周晓菲，2013）。

四、针对双语教育的语言治理

面对我国目前双语教育中的一系列问题，我们应该下大力气进一步深化语言治理体制改革，完善语言治理体系，优化语言治理结构，创新语言治理方式，提高语言治理能力，推进语言依法治理，提升语言治理的现代化水平。具体包括以下几个方面：

（一）牢固树立国家通用语言意识

在双语教育中，必须适应新世纪信息化时代社会、经济、文化等发展的需要，牢固树立国家通用语言意识。在不同民族地区，我们关注的都是国家通用语言与其中的一种少数民族语言形成的双语教育格局。强化国家通用语言意识，减少汉族、汉语与其他民族和民族语言对举称说的机会，这样不仅有利于接受双语教育者进一步提升民族认同、国家认同，同时也有利于国家的稳定统一，有利于中华各民族的大团结。

（二）清晰了解语言两级通用现实

国家通用语言文字是在国家层面上通用的交际工具。这在《中华人民共和国国家通用语言文字法》等一系列法律规章中都有明确规定。同时，在《中华人民共和国民族区域自治法》等一系列法律法规中也明确规定了在少数民族自治地区当地通用的主体民族语言的地位。于是客观上在少数民族自治地区就形成了语言两级通用的局面。在双语教育中，要妥善处理好国家通用语言和民族自治地区当地通用的主体民族语言之间的关系。

（三）认真做好语言治理顶层设计

在有关双语教育的语言治理顶层设计中，牵涉到双语教育具体应该从哪个年级开始实施、双语教育实施到何时可以结束等一系列问题。这就需要在顶层设计中充分考虑到接受不同模式与类型双语教育的人，在经过学习之后，能否找到合适的就业出口，能否通过自己的努力取得进一步深造的机会。这需要在学前、小学低年龄段、小学高年龄段、初中、高中，甚至到大学、研究生等不同学段有互相衔接的配套的语言教育体制与机制，更需要在语言治理的顶层设计中充分预留出口，为接受双语教育者提供更多的发展机会。

（四）积极创新双语教育多元模式

目前的双语教育多是在学校内进行的。《中华人民共和国民族区域自治法》第四十九条规定："民族自治地方的自治机关教育和鼓励各民族的干部互相学习语言文字。汉族干部要学习当地少数民族的语言文字，少数民族干部在学习、使用本民族语言文字的同时，也要学习全国通用的普通话和规范文字。民族自治地方的国家工作人员，能够熟练使用两种以上当地通用的语言文字的，应当予以奖励。”随着双语教育工作推进力度的不断加大，应该开展不同年龄层次的多元的双向的双语教育，在推进少数民族干部大力学习国家通用语言文字的同时，应采取一系列激励措施，鼓励并提倡在民族地区工作的汉族干部学习当地通用的主体民族语言，以进一步提高工作效率。认真贯彻落实中共中央、国务院《关于加强和改进新形势下民族工作的意见》中指出的："要坚定不移推行国家通用语言文字教育，全面开设国家通用语言文字课程，全面推广国家通用语言文字，确保少数民族学生基本掌握和使用国家通用语言文字，同时尊重和保障少数民族使用本民族语言文字接受教育的权利，不断提高少数民族语言文字教育水平，并在需要的民族地区加强学前双语教育，制定激励政策，加大师资对口支援力度，做好双语教师招录工作，对双语教学师资培养培训、教学研究、教材开发和出版给予支持，注重培养民汉双语兼通人才，提高少数民族干部掌握国家通用语言文字能力，在民族地区工作的汉族干部应学习掌握少数民族语言文字。”

（五）科学实施分类指导治理原则

鉴于我国双语教育各地发展局面不甚均衡，在实施语言治理过程中，应进一步科学实施分类指导，具体问题具体分析，不一刀切，应因地制宜、分区规划、分步实施；在推行双语教育的过程中，应贯彻自愿自择的原则，不平均用力，根据各地不同的情况，来决定双语教育的具体要求与步骤，以追求最佳的教育效果。

（六）大力提升语言综合治理能力

语言治理能力的现代化，不仅体现在具有较强的执行力方面，也体现在具有兼具系统、整体与全局观念的综合执行力方面。在认真贯彻党的十七届六中全会决议中提出的“大力推广和规范使用国家通用语言文字，科学保护各民族语言文字”明确要求的同时，认真处理好双语教育实施过程中国家通用语言与当地通用的主体民族语言之间的关系，树立语言保护理念，科学保护各民族宝贵的语言文字等非物质文化遗产资源。

（七）依法开展双语教育语言治理

在中华人民共和国《宪法》《国家通用语言文字法》《民族区域自治法》《教

育法》《义务教育法》等一系列法律法规中，都明确规定了保障少数民族学习和使用自己民族语言文字的权利的内容，同时，也明确要求在全国范围内要大力推广国家通用语言文字。要进一步提高语言治理能力与水平，真正实现语言治理的现代化，就需要充分保障各民族在双语教育过程中的语言权利，为接受双语教育者提供充足的语言学习资源，配备优质的国家通用语言文字教师队伍和教材、教学设备等，切实提高少数民族地区双语学习者的国家通用语言文字的应用能力，以实现依法治理语言文字生活的目标。

（八）努力构建和谐语言文字生活

语言治理体系与治理能力的现代化，不仅要实现语言治理的民主化、法治化、科学化，还要实现语言治理的制度化、规范化、程序化与高效化。实现语言治理体系与能力的现代化的终极目标与具体标志就是要构建和谐的语言生活，就是看语言治理工作是否能够保障和谐语言生活的实现。

五、结语

《国家中长期教育改革和发展规划纲要（2010—2020 年）》第二十七条中讲道："大力推进双语教学。全面开设汉语文课程，推广国家通用语言文字。尊重和保障少数民族使用本民族语文接受教育的权利。重视加强学前双语教育。国家对双语教学的师资培养培训、教学研究、教材开发和出版给予支持。"《国家中长期语言文字事业改革和发展规划纲要（2012—2020 年）》的第二章第二部分"主要任务"的第一条"大力推广和普及国家通用语言文字"中提出："加快民族地区国家通用语言文字的推广和普及。加大宣传培训力度，积极稳妥推进双语教育。到 2020 年，少数民族双语教师达到国家通用语言文字教学要求，完成义务教育的少数民族学生能够熟练掌握国家通用语言文字。"如何通过语言治理体系与治理能力的现代化，保障我国双语教育事业的健康可持续发展，努力为我国多培养国家通用语言和民族语言兼通人才，是从事双语教育者应该认真思考的问题。我们希望能够在实施语言规划、制定国家语言文字方针政策、开展语言治理的过程中，真正做到以民为本，以服务于国家政治、经济、科技、文化、教育等的发展大业和社会语言生活为己任，努力做好语言服务工作。

参考文献

陈章太，2015. 语言规划概论［M］. 北京：商务印书馆.

戴庆厦，滕星，关新秋，等，1997. 中国少数民族双语教育概论［M］. 沈阳：辽宁民族出版社.

何俊芳，1998. 中国少数民族双语研究：历史与现实［M］. 北京：中央民族大学出版社.

江必新，李沫，2014. 论社会治理创新［J］. 新疆师范大学学报：哲学社会科学版（2）.

新华社，2014. 中共中央、国务院印发《关于加强和改进新形势下民族工作的意见》［N/OL］. 人民日报（12-23）［2019-08-20］http://politics.people.com.cn/n/2014/1223/c1001-26255897.html.

中国少数民族双语教学研究会，1990. 中国少数民族双语研究论集［C］. 北京：民族出版社.

中华人民共和国教育部，2012. 教育部、国家语委关于印发《国家中长期语言文字事业改革和发展规划纲要（2012—2020年）》的通知［S/OL］.（12-04）［2019-08-20］http://old.moe.gov.cn/publicfiles/business/htmlfiles/moe/s7246/201301/146511.html

周庆生，1991a. 中国双语教育的发展与问题［J］. 贵州民族研究（2）.

周庆生，1991b. 中国双语教育类型［J］. 民族语文（3）.

周庆生，2014a. 论中国少数民族语言教学模式的三次转型［J］. 双语教育研究（2）.

周庆生，2014b. 论我国少数民族双语教学模式转型［J］. 新疆师范大学学报：哲学社会科学版（2）.

周庆生，2015. 语言生活与语言政策：中国少数民族研究［M］. 北京：社会科学文献出版社.

周晓菲，2013. 治理体系和治理能力如何实现现代化：专家解读“全面深化改革的总目标”［N］. 光明日报，12-04.

【作者单位：教育部语言文字应用研究所。本文原发表于《双语教育研究》2015年第2期】

历年高考病句试题的演变路径及理论分析*

郝　暾　施春宏

从 1952 年第一次全国统一高考开始，高考语文试卷的内容，除写作外，主要都是由文学和语言两大知识结构块组成，两者在分值上的比重在不同时期有较大波动，目前有关文学方面的内容（文学知识和阅读理解）的分量要明显多于语言方面的内容。本文专注于 1952—2013 年间高考语文试卷中有关语言知识和能力方面的试题分析，并以病句试题为切入点来系统考查相关问题。由于 1966—1976 年间全国高考停考，因此本文分析的是 1952—1965、1977—2013 这两个时间段共 51 年的所有全国统考语文试卷。为了表述方便，下文常以“高考年间”来称述这个历史时间段。

在高考年间，病句作为高考语文中的一个重要命题点经历了比较显著的起伏变化。从“考不考”到“考什么”，从“怎么考”到“考多少”，都在调整变化中。而透过这种调整变化的考查，我们发现，它不仅涉及语文教育的问题，而且与当时的语言（学）观念、语言规范观和规范研究状况、大众语言生活状况、大众语文水平甚至语言本体（主要是语法和词汇）研究的热点息息相关。有鉴于此，我们对高考年间的高考语文试题做了全面的统计分析（地方自主命题出现后仅统计当年的全国卷试题），系统考查高考语文病句试题的演变路径及其影响因素，并试图借此探讨命题背后所反映出的语言观 / 语言规范观的变化、语言生活和语文水平的状况、语法教学在中学语文教学中的地位等问题。

---

* 本文修改过程中得到李显赫、李娜娜、马伟忠、马文津、王文姣、朱立锟以及 Ashleigh Holcz 的指正。谨此一并致谢。

一、高考语文病句试题的演变路径

图1展示了高考年间病句试题赋分情况在当年试卷总分中所占的比例变化（为方便统计，文理科试题赋分不同时以文科为准）。不难看出，病句类的试题总体上经历了一个从多到少、从波动较大到渐趋稳定的变化过程。由此，我们根据历年病句类试题的数量和考点的变动情况将高考年间大体分为四个发展阶段。

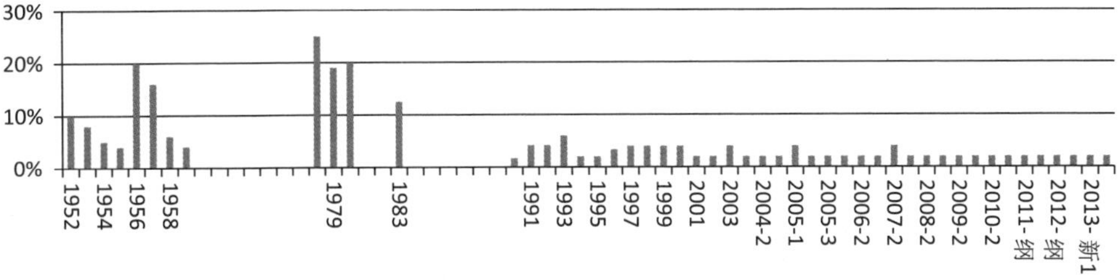

图1　病句类题目占总分比例历年变化图

附注：横坐标中已将1966—1976年高考因文革而中断的十年去掉。其中，2004-1表示2004全国卷（一），以此类推。2004年以来，同一年的全国统一高考试题分出了全国卷（一）（二）等多套试题，同一年份的不同试题，如2004-1、2004-2，我们在横坐标上依次用不同的柱状图表示。下图皆同。

（一）探索阶段（1952—1959）

1952—1959年是高考语文病句试题命题的探索阶段。从命题形式来看，主要以用关联词语填空和在原文上修改病句两种题型为主，试题分值总体较高，但波动幅度大，受社会思潮影响大；从内容上说，这一时期的病句试题一方面重视基础的语言文字知识，另一方面也展现出对病句类试题命题内容多样化的探索。建国初期，人们的语言文字水平普遍较低，党和国家迫切地需要做好宣传教育工作，因此，无论是在教学还是考试中，基础的语言文字知识都被放在了极其重要的位置上。1951年6月6日《人民日报》发表社论《正确地使用祖国的语言，为语言的纯洁和健康而斗争！》，同时《人民日报》开始连载吕叔湘、朱德熙的《语法修辞讲话》。1952年9月教育部又提出学习苏联的语言、文学分科，虽然实行不久即因各种复杂的原因而终止，但学界对语言知识和语言规范教育的重视程度可见一斑。1952—1955年的高考语文试题便极好地体现了这种“重语法，抓基础”的要求。全国统一高考的最初四年，相关题目涉及了大量选择关联词语填空的问题，题型单一，考点也比较容易，正是这种情况的反映。1955 年 10 月 25 日现代汉语规范问题学术会议召开，罗常培、吕叔湘的主题报告《现代汉语规范问题》第一次系统探讨了语言规范工作的意义和一系列原则。接下来两年的高考中，病句类题目的分值一下从往年的 4—10 分上升到 1956 年的 20 分（占到了整张试卷的 20%）和 1957 年的 16 分，考查的内容也呈现出某种程度的多样化，尤其是注重句法搭配和结构关系的考查，如“我决心改进自己的缺点（1956）”（动宾搭配不当），“绿茵茵的海水上卷起雪白的一阵阵浪花，船追逐浪花急驶着（1956）”（多层定语层次关系错误），等等。然而，1958 年和 1959 年病句类题目的分值迅速回落，这可能跟《语法修辞讲话》等所体现出来的“匡谬正俗”观受到一定的质疑有关。但这段时期内容多样化的考查方式则被延续了下来，并在新时期（1978 年以后）逐步丰富起来。

（二）迟滞阶段（1960—1965）

20 世纪 60 年代初期，在中学语文教育界人们对文学教学与语法教学的关系做了新的梳理，认为语言知识只是起辅助性作用。1963 年修订的《全日制中学语文教学大纲（草案）》明确规定语言知识的教学是培养阅读能力和写作能力的辅助手段，语文教育的最终目的是使学生“具有现代语文的阅读能力和写作能力，具有初步阅读文言文的能力”。这种教育理念给高考语文试卷命题带来的直接影响就是，1960—1965 年间高考语文只考查了作文和文言文阅读，未见与病句相关的任何考查。如果说还有对语言文字能力的要求的话，也只是间接地表现为能在作文中进行正确的表达。这种命题模式持续了六年，直到 1966 年“文化大革命”开始，高考中断。

（三）徘徊阶段（1977—1989）

徘徊阶段的病句试题除了采用与探索阶段相同的题型外，还出现了判断病句的考查方式，即仅要求判断句子是否有语病而不要求做出修改，这种考查方式大多应用于病句本身难度比较大的情况。从命题和分值来看，1977—1989 年之间的考查断断续续，赋分情况也很不稳定，呈现出与探索阶段相近的特点，特别是 1984—1989 年，病句再次被命题人“抛弃”，消失了长达六年之久。这是因为语言学界和语文教育界对语言知识的地位和作用展开了观点不尽相同的讨论。一方面是对语言规范和语法教学体系的新探讨。1978年《中国语文》刚复刊即展开了对“贵宾所到之处，受到群众的热烈欢迎”是否为病句的广泛讨论。同年，《现代汉语词典》第一版出版。1981年全国语法和语法教学讨论会在哈尔滨召开，经过修改，1984年《中学语文教学语法系统提要（试用）》公布。随后，初中《语文》课本的语法知识已经开始采用这个系统，随年级增长而逐步展开知识体系。这期间的五年，正是高考语文不考病句的时期。另一方面，无论是在语言规范研究方面还是在中学语文教育方面，都出现了对既往教学内容和考核方式的反思。在规范研究方面，随着《语法修辞讲话》1979年的再版，人们也开始重新审视过去的规范研究。《语法修辞讲话》再版序言里这样写道：“这本书的缺点有‘过’与‘不及’两方面。‘过’是说这里边有些论断过于拘泥，对读者施加不必要的限制。‘不及’又有两点：一，只讲用词和造句，篇章段落完全没有触及；二，只从消极方面讲，如何如何不好，没有从积极方面讲，如何如何才好。这样见小不见大，见反不见正，很容易把读者引向谨小慎微，不求有功但求无过的路上去，然而大家知道，这样写文章是不可能写好的。”由此引发了人们对“何为病句”“何为规范”“教什么样的规范”“考什么样的病句”等问题的进一步思考。同时，在语文教育方面，20世纪80年代的中学语言知识教材因过于追求语言知识的系统性、使用一大堆实用性较差的术语和定义而为教育专家所诟病，中学的语言规范教育不能等同于大学的语言学教育，“淡化语法”的呼声随即兴起。认识上的变动带来的是高考考核内容的徘徊。

（四）相对平稳阶段（1990年至今）

1989年全国高考开始正式实施标准化考试，语文知识基本上以“标准化试题”即选择题形式出现。这种命题方式的变化实际上对考试内容产生了影响，即那些便于“标准化”（选择）的内容容易成为高考的项目。随着标准化考试的全面推开，1990年开始至今，高考语文病句命题便一直处于一个相对稳定的时期：病句通常以3分一题、每题四选一的选择题形式考核，在整张试卷中大多只出现一道这样的试题，题干多要求选择没有语病的一项。如2008年的全国卷（一）：

下列各句中，没有语病的一句是（3分）：

A. 葛振华大学毕业后回农村当起了村支书，他积极寻找发展本村经济的切入点，考虑问题与众不同，给村里带来一股清新的气息。

B. 荞麦具有降低毛细血管脆性、改善微循环、增加免疫力的作用，可用于高血压、高血脂、冠心病、中风发作等疾病的辅助治疗。

C. 王羽除了班里和学生会的工作外，还承担了校广播站“音乐不断”、“英语角”栏目主持，居然没有影响学习成绩，真让人佩服。

D. 阅览室图书经常出现“开天窗”现象，我们可以从这一现象反映两个问题，一是阅读者素质有待提高，一是管理力度有待加强。

此题的正确选项为A。显然，这种命题形式常常通过不同选项的设置来考查几种病句类型。

同时，有关关联词语的考查也逐渐退出高考语文试卷，从2000年到2013年这14年间的27份全国卷试题中仅见2次，也都是以标准化试题的形式和其他病句一起充当正确表达的陪考项，与20世纪50年代初期的考查内容形成了鲜明的对比。

二、高考语文病句试题的主要类型

病句生成的路径和可能性多种多样，因此，分类角度不同，对病句系统的认识便有同有异。如可以从用词、造句、谋篇的角度来分析病句，也可以从语法、修辞、语义、逻辑、事理的角度来分析病句。《语法修辞讲话》在病句理解和分析方面是两者的综合。此后，病句的分析和整理一直是语言研究和语文教育的一个重要方面，有关论著纷呈迭现，其中质量较高、影响较大的如《中国语文》杂志社先后编辑出版的三本：《语文短评选辑》（中华书局，1959）、《词语评改五百例》（语文出版社，1984）、《词语评改千例》（语文出版社，1992）。以《词语评改千例》为例，其内容包括：用词、指代、虚词、词语搭配、句式、成分、语序、事理、修辞、数量、汉字、标点、常识、广告、杂例、文章评改、编校、争鸣。因此，广义地理解，凡是语言文字表达中有问题的句子都可以称作病句，因此标点、汉字使用中的错误也常被病句修改类论著收入。

高考语文病句分析也有此背景。但限于高考形式的制约和语文教育的重点要求，高考语文病句的呈现类型往往集中在几个方面。根据我们的全面统计，最主要的病句类型体现为四种：与搭配不当相关的病句、与关联词语相关的病句、与成分残缺相关的病句以及与歧义相关的病句。当然，有时病句的类型之间并没有截然的区别，这既是语言现象本身的问题，更是认知角度的问题。本文归类的依据来自对试题中考点意图和陪考项目的分析。如有些“搭配不当”可能是成分残缺或者成分冗余（即平时所说的“一对多/多对一”）的问题。这样的情况我们还会在下文详细讨论。为展示问题的全面性，统计时本文将这类病句同时计入各自的小类。

（一）与搭配不当相关的病句

高考语文病句类的考点总计出现了 252 次（选择题中每个陪考项分别记作一个考点），其中考查最为频繁的是“搭配不当”类的病句，共考查 96 次，占到了病句类考点出现总频次的 38.1%。

搭配不当之所以能成为最重要的考点有两方面的原因。首先，从语言使用来看，语义上的搭配失误容易给人带来最直接的违和感，因此搭配是评价语言表达、语言知识水平的基本标准。1956 年对搭配不当类语病的第一次考查:“我决心努力改进自己的缺点。”考的即是这种最基本的语义搭配。其次，从语言内部来看，搭配不仅仅是词汇、语义问题，同时也是语法、语义、语用等因素综合作用的结果，很多语病都可以搭配不当的形式出现，或从分类理解上划归为搭配不当。这从同一个与搭配相关的病句在不同病句分析论著中归属不同类型就可看出，高考语文病句试题中此类题目也常常和其他类型的错误交叉在一起考查。这主要表现为三个方面：其一，句式杂糅可以造成结构上的搭配不当。例如:“目前人造关节所用的材料不外金属和塑料两大类，由于人体内钾、钠、氯等化学物质能使金属材料腐蚀生锈、塑料老化的可能，所以选用的金属和塑料的化学性质必须高度稳定。（1978）”既可以看作是“能使”和“可能”搭配不当，也可以看作是“能使金属材料腐蚀生锈、塑料老化”和“有使金属材料腐蚀生锈、塑料老化的可能”两个句式杂糅。其二，成分残缺也可以造成结构上的搭配不当。例如:“为了全面推广利用菜籽饼或棉籽饼喂猪，加速发展养猪事业，这个县举办了三期饲养员技术培训班。（1997）”其中“推广”和“喂猪”搭配不当，缺少宾语“技术”。其三，平时所说的“偷换主语”也可以看作是一种结构上的搭配不当。例如：“作者观察细致，一泓清潭、汩汩流水、朗朗歌声，都能激发他的灵感，都能从中找到抒情叙事的切入点。（2013 新课标 I）”其中先说“作者”又说“清潭、流水、歌声”，而其后的“激发”和“找到抒情叙事的切入点”显然不可能与同一主语搭配。

在 96 道搭配不当类题目中，又以动宾搭配不当和主谓搭配不当为主，分别占到了该小类的 37.50% 和 36.46%，除此之外出现较多的还有定中搭配不当、状中搭配不当，介词结构搭配不当只出现了一例。需要特别指出的是“多对一/一对多”类搭配问题，这类病句经常在主语或宾语位置出现“好坏、与否、能否、能不能”等代表正反两面的词语。如：“那些书摊的图书内容的好坏、环境卫生和经营作风等，都会直接或间接地对青少年产生影响。（1991）”其中以“好坏”对“影响”造成了语义和逻辑上的不搭配。这一考点始见于 1991 年，之后又在 1993 年、1996 年、1997 年、2005 年全国卷（一）和 2013 年新课标卷（II）中有所考查。

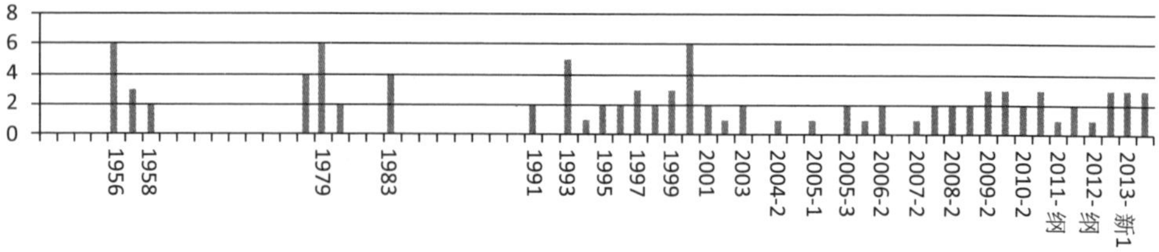

图 2　搭配不当类题目数量历年变化图

图 2 是搭配不当类题目的历年考查数量统计。不难看出，随着病句类题目数量的变化，搭配不当类题目在探索期和徘徊期或显或隐，各年份之间差异较大；而在相对平稳阶段则基本上成了高考语文的保留节目，尤其是新世纪以来波动幅度就很小了。虽然搭配不当类题目考查的次数有所下降，但在每年病句考题中所占的比例却有增无减，甚至多次占到了 80%。另外，就试题内容来说，有一个现象值得关注，随着病句类试题难度的提升，单纯的搭配不当类病句在近年的考试中已鲜有所见。正如上文所述，搭配不当常与句式杂糅、成分残缺等问题一起综合地表现出来，近年来这种在一句话中综合多种语病考查的试题有所增加。

（二）与关联词语相关的病句

考查频次名列第二的是“关联词语”类病句，共考查 79 次，占到了病句类考点出现总频次的 31.35%。除去选择关联词语填空的试题无法判断错误类型，在所有以语病形式呈现出来的相关考查中，关联词语的误用又占到了首位（22.78%）。如：“我们永远不会忘记因为祖国而把自己的生命贡献出来的民族英雄们。（1956）”应用“为了”却误用为“因为”。又如：“‘英语广播讲座’之所以能给我很大的帮助，我认为把讲课和练习结合起来是它突出的优点。（1979）”误用了关联词语“之所以”。这都是关联词语误用中反复出现的类型。

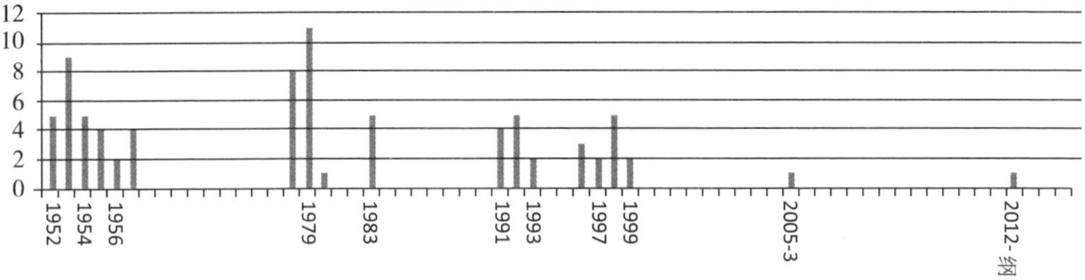

图 3　关联词语类题目数量历年变化图

值得关注的是，如图 3 所示，高考年间对与关联词语相关病句的考查呈现出非常特殊的变动情况。在探索阶段，多次考查且分值较多；徘徊阶段，虽断续出现但也呈现高分值分布；相对平稳阶段的前期，也比较注重关联词语的考查，但在新世纪就难得一见了。这实际上与各个时期社会的语言文字应用水平有直接的关联。如在探索阶段，由于人们语言文字水平普遍偏低，关联词语这样关注语义和逻辑的考点是有效的区分点。随着语法知识的大普及和大众语文水平的普遍提高，对于高考这样的选拔性考试而言，考查关联词语类的题目在难度上已经显得有所不足，于是考查次数大大减少。1978、1979 两年的命题数量有明显回升，是因为这两年开始考查语篇中的关联词语，实则也是加大了考查难度。

（三）与成分残缺相关的病句

考查频次位列第三的是“成分残缺”类病句，总计 36 次，占病句类考点出现总频次的 14.29%。高考命题中出现了主语残缺、谓语残缺、宾语残缺、介词结构残缺和副词结构残缺（按考查次数由多到少排列），共计 5 类，其中主语残缺占到了这一类的 51.43%。

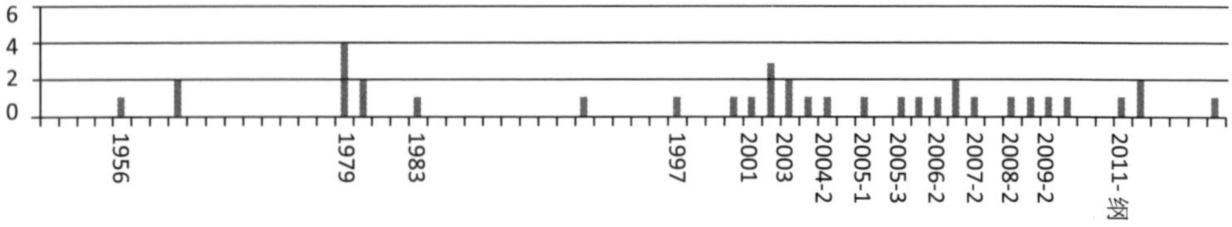

图 4　成分残缺类题目数量历年变化图

从图 4 来看，成分残缺类病句在探索阶段和徘徊阶段偶有出现，在相对平稳阶段多有出现，但大多年份只出现在一个选择项中。这里面有个特殊情况，就是学界对一个句子是否完整的认识也在变化。也就是说，学界对汉语语法特点的认识在不同时期有所调整，这在某种程度上影响了高考对相关内容的考查。如："对一切都应该采取分析的态度。（1959）" 这句话当年被认为是主语残缺的病句，而从今天的语言观来看，则完全可以看成是祈使句中省略了主语"我们"。也就是说，人们对成分残缺的把握经历了一个从严到宽的变化过程。

（四）与歧义相关的病句

这是一个颇有意味的考点。20 世纪 90 年代以来，病句的考查中增加了对歧义句的判断，歧义现象一时间成为高考语文的"新宠"。这种新考点自 1992 年首考后，断断续续考查了十数年，后又基本消失了。详见图 5。

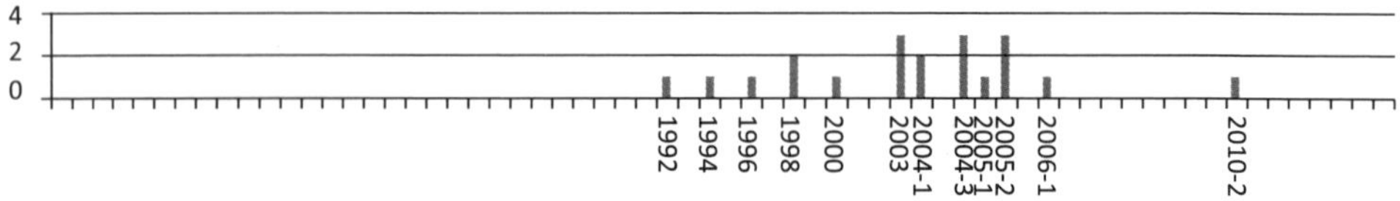

图 5　歧义类题目数量历年变化图

概括起来，高考年间共考查了七类歧义，即：结构层次不明造成的歧义、语义关系不明造成的歧义、否定辖域歧义、代词指代不明造成的歧义、省略不明造成的歧义、一词兼类造成的歧义和一词多义造成的歧义（按考查次数由多到少排列）。常见的歧义类型都考到了。这充分显示了出题者语言学的学术研究型背景。有的学术型背景在试题中彰显得特别鲜明。如代词指代不明造成的歧义："今天老师又在班会上表扬了自己，但是我觉得还需要继续努力。（2005 全国卷二）" 表现出了生成语法约束理论的研究热点对命题内容的影响①。又如一词多义造成的歧义："独联体国家看不上 2002 年世界杯足球赛（2003）"，这来自一则新闻标题，题目中的"看不上"既可以理解为"瞧不起"的意思，也可以理解成“没有条件看”的意思。这实际上也主要是语言学家眼中的离境式歧义。

三、历年高考语文病句试题演变的影响因素

病句的生成往往是语言系统和语言交际中某些特殊现象的呈现，而对这些现象的理解和把握并不容易，对这些现象在中学语文教育中地位和作用的认识也并不清晰。因此，高考语文病句考什么、怎么考，对于这些问题，我们一直在摸索中前进，在变动中调整。这既是语言问题，又是教育问题。说它是语言问题，可从两方面来看。从语言的社会功能来看，它必然受到来自语言使用者和语言研究者双方的影响，使用者在现实交际中高频出现的错误、研究者在学术研究中的价值取向及他们关心的热门话题以及研究最终的发展，也都会在病句试题中有所体现。从语言的内部系统来看，它必然受到语言本身特点的影响，对特定的语言系统而言，哪些问题是影响表达准确性的基础，哪些又是左右交际流畅性的核心，这些考量必然在本质上影响着高考语文病句的命题。说它是教育问题，是因为它所面向的对象是中学生，病句试题的设计与中学语文的教学内容以及教育理念存在着相辅相成的关系。教材上的内容以及一线教师的教学心得和语文教育专家们的教育思想会反映到高考试卷上，高考试卷又会反过来影响教学的内容选择和人们的语文教育观。因此，我们从四个方面来谈谈影响高考语文病句试题命题的因素。

（一）大众语言生活和语言水平对病句试题的影响

社会大众的现实语言生活和语言水平往往对高考语文病句命题有至关重要的影响。这主要体现在两个方面。

一是真实的语言生活是命题内容和形式的来源。从命题内容来看，病句考查的语言点多是人们当下容易出错之处。如，早期关联词语误用的现象比较多，1957 年的考题中就出现了这样一道试题：“他们介绍了先进的地质勘探方法和帮助我们解决了目前石油生产中的许多困难。”后期的日常表达中“多对一 / 一对多”和“歧义”等问题又突显出来，高考病句试题亦有所体现。从命题形式来看，病句的命题也多与当下语言生活中活跃的语言形式有关。20 世纪 80 年代以前的病句试题所涉内容多为政论语体、科技语体和基础的日常表达；80 年代以来的考查则大大减少了政论语体，增加了科技语体的比例，新增了部分文艺

语体的内容，其中，2003 年病句试题还考查了新闻标题中的语病。

二是大众的语言生活水平对病句命题具有显著的制约作用，这种作用在探索阶段和徘徊阶段表现得更为明显。建国初期，人们的语言文字水平普遍较低，高考所涉语病多与关联词语、句法成分完整性以及简单的搭配问题相关。随着语文教育的普及，人们的语言文字水平显著提高，这样的考查已难以更好地体现应试者语文水平的差异，更复杂、更多样的考点应运而生。

（二）语言研究观念、内容及成果对病句试题的影响

语言研究的观念和内容也影响着高考语文病句的命题方向。语言研究观念对病句试题的影响相对比较间接，主要体现为以“暂拟系统”为核心的教学语法对中学语文教学的影响。20 世纪 50 年代到 80 年代初，语言研究尚属传统语言学的范畴，这一时期的研究观念以描写为主，不太注重解释，而且在语言规范观念上比较重视认识上的“一致性”，规范方式上主要是“匡谬正俗”。正如 1955 年召开的现代汉语规范问题学术会议指出的那样：“……要根据语言发展的规律，采取必要的步骤使得这全民族的语言在语音、语法、词汇方面减少它的分歧，增加它的统一性。”（郭沫若，1956）这种观念渗透在中学语文教学和社会语文生活中。在教学语法领域，人们为了编写中学《汉语》课本，从 1954 年开始着手拟定“暂拟汉语教学语法系统”。1956 年《语法和语法教学——介绍“暂拟汉语教学语法系统”》和中学《汉语》课本出版。随后，《汉语知识讲话》与《汉语知识》相继出版，共同构成了一套互相补充的教学语法系统，即“暂拟系统”。1981 年全国语法和语法教学讨论会上再次修订了“暂拟系统”，这个系统在长达三十年的历史中直接地影响着中学语文语法教学。从高考病句试题的构拟和答案判定标准来看，基本上以此为本。

语言研究的热点和成果在高考病句试题中常有体现，虽然其反应也往往有所滞后。对此，上文已通过歧义类考题做了说明。这里需要进一步指出的是，比较不同时期具体的病句试题就会发现，学界语言观、规范观的调整所带来的研究热点和成果的变化常常折射到高考病句试题中。正如我们前边提到的句子：“对一切都应该采取分析的态度。（1959）”当年被认为是主语残缺的病句，随着人们在判定句法结构完整性认识上的调整，今天已经被视为合语法的主语省略句了。又如 1983 年有这样一题，其中一个选项是：“不少在科学研究上有杰出

成就的人，是在物质条件十分艰苦的情况下，经过顽强刻苦的努力才获得成功的。”这一句被视为正确选项。而陪考项则是：“凡在科学研究上有杰出成就的人，都是在物质条件十分艰苦的情况下，经过顽强刻苦的努力才获得成功的。”实际上，第二句实是“一种小夸张，把接近全部或顶点夸张成全部或顶点”（于根元，1982）。现在看来，这两句话都是可接受的，甚至后一句还更好一些。此类表达虽然在中学语文教学中仍常作为病句出现，但在高考试题中很难一见了。这体现了人们对病句的判定标准也在由规则本位走向语用本位（施春宏，1999、2005），逐步重视语言现象的交际价值在判断语言现象规范与否中的根本作用（于根元，1996：210；施春宏，2000、2009）。随着学界对语言本体认识的不断加深，对语言规范理论和实践探讨的逐步调整，人们对病句的判定标准也逐步走向稳定，以上这些反映语言观和语言规范观变化的病句试题在探索阶段和徘徊阶段或有出现，但在 1990 年以来的相对平稳阶段则难得一见了。然而，在我们接触的中学语文教学中，将它们视为病句的情况仍很普遍，这是值得深思和亟待解决的问题。

（三）语言系统中的特殊现象对病句试题的影响

病句是对语文水平的考查，必然从根本上受到语言系统自身特点的影响，反映语言本身的特殊现象。其中最典型的例子就是高考病句试题中对搭配问题的考查。搭配现象之所以能成为出现频次最高的考点，正是由它在语言系统中的特殊地位决定的。语言表达中的一般性问题，从根本上看，往往都可以归结为搭配问题，因此它既是词汇问题又不是简单的词语搭配问题，既是语法问题又不是简单的成分组合问题，它既是语义问题又不是简单的义位相配问题。再加上汉语没有严格意义上的形态，所以词与词搭配起来就没有完备的语法形式制约，似乎只要逻辑上、意义上说得过去就可以搭配，这样的搭配既自由又复杂，正是这种操作的“自由”导致了结果的“复杂”（参见林杏光，1994）。

关于搭配性质的探讨由来已久。如《语法修辞讲话》（吕叔湘、朱德熙，1952）中持“非语法说”，第一讲开篇就说“语法不是修辞学，它只管虚字的用法，一般有实在意义的词儿用得对不对……它是不管的”。邢公畹（1978）则持“阶段语法说”，认为“使词语搭配问题逐渐转化为语法问题，搭配规律的发现就是语法深化的表现”。郭绍虞（1979）则认为搭配是语法问题。类似的还有王力（1981）的“逻辑说”、常敬宇（1990）的“语义说”等等。这些认识往往都是基于单一角度来认识。20世纪90年代初，开始有学者从多个角度综合地看待词语搭配的性质问题。如林杏光（1990、1994）的“词汇（语义）、语法说”；范晓（1992）从语法的三个平面（句法、语义、语用）看待搭配问题；王希杰（1995）在区分语言规则和言语规则的基础上指出，“词语的搭配不仅不单纯是一个语法问题，也不仅仅是一个语言问题，它还牵涉到非语言因素：交际情景、社会文化、民族心理和个人心理”。这种搭配性质的探讨正折射了词语搭配问题所涉层面的多样性和复杂性。正因如此，搭配现象成了语言交际中最直观、最基本、最核心的表现形式，并进而成为历年高考病句中最稳定、最基础的考点。

（四）语文教育思潮对病句试题的影响

在中学语文教育中语法教学和文学教学的关系一直是一个不易平衡的问题，时至今日，虽然高考试题对病句的赋分和命题方式已十分稳定，但语文教育界对相关问题的讨论还在不断延续着。1952—1959年的探索阶段重视语法教学的思潮盛行，无论是教学还是考试都比较看重语法，不仅提出中学语法课要从文学课中独立出来，还编写了中学《汉语》课本以及《汉语知识》和《汉语知识讲话》等大量语文知识普及性书籍，病句成为高考试卷中的重要考查内容。1960—1965年的迟滞阶段，随着新的中学语文大纲重新定义了语文教育的目的，淡化语法教学的思潮兴起，语法教学的地位降低，病句也就暂时退出了高考舞台。1977—1989年的徘徊阶段是重视语法教学的思潮和淡化语法教学的思潮两相抗衡的阶段，这一时期的病句试题很不稳定，时考时不考，时而分值高时而分值低。1990年以来的相对平稳阶段，两种思潮在高考试卷命题中取得了相对的平衡，病句试题日趋稳定。目前，中学语法教学已经相当式微，因此对病句理解和修改的问题已经成了教师不太好明说的任务。病句类试题在一般类试题中基本上带有点缀的性质了。这实际上又将老问题在新背景下突显了出来：病句试题考什么？怎么考？

四、余论

高考病句试题的命题看似是中学语文教学的问题，但经过以上分析不难发现，除了受大众语言生活和语言文字水平的影响外，语言研究的观念和热点、语言规范化的观念和实践也在其中发挥着重要的作用。一方面，我们欣喜地看到高考命题对语言学观念和研究成果的吸收和应用；另一方面，却不可避免地反思为什么当下的中学语文教学与语法教学、语法研究渐行渐远。新课改实施后的一个基本价值取向就是强调培养学生的情感、态度、价值观，在对语文学科人文性的过度强调下，中学语文课只教“文（学）”不谈“语（言）”，几近成为一门文学鉴赏课和文学知识课。

这促使我们进一步反思：语言教学尤其是语法教学到底教什么，怎么教？为什么语法教学在中学语文教学中留下了不好的影响？毋庸讳言的是，我们的语言教学/语法教学，长期以来实际针对的都是语言知识、语法知识的教学，对语言/语法自身的美质何在、如何体现则关注得不够，对语言/语法教学自身的思维、认知功能一直没有得到正确的认识，简单地将语言当作服务于其他目的和任务的工具。就中学语言/语法教学而言，学习语言/语法从本质上看，应该主要不是学习语言结构方面的知识，而是利用语言/语法知识的说明训练学生的思维能力，提高学生的认知水平，同时让学生发现语言之美，热爱语言生活，并积极参与和创造新的语言生活。只有这样，才能扭转匡谬正俗似的“改病句”在社会上所形成的刻板印象；语言/语法教学才不至于在中学语文教学中失去阵地。就此而言，病句教学只是一种手段，并非目的；高考试卷中有没有病句试题也不是根本，关键在于如何准确认识语言/语法教学在中学语文教学体系中的定位和作用。

附注

①此题若是日记中的语境，则没有问题。病句考察最大的问题即在这里：是否需要借助语境来分析？离境的病句分析对语言学习有多大帮助？“离境”（out-context）的规范化分析和“在境”（in-context）的规范化分析，其视角、依据和效度是不同的（参见付翠、施春宏，2010）。

参考文献

常敬宇，1990. 语义在词语搭配中的作用：兼谈词语搭配中的语义关系［J］. 汉语学习（6）.

付翠，施春宏，2010. 现代汉语规范化依据的定量分析［J］. 佛山科学技术学院学报：社会科学版（4）.

范晓，1992. 谈谈词语的搭配［M］//《词语评改千例》编辑组 . 词语评改千例 . 北京：语文出版社 .

郭沫若，1956. 现代汉语规范问题学术会议开幕词［M］// 现代汉语规范问题学术会议秘书处 . 现代汉语规范问题学术会议文件汇编 . 北京：科学出版社 .

郭绍虞，1979. 汉语语法修辞新探［M］. 北京：商务印书馆 .

课程教材研究所，2001. 20 世纪中国中小学课程标准・教学大纲汇编：语文卷［M］. 北京：人民教育出版社 .

林杏光，1990. 词语搭配的性质与研究［J］. 汉语学习（1）.

林杏光，1994. 论词语搭配及其研究［J］. 语言教学与研究（4）.

吕叔湘，朱德熙，1951. 语法修辞讲话［M］. 上海：开明书店 .

吕叔湘，朱德熙，1979. 语法修辞讲话：再版［M］. 北京：中国青年出版社 .

濮之珍，等，1956. 汉语知识讲话［M］. 上海：新知识出版社 .

施春宏，1999. 现代汉语规范化的规则本位和语用本位［J］. 语文建设（1）.

施春宏，2000. 关于语言规范化原则的确立［C］// 于根元 . 世纪之交的应用语言学 . 北京：北京广播学院出版社 .

施春宏，2005. 语言在交际中规范［M］. 北京：中国经济出版社 .

施春宏，2009. 语言规范化的基本原则及策略［J］. 汉语学报（2）.

王力，1981. 字句的逻辑性［C］// 北京市语言学会 . 语文知识丛刊（1）. 北京：地震出版社 .

王希杰，1995. 论词语搭配的规则和偏离［J］. 山东师大学报：社会科学版（1）.

邢公畹，1978. 词语搭配问题是不是语法问题？［J］. 安徽师大学报：哲学社会科学版（4）.

于根元，1982. 说“全都……只有……”［J］. 汉语学习（2）.

于根元，1996. 二十世纪的中国语言应用研究［M］. 太原：书海出版社 .

张志公，1956. 语法和语法教学——介绍“暂拟汉语教学语法系统”［M］. 北京：人民教育出版社.

张志公，1956. 汉语：第三册［M］. 北京：人民教育出版社.

张志公，1956. 汉语：第四册［M］. 北京：人民教育出版社.

张志公，1957. 汉语：第五册［M］. 北京：人民教育出版社.

张志公，1959. 汉语知识［M］. 北京：人民教育出版社.

《中国语文》杂志社，1959. 语文短评选辑［M］. 北京：中华书局.

《词语评改五百例》编辑组，1984. 词语评改五百例［M］. 北京：语文出版社.

《词语评改千例》编辑组，1992. 词语评改千例［M］. 北京：语文出版社.

【作者单位：华南师范大学，北京语言大学。本文原发表于《语言文字应用》2015 年第 1 期】

初中语文教材生字中的异读词的调研与思考

夏中华　孙浩峰

作为通行全国的标准语，汉语普通话中仍存在大量的又读、白读、文读、破读等异读现象，异读不仅给人际交流造成不便，同时也给语文教学工作带来诸多困难。虽然国家语委等部门于 1985 年 12 月联合发布的《普通话异读词审音表》(以下简称《审音表》) 在一定程度上对现代汉语语音的规范和普通话的推广起到了积极的效用，但在具体的使用过程中，《审音表》仍有不尽如人意之处，其权威性在诸多方面受到了挑战，也出现了一些不和谐的因素，如因为“作”的读音问题而引发一场“引人注目的官司”的事件[①]。我们知道，《审音表》以 848 个作为语素的字为审音对象，其中注明“统读”的单音字 587 个，未注“统读”的多音字 261 个[②]，导致几位初中生状告教育局的“作”字就是位于表尾的一个多音字。除了“作”之外，在初中语文生字中还存在哪些异读词？它们在教材中的分布状况如何？学生对它们的认读情况又是怎样？带着以上问题，我们进行了调查与研究。

一、教材生字中异读词的分布情况

所谓生字，从字面上讲，就是陌生的、不认识的字。识字、写字是阅读和写作的基础，如果识字不多、写字不畅，就无法顺利地读写文章，这就需要通过生字教学来扩大学生的识字量。在我国基础教育阶段，生字教学一般是借助汉语拼音展开的，大量异读词的存在，无疑给教学活动增添了诸多负担。因此，要提高识字教学中异读词的教学效率，首先就要确定异读词在教材生字教学用字中的分布状况。

(一) 数量分布

在我们所选取的语文出版社和人民教育出版社出版的两套共 12 本初中语文

教材（以下分别简称“语文版”和“人教版”）中，每一篇课文的后面都附有生字、生词，分别以“字词积累”和“读一读，写一写”为题设置专栏。虽然栏目的名称不同，但它们都是生字教学设计和评估的首选内容，我们从字词、字种和异读词三方面进行了分项统计，去重后，得到图 1 所示的统计结果。

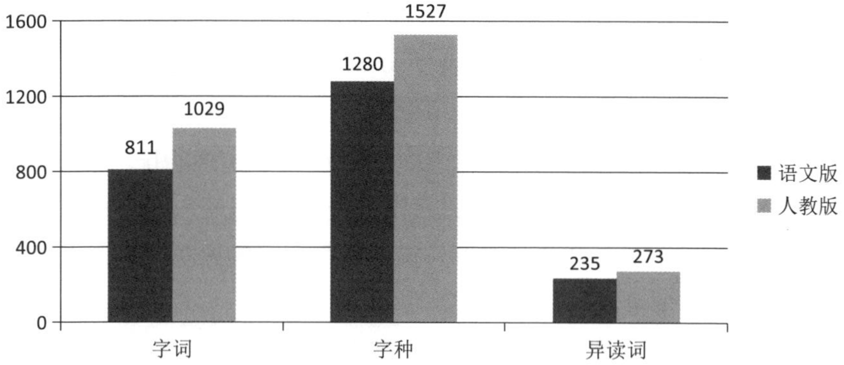

图 1　语文版和人教版初中语文教材生字教学用字量的分项分布

图 1 显示出两套教材生字教学用字的数量分布状况：人教版教材在用字量的三个项目上都超过了语文版教材，尤其是在字词项目上，人教版教材中的生字、生词的数量超过语文版教材约 26.88%；在字种数量方面，人教版教材生字的字种数超出语文版教材约 19.30%；在异读词用字量方面，两套教材相差并不是很大，分别占各自字种数的 18.36% 和 17.88%。依据“义务教育语文课程常用字表”（以下简称“字表”）中异读词 16.63% 的分布比例，可知两套教材生字中异读词的分布比例是基本合理的。

在完成整体上和分项目的数量统计以后，我们又对两套教材生字教学用字中的异读词进行了分册的数量统计，并得到如下折线图。

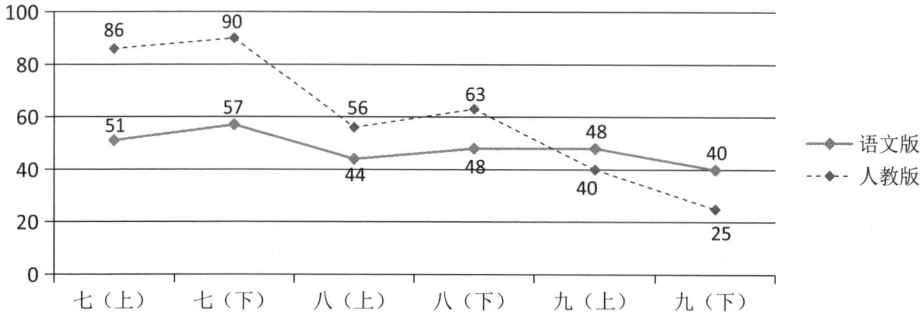

图 2　语文版和人教版初中语文教材生字教学用字中异读词的分册分布

由图 2 可知：

第一，两套教材生字中，异读词的用字峰值均出现在七年级下册，而整个七年级上下两册教材中异读词的用字总量相对其他年级而言，也是最多的。

第二，语文版教材中异读词的用字峰值为七年级下册的 57 个。但总体上看，6 册教材的分布较为平缓，起伏不大。由此也反映出，在生字教学用字异读词部分的编排上，语文版教材坚持了平稳吸收、循序渐进的原则。

第三，人教版教材中异读词的用字量大，且起伏较大，整体呈阶梯状。教材中异读词用字的峰值出现在七年级下册，而九年级下册的用字量最少。这种变化趋势，多少透露出教材编排者的设计理念：学生在进入高年级以后，已经积累了足够多的汉字，而且已经能够熟练地使用字词典独立识字，因而无须过多安排生字教学与学习。

（二）分类分布

通过以上研究可以看出，语文版和人教版两套初中语文教材中异读词的用字量分别为 235 个和 273 个。其中，语文版独用的异读词 109 个，人教版独用的异读词 147 个。具体分类情况如表 1 所示。

表 1　语文版和人教版初中语文教材各自独用异读词的分类分布

类别	语文版	字数	人教版	字数
统读类	蔼 隘 髀 勃 岑 侈 触 赐 从 脆 呆 悼 谛 咄 伐 拂 浮 幅 缚 隔 褐 贿 疾 棘 甲 俭 境 掬 俱 琅 劣 谬 嗫 忸 蹒 滂 坯 戚 骑 洽 挈 侵 倾 噙 穹 绕 髯 茹 慑 摄 殊 隧 趿 唾 惋 萎 悉 惜 峡 向 哮 些 携 谑 殉 崖 舀 萦 娱 跃 拥 匝 轧 簪 织 蛰 炙 掷 骤 拙 纵	81	昂 凹 白 庇 遍 缤 播 钹 哺 羼 巢 炽 绌 搐 疵 抵 缔 蒂 蝶 多 踱 藩 沸 肤 复 刚 亘 锢 鹤 黑 击 羁 脊 窘 鞠 恪 羸 蕾 孪 掠 敛 掳 嬷 芒 盟 缈 墨 胚 譬 畦 企 绮 嵌 跄 襁 孺 姗 摄 蟀 孀 硕 绥 髓 探 突 挖 娲 蜿 往 薇 巍 鹜 夕 暇 煦 驯 逊 肴 荫 臃 咏 愚 伛 杂 凿 脂 栉 秩 灼	89
只音类	把 裨 调 度 汗 几 矜 络 亲 雀 说 提 吓 纤 曳 涨 种	17	艾 背 称 打 的 点 革 更 谷 合 会 劲 颈 蓝 潦 踉 秘 缥 撇 迫 曲 任 省 什 识 似 瓦 委 乌 鲜 叶 殷 吁 攒 喳 中 轴 属	38

续表

类别		语文版	字数	人教版	字数
多音类	文白异读	剥勒塞	3	薄澄逮虹嚼绿葚	7
	其他	阿暴簸矩烙眯仆帖	8	泊藏答场量淋笼难片朴散择着	13
字数合计			109		147

而两套教材的共用异读词为126个。表2是对两套教材共用异读词分类分布状况的调查结果。

表2　语文版和人教版初中语文教材共用异读词的分类分布

类别		具体内容	字数
统读类		惫比笔鄙壁柄波残晨痴措蹈法聒壑黄迹嫉寂俊慨慷酷劳连漫谬膜嫩酿澎僻剽湃期潜怯容胜疏索听庭颓蜕忘危微唯文闻弦馨学雪寻押耀噎诣映酝摘遮辙知指质	68
只音类		尺冲处发服勾骨过号荒豁藉看克碌栖奇丧舍数伺宿相行哑转作	27
多音类	文白异读	差露落蔓色熟血	7
	其他	拗颤绰大当倒掇和横间角脚可空累宁弄屏强煞缩应晕载	24

（三）与“义务教育语文课程常用字表”的对比

教育部印发的课程标准是义务教育阶段教材编写一贯遵循的标准。在最新的《义务教育语文课程标准（2011年版）》（以下简称《课标》）中，为了“便于在教材编写中安排汉字教学的设计，也便于开展对汉字教学的评估”，附录提供了收录2500个常用字和1000个次常用字的“义务教育语文课程常用字表”。为了更好地厘清教材生字教学用字中异读词的分布状况，我们结合“字表”中异读词的分布状况，对二者进行对比分析。

对照《审音表》，我们从“字表”中提取出异读词582个，约占“字表”总数的16.63%。其中，统读类的单音字359个，非统读的多音字223个。具体分布情况见表3。

表3 “义务教育语文课程常用字表”中异读词的分类分布

<table>
<tr><th colspan="2">类别</th><th>具体内容</th><th>字数</th></tr>
<tr><td colspan="2">统读类</td><td>癌 蔼 隘 昂 凹 拔 白 傍 胞 爆 惫 比 笔 鄙 庇 痹 壁 避 蝙 遍 缤 濒 柄
波 菠 播 勃 捕 哺 埠 残 惭 灿 糙 厕 阐 钞 巢 晨 撑 惩 橙 吃 痴 弛 侈
储 触 闯 雌 赐 从 丛 脆 措 搭 呆 档 导 蹈 悼 凳 堤 抵 蒂 缔 跌 蝶 订
堆 吨 盾 多 咄 踱 伐 阀 法 帆 防 妨 肪 沸 讽 肤 敷 拂 俘 幅 辐 甫 复
缚 冈 刚 港 隔 褐 鹤 黑 蝴 桦 徊 黄 诲 贿 获 霍 击 圾 疾 棘 嫉 脊 迹
寂 绩 挟 甲 歼 俭 缰 较 酵 睫 浸 茎 鲸 境 窘 纠 究 鞠 俱 俊 揩 慨 勘
慷 拷 刻 酷 矿 框 括 垃 缆 琅 捞 劳 蕾 连 敛 恋 劣 拎 榴 虏 掠 漫 芒
盟 秘 皿 闽 谬 摸 膜 沫 墨 馁 嫩 妮 酿 脓 暖 殴 呕 耙 牌 湃 畔 乓 胚
澎 坯 披 匹 僻 譬 聘 乒 颇 剖 扑 戚 期 漆 骑 企 洽 签 潜 嵌 怯 侵 倾
渠 趣 绕 扔 容 蠕 辱 森 啥 衫 射 摄 胜 室 叔 殊 淑 疏 蔬 署 曙 漱 蟀
硕 艘 速 塑 虽 髓 隧 索 探 涛 听 庭 凸 突 颓 蜕 臀 唾 挖 玩 惋 往 忘
危 微 薇 巍 违 唯 伪 纬 萎 文 闻 紊 蜗 诬 梧 夕 昔 析 悉 惜 晰 锡 溪
熄 袭 峡 暇 弦 陷 向 淆 哮 些 携 械 馨 朽 癣 穴 学 雪 寻 驯 逊 殉 押
崖 亚 沿 焰 夭 肴 舀 耀 椰 屹 谊 映 拥 庸 咏 泳 踊 娱 愉 愚 屿 跃 酝
杂 咱 暂 凿 贼 憎 摘 沼 召 遮 辙 贞 侦 诊 枕 振 知 织 脂 植 指 质 秩
掷 骤 逐 烛 筑 撞 拙 灼 茁 卓 纵 组 佐 做</td><td>359</td></tr>
<tr><td colspan="2">只音类</td><td>艾 把 磅 背 膊 卜 嘲 称 乘 尺 冲 处 打 的 点 度 发 服 岗 革 更 勾 估
谷 骨 龟 过 汗 行 号 喝 合 荒 会 混 豁 箕 辑 藉 几 夹 结 斤 仅 劲 颈
看 坷 克 蓝 擂 碌 络 脉 氓 摩 排 膀 胖 辟 撇 瀑 迫 栖 奇 欠 茄 亲 曲
雀 任 丧 舍 什 省 识 似 匙 属 数 说 伺 提 调 瓦 委 尉 乌 虾 吓 纤 鲜
相 巷 校 宿 吁 熏 哑 侥 叶 荫 殷 佣 喳 轧 粘 涨 中 种 轴 著 转 综 作</td><td>115</td></tr>
<tr><td rowspan="2">多音类</td><td>文白异读</td><td>薄 剥 差 澄 逮 给 虹 嚼 壳 勒 馏 露 绿 落 蔓 泌 疟 翘 色 塞 杉 熟 苔
削 血 钥</td><td>26</td></tr>
<tr><td>其他</td><td>阿 挨 蚌 堡 暴 臂 伯 泊 簸 藏 颤 场 绰 车 臭 畜 创 撮 答 大 当 倒 都
坊 葛 供 冠 哈 和 横 缉 纪 间 角 脚 剿 芥 矩 菌 卡 可 空 溃 烙 累 量
淋 笼 眯 靡 模 娜 难 尿 宁 拗 弄 喷 片 屏 仆 朴 曝 强 悄 散 扫 厦 煞
谁 遂 缩 帖 尾 应 晕 载 择 着 殖 幢 钻</td><td>82</td></tr>
</table>

对比两套教材异读词的分类分布情况，我们发现：两套教材只收录了“字表”约 50% 的异读词。同样，两套教材中也存在一些“字表”未收录的字，如语文版独用异读词统读类中的“髀、挈、髯、趿、簪”，只音类中的“裨、矜、曳”等；人教版独用异读词统读类中的“羼、褴、嬷、煦、栉”，只音类中的“缥、攒”，多音类中的“葚”等。而两套教材共用的异读词中，超出“字表”范围的仅 6 个，它们是统读类的“聒、釜、剽、噎、诣”和多音类的“掇”，共用的只音类异读词都在字表范围内。

二、教材中异读词的认读现状

《审音表》的发布，是为了“便利广大群众学习普通话”。对于其权威性，《关于〈普通话异读词审音表〉的通知》已明确指出：“自公布之日起，文教、出版、广播等部门及全国其他部门、行业所涉及的普通话异读词的读音、标音，均以本表为准。”通过之前的研究，我们已经明确了“字表”和两套教材中异读词的分布状况。那么学生对于《审音表》所审定、教材中又收录的异读词的认读状况又如何呢？对此，我们就教材中的异读词，对学生做了认读调查。

（一）调查对象

问卷选取辽宁省重点中学锦州中学高中一年级四个班级共 165 名学生为调查对象。选择高中一年级的学生为调查对象，是基于学生识字能力考虑的。在义务教育语文课程第四学段（七—九年级）“识字与写字”目标的设计上，《课标》明确要求该学段的学生“能熟练地使用字典、词典独立识字，会用多种检字方法。累计认识常用汉字 3500 个左右”。高中一年级的学生已经完成所有义务教育阶段语文课程的学习，在“识字与写字”能力上理应达到课程设计的目标。

（二）问卷设计

综合两套教材中的异读词用字（表 1、表 2）和“字表”中的异读词用字（表 3），从中选出部分共现异读词 45 个，具体如下：

统读类：龛、鄙、柄、措、痴、谬、嫩、潜、绕、蜕、弦、辙、慷、慨、残、疾、酝、酿、澎、湃

只音类：处、勾、骨、荒、克、丧、数、伺、相、作

多音类：载、露、血、色、晕、应、蔓、宁、弄、横、颤、绰、累、差、强

由于《审音表》对于统读类和只音类异读词都只审订了一个读音，因此在问卷设计时，将这两类异读词设计成标音题。对于多音类异读词，结合《审音表》所审订的读音，提供多个词例及读音，供被调查者选择。

（三）结果统计及分析

本次调查共发出并收回问卷 165 份，其中有效问卷 162 份。我们对调查问卷中统读类、只音类和多音类异读词认读率的分项统计结果是：

1. 统读类异读词

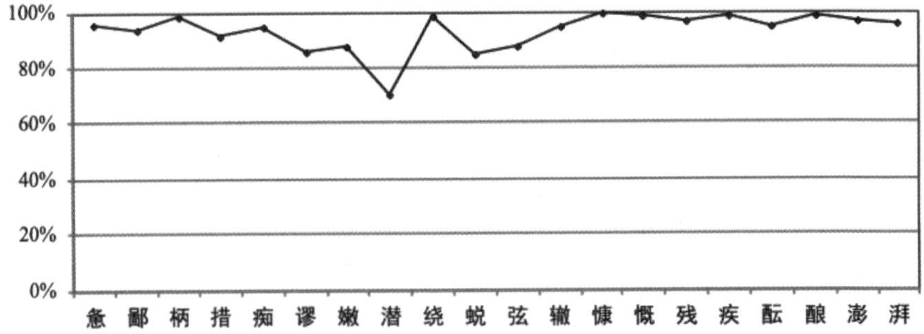

图 3　问卷调查中统读类异读词认读率分布

从图 3 可以发现，统读类异读词的认读情况有以下几个特点：

第一，除了“谬、嫩、潜、蜕、弦”外，其他异读词的认读率都超过了 90%，其中“慷”字的认读率达到 100%。

第二，在认读率比较低的几个异读词中，29.63% 的学生将“潜”误标为 qiǎn；15.43% 的学生将“蜕”误标为 duì；12.35% 的学生将“嫩”误标为 nùn；“谬”的误标情况有 niù、liào 等几种。

第三，从整体上看，统读类异读词的认读率较高。究其原因，一方面是由于这些词在教材或其他场合的复现率较高；另一方面是由于《审音表》在对统读类异读词审订的时候，遵循了从众从俗的原则，其读音具有广泛的群众基础，接受程度高。

2. 只音类异读词

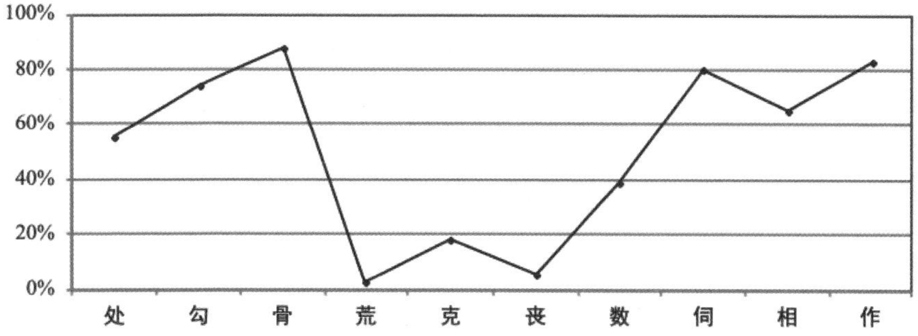

图 4　问卷调查中只音类异读词认读率分布

从图 4 可以发现，只音类异读词的认读状况有以下几个特点：

第一，认读率的最高值为“骨”字的 87.65%，最低值为“荒”字的 2.47%。此外，认读率低于 50% 的还有“丧、克、数”，分别为 5.56%、18.52% 和 38.27%。

第二，学生对“荒”和“丧”认读率不高的原因在于对轻声现象的忽视。仅有 4 名学生将“饥荒”中的“荒”标注为 huang。而对于“哭丧着脸”中的“丧”，只有 9 名学生准确地标注出了 sang 音。由此也可以看出学生对于轻声的把握程度相当弱。

第三，总的来说，只音类异读词的认读率不高。对于这种情况，我们认为，由于只音类异读词一般有多个读音，而《审音表》所审订的仅是“其中有异读的词语的读音”，学生在识字记音时并未意识到词语的多音异读现象，故出现误标。

3. 多音类异读词

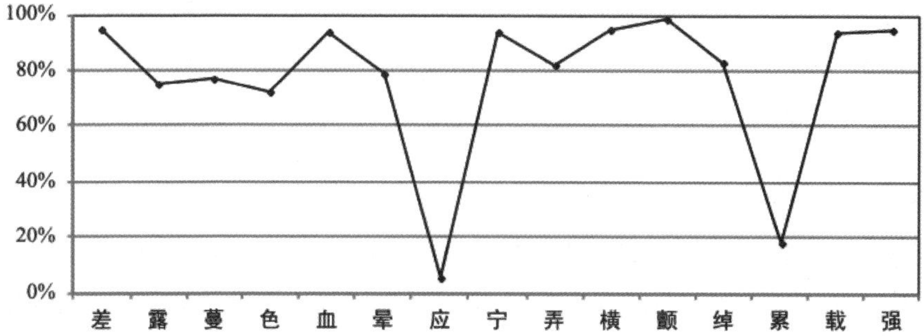

图 5　问卷调查中多音类异读词认读率分布

从图 5 可以发现，多音类异读词的认读状况有以下几个特点：

第一，与只音类异读词相比，同样有多个读音的多音类异读词的平均认读率要高得多。文白异读类异读词的认读状况整体较好。

第二，认读率最高的为“颤”，达到 98.15%；最低的为“应”，仅有 5.56%，有 153 人无法区分“应”在“应届”和“应用”中前者为 yīng、后者为 yìng 的正确读音。此外，仅有 29 人能够区分“连累”中“累”的正确读音为 lěi。

通过以上的调查研究可以发现，学生对统读类异读词的认读率较高，但只音类和多音类两类未注“统读”的异读词认读状况并不理想。我们认为，之所以会产生这种状况，主要有两方面的原因。

其一，异读现象本身的复杂性。单从《审音表》所审订的异读词来看，除了“统读类”的为单音字外，“只音类”和“多音类”的实际上都是多音字，而且大多难有规律可循。因此，学生对于有多个读音的异读词认读率不高，也是可以理解的。

其二，对异读词学习态度的不端正。问卷最后就学生对于存在疑惑的字音如何解决做了调查。有 107 份问卷给出了“查字（词）典”的答案，还有 52 份给出了“凭语感”“猜（蒙）”等答案。对于高中一年级的学生来说，在完成了义务教育阶段语文课程的学习之后，本应已养成使用字词典独立识字的习惯，但如此结果却不能不引人深思。

三、对教材生字中异读词教学的建议

自 2012 年秋季开始，新的语文课程标准已正式落实于教学当中，如何更好地进行识字教学，如何更好地进行生字中异读词的教学，值得每一位语言文字工作者和一线教师认真思考。基于前面的分析，我们认为，异读词的教学应从以下几个方面展开。

（一）联系教材，依据《课标》

教材是学校教育的核心，决定着基础教育的主要内容和方向，更是语文识字教学与学习的基础，而课程标准又是编写教材和开展教学的最主要依据。因此，有关异读词的生字教学，不能脱离教材和《课标》进行。在实际的教学过程中，教师应当根据教材所提供的内容，对存在异读的字词结合语境进行有针对性的教学。前面的研究结果反映出两套教材存在漏收“字表”中异读词的缺陷，因此，在以后编写和修订教材时要特别注意纠正偏颇。在生字教学过程中，除了教材所收录的异读词外，教师还应当根据课程安排适当地补充一些漏收的异读词，以弥补教材在这方面内容上的不足。同时，在讲授相关内容的时候，遵循“重多音，轻统读”的原则，关注的重心适度地向多音类和只音类异读词倾斜。

（二）分类别音，辨义识音

教师在对异读词教学的处理上，要做到分类别、划层次、别轻重。对统读类的异读词，考虑到其读音的排他性、唯一性，在学生能够正确认读的基础上，就无须投入过多精力。对于同属多音字的只音类和多音类异读词，一定要“理顺其音义关系”（曹先擢，2008），消除学生在字词理解上的歧义，以便其准确认读和使用。例如，对于“臂、丧、荒、卜”等字在用于某些词中读轻声的情况，就需要在教学中特别指出；而对于区分文白异读的或者是因字义不同而存在异读的字，在教学过程中就需要适当讲授其内在根源，使学生知其然，更知其所以然，真正做到“明理而后知音”（曹先擢，2001b）。

（三）端正态度，勤思乐动

之前的研究显示，在实际的字词学习中，学生对待有疑问的字音的态度存在问题。想要更好地提高字词、特别是异读词学习的效率、效果，就需要广大学生端正态度，养成良好的识字习惯。我们不否认，异读词的学习需要学生投入大量的精力来专门记忆，这无疑会增加他们的学习负担。但如果在实际的学习过程中，能够勤于思考，并乐于动口、动手，多同老师、同学交流字词学习心得，多动手翻查字词典，加强日常积累，久而久之，负担也可能会变成一种财富。

四、余论

通过对教材中异读词认读现状的调查与分析，可以看出学生对异读词的认读状况并不十分理想。虽然普遍对读音具有唯一性和排他性的统读类异读词认读状况尚可，但对只音类和多音类异读词的认读还存在很多问题。因此，在对

《审音表》内容进行修订时，是否可以考虑先将统读类异读词从《审音表》中精简掉，然后在大量系统调研的基础上，再对剩余 261 个未注“统读”的异读词，尤其是 122 个多音类异读词做进一步统读，确定哪些字可以压缩音项，即对《审音表》中仍然规定异读的汉字进行再压缩，在不能完全实行统读的情况下也尽量减少音项，尽可能减少汉字的异读。对于那些“意义上没有什么区别或有密切联系的语素可以保留一种读法。其保留原则应是‘约定俗成’或‘习非成是’，这些字可以考虑按照人们的习惯来念，完全没必要保留一词两读，这样有利于学习普通话语音，减轻学习者记忆负担，减少语音分歧”（赵贤德，2005）。除了对剩余 261 个容易混淆、容易出错的异读词进行逐一研究外，也要对其他异读词进行拓展研究，对有异议的读音规范进行学理层面和社会原因的具体分析。在具体操作中，既要尊重学理，但又不拘泥于学理，而是更尊重社会的约定俗成。单纯按照古今语音演变规律，不考虑社会大众的实际读音，会造成规范与语言生活实际脱节，最终使规范难以贯彻执行。反之，一概以北京口语语音为依据，也会削弱语言的理据性和通用性，增加其他方言区人们学习普通话的难度。因此，要妥善处理学理和“从俗、从众、从今”的矛盾。一旦某些语言现象具有广泛的群众基础而又有悖学理时，就已经“习非成是”了，应当“从俗、从众、从今”。

《审音表》发布至今已有近三十年的时间。应当承认，几十年来的普通话异读词审音工作积累了一整套的经验，如“符合语音发展规律”“正视事实”“约定俗成”等。这些都是不错的。但随着社会的发展，我国的语言生活发生了巨大变化，特别是近些年，语言生活空前活跃，原有的审音与变化了的语言事实差异很大。正是认识到《审音表》的现状，国家语委于 2011 年 10 月组建了新一届普通话审音委员会，并启动新世纪普通话审音工作。在新世纪、新时期，面对新形势，审音工作应该加大力度，尽快跳出传统的“学术框框”，要有新的思考，更新固有观念，体现时代气息和开拓精神。积极稳妥，区别对待，有计划、有步骤地进行，以实现消除异读现象的最终目标。

我们现在的任务是要进行充分的社会语言调查，获取真实可靠的第一手材料，通过社会语言调查，全面深入地了解语用实际和群众需求。在理论研究和实地调查的基础上，检视《审音表》是否有不合普通话语音规律之处，是否有不合广大群众使用实际之处。在对异读词来源和成因进行分析、归纳的基础上，提出科学审音原则，研制系统可行的《审音表》修订参考方案。这样，不仅可以大大减轻人们学习普通话的负担，更加激发人们学习普通话的热情，而且也有助于解决中小学语文教学中的难点问题。

附注

①见《重庆晚报》1995 年 11 月 6 日第一版。

②依据《审音表》所审定读音个数的多少，261 个多音字又可分为只审定一个读音的“只音类”（139 个）和审定两个或两个以上读音的“多音类”（122 个）两类，其中“多音类”的字依据其是否有文读、白读，又可分为“文白异读”（31 个）和“其他”（91 个）两小类。

参考文献

曹先擢，2001a. 普通话异读词审音表：二［J］. 语文建设（7）.
曹先擢，2001b. 普通话异读词审音表：三［J］. 语文建设（8）.
曹先擢，2002. 普通话异读词审音［J］. 中国语文（1）.
曹先擢，2008. 浅谈普通话异读词审音的研究［J］. 语言文字应用（3）.
曹先擢，2009a. 说说普通话异读词审音［J］. 语言文字应用（3）.
曹先擢，2009b. 谈谈普通话异读词审音［M］. 北京：语文出版社.
厉兵，1993. 汉字异读问题纵横谈［J］. 语言文字应用（3）.
刘松汉，1995. 从汉语多音字的现状看多音字的整理［J］. 南京社会科学（12）.
王敏，姚喜双，魏晖，2011. 关于开展新世纪普通话审音工作的调查报告［J］. 语言文字应用（1）.
徐世荣，1995.《审音表》剖析［J］. 语文建设（11）.
赵贤德，2005. 略论《普通话异读词审音表》之文白异读［J］. 三峡大学学报：人文社会科学版（2）.

【作者单位：渤海大学。本文原发表于《语言文字应用》2014 年第 4 期】

汉语能力标准的描述语任务难度研究
——以中级口语能力量表为例

王佶旻

一、问题的提出

（一）描述语的概念界定

定义语言能力的方法有三种：成分法、现实法和交互法。其中现实法（real-life approach）直接描述人们在真实生活中使用语言能够完成的交际任务。该方法通过列举语言使用者参与或完成的语言交际任务来描述其语言水平，美国外语教学委员会的ACTFL大纲、加拿大的CLB语言能力标准和欧洲语言共同参考框架（CEFR）等能力大纲（标准或量表）都是以这种方法来定义语言水平的。在制定汉语作为第二语言的能力标准中，非常重要的一项工作就是对不同水平等级的听、说、读、写四项技能进行"能做（can-do）"描述，即描述在现实生活中处于不同水平等级的学习者能够完成的语言任务，我们把这些语言任务称作"描述语"。

（二）描述语任务难度研究的意义与内容

汉语作为第二语言的能力标准旨在对汉语学习者不同的语言能力水平等级进行定义和描述，从而为汉语作为第二语言的教学、学习和测验提供统一的标准参照体系（王佶旻，2012）。这个体系的主体之一就是对不同等级听、说、读、写的"能做（can-do）"描述。处于不同水平等级的学习者所能完成的语言任务是不同的，因而不同的描述语就有了不同的任务难度。依据描述语任务难度的不同，我们可以把语言能力标准中的描述语分派到不同的语言水平等级中去，从而完成语言水平等级与描述语难度之间的对应，提高语言能力标准（量表）

的科学性。

在语言能力标准中，对口语能力的描述是十分重要和具有实用价值的一项，包括 ACTFL 大纲和 CEFR 在内的许多语言能力标准都以口语能力为最主要的研究内容，因而本文也以口语能力标准为例。中级水平汉语学习者处于语言学习的中间状态，能够反映更多的教学、学习和测试的进程与信息，因而我们选择中级学习者作为典型样本。

本文欲研究的内容为：第一，汉语作为第二语言的中级口语能力量表中描述语的选择与编制；第二，描述语任务难度的数值估算与等级划分；第三，描述语任务难度的分布特点及其与学生能力值的关系。

二、理论背景与相关研究

以描述语的形式组成的语言能力量表要关注两方面的问题：横向的类别，即描述语的能力维度；纵向的类别，即描述语的任务难度与等级划分。

（一）关于描述语能力维度

在口语能力维度方面，一般有三种划分模式。第一种以口语交际模式来划分。Martin Bygate（1987）的口语能力模型区分了听和说互动形式的口语表达以及单向的口语表达，并认为这两种口语表达能力是既有联系又有区别的能力。王佶旻（2008）通过实证研究得到口语能力的两个子因素，即听－说模式的口语能力与独白模式的口语能力。CEFR 量表把所有的语言活动分为接收、产出、互动和中介四种类型，在口语能力部分的描述中，则明确区分了互动和输出这两种不同的口语活动模式，与王佶旻（2008）的两种模式一致。第二种是分领域或情境来划分口语能力。CEFR 划分了与外语学习有关的四个主要领域：公共领域、职场领域、教育领域和个人领域。托业考试（TOEIC）把其测试范围内的口语交际活动的情境界定为日常生活情境（交谈、旅行、请求、购物）和职业情境（会议、报告、午餐、培训）。CLB 则把不同等级能完成的口语交际任务分成了三类：社交、学习 / 学术、工作。第三种是从语言表现的不同方面来区分，比如杨惠中、朱正才、方绪军（2011）结合四、六级口语考试进行英语口语能力等级量表的研究，他们的量表涉及 65 条英语口语能力描述语。这些描述语分为三个方面：语言使用的准确性、丰富性；话语的衔接、意义的连贯性；

表达的灵活性、得体性和有效性。这三种划分模式在描写和定义口语能力方面具有不同的作用，因而仅仅使用其中一种方法来收集和编写描述语是不够全面的。学习者口语能力的描写需从三个方面入手。第一是分情景和模式的能做描述，如“能具体描述一个朋友，如他/她的外表和性格”，这是一个独白模式的涉及个人领域的描述语。第二是语言表现，包括语言的准确性、流利性、得体性和丰富性等，如“能用非常基础的连接词（如用‘和、但是、然后、因为’等）衔接字词”。第三是交际策略。交际策略是语言交际能力不可或缺的一部分，在语言使用过程中处于中枢纽带的位置，比如在中级口语能力量表中有这么一条描述语:“能使用固定的表达（如‘这个问题很难回答’）为自己遣词造句争取时间。”这就是交际策略的体现。

（二）关于描述语的编写

国内外语言能力描述语的收集或编写一般有两种不同的方法。其一是向专家征集对学习者语言能力的评述语，其二是根据专家商定的语言能力结构及其参数体系来编写描述语。Brian North（2000）在研究欧洲语言共同参考框架（CEFR）的过程中指出了很多语言能力标准或量表中描述语存在的问题，如否定式、表意不清、冗长、相互依赖、相对性表述等。Brian North 认为这些问题严重影响了量表的科学性、准确性和实用性，并提出在 CEFR 量表描述语的编制中要采用如下原则:（1）积极肯定式;（2）准确（避免使用表意模糊的词语，如“几个”“一些”“一系列”）;（3）可读性和逻辑性（避免使用专业性词语等）;（4）简短;（5）独立（描述语之间的相互独立性）。这些原则既提高了描述语的可读性和实用性，也满足了后续描述语分析研究和量表化过程中使用各种测量统计方法的要求。

（三）描述语任务难度研究

2001 年由欧洲语言测试者协会（ALTE）发布的欧洲语言共同参考框架（CEFR），在语言能力量表的描述语难度研究方面做出了有益的尝试。CEFR 概括了三种划分描述语难度等级的方法：直觉法、定性法和定量法。直觉法主要是参考现有的标准、大纲等文献资料，收集、整理描述语，根据若干位专家的经验，经过讨论、审议达成共识，以此作为描述语难度等级的标准并形成量表。之后，在试行的过程中，再征集使用者（如语言教师）的意见加以修订、微调。在定性法中，研究者对众多的语言教师及有关人员进行调查研究，征集描述语并做定性分析。对描述语进行筛选、修改、分级、归类，讨论选择或删除的原则，分析归类、分级的原因等，并最终形成等级量表。定量法包含科学的研究设计，大量数据的采集和统计分析等工作。除 CEFR 量表之外，现行的国内外的各种语言能力量表或大纲几乎全部采用直觉法或定性法制定得到。有些能力标准也宣称采用了定量分析的方法，但其实质是“定量描写”，主要在字数、词汇量和语法点的数目上利用了一些语料的频率统计结果。CEFR 量表的制定采用了定量法，使用 280 条描述语分为七个问卷，对 1000 名考生（分成的七级样本）进行调查，并用项目反应理论等现代测量技术进行描述语任务难度估算。但由于分级太细，每一级的样本数量就减少了，难度估算的精确程度也就打了折扣。

在国内英语能力统一量表的制定过程中，方绪军、杨惠中、朱正才（2011）用 65 条描述语组成问卷，由 183 名老师对 10 名考生的口语考试视频录像做分项评分，然后使用聚类分析的方法把考生的能力水平和结构归为四类，但并未对描述语进行等级划分研究。

（四）Rasch 模型及其在描述语任务难度研究中的应用

问卷调查一般采用李克特量表（Likert scale），该量表要求被调查者指出自己对某项陈述的认同程度，一般使用五级量表。李克特量表传统的分析方法是将成组的或者全部的选项得分直接求和来计算每个题目或每个受测者的测量学特征。这种传统的累加方法基于两个假设：（1）每一个题目的贡献都是相同的；（2）每一个题目选项的测量都有相同的间距。这两条假设实际上是很难得到满足的。

项目反应理论（IRT）中的 Rasch 模型可以解决我们面临的困难。利用 Rasch 模型，我们可以将问卷中的顺序数据转化为等距数据（Baker、Granger、Fiedler，1997）。基本的 Rasch 模型有考生能力和题目难度两个侧面，模型定义考生正确作答的概率是考生能力和题目难度之间差异的函数。通过使用对数函数，可以将等级量表上的原始数据转换到线性的等距量表上，该量表的单位被定义为洛基值（logits 或 log-odds）。基本的 Rasch 模型只适用于二项计分的数据，Andrich David（1978）将其拓展为允许题目有超过 2 个以上反应项的等级模型，或称多级计分模型（Polytomous Rasch Model，简称为 RSM 模型）。采用李克特量表计分的问卷适合使用 RSM 模型来估算项目的任务难度。

三、研究方法、过程与结果

（一）描述语的选择与编写

在描述语的选择与编写过程中，我们采用的方法是收集国内外已有的语言能力量表和大纲，把其中的描述语挑选出来，然后根据专家商定的语言能力维度和参数体系将合适的描述语放进去，最后再进行描述语的修订。挑选和修订描述语的基本原则是：（1）描述语的单维性，即每条描述语只描述一个参数或一项能力；（2）描述语的排他性，即任意一条描述语中都不含有其他描述语所描述的内容，描述语之间不重复；（3）描述语都采用正向描述的方式，不使用否定词语；（4）尽量避免大量使用程度词来修饰描述语，如比较准确等；（5）描述语在表达上做到准确、简洁。

下一步的工作是粗分水平等级。这项工作的重点是确定水平等级的数目，并把描述语归入各个等级中。为实现与欧洲语言共同参考框架（CEFR）兼容，等级的数目定为三等六级，分别为初级低、初级高、中级低、中级高、高级低和高级高。确定等级数目后，我们根据描述语的来源等级类别（即该条描述语在原量表中的等级）将描述语归入三等六级中去，形成一个初步的描述语指标库。之后我们请专家商讨描述语指标库的内容，对描述语的等级归类和语言表述进行逐条审核，提出删改意见。

（二）汉语能力量表的编制

在专家删改意见的基础上，我们以描述语指标库为基础编制了针对初、中、高不同水平学习者的三份量表，每份量表均包括听、说、读、写四项语言技能。虽然描述语指标库中有三等六级之分，但为了在调查中获得更多的信息，我们没有再细分六个小级别，而只是以初、中、高三个大类为纲。在项目的计分上，采取李克特量表 5 级计分的形式，其中 1 表示未能达到描述语所述能力，5 为完全能够达到。

具体到中级口语能力量表，共有 52 条描述语，涉及语言表现、交际策略和“能做（can-do）”描述等三个类别。评价语言表现的描述语共 10 条，分别为第 22、39、40、44—50 条，口语交际策略共 7 条，分别为第 5、10、37、38、43、51、52 条，其余的均为“能做（can-do）”描述。量表的框架结构如图 1。

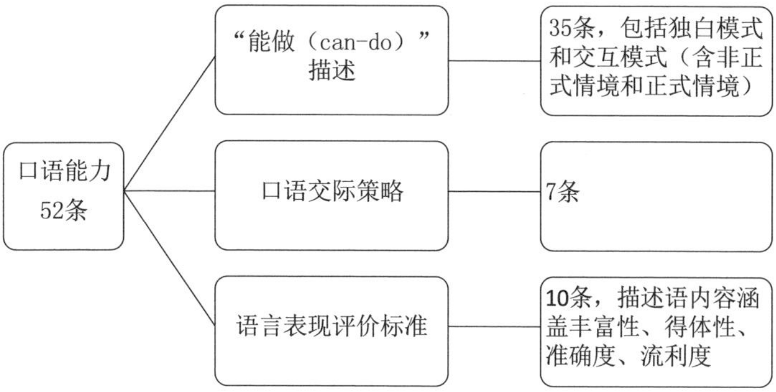

图 1　中级口语能力量表的框架结构图

（三）样本

汉语能力量表所述的各条描述语都是针对汉语学习者的，但鉴于学生自评量表的可靠性和有效性较难保证，在语言能力量表的调查过程中一般都以教师的他评数据为主，即由被调查学生的教师来完成问卷，判断他（她）的学生是否（或在多大程度上）能够达到描述语所述的能力。

本研究所涉及的样本为北京语言大学汉语学院二年级留学生以及进修学院中级班留学生，共 443 人，国别涉及日本、韩国、俄罗斯、美国、泰国、哈萨克斯坦、巴西等 43 个国家。

（四）研究方法

本研究采用多级计分的 Rasch 模型（RSM）来估算描述语任务难度，其计算函数为：

$$\log \frac{P_{nij}}{P_{ni(j-1)}} = B_n - D_i - F_j$$

其中，P_{nij} 指考生 n 在项目 i 上被评定为等级 j 的概率，$P_{ni(j-i)}$ 指考生 n 在项目 i 上被评定为等级 j–1 的概率，B_n 指考生 n 的能力参数，D_i 指项目 i 的难度参数，F_j 指从 j–1 到 j 的等级难度。

采用该方法可以使难度值量表具有等距性，从而使依据量表所做的能力等级划分具有更高的科学性。我们使用 Winsteps 3.66.0 进行数据分析。

（五）量表信度、整体适合度与样本适合度检验

在进行项目难度估计和学生能力值估计之前，首先要进行量表信度检验，

以及量表与样本的整体适合度检验。适合度检验用以估算真实的反应与 Rasch 模型所估计的期望值的差值。适合度检验的统计指标主要有两个，即 Outfit MNSQ（未加权的均方适合统计量）和 Infit MNSQ（加权的均方适合统计量），这两个指标的期望值均为 1，取值范围均介于 0 至无穷大。Outfit MNSQ 用来检测题目对于被试者而言是否太简单或太困难。其值等于 1，表示题目具有局部独立性，题目与数据适合；逼近 0，表示此题目在测量上有过度预期的效果；若大于 1.3，一般认为此题目与数据不适合。Infit MNSQ 是 Outfit MNSQ 加权后的形式，它的特点是敏感且不易受极端值的影响。本研究采用上述两个指标作为题目适合度的判别依据，检验各范畴单一向度的假设，评估这些描述语与 Rasch 模型的适合度，以及它们所测量的概念的一致性。

52 条描述语所组成的量表的信度（Alpher 系数）为 α =0.99，说明量表的内部一致性信度非常高。

量表以及样本的整体适合度检验结果见表 1、表 2。从中可以看出，量表的题目（描述语）整体适合度 infit MNSQ 与 outfit MNSQ 值均为 0.99，十分接近 1，符合单维性模型假设，说明 99% 的题目为正常样本，量表整体适合度很好；样本整体适合度 Infit MNSQ 为 1.02，Oufit MNSQ 值为 0.99，也都接近 1，与模型符合度很高。

表 1　量表整体适合度检验

项目： 52 条描述语	得分	样本数	难度值	残差	加权均方 适合统计量	未加权均方 适合统计量
均值	1527.1	411.2	0.00	0.08	0.99	0.99
标准差	172.76	1.0	1.18	0.00	0.37	0.37

表 2　样本整体适合度检验

样本： 443 人	得分	样本数	难度值	残差	加权均方 适合统计量	未加权均方 适合统计量
均值	179.3	51.8	1.44	0.26	1.02	0.99
标准差	46.7	2.4	2.68	0.11	0.55	0.61

（六）52 条描述语的任务难度估算

Rasch 模型将人的能力与题目的难度放在同一个标尺上并相互比较，在题目分析层面上，该题目的洛基值（logits）越大，表示题目越难；洛基值越小，表示题目越容易。中级口语能力标准中的 52 条描述语的任务难度估算结果如表 3（按难度从高到低排列）。

表 3　52 条描述语任务难度洛基值估算表

题号	洛基值	题号	洛基值	题号	洛基值
S36	2.68	S46	0.42	S16	–0.90
S40	2.18	S42	0.41	S15	–0.91
S35	2.14	S29	0.21	S17	–0.94
S48	1.84	S44	0.21	S12	–0.95
S51	1.68	S27	0.13	S5	–1.02
S43	1.65	S37	0.11	S11	–1.02
S39	1.63	S32	0.08	S7	–1.09
S41	1.51	S33	0.02	S25	–1.10
S49	1.19	S30	–0.02	S18	–1.19
S34	1.17	S26	–0.11	S6	–1.36
S47	1.16	S21	–0.46	S9	–1.36
S52	0.98	S13	–0.46	S10	–1.46
S24	0.97	S28	–0.60	S4	–1.62
S50	0.90	S14	–0.63	S2	–1.74
S23	0.88	S31	–0.77	S3	–1.81
S45	0.74	S20	–0.78	S1	–2.10
S22	0.66	S8	–0.83	平均值	0
S38	0.52	S19	–0.87	标准差	1.18

从表 3 可以看出，52 条描述语任务难度的洛基值范围是 –2.10 到 2.68，总间距为 4.78；难度平均值为 0，标准差为 1.18。总体来说，量表难度适中，描述语任务难度分布比较均匀，难度值相同的项目很少。

（七）被试的能力值估算

Rasch 模型有被试能力和项目难度两个相互作用的侧面，在估算项目难度的同时也要分析被试能力的状况。结果表明，被试在量表上的平均得分（原始分）为 179.3，标准差为 46.7，在 Rasch 模型下的能力平均值为 1.44，标准差为 2.68，被试能力的最大值为 8.46，最小值为 –6.69，全距为 15.15。可以看出，被试的能力分布范围要大于项目难度的分布范围。

（八）描述语任务难度分层与等级划分

估算描述语任务难度的主要目的之一是为描述语等级划分提供依据。为此我们还要计算描述语任务难度的分离指数（separation index）。该指数是数据分层的依据，也可作为项目区分能力的检测指标。该指标为：1.5—2.0 表示可接受的区分能力，2.0—3.0 表示区分能力良好，3.0 以上表示区分能力非常好。

计算结果表明，描述语任务难度的分离指数为 13.26，远大于 3，说明项目具有很好的区分性。能够有效地区分所要测试的能力水平。通过分离指数，还可以计算项目的分层个数，结果表明，量表可信的分层个数为 18 层，也就是说 52 条描述语最多可以分为 18 个小层级。但是过多的难度层级会使分级的精确程度下降，同时也不利于能力标准的推广与解释。根据汉语作为第二语言的能力标准框架，标准将分为三等六级，在中级水平阶段，将分为中级低和中级高两档。因此，我们可以根据描述任务难度的洛基值将量表分为中级低和中级高两个分量表。

全部描述语总体的难度跨度为 4.78。由于洛基值（logits）具有等距的性质，我们得到处于中间难度的题目难度值为：2.68–4.78/2= 0.29。据此，我们可以计算出中级低分量表的描述语任务难度范围为［–2.10，0.29］，中级高分量表描述语任务难度范围为［0.29，2.68］，描述语分级情况如表 4 所示。

表4　52条描述语任务难度分级表（按难度从高到低排列）

中级低（32条）	S29、S44、S27、S37、S32、S33、S30、S26、S21、S13、S28、S14、S31、S20、S8、S19、S16、S15、S17、S12、S5、S11、S7、S25、S18、S6、S9、S10、S4、S2、S3、S1
中级高（20条）	S36、S40、S35、S48、S51、S43、S39、S41、S49、S34、S47、S52、S24、S50、S23、S45、S22、S38、S46、S42

四、讨论

（一）量表的质量分析

量表的质量取决于项目的难度、区分度、选项分布及总体信度。汉语作为第二语言的中级口语能力量表信度非常高，α 系数达到0.99。描述语任务难度平均值为0，标准差为1.18，量表分离指数为13.26，说明量表的总体难度适中，项目区分度很高。另外，从单个描述语的五点计分分布情况来看，我们发现:（1）绝大部分描述语都涉及了1—5分五个分数;（2）相当一部分（50%以上）的描述语五点计分阶梯校准（step calibration）效果总体良好;（3）描述语五点计分分布各有特点，说明除难度值不同之外，各描述语有其他的区分特性，如有的描述语的对应能力值范围狭窄，这除了与描述语本身的内容有关之外，也与教师的主观评分特点有关。五点计分选项分布的特点提示我们，采用李克特五级计分的形式是可行的，各个分数的分布较为均匀，但教师主观评分的趋中情况仍旧存在。

（二）描述语任务难度分布特点

一般来说，题目难度范围越广越好，并且由于准确估计不同能力值的人需要有较为均匀分布的题目难度，因此一般希望能尽量减少在难度测量尺度上题目分布的重叠性。52条描述语组成的量表分离指数很高，说明题目难度分布范围较广。在52条描述语中只有8条描述语的任务难度两两重合，难度分布比较均匀。

从难度层级的分布来看，处于中级低水平的项目有32个，占61.5%，处于中级高水平的项目有20个，占38.5%。多数描述语适合描述中级低水平的学生，说明在量表编制过程中，描述语的选择有向中级低水平倾斜的情况，这提示我们在下一步的量表修订中要适当补充一些任务难度较高的描述语，使描述语的层级分布更加合理。

从描述语的分类来看，评价语言表现的描述语任务难度最高，10 条描述语的平均难度为 1.09，除了 S44 以外，其他 9 条描述语都归在中级高的分量表中。评价语言表现的描述语主要关注语言使用过程中的准确性、流利性、得体性和丰富性，包括语法、用词和句式变化等。这些要求对于多数中级水平的学习者来说很难完全做到。比如在 10 条描述语中难度最高的 S48（logits=1.84）是这样描述语言水平的：在复杂的语境中，能始终保持相当程度的语法准确性，即使在注意力分散的时候（比如正在打腹稿或在同时观察他人的反应）。

口语交际策略的描述语共 7 条，平均难度为 0.50，从平均难度来看属于中等偏难，但这 7 条描述语的难度分布很不均匀。其中最容易的为 S10（必要时部分重复对方的话语以确认相互理解，使交流得以继续），难度仅为 -1.46，最难的为 S51（熟悉自己常犯的语言错误并有意识地自我监控），难度为 1.68，难度差距达到 3.14，说明交际策略在使用难度上有很大的差异。S10 是维持语言交流所需要的一般策略，属于认知策略的一种，语言水平较低的学习者使用频率要高于水平较高者。S51 是自我监控策略，并且这种监控策略的使用要基于对自己语言能力的充分认识，也就是说要具备相当的语言知识，因此只有高水平学习者才能够更好地运用这项策略。

除了语言表现和交际策略以外，其他 35 条描述语均为“能做（can-do）”描述，即描述在具体的语言情境下，学习者完成语言任务的能力。这 35 条描述语的任务难度分布也很分散，最难的 S36（在有关复杂问题的正式讨论中，能像母语者一样为自己的立场辩护，进行清楚而又令人信服的论述）难度值达到 2.68，为所有描述语中难度最高的，这说明中级水平学习者还不具备完善的成段议论和辩论能力。“能做（can-do）”描述中最简单的是 S1（能就日常生活和每天的活动提问和回答），难度值为 -2.10，是量表中难度最低的，这表明中级水平学习者已经很好地具备了日常生活的会话能力。

（三）描述语任务难度与学生能力值的关系

在项目反应理论中，被试能力值和项目难度值被放到同一量表中，具有相同的度量单位，因此可以做数值比较。我们使用 Rasch 模型估计了项目的难度参数和学习者的能力参数，结果表明，学生能力值平均水平高于项目难度的平均值，标准差也大于项目难度的标准差，说明学生能力水平高于项目平均难度水平，学生能力的分布范围也大于项目难度的分布范围，也就是说，项目的难度范围不能很好地涵盖学生能力值，量表出现了一定的“天花板”效应。这主要是因为描述语中“中级高”难度水平的项目数量偏少，没有足够难的任务去与高水平学习者的能力匹配。

通过学生能力值与描述任务难度值的比较可以看出，虽然在量表编制时已经吸收了若干被部分专家归入“高级低”水平等级的描述语，但仍有部分学生的口语能力需要再补充一些较难的描述语才能得到充分的描述。进一步分析学生的背景，我们发现口语能力较高的学生有相当一部分为华裔，他们的口语水平高于写作和阅读水平，呈现出语言技能间的不平衡状态。总之，52 条描述语的任务难度较之学生的能力值略微偏低，或者说量表中的描述语任务难度低的够低，高的还不够高。而从学生能力值来看，中级水平汉语学习者的口语能力异质性程度较高，这符合我们预先的设想，即比起初级和高级水平的学习者来说，中级水平学习者的能力分布是最广的，能力值全距较大。

附录：中级口语能力量表

1. 能就日常生活和每天的活动提问和回答。①②③④⑤

2. 能就熟悉的话题向朋友、同学、邻居提出推荐和建议。①②③④⑤

3. 能用一连串的句子描述自己的家庭、住所、学历以及目前的职业等，虽然话语中可能夹杂母语或需借助肢体语言表达自己的意思。①②③④⑤

4. 就熟悉的常规事件能使用电话交际。①②③④⑤

5. 能使用固定的表达（如“这个问题很难回答”）为自己遣词造句争取时间。①②③④⑤

6. 虽然交际依赖慢语速的重复、替代和纠错，但仍能完成简单的互动对话。①②③④⑤

7. 能请求老师或同学在学业和职业上提供信息和指导，并讨论自己的一些选择。①②③④⑤

8. 能通过与他人（如邻居、同学）互动来分享关于某个事物或地方（如历史、资源、动植物、旅游景点）的故事和知识。①②③④⑤

9. 在银行或邮局，能办理诸如存款取款、邮寄包裹等一些常规的业务，能向银行或邮局职员进行询问。①②③④⑤

10. 必要时部分重复对方的话语以确认相互理解，使交流得以继续。①②③④⑤

11. 使用电话交际时，能了解所关心的细节问题。①②③④⑤

12. 面对选择能表明自己的取舍，并说明选择的原因，各方利弊。①②③④⑤

13. 就有关日常生活（如家庭、兴趣爱好、工作、旅行、时事等）的多数话题，掌握足够的词汇用以表达。①②③④⑤

14. 能提供居住区附近服务设施的信息。①②③④⑤

15. 能在餐馆中提出细致的点餐意见，描述简单的菜和饮料。①②③④⑤

16. 能通过电话预订送餐服务，包括可选择的或额外的细节服务（如餐巾、餐具、调味品）。①②③④⑤

17. 能应对在商店、邮局或银行发生的特殊情况，如对质量有问题的商品要求退货。①②③④⑤

18. 能发布有准备的简短的通知。①②③④⑤

19. 能在工作中接电话并做出应答（介绍自己和所属单位，问候通话对象，提供日常信息，保持、结束通话）。①②③④⑤

20. 处理日常生活事宜时（如购物、就餐、取款、办理银行业务、预订旅店房间等）几乎不存在任何困难。①②③④⑤

21. 能就自己熟悉的、感兴趣的或者是跟日常生活相关的话题（如家庭、娱乐、工作、旅行和社会新闻等）发表自己的意见，交流信息。①②③④⑤

22. 能就自己感兴趣的话题进行描述或论证，表达清楚连贯，详略得当。①②③④⑤

23. 工作中，能回应客户的一般投诉，道歉并解决问题，将严重的投诉上报给上司。①②③④⑤

24. 在听课或听讲座（包括参加一些非学术性的商务培训课程）时，能就可预见的或所熟悉的话题进行提问。①②③④⑤

25. 能具体描述一个朋友，如他 / 她的外表和性格。①②③④⑤

26. 能具体描述自己的学术背景和现在的工作职责。①②③④⑤

27. 能口头概括一天的新闻。①②③④⑤

28. 能说明行程计划（如需组织一次集体出游活动时），并能回答相关问题。①②③④⑤

29. 能讲述一本书的内容或一部电影的情节，然后说出自己的看法。①②③④⑤

30. 能条理清晰地描述自己的计划及各种准备工作，介绍日常事务，讲述个人经历。①②③④⑤

31. 能简单地讲述自己的经历、理想、希望或目标。①②③④⑤

32. 对于一些事情和经历，能表达自己的观点、看法并能有的放矢地加以阐述。①②③④⑤

33. 就熟悉的或与个人有关的话题，能发起、展开或结束一段简单的对话。①②③④⑤

34. 能就一个话题成段地议论、讨论或辩论，能清楚地提出观点，提供必要的解释或证据支持。①②③④⑤

35. 能轻松地参与讨论和辩论，即使谈论的话题是抽象、复杂或陌生的。①②③④⑤

36. 在有关复杂问题的正式讨论中，能像母语者一样为自己的立场辩护，进行清楚而又令人信服的论述。①②③④⑤

37. 能对自己一时忘了名字的具体事物进行较合理的描述或定义，或者用简单的近义词替代本词让对方理解完成交际，如用“很多人一起坐的车”代替“公交车”。①②③④⑤

38. 能主动地、有效地准备发言，如提前确定发言的重点，调动资源，如求助于教材、词典和老师等，选择最适当的词汇、句式等语言形式。①②③④⑤

39. 能进行明白、详细的描述，语句层次分明，结构合理。①②③④⑤

40. 能灵活、有效地使用社交语言，包括委婉和幽默用语。①②③④⑤

41. 能做较长的自由表达并被听众理解，虽然有时为了寻找词句或自我纠错而有明显的停顿。①②③④⑤

42. 求职面试时，能介绍自己的性格、教育背景和工作经历，证明自己的能力和资格。①②③④⑤

43. 在可预知的交际场景中，会运用“套话”和“套路”进行交际。①②③④⑤

44. 所说的话多为已学过的语句，同时也有自己组合的语句，可成段表达。①②③④⑤

45. 能在没有帮助的情况下有效地进行表达，虽然有时因话语组织困难会出现停顿或“卡壳”。①②③④⑤

46. 语音、语调正确，语速正常，不会妨碍听话者对话语所传递的信息的理解。①②③④⑤

47. 用词恰当，语句连贯，语言表达得体，虽然在表达复杂思想或遇到陌生的话题时仍可能有错误。①②③④⑤

48. 在复杂的语境中，能始终保持相当程度的语法准确性，即使在注意力分散的时候（比如正在打腹稿或在同时观察他人的反应）。①②③④⑤

49. 能对了解的情况进行清楚连贯的陈述并就可预见的问题或就事实性的问题做出回答。①②③④⑤

50. 能就自己所熟悉的或常见的主题做简单、直接、事先准备好的发言，大部分情况下发言清楚、重点明确，听众理解没有困难。①②③④⑤

51. 熟悉自己常犯的语言错误并有意识地自我监控。①②③④⑤

52. 能就所用的某种语言形式是否正确征询他人意见，交流失败时能使用不同的策略重新开始。①②③④⑤

参考文献

杨惠中，朱正才，方绪军，2011. 英语口语能力描述语因子分析及能力等级划分：制定语言能力等级量表实证研究［J］. 现代外语（2）.

王佶旻，2008. 汉语作为第二语言的初学者口语能力结构初探［J］. 心理学探新（1）.

王佶旻，2012. 制定汉语作为第二语言的能力标准的初步构想［J］. 语言文字应用（1）.

Andrich David，1978. A rating formulation for ordered response categories［J］. Psychometrika (43)：561–573.

Baker John G，Carl V Granger，Roger C Fiedler，1997，A brief outpatient functional assessment measure：Validity using Rasch models［J］. American Journal of Physical Medicine & Rehabilitation（76）：8–13.

Martin Bygate, 1987. Speaking [M]. Oxford: Oxford University Press.

Council of Europe, 2001. Common European framework of reference for language learning, teaching, assessment [M]. Cambridge: Cambridge University Press.

Brian North, 2000. The development of a common framework scale of language proficiency [M]. New York: Peter Lang Publishing, Inc.

【作者单位：北京语言大学。本文原发表于《世界汉语教学》2013年第3期，收录时有修改】